Holger Schwichtenberg

# Windows Scripting lernen

## Von Windows Script Host und Visual Basic Script bis zur Windows PowerShell

W0236777

 ADDISON-WESLEY

An imprint of Pearson Education

München • Boston • San Francisco • Harlow, England
Don Mills, Ontario • Sydney • Mexico City
Madrid • Amsterdam

Bibliografische Information der Deutschen Nationalbibliothek

Die Deutsche Bibliothek verzeichnet diese Publikation in der
Deutschen Nationalbibliografie; detaillierte bibliografische Daten
sind im Internet über *http://dnb.d-nb.de* abrufbar.

Umwelthinweis:
Dieses Buch wurde auf chlorfrei gebleichtem Papier gedruckt.

10  9  8  7  6  5  4  3  2

09  08

ISBN 978-3-8273-2424-5

1., korrigierter Nachdruck
© 2007 by Addison-Wesley Verlag,
ein Imprint der Pearson Education Deutschland GmbH,
Martin-Kollar-Straße 10–12, D-81829 München/Germany
Alle Rechte vorbehalten
Einbandgestaltung: Marco Lindenbeck, webwo GmbH, mlindenbeck@webwo.de
Lektorat: Sylvia Hasselbach, shasselbach@pearson.de
Korrektorat: Astrid Schürmann, astrid.schuermann@web.de
Herstellung: Claudia Bäurle, cbaeurle@pearson.de
Satz: mediaService, Siegen, www.media-service.tv
Druck und Verarbeitung: Kösel, Krugzell
Printed in Germany

# Inhaltsverzeichnis

# Vorwort

## Vorwort zur dritten Auflage

Liebe Leserinnen, liebe Leser,

auch mit Erscheinen von Windows Vista und der Windows PowerShell ist der Windows Script Host (WSH) noch aktuell und er wird es auch für die nächsten Jahre noch bleiben. Windows Vista basiert entgegen früheren Ankündigungen noch nicht auf dem .NET Framework, sondern weiterhin komplett auf dem Component Object Model (COM) und noch älteren C/C++-Techniken. Der WSH und seine COM-basierten Scripting-Komponenten sind also das primäre Instrument für die automatisierte Systemadministration unter Vista.

Die Windows PowerShell, die Microsoft als gemeinsamen Nachfolger von WSH und Windows-Kommandozeilen-Shell ansieht, ist zwar mächtig und einfach, steht aber hinsichtlich des direkt nutzbaren Funktionsumfangs (in Form der Commandlets) noch weit hinter dem WSH zurück. Noch muss man hier in vielen Fällen in die Tiefen von .NET einsteigen. Erst mit kommenden Windows-Versionen und anderen Microsoft-Produkten wird es für die PowerShell einen Funktionsumfang geben, der auch Scripting-Einsteiger anspricht.

Grund genug also, diesem meistverkauften deutschen Scripting-Buch eine neue Auflage zu spendieren. In dieser Neuauflage finden Sie neben vielen kleinen Verbesserungen neue Texte zu folgenden Themen:

- Scripting-Neuerungen in Windows Vista (Kapitel 19)
- Einführung in die Windows PowerShell (Kapitel 20)
- Prozessverwaltung per Skript, insbesondere die Kommunikation zwischen Skripten und Konsolenanwendungen (Kapitel 16)
- Mehr Beispiele zur Verwendung von Text- und XML-Dateien als Ein- und Ausgabedateiformat für Skripte (in mehreren Kapiteln)

Beim Alten geblieben ist die Website, auf der Sie sich registrieren können für die Foren, Zusatz-Downloads und den Newsletter:

*http://www.Windows-Scripting.de*

Weiterhin viel Spaß beim Skripten wünscht Ihnen

*Dr. Holger Schwichtenberg*

# Vorwort zur zweiten Auflage

Dass viele Administratoren sich ein Einsteigerbuch zum WSH wünschten, war mir klar, als ich dieses Buch Ende 2002 zusammen mit meinen drei Co-Autoren geschrieben habe. Dass wir damit die Position des Marktführers unter den Scripting-Büchern in Deutschland einnehmen würden, hätte ich nicht erwartet. Natürlich freuen wir uns sehr über die positive Resonanz.

Bereits Ende 2003 ist ein korrigierter Nachdruck erschienen, in dem wir die restlichen kleinen Tippfehler in dem Buch und auf der CD beseitigt haben. Nun liegt eine überarbeitete und erweiterte zweite Auflage vor Ihnen. Komplett neu in diesem Buch sind die Kapitel 16 („Scripting der Gruppenrichtlinien") und 17 („Sicheres Scripting").

Herzlich bedanken möchte ich mich bei allen Lesern, die durch ihr Feedback geholfen haben, diese zweite Auflage noch besser zu machen.

Ausdrücklich hinweisen möchte ich Sie auf die Website zu diesem Buch:

*http://www.Windows-Scripting.de*

Aktuell bietet Ihnen diese Website folgende Informationen und Dienste:

- Umfangreiches Windows Scripting-Glossar
- FAQ zum WSH
- Diskussionsforum zum Windows Scripting (Fragen von registrierten Lesern werden von den Autoren dieses Buches vorrangig beantwortet!)
- Verzeichnis von Scripting-Komponenten
- Klassenreferenz für die Windows Management Instrumentation (WMI)
- Feedback-Fragebogen zu diesem Buch
- Aktualisierungen zu den Skripten in diesem Buch (sofern sich technische Änderungen in Windows ergeben oder Verbesserungen von uns oder den Lesern gefunden werden)
- Skriptarchiv mit über 200 weiteren WSH-Skripten
- Scripting-News und -Newsletter
- Und last, but not least: Informationen zu unseren Scripting-Schulungen und zum Support bei Fragen rund um den WSH.

Ich wünsche Ihnen nun viel Erfolg mit diesem Buch und würde mich freuen, Sie auf meiner Website begrüßen zu dürfen!

*Dr. Holger Schwichtenberg*
*Essen-Byfang, im Mai 2004*

# Vorwort zur ersten Auflage

**WSH** Zur automatisierten Systemadministration ist der Windows Script Host (WSH) eine sehr mächtige Alternative gegenüber der schon etwas angestaubten Windows-Batch-Programmierung. Unsere Erfahrungen aus Scripting-Schulungen und Beratungsterminen in den letzten vier Jahren haben aber gezeigt, dass es vielen Administratoren schwer fällt, sich in die Welt des Scripting einzuarbeiten – oft auch gehemmt durch die Tatsache, dass das Scripting zum Bereich Programmierung/Softwareentwicklung gezählt wird.

## Zielgruppe

*„Windows Scripting Lernen"* wendet sich an Administratoren ohne Programmierkenntnisse. Dieses Buch enthält eine schrittweise Einführung in die Entwicklung von Skripten. Auch ohne Vorerfahrung in der Programmierung lernen Sie durch dieses Buch die Möglichkeiten zur automatisierten Administration von Unternehmensnetzwerken mit dem Windows Script Host (WSH), Visual Basic Script und verschiedenen sogenannten COM-Komponenten kennen.

**Scripting ohne Vorkenntnisse**

## Methodik

Das Buch hat eine didaktische Struktur mit aufeinander aufbauenden Kapiteln. Bewusst wird darauf verzichtet, detaillierte Hintergründe sowie jede Möglichkeit und jede Option vorzustellen. Dieses Buch fokussiert auf das Wesentliche, um Ihnen einen leichten Einstieg in das Windows Scripting zu ermöglichen.

**Didaktischer Aufbau**

Alle grundlegenden Konzepte der Programmierung wie Variablen, Fallunterscheidungen, Schleifen, Fehlerbehandlung und die Arbeit mit Komponenten, Klassen und Objekten werden von Grund auf eingeführt. Außerdem finden Sie eine ausführliche Erklärung zur Installation und Konfiguration der Skripte und Komponenten sowie Hinweise auf mögliche Probleme oder Fehlersituationen.

**Einführung**

Die Beispiele sind bewusst einfach gehalten. Dennoch werden Sie lernen, alle wesentlichen Aufgaben der System- und Netzwerkadministration durch Skripte zu lösen. Der deutliche Schwerpunkt dieses Buches liegt nicht auf dem Scripting im Heim-Einsatz, sondern auf dem Scripting in Unternehmensnetzwerken. Daher finden Sie hier auch Themen wie das Scripting des Active Directory, der Netzwerkkonfiguration und von Ereignisprotokollen.

Am Ende jedes Kapitels stehen Aufgaben, die Sie einsetzen können, um Ihr Wissen zu vertiefen und praktisch zu üben. Gewisse Wiederholungen sind in diesem Einsteigerbuch übrigens kein Fehler, sondern didaktische Absicht.

## Wie Sie dieses Buch lesen sollten

Aufgrund des didaktischen Konzepts sollten Sie die ersten fünf Kapitel dieses Buches unbedingt sequenziell in der vorgegebenen Reihenfolge lesen. Ab Kapitel 6 werden dann verschiedene Gebiete des Scripting aufgabenorientiert behandelt. Die Kapitel 6 bis 16 müssen Sie nicht notwendigerweise sequenziell lesen. Hier können Sie durchaus direkt zu den Kapiteln springen, die Sie besonders interessieren. Die von uns gewählte Reihenfolge beinhaltet aber eine Steigerung im Schwierigkeitsgrad.

**Leseanleitung**

Am Ende eines jeden Kapitels gibt es einen Aufgabenteil; die passenden Lösungen stehen zusammenhängend im Anhang, sodass das „Spicken" etwas erschwert wird.

## Weitere Unterstützung im WWW

Als Leser dieses Buches haben Sie Zugriff auf einen zugangsbeschränkten Bereich der deutschen Windows Scripting-Website, die Sie unter *http://www.Windows-Scripting.de* finden. Ein Service dieser Website ist, dass Sie den Autoren dieses Buches verbliebene Fragen stellen können.

**Website**

### Der große Bruder „Windows Scripting"

**Weiter-**
**führende**
**Literatur**

Im Buchhandel werden Sie einen „großen Bruder" zu diesem Buch finden, der schon zwei Jahre länger auf dem Markt ist: „Windows Scripting" geht parallel zu diesem „Windows Scripting Lernen" bei Addison-Wesley in die dritte Auflage. Dieser Titel aus der WinTec-Reihe ist ein umfassendes Nachschlagewerk zu allen Bereichen der Skriptprogrammierung und richtet sich an Entwickler und Administratoren, die bereits Vorkenntnisse in mindestens einer Programmiersprache besitzen. Wenn Sie nach der Lektüre von „Windows Scripting Lernen" noch Wissensdurst verspüren, dann sollten Sie zum großen Bruder greifen.

### Dank

Mein herzlicher Dank gilt

▷ meinen Co-Autoren Sven Conrad, Thomas Gartner und Oliver Scheer, die tatkräftig mitgeholfen haben, den umfangreichen Stoff aus dem „Windows Scripting"-Buch auf die „Lernen"-Reihe herunterzubrechen,

▷ Ayse Aruca und Georg Meindl für ihre kritischen Anmerkungen als Testleser dieses Buches,

▷ meiner Korrektorin Astrid Schürmann, die wieder einmal mit hoher Präzision nicht nur die sprachlichen Fehler aus unserem Text entfernt, sondern uns auch auf inhaltliche Inkonsistenzen hingewiesen hat,

▷ und meiner Lektorin Sylvia Hasselbach für ihre Geduld bei der doch langwierigen Geburt dieses Werks.

Ich wünsche Ihnen nun viel Erfolg mit diesem Buch.

*Holger Schwichtenberg*
*Essen-Byfang, im November 2002*

# Über den Autor Dr. Holger Schwichtenberg

▷ Ausbildung:

▷ Studium Diplom-Wirtschaftsinformatik an der Universität Essen

▷ Promotion an der Universität Essen im Gebiet komponentenbasierter Softwareentwicklung

▷ Selbstständig im Bereich Softwareentwicklung seit 1996

▷ Aktuelle Tätigkeit:

▷ Leitung der Firma www.IT-Visions.de

▷ Softwareentwicklung und Softwarearchitektur im Kundenauftrag

▷ Beratung und Schulung von Softwareentwicklern

▷ Individueller Support

▷ Gutachter im Verfahren der EU vs. Microsoft

- Kernkompetenzen:
  - Objektorientierung, Komponentenorientierung, Serviceorientierung
  - Softwarearchitektur, Mehrschichtige Softwareentwicklung, Verteilte Systeme
  - .NET Framework, ASP/ASP.NET, Visual Studio
  - C#, Visual Basic (VB/VB.NET/VBA/VBS)
  - Component Object Model (COM)
  - Relationale Datenbanken, XML
  - Windows Scripting, Microsoft PowerShell
  - Active Directory-Programmierung
  - Windows Management Instrumentation (WMI)
- Veröffentlichungen und Vorträge:
  - Über 30 Fachbücher bei Addison-Wesley, Microsoft Press und dem Carl Hanser-Verlag
  - Mehr als 400 Beiträge in Fachzeitschriften
  - Ständiger Mitarbeiter der Zeitschriften iX, dotnetpro und Windows IT Pro
  - Sprecher auf nationalen und internationalen Fachkonferenzen (z. B. TechEd, OOP, MSDN Summit Advanced Developers Conference, Microsoft IT Forum, Microsoft Launch Event, Wirtschaftsinformatik, Net.Object Days, VS One, Online, Windows Forum, DOTNET-Konferenz, BASTA, XML-in-Action)
- Ehrenamtliche Community-Tätigkeiten:
  - Vorstandsmitglied bei codezone.de
  - Sprecher für die International .NET Association (INETA)
  - Betrieb der Community-Websites *www.dotnetframework.de* und *www.windows-scripting.de*
- Zertifikate und Auszeichnungen von Microsoft:
  - Most Valuable Professional (MVP)
  - Microsoft Certified Solution Developer (MCSD)
  - .NET Code Wise Community-Experte
  - Codezone Premier Site Member
- Firmenwebsite:
  *http://www.IT-Visions.de*
- Weblog:
  *http://www.dotnet-doktor.de* (bei Heise.de)
- Kontakt:
  *hs@IT-Visions.de*

# 1 Einführung in den Windows Script Host

Dieses Kapitel erklärt einige grundlegende Begriffe zum Windows Scripting und zeigt Ihnen schrittweise die Erstellung von zwei einfachen Skripten auf. **Lernziele**

## 1.1 Der Windows Script Host (WSH)

Microsoft hat die automatisierte Systemadministration lange vernachlässigt. Die Windows-Batch-Kommandozeilensprache ist nicht nur kompliziert, sondern auch nicht mächtig genug für viele Aufgaben der Systemadministration. Die Lücke wurde von Drittanbietern gefüllt, die sich aber mangels Bekanntheit und Marktmacht nicht durchsetzen konnten. Dieses fehlende Durchsetzungsvermögen hatte auch die negative Konsequenz, dass es kaum vorgefertigte Automatisierungslösungen gab. **DOS-Batch**

Ende der Neunzigerjahre hat Microsoft mit dem Windows Script Host (WSH) endlich eine Alternative zur Windows-Kommandozeilenprogrammierung veröffentlicht. Der WSH ist Teil der sogenannten Active Scripting-Architektur, zu der auch das Scripting im Internet Explorer und die Active Server Pages (ASP) im Internet Information Server (IIS) sowie zahlreichen anderen Microsoft-Produkten gehören. In diesem Einsteigerbuch wird aber nur der WSH behandelt. Mehr über andere Scripting-Hosts und die Gesamtarchitektur erfahren Sie in [SCH07a]. **WSH**

> Der Windows Script Host hieß in seiner ersten Version noch Windows Scripting Host. Sie werden beide Begriffe synonym in Microsoft-Dokumentationen und im Internet finden.

## 1.2 Scripting versus Programmierung

Gibt es einen Unterschied zwischen den Worten *Programmierung* und *Scripting*? Ja und nein, je nach Standpunkt. Scripting ist eine Unterdisziplin der Programmierung, die sich durch folgende Eigenschaften auszeichnet:

▸ Die Sprache dient dem Ad-hoc-Gebrauch, d.h., es gibt wenige Voraussetzungen (Systemanforderungen) für ein Skript. **Eigenschaften des Scripting**

▸ Die Syntax der Sprache ist einfach zu verwenden und zu erlernen.

▷ Die Sprache wird interpretiert, d.h., es gibt keinen expliziten Übersetzungsvorgang der Sprache in eine andere Sprache. Die Übersetzung der Befehle der Skriptsprache in die Maschinensprache des Computers erfolgt automatisch und ständig während der Ausführung des Skripts.

▷ Es gibt nur ein sehr schwaches Typsystem; Sie müssen also als Skriptentwickler kaum Unterscheidungen zwischen Zeichenketten, Zahlen und Datumsangaben machen.

▷ Die Abstraktion von technischen Details der Maschinensprache (der Sprache des Mikroprozessors) ist sehr hoch.

▷ Eine Skriptsprache ist der Maschinensprache und der Computerhardware ferner als eine normale Programmiersprache und kann daher einen Computer nicht so leicht zum Absturz bringen.

Wenn wir in diesem Buch von Programmierung reden, dann meinen wir immer die Unterdisziplin Scripting. Lassen Sie sich von dem Begriff Programmierung nicht abschrecken, sondern verstehen Sie sich als Entwickler von Skripten als eine Art Programmierer. Scripting ist der beste Einstiegsweg für die Weiterentwicklung zum „richtigen" Programmierer. Mit „richtigem Programmieren" sei hier die Entwicklung mit Nicht-Skriptsprachen gemeint.

Ein Compiler ist das Gegenstück zu einem Interpreter. Während ein Interpreter ein Programm fortlaufend und immer wieder in Maschinensprache übersetzt, führt ein Compiler die Übersetzung einmalig aus und speichert das Ergebnis. Ein interpretiertes Programm ist schneller änderbar als ein kompiliertes Programm, weil der Kompilierungsschritt entfällt.

# 1.3 Voraussetzungen

**WSH-Installation**

Der Windows Script Host (WSH) gehört zum Standardinstallationsumfang der neueren Microsoft-Betriebssysteme. Bei den älteren muss er als Erweiterung installiert werden. Inzwischen sind vier Versionen des WSH im Umlauf:

▷ Version 1.0 (Interne Versionsnummer: 5.0)

▷ Version 2.0 (Interne Versionsnummer: 5.5)

▷ Version 5.6 (entspricht auch der internen Versionsnummer 5.6)

▷ Version 5.7 (entspricht auch der internen Versionsnummer 5.7)

**Microsofts Versionszählung**

Diese Versionsnummern führen zu der berechtigten Frage, wie Microsoft zu solch einer Zählweise kommt. Der Grund dafür ist, dass man sich bei Microsoft oftmals nicht einigen kann, ob man bei neu eingeführten Betriebssystem-Bestandteilen die Versionszählung des Betriebssystems übernimmt oder aber eine eigene Versionszählung beginnt. Der WSH wurde für Windows 2000 (NT 5.0) entwickelt und das, was sich im Setup mit WSH 1.0 meldet, versteht sich intern auch als WSH 5.0. Als dann bis zur Veröffentlichung von Windows 2000 eine weitere Version des WSH fällig war, bekam diese die Nummer 2.0 (intern: 5.5). Mit der dritten Version hat Microsoft dann die interne und die externe Versionsnummer angeglichen, wobei die Versionsnummer dann nicht mehr zum Betriebssystem passte, denn Windows XP ist NT 5.1.

| Betriebssystem | Verfügbarkeit des Windows Script Host |
|---|---|
| Windows 95 | WSH nicht enthalten; WSH 1.0, 2.0 oder 5.6 können nachträglich installiert werden |
| Windows 98 | WSH 1.0, Update auf 2.0 oder 5.6 möglich |
| Windows ME | enthält WSH 2.0, Update auf 5.6 möglich |
| Windows NT 4/Windows NT 4 Terminal Server | WSH nicht enthalten; WSH 1.0, 2.0 oder 5.6 können nachträglich installiert werden |
| Windows 2000 | enthält WSH 2.0, Update auf 5.6 möglich |
| Windows XP | enthält WSH 5.6 |
| Windows Server 2003 | enthält WSH 5.6 |
| Windows Vista | enthält WSH 5.7 |
| Windows Server 2008 | enthält WSH 5.7 |

*Tabelle 1.1:
Verfügbarkeit
des WSH in
verschiedenen
Betriebssys-
temversionen*

Wenn Sie unsicher sind, welche WSH-Version auf Ihrem System installiert ist, dann betrachten Sie die Dateieigenschaften der Datei *WScript.exe* in Ihrem *System-* bzw. *System32-*Verzeichnis. Wenn diese Datei fehlt, ist der WSH nicht installiert.

Später in diesem Kapitel werden Sie noch ein Skript kennenlernen, mit dem Sie die Versionsnummer des WSH per Programmcode ermitteln können.

Das Setup zum WSH 5.6 finden Sie auf der Buch-CD-ROM im Verzeichnis */install/ WSH/WSH 5.6.*

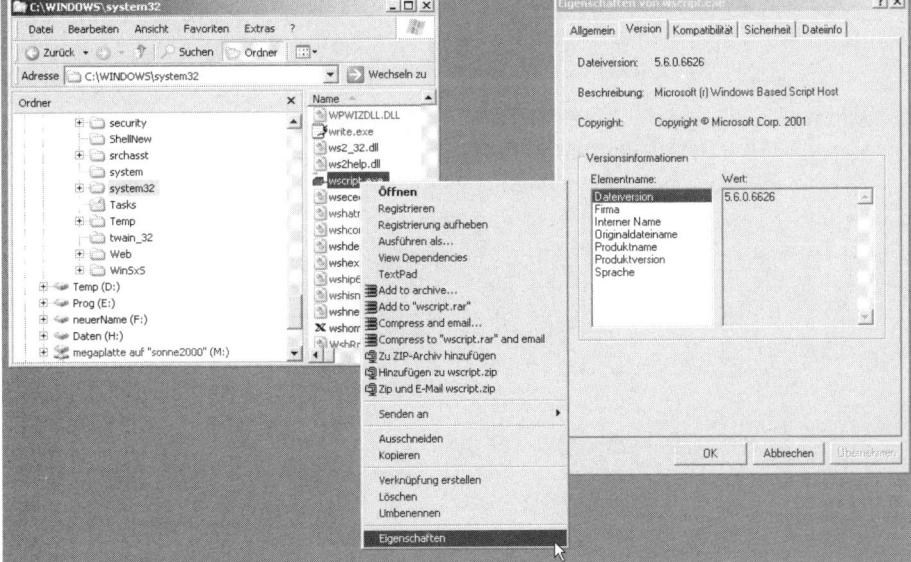

*Bild 1.1:
Ermittlung
der Versions-
nummer des
installierten
WSH*

# 1.4 Die Sprache Visual Basic Script

**Sprachen für den WSH** Der Windows Script Host besitzt keine eigene Programmiersprache, sondern arbeitet mit zahlreichen verschiedenen Programmiersprachen zusammen. Microsoft liefert die Sprachen Visual Basic Script (VBScript) und JScript. Von anderen Herstellern kann man Perl, REXX, Python, Haskell und Ruby in Versionen bekommen, die jeweils mit dem WSH zusammenarbeiten.

> Nicht jede Programmiersprache arbeitet automatisch mit dem WSH zusammen. Eine Programmiersprache muss eine spezielle Schnittstelle zur Active Scripting-Architektur besitzen, damit sie „WSH-fähig" ist.

Für dieses Buch kamen nur diejenigen Sprachen in Frage, die eine große Verbreitung im Bereich des Windows Scripting haben. JScript ist eine Variante von JavaScript, das im Bereich des Scripting in Webbrowsern marktbeherrschend ist. Im Bereich des WSH sind allerdings schätzungsweise 90% der Skripte, die man von Microsoft bekommt oder im Internet findet, in VBScript geschrieben. Dafür gibt es zwei Gründe:

- ▷ VBScript ist einfacher als JScript/JavaScript.
- ▷ VBScript ist eine Light-Version der Sprache Visual Basic, die unangefochten die am meisten verwendete Programmiersprache unter Windows ist.

Daher wählt auch dieses Buch VBScript als Programmiersprache. Die Besprechung einer weiteren Programmiersprache kommt für ein Einsteigerbuch wie dieses aus didaktischen Gründen nicht in Frage. Dass sich VBScript nicht beim Browser-Scripting durchgesetzt hat liegt übrigens daran, dass es nicht von allen Webbrowsern standardmäßig unterstützt wird.

> In der Microsoft-Dokumentation ist auch oftmals der Begriff *Visual Basic Scripting Edition* zu finden, andere gebräuchliche Abkürzungen sind VBScript und VBS.

VBScript muss nicht separat installiert werden, denn die *VBScript.dll*, in der die Sprache realisiert ist, wird zusammen mit dem WSH installiert. Es gibt verschiedene Versionen dieser DLL, die aktuelle ist Version 5.6.

> Visual Basic Script ist eine Interpreter-Sprache, dennoch meldet VBScript manchmal einen „Kompilierungsfehler". Dieser Begriff ist nicht korrekt, es sollte besser „Skriptstruktur-Fehler" heißen. Das bedeutet, dass Ihr Skript nicht korrekt aufgebaut ist und daher gar nicht erst gestartet werden kann.

# 1.5 Das erste Skript

Wenn Sie noch nie ein Skript unter Windows erstellt haben, wird Ihnen das folgende Beispiel erste Erfolgserlebnisse bereiten.

**Voraussetzung** Voraussetzung für das erste Beispiel ist, dass Sie den Windows Script Host in der Version 1.0, 2.0 oder 5.6 installiert haben.

Das nachfolgende Skript befindet sich – wie alle Skripte in diesem Buch – natürlich auf der CD-ROM im Verzeichnis /*code*. Das /*code*-Verzeichnis ist nach Kapiteln in Unterverzeichnisse unterteilt, damit man die Beispiele schneller finden kann.

Bei diesem ersten Skript sollten Sie sich aber durchaus die Mühe machen, die Skriptdateien selbst zu erstellen.

So erstellen Sie Ihr erstes Skript für den WSH in der Sprache Visual Basic Script:

**Ihr erstes Skript**

▷ Legen Sie eine Textdatei an, indem Sie irgendwo auf dem Desktop oder in einem Verzeichnis im Dateisystem im Kontextmenü *Neu|Textdatei* wählen. Es erscheint eine Datei *Neue Textdatei.txt*.

▷ Benennen Sie die Datei in *ErstesSkript.vbs* um. Bestätigen Sie die Nachfrage des Betriebssystems, ob die Dateinamenerweiterung wirklich geändert werden soll.

▷ Wählen Sie aus dem Kontextmenü der Datei *Bearbeiten*, sodass sich der Windows Editor „Notepad" öffnet. (Sofern Sie einen anderen Editor installiert haben, mag jetzt dieser gestartet werden.)

▷ Geben Sie Folgendes in die erste Zeile ein:

```
WScript.Echo "Ab heute kann ich skripten!"
```

Bitte beachten Sie das Leerzeichen [＿＿＿＿] nach Echo und die Anführungszeichen [ " ].

▷ Speichern Sie die Änderungen ab. Sie können den Editor schließen, müssen es aber nicht.

▷ Doppelklicken Sie auf die Datei *ErstesSkript.vbs*. Wenn Sie alles richtig gemacht haben und das System Ihnen wohlgesonnen ist, wird das nachstehend abgebildete Dialogfenster erscheinen.

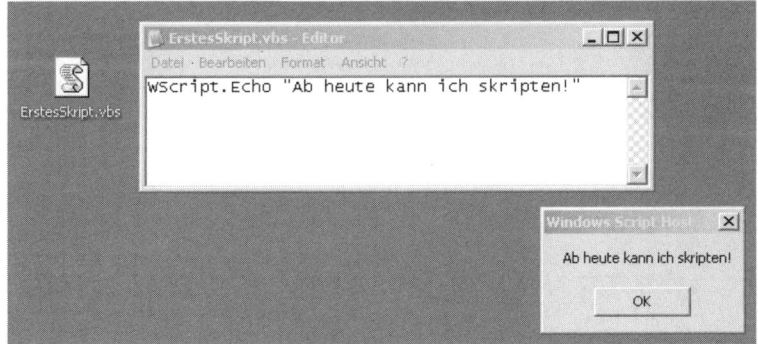

*Bild 1.2:*
*Skriptdatei,*
*Quellcode und*
*Ausgabe des*
*ersten Skripts*

Unter Windows Vista sieht die Anzeige nur leicht anders aus. Sofern Sie dieses einfache Skript von Ihrem lokalen Desktop ausführen, ist die Funktionsweise gleich. Die in Windows Vista enthaltene erhöhte Sicherheit verhindert jedoch, dass Skripte von Netzwerklaufwerken und Skripte, die Veränderungen im System vornehmen, ohne weiteres ausgeführt werden können. Bitte lesen Sie dazu das Kapitel 19.2!

*Bild 1.3:*
*Das erste*
*Skript unter*
*Windows Vista*

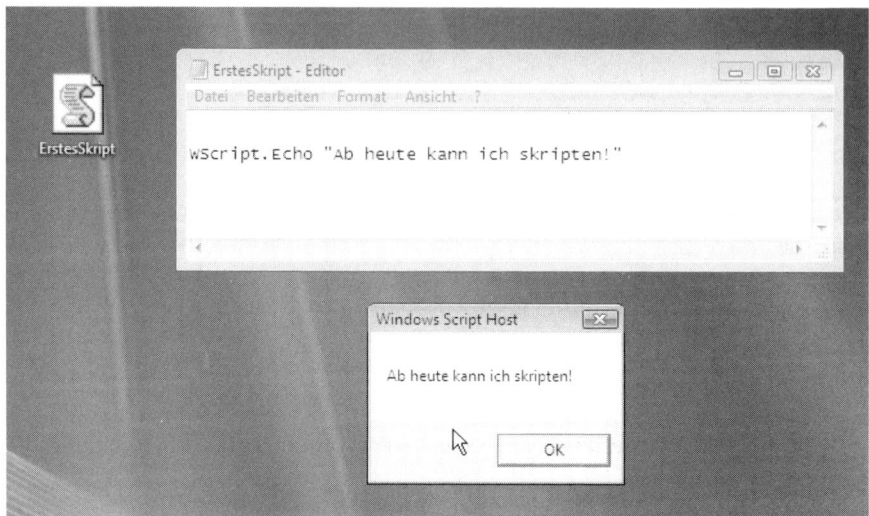

**Bildschirm-**
**ausgabe**

Das Skript besteht nur aus einem einzigen Befehl: WScript.Echo. Die Bedeutung des Punktes zwischen den Wörtern WScript und Echo wird später in diesem Buch erläutert. Nach dem Befehl folgt ein Leerzeichen, um den Befehl von seinen Parametern zu trennen. Danach folgt ein Parameter, in diesem Fall eine Zeichenkette. WScript.Echo erzeugt eine Ausgabe auf dem Bildschirm. Der Parameter gibt an, was ausgegeben werden soll.

Die Groß- und Kleinschreibung der Befehle ist übrigens irrelevant. Visual Basic Script unterscheidet (im Gegensatz zu einigen anderen Programmiersprachen) nicht zwischen einem Groß- und einem Kleinbuchstaben. Bezüglich der auszugebenden Meldung ist die Unterscheidung natürlich wichtig, weil der WSH die Meldung genau so anzeigt, wie Sie sie eingegeben haben.

In diesem Buch werden Sie an einigen Skripten den Hinweis finden, dass die Groß- und Kleinschreibung doch relevant ist: Eine Komponente des Windows-Betriebssystems verlangt, dass die Begriffe „WinNT" und „LDAP" genau so und nicht anders im Skriptcode verwendet werden.

# 1.6 Scripting im Kommandozeilenfenster

Der WSH ist genau genommen nicht nur **ein** Scripting Host, sondern er umfasst zwei eng verwandte Scripting Hosts: WScript und CScript. Beide Scripting Hosts sind hinsichtlich ihres Befehlsumfangs fast identisch. Sie unterscheiden sich lediglich darin, wohin die Ausgaben gehen:

**WSH für**
**Windows**

▷ Bei WScript (*WScript.exe*) erfolgt die Ausführung als Windows-Anwendung. Alle Ausgaben werden in Form von Dialogfenstern dargestellt. Wenn das Skript viele Ausgaben macht, kann dies sehr lästig sein, da jedes Dialogfenster einzeln bestätigt werden muss. Zudem ist jede Dialogbox modal: Das Skript hält an und wartet auf die Bestätigung.

WScript eignet sich also für die unbeaufsichtigte Ausführung nur dann, wenn das Skript keine Ausgaben macht. Gut geeignet ist WScript jedoch, wenn der Benutzer über jeden einzelnen Schritt informiert werden und dabei die jeweils erfolgten Veränderungen überprüfen möchte (also beispielsweise beim Debugging, also bei der Fehlersuche).

▷ Bei CScript (implementiert in *CScript.exe*) erfolgt die Ausführung des Skripts im Kontext einer Kommandozeile (auch Konsole oder "DOS-Box" im Administratorenjargon). Die Form der Ausgabe hängt von den verwendeten Ausgabebefehlen ab: Alle Ausgaben über die Methode `WScript.Echo` erfolgen in das Konsolenfenster. Alle Ausgaben über die spracheigenen Ausgabemethoden (z.B. `MsgBox()` in VBScript) werden weiterhin als modale Dialogfenster dargestellt. Ein Vorteil von CScript ist, dass es mit der Methode `WScript.StdIn.ReadLine` das Einlesen von Eingaben des Benutzers im Kommandozeilenfenster unterstützt. Ausgaben können mit dem Kommandozeilenbefehl für Umleitungen ⟨ > ⟩ in eine Textdatei oder an einen Drucker umgeleitet werden.

**WSH für die Kommandozeile**

Wenn Sie nicht vorher Veränderungen an Ihrem System vorgenommen haben, dann wurde das erste Beispiel mit WScript gestartet. Denn WScript ist auf einem „normalen" Windows die Standardeinstellung.

Um das Skript mit CScript zu starten, gehen Sie wie folgt vor:

▷ Öffnen Sie die Windows-Eingabeaufforderung.

▷ Tippen Sie „cscript" ein. Bitte beachten Sie das Leerzeichen [＿＿＿] nach dem Befehl!

▷ Geben Sie dahinter den Pfad zu Ihrem Skript ein, z.B. „*b:\code*". Wenn der Pfad Leerzeichen enthält, müssen Sie ihn in Anführungszeichen ⟨ " ⟩ setzen.

▷ Als Gesamtbefehl erhalten Sie dann:

```
cscript "b:\code\ErstesSkript.vbs"
```

▷ Führen Sie den Befehl durch Drücken der Eingabetaste ⟨ ↵ ⟩ aus.

Sie werden feststellen, dass die Ausgabe nun in das Kommandozeilenfenster geht.

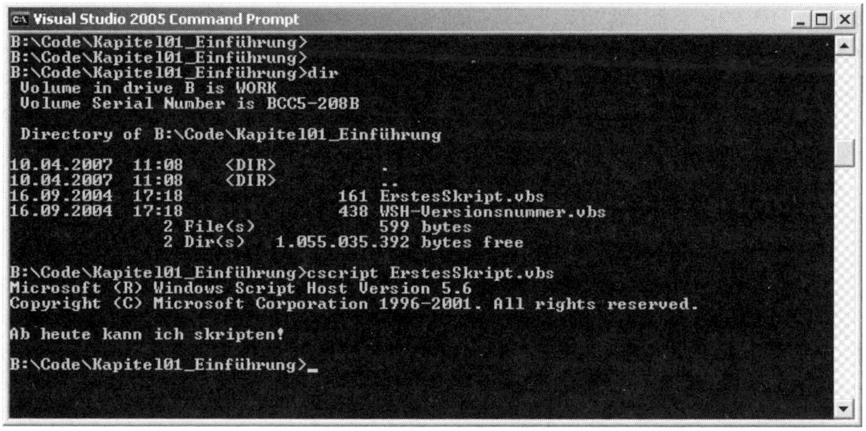

*Bild 1.4: Ausführung des ersten Skripts mit CScript im Kommandozeilenfenster*

Sie haben das Skript auf dem Desktop erstellt und das Eintippen des (langen) Pfades zu dem Skript finden Sie sehr lästig? Sie müssen den Pfad nicht eingeben, denn die Windows-Eingabeaufforderung fügt automatisch den Pfad ein, wenn Sie eine Datei per Ziehen&Fallenlassen (Drag&Drop) auf das Kommandozeilenfenster ziehen. Sie tippen also nur „cscript" gefolgt von einem Leerzeichen ⬚. Danach ziehen Sie die Datei *ErstesSkript.vbs* mit der Maus auf das Kommandozeilenfenster und lassen die linke Maustaste los. Danach müssen Sie nur noch die Eingabetaste ⬚ drücken.

Leider funktioniert dieser Trick unter Windows Vista nicht mehr. Hier kann man nur Pfade über den Menüpunkt *Bearbeiten/Einfügen* einsetzen, wenn man vorher den Pfad (nicht die Datei!) in der Zwischenablage hat.

 Wenn Sie Gefallen daran gefunden haben, dass Ihre Skripte im Kommandozeilenfenster ausgeführt werden, dann ist Ihnen vielleicht auch das Eintippen von „CScript" mit der Zeit lästig und Sie möchten CScript zu Ihrem Standard-Scripting-Host machen. Das ist möglich, indem Sie an der Kommandozeile einmalig folgenden Befehl eingeben:

```
cscript //H:cscript ⬚
```

**Standard-Script-Host** Danach werden alle Skripte automatisch mit CScript gestartet. Wenn Sie eine Skriptdatei per Doppelklick im Windows Explorer starten, werden Sie sehen, dass sich ein Kommandozeilenfenster öffnet. Dieses Kommandozeilenfenster schließt sich aber auch sofort nach Skriptende wieder. Wenn Sie die Ausgaben betrachten wollen, müssen Sie

▷ entweder vorher selbst eine Windows-Eingabeaufforderung öffnen und dort das Skript starten (hier brauchen Sie dann kein einleitendes „cscript" mehr, es reicht der Pfad zum Skript)

▷ oder Sie stellen den Befehl `MsgBox("Ende")` an das Ende des Skripts. Dann bekommen Sie nach Ablauf des Skripts auf jeden Fall ein Dialogfenster. Das Kommandozeilenfenster ist dann so lange sichtbar, bis Sie das Dialogfenster bestätigt haben.

Die Einstellung von CScript als Standard-Scripting-Host können Sie auch rückgängig machen:

```
cscript //H:wscript ⬚
```

# 1.7 Das zweite Skript: Versionsnummern ermitteln

Das zweite Skript dient dazu, die Versionsnummer des installierten WSH und der installierten Sprachversion von Visual Basic Script zu ermitteln.

```
' wsh-versionsnummer.vbs
' Ausgabe der Versionsnummern des WSH und von VBScript
' verwendete Komponenten: WSH, VBS
' ================================

WScript.Echo _
```

```
"Dies ist der " & WScript.Name & _
" Version " & WScript.Version

WScript.Echo _
"Dies ist die Sprache " & ScriptEngine & _
" Version " & _
ScriptEngineMajorVersion & "." & _
ScriptEngineMinorVersion & "." & _
ScriptEngineBuildVersion
```

*Listing 1.1: Ermittlung der Versionsnummern (auf der CD-ROM: /Skripte/Kapitel01/ wsh-versionsnummer.vbs)*

Geben Sie dieses Skript genauso ein wie das erste. Die ersten vier Zeilen müssen Sie nicht mit eingeben; sie sind nur Kommentare. Sie werden diese vier Kommentarzeilen vor jedem Skript in diesem Buch finden. Die Zeilen sagen Ihnen nicht nur etwas über das Anwendungsgebiet des Skripts, sondern nennen Ihnen auch den Namen des Skripts auf der CD-ROM und welche Installationen Sie benötigen, damit das Skript ablaufen kann.

In dem Skript kommen neben dem WScript.Echo-Befehl auch verschiedene andere Befehle vor, die Informationen über die Versionsnummer liefern. Das kaufmännische Und (&) verknüpft dabei die Ausgabetexte mit diesen Befehlen und erzeugt eine gemeinsame Ausgabezeichenkette.

Achten Sie aber auf die Unterstriche ⎡_⎤ am Zeilenende: Diese sind notwendig, um den Zusammenhalt der Zeile zu definieren. Das Skript besteht eigentlich nur aus zwei Befehlen und jeder Befehl muss in genau einer Zeile stehen. Mit dem Unterstrich kann man eine Zeile aber aufspalten und dies ist hier sinnvoll, weil man in einem Buch nicht so viel in eine Zeile bekommt wie auf dem Bildschirm im Notepad. Ohne die Unterstriche machen Einsteiger an dieser Stelle oft den Fehler, dass sie etwas im Editor in zwei Zeilen tippen, weil es im Buch aus satztechnischen Gründen in zwei Zeilen steht. Um dieses Problem zu vermeiden, sind die Zeilen hier durch die Unterstriche aufgetrennt.

**Kommentare**

**Kaufmännisches Und (&)**

**Unterstriche**

*Bild 1.5: Ausgabe des Versionsnummern-Skripts*

## 1.8    Ein Wort zur Sicherheit

**Windows-Sicherheit** Eine häufig gestellte Frage ist, welche Aktionen man per Skript ausführen kann. Grundsätzlich gilt: Die Windows-Sicherheit wirkt natürlich auch für Skripte, d.h., ein Benutzer kann per Skript nur die Aktionen ausführen, die er mittels eines geeigneten Werkzeugs auch von der grafischen Benutzerschnittstelle ausführen könnte.

In diesem Buch finden Sie sowohl Aktionen, die unter normalen Rechte-Einstellungen jeder Benutzer ausführen kann (z.B. Dateien beschreiben, Inhalte eines Ordners auflisten, Netzwerklaufwerk verbinden), als auch Aktionen, die Administratoren vorbehalten sind (Benutzer anlegen, Netzwerkkonfiguration ändern).

Wenn einige der Skripte in diesem Buch nicht funktionieren, sollten Sie zunächst prüfen, ob Sie Sicherheitsbeschränkungen (z.B. durch System- oder Gruppenrichtlinien) unterliegen, die diese Aktion verbieten.

## 1.9    Wie geht es weiter?

**Was Sie wissen müssen** Damit Sie Funktionen des Betriebssystems skripten können, benötigen Sie Wissen in drei Bereichen:

▷ Editoren, mit denen Sie Befehle eingeben können

▷ Befehle der Skriptsprache VBScript. VBScript selbst stellt nur allgemeine Befehle zum Programmablauf bereit. Befehle zum Zugriff auf Betriebssystemfunktionen gibt es hier nicht.

▷ Befehle für den Zugriff auf das Betriebssystem. Diese Befehle werden in sogenannten Klassen bereitgestellt, die in Form von sogenannten Komponenten veröffentlicht werden.

**In welcher Reihenfolge Sie es lernen** Sie haben in diesem Kapitel den Windows Editor „Notepad" verwendet. Sie möchten aber vielleicht einen besseren Editor einsetzen, um mehr Komfort zu haben. Daher folgt zunächst eine Vorstellung verschiedener Editoren.

Um Klassen nutzen zu können, braucht man Programmierbefehle aus VBScript. Deshalb folgt logischerweise in Kapitel 3 zunächst die schrittweise Einführung in die Befehle von VBScript.

Das vierte und das fünfte Kapitel geben Ihnen einen Überblick über die oben erwähnten Objekte und Komponenten.

Ab Kapitel 6 ist das Buch dann aufgabenorientiert aufgebaut: Sie lernen nacheinander verschiedene Gebiete des Scripting kennen und werden mit zahlreichen Beispielen versorgt.

Sie werden wahrscheinlich feststellen, dass dieses Buch nicht alle Aufgaben enthält, die Sie gerne per Skript ausführen möchten. Das hat zwei Gründe:

▶ Dies ist ein Einsteigerbuch, das darauf fokussiert, Ihnen einen Einstieg in das Windows Scripting zu vermitteln. Dieses Buch kann und will nicht vollständig sein.

▶ Auch wenn Microsoft inzwischen zahlreiche Scripting-Möglichkeiten bietet, so gibt es immer noch unzählige Funktionen des Betriebssystems, die entweder überhaupt nicht oder nur unter erheblichem zusätzlichen Programmieraufwand in einer professionellen Programmiersprache wie C++ gelöst werden können.

Wenn Sie wissen möchten, ob eine Funktion „skriptbar" (per Skript steuerbar) ist, sei Ihnen ein Blick in das große „Windows Scripting"-Buch [SCH07a] oder das des Microsoft TechNet Script Center [MST02] empfohlen. Sie können auch gerne auf der Leser-Website eine Frage an das Autorenteam stellen.

# 1.10   Fragen und Aufgaben

Nehmen Sie sich bitte etwas Zeit, um die nachfolgenden Fragen zu beantworten. Sie helfen Ihnen, das Wissen aus diesem Kapitel zu wiederholen und praktisch zu üben. Die richtigen Antworten bzw. Musterlösungen finden Sie im Anhang.

1. Wodurch unterscheiden sich der Windows Scripting Host und der Windows Script Host?

2. Wird der WSH 5.6 automatisch mit Windows Vista installiert?

3. Wird Visual Basic Script nur deshalb sehr häufig beim Scripting verwendet, weil es eine Compiler-Sprache ist?

4. Was ist an diesem Befehl falsch?

   ```
   WScript.Echo Keine Tippfehler machen!"
   ```

5. Was ist der wesentliche Unterschied zwischen WScript und CScript?

6. Wie erreicht man, dass alle Skripte im Kommandozeilenfenster gestartet werden?

7. Kann sich ein Befehl über mehrere Zeilen erstrecken?

8. Schreiben Sie ein Skript, das ausgibt: „Am Ende dieser Zeile steht die Versionsnummer des installierten WSH: 5.6"

# 2 Scripting-Werkzeuge

Die Effizienz und der Spaß bei der Entwicklung von Skripten hängen wesentlich davon ab, wie **Lernziele** einfach und komfortabel die Erfassung der Skripte und die Fehlersuche in den Skripten sind. In diesem Kapitel stellen wir drei Editoren (das Windows-Werkzeug *Notepad* sowie die kostenpflichtigen Drittanbieterprodukte *PrimalScript* und *SystemScripter*) und den *Microsoft Script Debugger* zur Fehlersuche vor. PrimalScript und SystemScripter sind leider keine zufällige Auswahl aus einer umfangreichen Produktpalette. Nein, diese beiden Editoren sind die einzige Wahl für alle, die regelmäßig Skripte entwickeln. Alle anderen Editoren auf dem Markt bieten keine erwähnenswerten Funktionen für das Windows Scripting mit dem WSH!

**Kein WSH-Skripteditor aus Redmond**

### Microsoft lässt die Skriptentwickler im Stich

Auch wenn Produktnamen und Marketing aus Redmond etwas anderes suggerieren: Es gibt keinen WSH-Skripteditor von Microsoft. Der in Microsoft Office-Produkte integrierte Microsoft Script Editor ist nur eine Entwicklungsumgebung für Skripte in HTML-Seiten. Gleiches gilt für die Entwicklungsumgebung Visual InterDev 6.0, die sich zwar mit ein paar Tricks zu etwas Unterstützung für den WSH hinreißen lässt (vgl. [SCH07a]), aber dennoch weit davon entfernt ist, die Wünsche des Skriptentwicklers zu erfüllen.

Der Umgang mit den Editoren Notepad, PrimalScript und SystemScripter wird anhand des folgenden Skripts kurz beschrieben. In diesem Beispiel werden die zwei Konstanten HALLO und WELT in der Zeichenfolge-Variablen Ausgabe zusammengeführt. Diese Ausgabe wird dann mit Hilfe eines Dialogfensters (MsgBox) ausgegeben.

```
' HalloWelt.vbs
' Hallo Welt Beispiel
' ===============================

Const HALLO = "Hallo"
Const WELT = "Welt"
Dim Ausgabe
' Zusammensetzen des Ausgabetexts
Ausgabe = HALLO & " " & WELT

' Die eigentliche Ausgabe
MsgBox Ausgabe
```

*Listing 2.1: HalloWelt.vbs*

Das Skript ist bewusst sehr einfach gehalten, da der Fokus dieses Kapitels auf den Editor-Funktionen liegt. Schwierigere Skripte lernen Sie in den folgenden Kapiteln kennen.

# 2.1 Nur zur Not: Notepad

**Nur zur Not** Der „ultimative" Editor „Visual" Notepad ist auch in der aktuellen Version immer noch ungeschlagen einfach und unkonventionell. Er „brilliert" mit Standardfunktionen wie *Suchen*, *Ersetzen* und *Gehe Zu*. Dabei lässt er doch geschickt alle wesentlichen Wünsche an eine Skriptentwicklungsumgebung offen. Aber Sie wissen ja, warum der Windows Editor „Notepad" heißt? Zur **Not** ist ein gutes **Pad**...

Fangen wir also mit dem einen (einzigen) Vorteil an, den Notepad bietet: Er ist auf allen Windows-Installationen vorhanden. Egal an welchem PC man gerade arbeitet, man kann sich darauf verlassen, dass Notepad da ist. Das ist in vielen (Not-)Situationen ein nicht zu unterschätzender Vorteil!

Nun zu dem Rest: Notepad unterstützt nicht einmal Standardfunktionen normaler Editoren wie Zeilennummern und Mehrfachfenster. Kenner älterer Windows-Versionen wissen, dass es sich bei der Funktion *Gehe Zu* – zum Springen in eine bestimmte Zeile – um die Luxusfunktion von Notepad schlechthin handelt. Nach speziellen WSH-Funktionen wie der farblichen Markierung der VBScript-Befehle und der direkten Ausführung der Skripte aus der Entwicklungsumgebung heraus braucht man unter diesen Vorzeichen im Notepad gar nicht erst zu suchen.

Die folgende Bildschirmabbildung zeigt denn auch, wie wenig ein Skriptentwickler von Notepad erwarten kann. WSH-Skriptdateien bieten im Kontextmenü den Eintrag *Bearbeiten*, der direkt in den Notepad führt.

*Bild 2.1:*
*Das Hallo*
*Welt-Skript im*
*Notepad*

```
' HalloWelt.vbs
' Hallo welt Beispiel
' Autor : Oliver@Scheer-IT.NET
' verwendet: Konstanten, Strings, MsgBox
' ==============================

Const HALLO = "Hallo"
Const WELT = "welt"
Dim Ausgabe

' Zusammensetzen des Ausgabetexts
Ausgabe = HALLO & " " & WELT

' Die eigentliche Ausgabe
MsgBox Ausgabe
```

**Starten** Um das Skript nach dem Bearbeiten zu starten, muss man mühevoll den Weg über die Kommandozeile oder über eine neue Funktion im Kontextmenü *Senden an* beschreiten.

Über die Kommandozeile muss die Datei als Parameter der entsprechenden WSH-Variante (*wscript.exe* oder *cscript.exe*) angegeben werden, um von diesem Host ausgeführt zu werden.

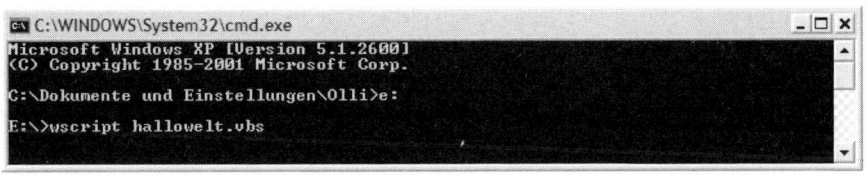

Das Behandeln von Fehlern mit Hilfe des Notepad erweist sich insofern als sehr aufwendig, **Fehlersuche**
als es keine direkte Verbindung zwischen Editor-Funktion und dem WSH gibt. Skripte können nicht direkt aus dem Editor gestartet werden; daher erfährt der Editor auch nichts von
den Fehlern und kann nicht an die Fehlerstelle springen. Fehlermeldungen, die in der Kommandozeile oder über ein Dialogfenster ausgegeben werden, müssen genau untersucht werden. Die dort angegebene Zeilennummer lässt sich anschließend innerhalb des Notepad
dazu verwenden, zumindest in die Zeile zu springen (*Bearbeiten|Gehe zu ...*), die den Fehler
verursacht hat.

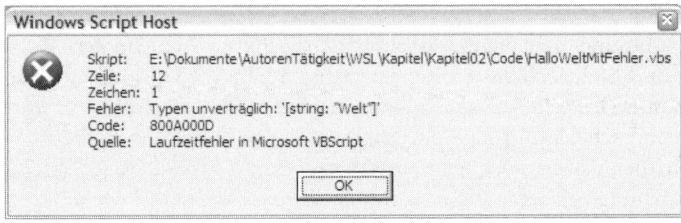

Da sich Microsoft seit Langem beharrlich weigert, mehr Funktionalität in den Notepad ein-
zubauen, werden in den folgenden Unterkapiteln zwei kommerzielle Alternativen besprochen. Wie bereits eingangs dieses Kapitels gesagt: PrimalScript und SystemScripter sind die
beiden einzigen echten WSH-Skripteditoren.

Wenn Sie keinen der beiden speziellen WSH-fähigen Editoren erwerben wollen, aber
dennoch etwas mehr Komfort als beim Notepad wünschen, können Sie natürlich auch
jeden anderen Texteditor anstelle des Notepad einsetzen. Es existieren zahlreiche kommerzielle und nicht-kommerzielle Texteditoren. Einige Beispiele dafür nennt die nachfolgende Tabelle.

| Editor | Hersteller | Bezugsquelle |
| --- | --- | --- |
| UltraEdit | IDM Computer Solutions | *http://www.ultraedit.com* |
| Eclipse | Eclipse Foundation | *http://www.eclipse.org/* |
| EditPlus | ES-Computing | *http://www.editplus.com* |
| Textpad | Helios Software Solutions | *http://www.textpad.com* |
| Multiedit | American Cybernetics | *http://www.multiedit.com* |
| VIM The Editor | Freeware | *http://www.vim.org* |
| Scintilla | Freeware | *http://www.scintilla.org* |

# 2.2    Einer für alles: PrimalScript

**Sapien**   Bei PrimalScript der Firma Sapien handelt es sich um einen erstklassigen, aber kommerziellen Universal-Editor, der einige spezielle Funktionen für die Entwicklung von WSH-Skripten bietet. PrimalScript (aktuelle Version: 4.1) unterstützt nicht nur direkt den Windows Script Host (WSH) und sogenannte Windows Script Components (WSC), sondern auch eine Vielzahl weiterer Sprachen und Scripting-Umgebungen, wie z.B. REXX, HTML, ASP, XML etc. Allerdings hat dieser große Funktionsumfang auch seinen Preis (\$ 149 für die Download-Version, \$ 159 für die CD-Version).

PrimalScript bietet sehr umfangreiche Funktionen an, die den Entwickler bei seiner Arbeit unterstützen. Dazu gehört u.a. eine Übersicht vieler Sprachkonstrukte, die sich als Vorlage direkt in das eigene Skript übertragen lassen (vgl. den linken Bereich der folgenden Abbildung). Zusätzlich verfügt PrimalScript über Syntax Coloring (automatische Farbunterscheidung), umfangreiche integrierte Hilfefunktionalitäten und Eingabehilfe. Trotz des sehr breiten Leistungsumfangs benötigt PrimalScript nur 5,5 MB auf der Festplatte und ist somit sehr schlank.

**Installation/<br>Bezugsquelle**   Nach dem Download der selbstentpackenden Installationsdatei von PrimalScript über die Website von Sapien (*http://www.sapien.com/*) führt diese automatisch durch ein Setup, welches den Editor vollständig einsatzbereit macht. Anschließend befindet sich ein entsprechender Eintrag im Startmenü.

*Bild 2.4:<br>Editieren<br>eines Skripts<br>mit Primal-<br>Script 4.1*

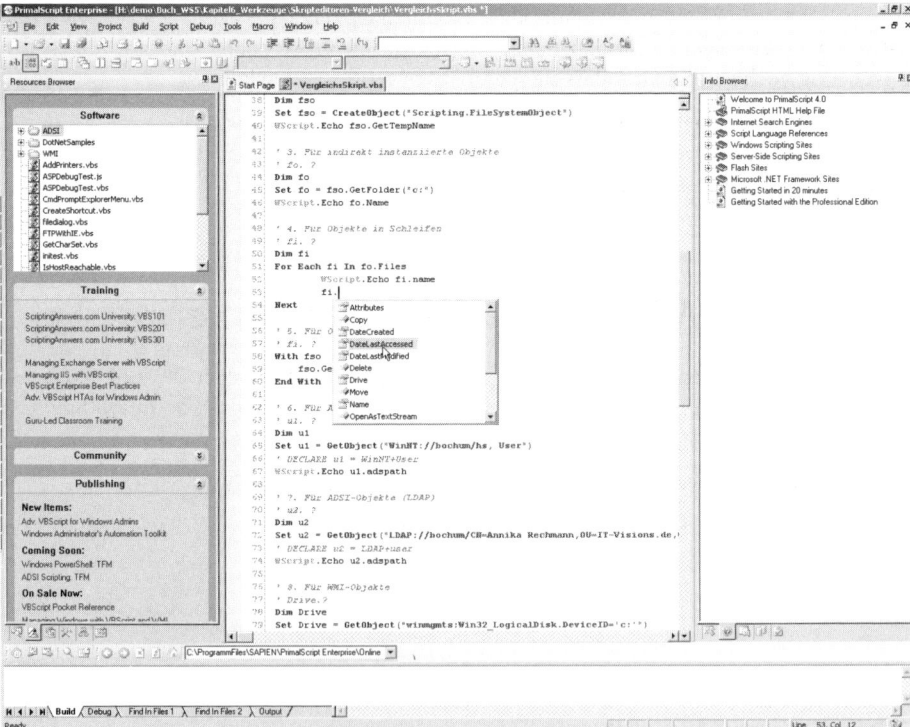

Beim Anlegen einer neuen Datei hat man die Qual der Wahl des Skript- bzw. Anwendungs-formats. Wie bereits erwähnt unterstützt PrimalScript noch weitere Skriptsprachen, in unserem Fall wählt man allerdings VBScript. Abhängig von der gewählten Sprache bietet PrimalScript angepasste Eingabe- und Syntaxhilfen an.

PrimalScript verfügt über verschiedene Hilfefunktionen. Über ein spezielles Fenster, das als Nexus bezeichnet wird (vgl. obige Abbildung links), kann man über mehrere Registerkarten direkt auf das Dateisystem zugreifen, diverse Hilfequellen aufrufen, frei definierbare externe Werkzeuge einblenden, Codeteile übernehmen und die Inhalte von Komponenten betrachten.

**Eingabe-hilfen**

> PrimalScript bietet für viele beim Scripting verwendete Objekte eine Auswahlfunktion der jeweils zur Verfügung stehenden Befehle an. Mehr dazu erfahren Sie in Kapitel 4 im Zusammenhang mit Objekten, weil an dieser Stelle die notwendigen Grundbegriffe noch nicht erklärt sind.

Nach der erfolgreichen Eingabe des Skripts muss dieses selbstverständlich gespeichert werden – es sei denn, man will es nicht für die Ewigkeit aufbewahren. Über das Menü *Tools|Options* lässt sich auch festlegen, ob das Skript bei Ausführung automatisch gespeichert und die vorhe-rige Version in eine *.bak*-Datei umbenannt werden soll.

**Abspeichern**

Um das Skript auszuführen, reicht anschließend das Drücken der [F7]-Taste oder des entsprechenden Symbols in der Symbolleiste. Vom Skript erzeugte Ausgaben werden auto-matisch in einem eigenen Ausgabefenster angezeigt. Diese Ausgaben sind auch nach der Ausführung noch verfügbar, sodass sie später ausgewertet werden können.

**Start des Skripts**

Innerhalb des Ausgabefensters werden alle Meldungen des Skripts ausgegeben. Tritt ein Fehler auf, wird dieser mit einer Meldung und der Angabe der Zeilennummer ebenfalls dort ausgegeben. Mit Hilfe der Zeilennummer lässt sich dann der Fehler im Code besser finden und untersuchen.

**Ausgabe von Meldungen**

# 2.3 Der WSH-Spezialist: SystemScripter

Unser deutscher Kollege Dr. Tobias Weltner ist angetreten, PrimalScript Konkurrenz zu machen. Sein SystemScripter ist hervorgegangen aus dem Vorprodukt Scripting Spy und trägt aktuell die Versionsnummer 6.0.

Der SystemScripter unterscheidet sich in den folgenden Punkten von PrimalScript:

**Vergleich mit PrimalScript**

▶ Bessere IntelliSense-Funktion für Scripting-Objekte

▶ IntelliSense-Funktion auch für Klassen der Windows Management Instrumentation (vgl. Kapitel 5.6)

▶ Codeprüfung bereits während der Eingabe

▶ Laufzeitfehler werden als Tooltips angezeigt

▶ Suchfunktion über alle Scripting-Komponenten

▶ Generator für Skriptcode-Beispiele

▶ Encoding und Decoding von Skripten, um den Skriptcode für Menschen unlesbar zu machen (vgl. Kapitel 18)

**Fehlende Funktionen**

Gegenüber PrimalScript existieren aber auch drei Einschränkungen beim SystemScripter:

- Der SystemScripter unterstützt nur VBScript und keine anderen Skriptsprachen.
- Er unterstützt nur den WSH und keine anderen Skriptumgebungen.
- Mit dem Skripteditor können nur einfache Skriptdateien (*.vbs*) bearbeitet werden. XML-basierte Skriptdateien mit der Dateinamenerweiterung *.wsf* (die in diesem Einsteigerbuch nicht behandelt werden) und Dokumentenformate wie HTML und XML sind nicht editierbar.

Folglich ist der SystemScripter eine gute Wahl, wenn Sie wirklich nur VBScript-Dateien für den WSH editieren wollen. Universeller, aber für WSH-Skriptentwickler an einigen Stellen auch etwas weniger komfortabel ist PrimalScript.

**Bezugsquelle**

Den SystemScripter (aktuelle Version 6.0) können Sie auf der Website *http://www.script-internals.de* zum Preis von 149 Euro erwerben.

**Installation**

Der SystemScripter trägt sich mit dem Punkt *mit SystemScripter öffnen* in das Kontextmenü von *.vbs*-Dateien im Windows Explorer ein. Außerdem hängt sich der SystemScripter als Tooltip für *.vbs*-Dateien in den Explorer ein und zeigt die ersten Zeilen des Quelltexts eines Skripts schon beim Überfahren mit der Maus.

*Bild 2.5: Skripte editieren im System-Scripter Version 6.0*

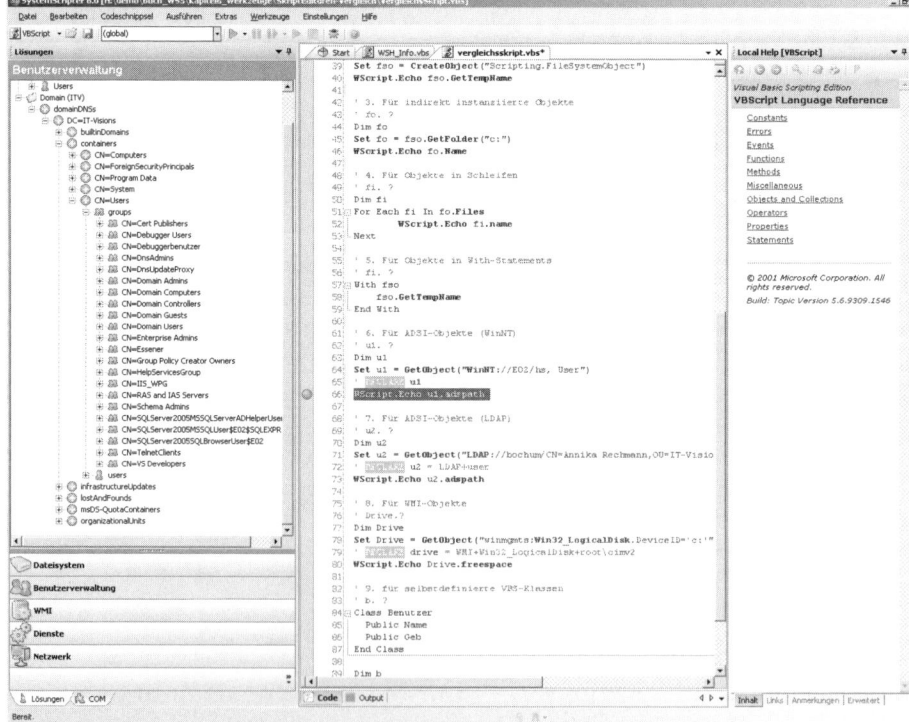

Der SystemScripter bietet eine Zeilennummerierung und eine gute Farbunterscheidung zwischen VBScript-Sprachbefehlen, Bezeichnern, Operatoren und Literalen. Leider sind die Farben nicht konfigurierbar. In den sehr spärlichen Editor-Optionen kann man nur die Schriftart und die Schriftgröße wählen.

**Grundfunktionen**

Als Eingabehilfen liefert der SystemScripter Auto-Vervollständigen nicht nur für VBScript-Befehle, sondern auch für bereits verwendete Variablen. Für Objekte bietet der Editor eine Auswahlliste der verfügbaren Befehle, die bei mehr Objekten funktioniert als bei PrimalScript.

**Eingabehilfen**

Der SystemScripter enthält zahlreiche Codegeneratoren, die Skriptfragmente erzeugen. Einige Codegeneratoren sind über den Kontextmenüeintrag *Codeschnippsel* erreichbar, andere hingegen über die Fensterleiste *Lösungen*.

**Codegeneratoren**

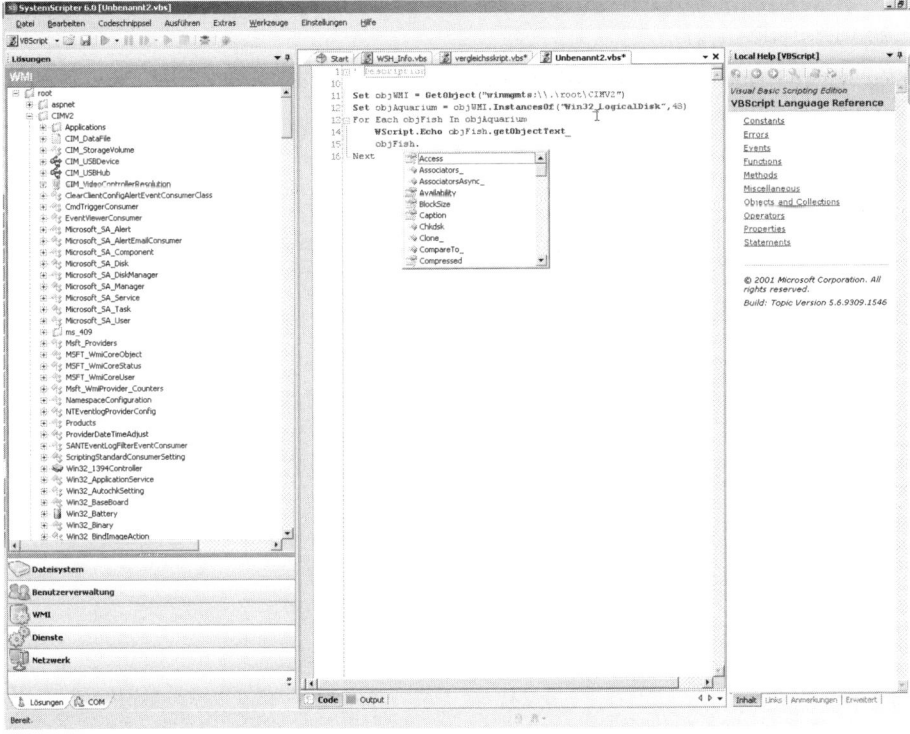

*Bild 2.6:
Der System-Scripter erzeugt Codefragmente durch Ziehen& Fallenlassen (Drag&Drop) aus dem Lösungsfenster.*

Durch einen Klick auf den Start-Pfeil in der Symbolleiste oder die Registerkarte *Skript ausführen* wird ein Skript innerhalb des SystemScripter gestartet. Ausgaben, die eigentlich ins Kommandozeilenfenster gehen würden, landen in der Registerkarte *Skript ausführen*. Fehler zeigt der SystemScripter direkt im Codefenster an – sehr elegant mit Hilfe von Tooltips (siehe folgende Abbildung).

*Bild 2.7:*
*Anzeige einer*
*Fehlermeldung*
*im System-*
*Scripter 6.0*

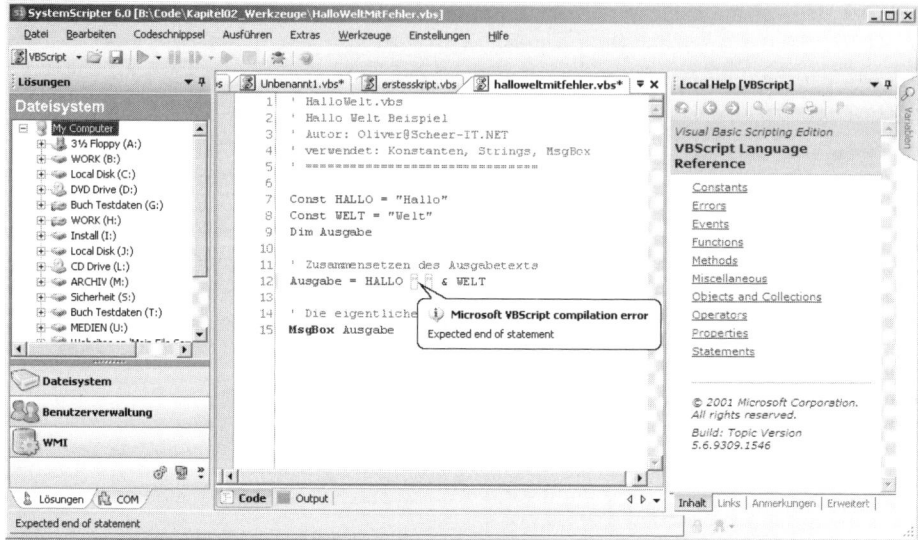

Eine Schwachstelle des SystemScripter ist die fehlende Dokumentation: Hier wird nur die WSH-Dokumentation von Microsoft, nicht aber eine Hilfedatei zum Editor selbst mitgeliefert. Lediglich auf der Website gibt es einige Hinweise.

## 2.4 Microsoft Script Debugger

Das Debugging, also das Finden und Entfernen von Bugs (Programmfehlern) in Skripten, ist eine zentrale Aufgabe für den Skriptprogrammierer.

Der *Microsoft Script Debugger* (*msscrdbg.exe*) ist ein Debugging-Werkzeug, das zusammen mit dem Internet Explorer installiert wird. Mit dem Script Debugger können aber nicht nur Internet Explorer-Skripte, sondern auch WSH-Skripte auf Fehler untersucht (auf neudeutsch: *gedebuggt*) werden.

Auf der Buch-CD finden Sie den Script Debugger auch als Einzel-Setup im Verzeichnis *\Install\Werkzeuge\Debugger\Microsoft Script Debugger*.

Die Editoren PrimalScript und SystemScripter enthalten auch jeweils einen eigenen Skript-Debugger, der aufgrund der Integration in den Editor komfortabler zu bedienen ist. Allerdings sind diese Produkte im Gegensatz zum Microsoft Script Debugger auch kostenpflichtig.

## 2.4.1 Fehlerarten

Man muss beim Debugging drei Arten von Fehlern unterscheiden.

**Kompilierungsfehler:** Der Begriff **Kompilierungsfehler** scheint in einem Buch über Scripting auf den ersten Blick verwunderlich zu sein, da Skriptsprachen ja interpretiert werden. Eine Kompilierung im engeren Sinne findet beim WSH auch nicht statt, doch wird das Skript vor dem Start durch den WSH auf die syntaktische Gültigkeit hin überprüft. Bereits zu diesem Zeitpunkt kann die Vollständigkeit von Sprachkonstrukten kontrolliert werden. Ein Kompilierungsfehler entsteht beispielsweise, wenn Sie im nachfolgenden Listing die Zeile 5 (End If) weglassen. Sofern ein Kompilierungsfehler festgestellt wird, wird die Ausführung des Skripts gar nicht erst begonnen, selbst wenn die ersten Befehle des Skripts fehlerfrei sind. **Kompilierungsfehler**

```
a = msgbox("Fehler oder kein Fehler?",vbYesNo)
If a = vbYes then
   u = 0
   x = 7 / u ' Laufzeitfehler: Division durch 0
End If  ' ohne diese Zeile -> Kompilierungsfehler
Msgbox "Ergebnis: " & X
```

*Listing 2.2: Demo-Skript*

*Bild 2.8: Anzeige eines Kompilierungsfehlers im WSH*

**Laufzeitfehler:** Der Parser findet jedoch nicht alle Fehler (z.B. nicht initialisierte Variablen oder nicht definierte Unterroutinen) und kann auch zahlreiche Fehler gar nicht finden (z.B. Division durch Null). Diese Fehler werden erst zur Laufzeit festgestellt, d.h., die Skriptausführung beginnt und wird beim Auftreten des Fehlers angehalten. Sofern die Programmzeile, in der sich der Fehler befindet, nicht durchlaufen wird, tritt der Fehler auch nicht auf. Wenn Sie im obigen Listing mit Nein antworten, tritt der „Division durch Null"-Fehler also nicht auf. **Laufzeitfehler**

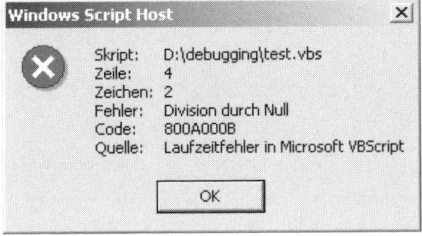

*Bild 2.9: Laufzeitfehler im WSH*

**Logische Fehler:** Das größte Problem sind logische Fehler: Sie werden nicht vom WSH bemerkt, sondern führen zu unerwarteten Ergebnissen bei der Ausführung. **Logische Fehler**

## 2.4.2  Start des Debuggers

Für den Windows Script Host (WSH) muss das Debugging grundsätzlich mit dem Schlüssel *HKEY_LOCAL_MACHINE\SOFTWARE\Microsoft\ Windows Script Host\Settings\Active-Debugging = 1* aktiviert sein.

Wenn obige Voraussetzung erfüllt ist, gibt es drei Möglichkeiten, den Microsoft Script Debugger für ein WSH-Skript zu starten:

- Wenn das Skript mit der WSH-Kommandozeilenoption //D aufgerufen wurde, startet der WSH den Debugger bei einem Kompilierungs- oder Laufzeitfehler.

- Wenn das Skript mit der WSH-Kommandozeilenoption //X aufgerufen wurde, startet der WSH den Debugger schon beim ersten Befehl unabhängig davon, ob ein Fehler passiert ist. Diese Option benötigt man zum Finden logischer Fehler.

- In VBScript gibt es einen speziellen Befehl, der den Debugger startet: Stop. Zusätzlich muss der WSH aber auch mit der Kommandozeilenoption //D gestartet werden.

**Beispiel**  Die folgende Programmzeile startet das Skript *MonitorServices.vbs* von der ersten Programmzeile an im Debugger:

```
cscript //X H:\CD\Skripte\10_Services\MonitorServices.vbs
```

In der nächsten Grafik sehen Sie das Skript innerhalb des Microsoft Script Debuggers. Die erste Zeile, die einen Befehl enthält (Dim-Anweisungen werden ignoriert), wird vom Debugger gelb unterlegt.

*Bild 2.10: Start eines Skripts im Microsoft Script Debugger*

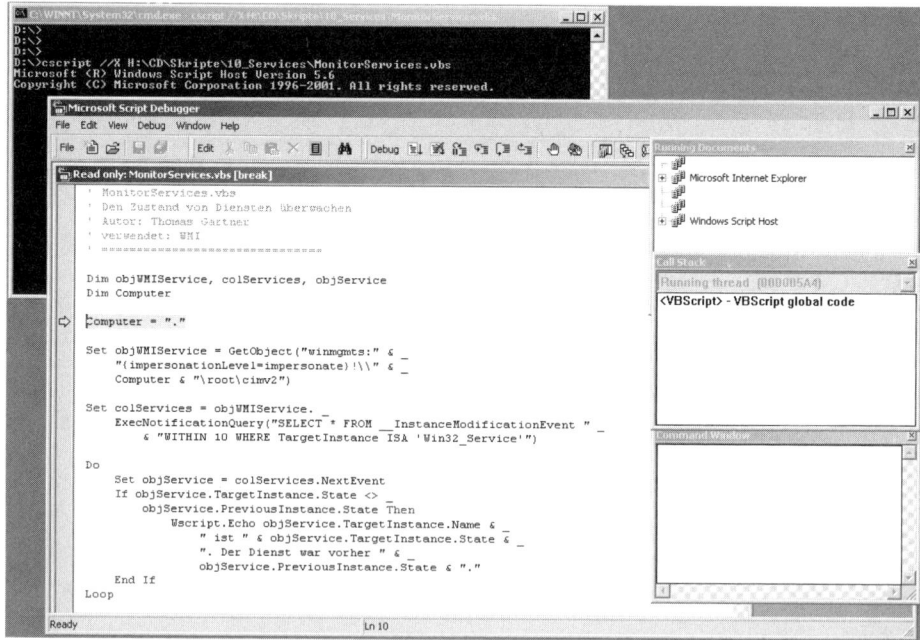

Neben dem kostenlosen Microsoft Script Debugger gibt es noch einen WSH-Debugger im kostenpflichtigen Microsoft-Produkt *Visual InterDev 6.0*. Sind beide Debugger installiert, bietet Windows vor dem Aufruf des Debuggers einen Auswahldialog.

## 2.4.3 Funktionen des Microsoft Script Debuggers

Innerhalb des Microsoft Script Debuggers stehen folgende Funktionen zur Verfügung:

▷ Durch Drücken der Taste [F8] gelangen Sie zum nächsten Befehl (Einzelschrittmodus). Die jeweils aktuelle Zeile ist gelb markiert.

**Funktionen im Debug-Modus**

▷ Die Taste [F5] setzt das Programm fort. Es läuft weiter, bis es auf einen Fehler, einen Stop-Befehl oder einen zuvor im Debugger gesetzten Haltepunkt trifft.

▷ Über die Taste [F9] können Haltepunkte gesetzt werden, an denen das Skript stoppen soll (Zeilen mit Haltepunkt werden vom Debugger rot markiert und mit einem Punkt vor der Zeile versehen).

▷ In einem sogenannten Direktfenster (*Command Window*) kann man mit dem Fragezeichen (?) Werte von Variablen abfragen und Unterroutinen direkt aufrufen.

▷ Die Aufrufreihenfolge der Unterroutinen kann man im Fenster *Call Stack* betrachten.

Der Script Debugger besitzt zwar einen eingebauten einfachen Skripteditor (Menü *Datei/ Neu*), jedoch können auch darin erstellte Skripte nicht innerhalb des Debuggers gestartet werden, sondern müssen extern aufgerufen werden und unterliegen damit den gleichen Beschränkungen wie andere Skripte auch.

**Editor**

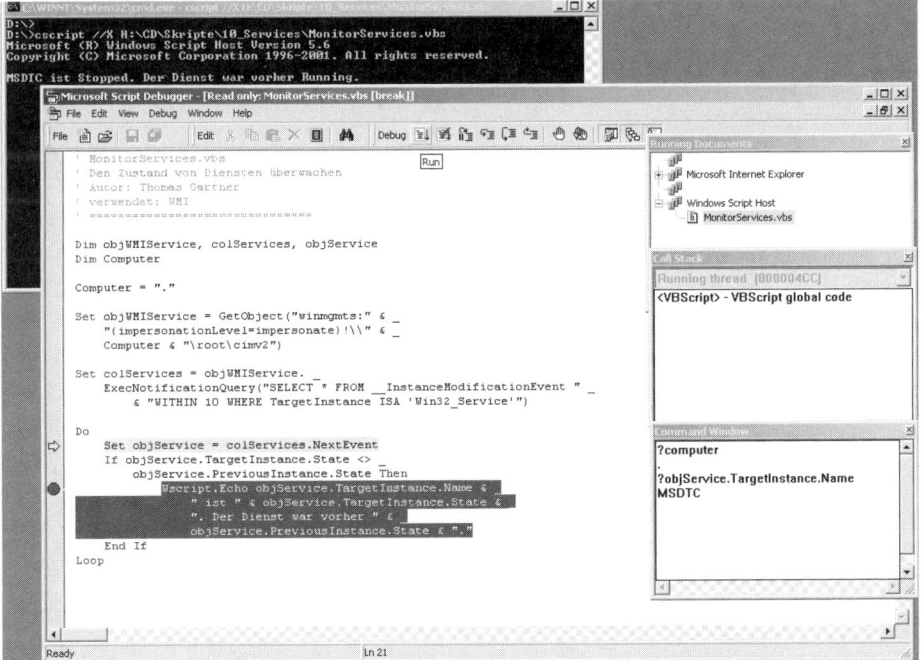

*Bild 2.11: Analyse eines Skripts im Script Debugger*

## 2.5   Fragen und Aufgaben

1. Welches ist das einfachste Mittel, um eine VBScript-Anwendung zu erstellen?
2. Was versteht man unter dem Begriff *Debugging*?
3. Welche Arten von Fehlern können innerhalb eines Skripts auftreten?

# 3 Programmieren mit VBScript

In diesem Kapitel werden die Grundlagen für das Programmieren mit VBScript vermittelt. **Lernziel** Dazu gehören die grundlegenden Regeln, die beim Erstellen von VBScript-Code notwendig sind, sowie das Arbeiten mit Konstanten und Variablen. Anschließend wird die Verwendung von Bedingungen und Schleifen besprochen, mit denen der Ablauf des Skripts gesteuert werden kann. Weiterhin geht es um eingebaute Funktionen und selbst definierte Unterroutinen. Am Ende wird das Rüstzeug für den Umgang mit Laufzeitfehlern vermittelt.

Ein großes Gebiet der VBScript-Programmierung ist die Arbeit mit Objekten. Dieses wichtige Thema ist in Kapitel 4 ausgelagert.

## 3.1 Die Visual Basic-Sprachfamilie

Die Sprache BASIC (Beginners All Purpose Symbolic Instruction Code) hat bei Microsoft eine lange Geschichte, zunächst als QBasic, später als Visual Basic. Innerhalb der Microsoft Windows-Welt ist Visual Basic die beliebteste Programmiersprache.

Visual Basic gibt es in vier Dialekten:

▷ Das eigentliche Visual Basic zur Entwicklung eigenständiger Anwendungen,

▷ Embedded Visual Basic zur Entwicklung für Windows CE (das Handheld-Betriebssystem von Microsoft),

▷ Visual Basic for Applications (VBA) als Makrosprache in Microsoft Office und anderen Endbenutzer-Anwendungen

▷ und Visual Basic Script (VBS) für den Windows Script Host (WSH) und andere Skriptumgebungen in Windows-Anwendungen.

VBA und VBScript haben ähnliche Anwendungsgebiete. Der Hauptunterschied liegt darin, dass VBScript kostenlos ist, während Microsoft für die Verbreitung von Anwendungen mit integriertem VBA kräftig Lizenzgebühren kassiert. VBA ist außerdem nicht nur eine Sprache, sondern umfasst auch eine komfortable Entwicklungsumgebung, worin der Hauptgrund für den hohen Preis zu suchen ist.

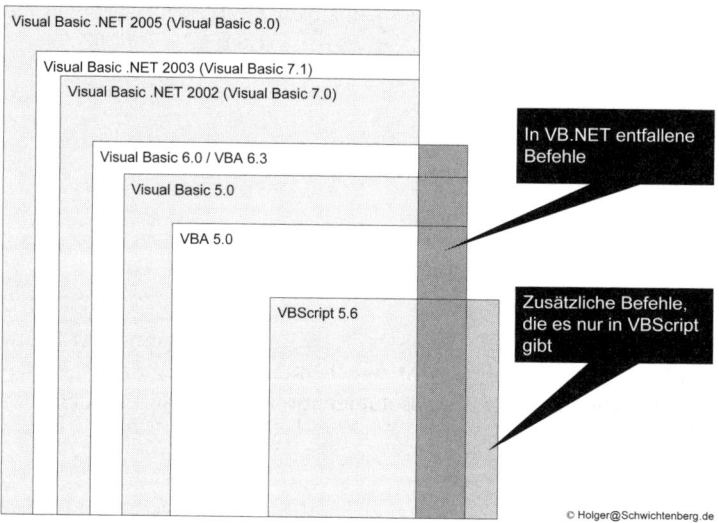

**Visual Basic** Wie in Kapitel 1 bereits erwähnt ist Visual Basic Script eine Interpreter-Sprache, bei der die Befehle erst während des Ablaufs zeichenweise in Maschinensprachebefehle für den Mikroprozessor umgesetzt werden.

# 3.2 Allgemeines zum Arbeiten mit VBScript

In diesem Abschnitt geht es um grundlegende Regeln und den Aufbau von VBScript-Dateien. Im Gegensatz zu anderen Sprachen gibt es nur wenige Konventionen, die eingehalten werden müssen.

**VBScript-Syntax** Als Erstes einige einfache Regeln für die formale Struktur (Syntax) von VBScript:

- Grundsätzlich enthält jede Zeile genau einen Befehl.

- Es ist möglich, mehrere Befehle getrennt durch einen Doppelpunkt in eine Zeile zu schreiben. Auf diese Möglichkeit sollten Sie aber aus Gründen der Übersichtlichkeit verzichten.

- Wenn Befehle sich über mehr als eine Zeile erstrecken sollen, müssen alle Zeilen mit nicht abgeschlossenen Befehlen mit einem Unterstrich „_" enden.

- Leerzeilen, Leerzeichen und Tabulatoren sind in beliebiger Häufung erlaubt, um den Skriptcode übersichtlicher zu machen.

- VBScript ist nicht case-sensitive: Die Groß- und Kleinschreibung der Schlüsselwörter ist also ebenso ohne Bedeutung wie die Schreibweise Ihrer selbst gewählten Bezeichner für Variablen, Unterroutinen etc.

- Sofern es nicht durch Bedingungen, Schleifen oder Unterroutinen (die Sie später in diesem Kapitel kennenlernen werden) anders bestimmt wurde, wird ein Skript sequenziell ausgeführt. Die Ausführung beginnt in der ersten Zeile. Folglich ist die Reihenfolge der Befehle für die korrekte Ausführung des Skripts grundsätzlich wichtig. In vielen Fällen gibt es jedoch mehrere verschiedene richtige Reihenfolgen. Demnach ist die Reihenfolge nicht beliebig.

Bei der Erstellung von VBScript-Code gibt es also prinzipiell die Möglichkeit, mehrere Anweisungen (Befehle) in eine Zeile zu schreiben. Diese Befehle müssen dazu allerdings mit einem Doppelpunkt : voneinander getrennt werden.

```
ErsterBefehl() : ZweiterBefehl() : DritterBefehl()
```

Allerdings entspricht dies nicht ganz der ordentlichen Programmierung. Damit der erstellte Code einfach zu lesen ist, sollte man pro Zeile immer nur einen Befehl verwenden:

```
ErsterBefehl()
ZweiterBefehl()
DritterBefehl()
```

Im Gegensatz zu anderen Sprachen, wie z.B. C++ oder Java, hält es VBScript mit der Groß- und Kleinschreibung nicht so genau. Es wird nicht zwischen diesen beiden Schreibweisen unterschieden, sodass die folgenden Codezeilen absolut identisch interpretiert werden:

```
IF wert1>wert2 THEN wert2 = wert1
If wert1>wert2 Then wert2 = WERT1
if Wert1>wert2 then wert2 = Wert1
```

Zwar ist es in VBScript möglich, sehr lange Codezeilen zu schreiben, allerdings sind diese für die Lesbarkeit nicht gerade von Vorteil. Sollte einmal der Fall auftreten, dass eine sehr lange Codezeile entsteht, so kann man zwischen zwei Zeichen (Buchstaben oder Symbolen), die nicht zu einem Befehl oder Wert gehören, durch einen Unterstrich _ trennen und in der nächsten Zeile fortsetzen. Das folgende Beispiel verdeutlicht diese Möglichkeit.

```
If (Wert1>Wert2) And (Wert2>Wert3) Or (Wert1>Wert3) Then
   ...
End If
```

Dieser Code kann durch Umbrechen von Zeilen mit dem Unterstrich wie folgt dargestellt werden:

```
If (Wert1>Wert2) And _
   (Wert2>Wert3) Or _
   (Wert1>Wert3) Then
   ...
End If
```

# 3.3   Kommentare

Grundsätzlich sollte man bei der Programmierung dem eigentlichen Programmcode zusätzliche Kommentare hinzufügen, um das Programm für sich selbst und andere verständlich zu machen. Ein gutes Skript zeichnet sich dadurch aus, dass es gut lesbar ist, dass der Code also entsprechend kommentiert wurde. Zwar kann man anhand des Programmcodes oft schon sehen, was innerhalb eines Skripts geschieht, allerdings wird diese Lesbarkeit durch Kommentare wesentlich verbessert. Um einen Kommentar innerhalb eines Codes zu definieren, muss dieser mit einem Hochkomma ' oder mit dem Schlüsselwort REM eingeleitet werden.

```
' Kommentare.vbs
' Kommentieren von Quellcode
' verwendet: keine weiteren Komponenten
' ===============================

' Dies ist ein Kommentar

REM Dies ist auch ein Kommentar
```

*Listing 3.1: Kommentare.vbs*

Dieses Beispiel enthält, wie jedes Beispiel-Listing in diesem Buch, einige Kommentarzeilen, die das Skript beschreiben (Name der Datei, Beschreibung, Autor etc.), sowie zwei beispielhafte Kommentare mittels Hochkomma ⟨ ' ⟩ und REM-Befehl.

# 3.4　Literale

Bei Literalen handelt es sich um statische Werte, die direkt innerhalb des Codes hinterlegt werden. Literale werden zum Beispiel für folgende Aufgaben verwendet:

▷ Texte, die das Skript ausgeben soll

▷ Namen von Dateien, die das Skript auslesen soll

▷ Schwellwerte, die für Gültigkeitsprüfungen verwendet werden sollen

Es gibt verschiedene Arten von Werten:

**Zahlen** Ganzzahlige numerische Werte werden einfach durch die Aneinanderreihung von Ziffern dargestellt (z.B. 123). Bei Fließkommazahlen (nicht-ganzzahligen numerischen Werten) wird das Dezimaltrennzeichen nicht durch ein Komma dargestellt, sondern – amerikanisch – durch einen Punkt (z.B. 123.456).

**Andere Zahlensysteme** Neben dem Dezimalsystem unterstützt VBScript noch zwei andere Zahlensysteme: Hexadezimalzahlen werden durch ein vorangestelltes "&h", Oktalzahlen durch ein "&o" kenntlich gemacht.

 Beim Scripting werden manchmal Zahlen als Hexadezimalzahlen oder Oktalzahlen dargestellt, weil die Darstellung einer bestimmten Zahl in diesen Zahlensystemen einfacher ist als im Dezimalsystem.

**Strings** Zeichenketten werden in Anführungszeichen ⟨ " ⟩ dargestellt. Jeweils am Anfang und am Ende des Textes begrenzt dieses Zeichen die Zeichenketten. Möchte man innerhalb einer Zeichenkette selbst ein Anführungszeichen darstellen, so muss dieses mittels doppelter Anführungszeichen geschehen, z.B. „Hier ist ein Anführungszeichen „„Hallo„„ ! „.

**Datum und Uhrzeit** Datums- und Uhrzeit-Werte werden innerhalb von zwei Nummerzeichen ⟨ # ⟩ dargestellt. Darüber hinaus erfolgt die Darstellung im amerikanischen Format, d.h. mm/dd/yyyy. Für das Datum „11. April 1975" schreibt man also: #04/11/1975#. Auch die Uhrzeit muss in amerikanischer Schreibweise angegeben werden, z.B. #04/11/1975 11:15:00AM#.

**True und False** Die Wahrheitswerte (boolesche Werte) „Wahr" und „Falsch" werden mittels der beiden Wörter True und False dargestellt.

Die Darstellung von Währungswerten ist abhängig von den Währungseinstellungen innerhalb der Systemsteuerung. Für eine auf Euro eingestellte Systemsteuerung wäre folgender
Wert möglich: „3.231,59 €“. Dabei muss der Wert innerhalb von Anführungszeichen angegeben werden.

**Währungs-
angaben**

Der Sonderzustand „noch kein Wert zugewiesen“ wird durch das Wort `Empty` angezeigt; der
Sonderzustand „Variable hat keinen Wert“ wird durch das Wort `Null` dargestellt.

**Empty und
Null**

Die einfachste Möglichkeit der Verwendung von Literalen ist der in Kapitel 1 vorgestellte
`WScript.Echo`-Befehl. Das folgende Beispiel zeigt, wie `WScript.Echo` die beschriebenen Formen von Literalen ausgibt. In der Ausgabe sieht man, dass Hexadezimalzahlen und Oktalzahlen immer als Dezimalzahlen ausgegeben werden.

**Ausgabe von
Werten**

```
' Literale.vbs
' Ausgabe von Literalen
' ================================================================

' Ausgabe von Zahlen
WScript.Echo(123123)

WScript.Echo(323.923)
WScript.Echo(&o77)
WScript.Echo(&h0AE1)

WScript.Echo("Mein Name ist Oliver")

WScript.Echo(#04/11/1975#)
WScript.Echo(#04/11/1975 11:15:00AM#)

WScript.Echo(True)
WScript.Echo(False)

WScript.Echo("3.412,56 _")

WScript.Echo(Null)
WScript.Echo(Empty)
```

*Listing 3.2: Literale.vbs*

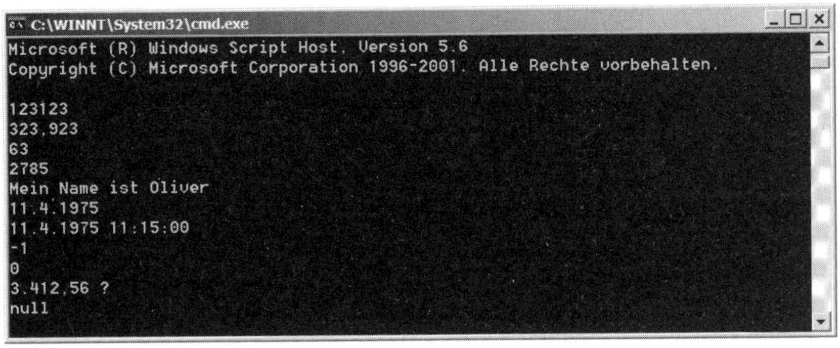

*Bild 3.2:
Literale in der
Kommando-
zeile, ausge-
führt mit
CScript.exe*

# 3.5 Konstanten

**Konstanten**  Bei Konstanten handelt es sich um fest definierte Werte, die sich über den gesamten Zeitraum der laufenden Anwendung nicht verändern sollen bzw. die vom Design her auch nicht verändert werden dürfen. Ihr Zweck liegt darin, feste Werte zu definieren, die im laufenden Skript immer wieder verwendet werden können. Diesen Werten wird durch eine Konstantendefinition ein Name gegeben, sodass über diesen Namen auf den Wert zugegriffen werden kann.

Ein typisches Beispiel, das auch immer wieder in diesem Buch vorkommt, ist der Name des anzusprechenden Computers. Dieser muss oft mehrmals in einem Skript verwendet werden. Wenn der Name sich ändert, müsste normalerweise auch das Skript an mehreren Stellen geändert werden. Aus diesem Grund definiert man besser am Anfang des Skripts eine Konstante:

```
Const COMPUTER = "E04"
```

Danach verwendet man nicht mehr das Literal „Sonne", sondern COMPUTER als Alias für das Literal „Sonne".

```
Const COMPUTER = "E04"
Wscript.Echo "Zugriff auf den Computer " & COMPUTER
' ... diverse Befehle ...
Wscript.Echo "Computer " & COMPUTER & " wurde neu gestartet."
```

**Kaufmännisches UND**  Wichtig ist, dass COMPUTER nicht innerhalb der Anführungszeichen steht, sondern über das kaufmännische Und-Zeichen mit den beiden Literalen „Computer" und „wurde neu gestartet." verbunden ist. Alternativ kann zur Verkettung auch das Plus-Zeichen verwendet werden.

Würden Sie schreiben „Computer COMPUTER wurde neu gestartet.", dann würde der WSH genau das buchstabengetreu ausgeben und nicht den Namen „E04" an die richtige Stelle einbauen. Eine Ersetzung einer Konstanten durch den zugewiesenen Wert findet nur statt, wenn der Name der Konstante nicht in Anführungszeichen steht.

Das Wort COMPUTER ist ein beliebiger Begriff, der in diesem Zusammenhang Bezeichner genannt wird. Das Wort komplett groß zu schreiben ist kein Muss; in diesem Buch werden aber alle selbst definierten Konstanten groß geschrieben.

Im Gegensatz zu Variablen (diese werden im Unterkapitel 3.6 beschrieben) kann der Wert von Konstanten zur Laufzeit nicht verändert werden. Wird dies versucht, so tritt ein Laufzeitfehler auf.

Bei Bezeichnern handelt es sich um vom Skriptentwickler vergebene Namen für Konstanten, Variablen und Unterroutinen. Die Namen dürfen relativ flexibel definiert werden, unterliegen allerdings den folgenden Regeln:

▶ Sie müssen mit einem Buchstaben beginnen.

▶ Sie dürfen nicht länger als 255 Zeichen sein.

▶ Sie dürfen nicht mit Schlüsselwörtern der Sprache identisch sein.

▶ Sie dürfen außer dem Unterstrich keine Satz- oder Sonderzeichen enthalten.

## 3.5.1 Vordefinierte Konstanten

VBScript enthält bereits ein umfangreiches Repertoire an vordefinierten Konstanten, die in verschiedenen Szenarien eine große Hilfe darstellen. So gibt es beispielsweise für einige Grundfarben Konstanten, die den Zahlenwert für die Farbe kapseln, sodass man sich nicht mehr diese Zahl, sondern nur noch den Namen merken muss.

**Regeln für Bezeichner**

**Kommentare**

Die eingebauten Konstanten erkennt man an ihrem Namen. Sie beginnen stets mit „vb". Das folgende Beispiel zeigt die Konstante vbCrLf (Carriage Return/Line Feed), die bewirkt, dass die Ausgabe in der nächsten Zeile fortgesetzt wird.

```
' KonstantenStandard.vbs
' Arbeiten mit Konstanten
' ===============================

WScript.Echo("Dies ist ein Beispiel für Standardkonstanten von VBScript.")
WScript.Echo("Eine Zeile." & vbCrLf & "Noch eine Zeile." & vbCrLf & _
    "Und noch eine Zeile.")
```

*Listing 3.3: KonstantenStandard.vbs*

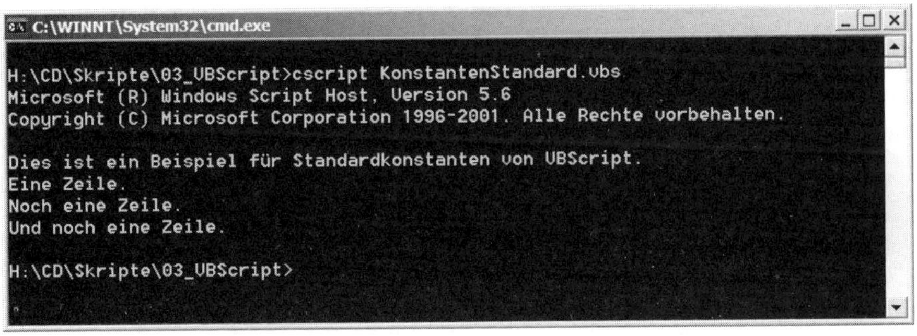

*Bild 3.3: Ausgabe des Listing*

## 3.5.2 Definieren eigener Konstanten

Die bisher beschriebenen vordefinierten Konstanten reichen allerdings bei Weitem nicht in allen Fällen aus. Um die Entwicklung von Skripten zu verbessern und durch eigene Konstanten den Skriptcode lesbarer und wartbarer zu gestalten, ist es möglich, eigene Konstanten zu definieren. Dies geschieht mit dem Schlüsselwort Const. Jede beliebige Art von Literalen kann zugewiesen werden.

```
Const conMeinAlter = 27
Const conMeinComputer = "R2D2"
Const conDatum = #08/31/02#
Const MEIN_NAME = "Oliver"
```

Für die Entwicklung von Skripten und die Verwendung von Konstanten empfiehlt es sich, eine einheitliche Form für die Vergabe von Konstantennamen zu verwenden. Dabei existieren keine verpflichtenden Vorgaben; allerdings gibt es bereits einige sinnvolle Schreibweisen für Konstanten. Zum einen kann durch das Voransetzen von „con" für „Const" ein Bezeichner als

**Namen für Konstanten**

Konstante gekennzeichnet werden, z.B. `conFesterWert`. Eine weitere Möglichkeit wäre aber auch die Großschreibung des Bezeichners, z.B. `FESTER_WERT`. Dadurch werden Les- und Wartbarkeit wesentlich verbessert. Letztere Notation verwenden wir in diesem Buch.

### 3.5.3  Verwenden von Konstanten

Das folgende Beispiel definiert zwei Konstanten `MEIN_NAME` und `MEIN_ALTER`. Diese beinhalten eine Zeichenkette und eine Zahl. Diese Werte werden innerhalb der Anwendung für eine Ausgabe des Namens und für den Vergleich des Alters des Benutzers verwendet.

```
' Konstanten.vbs
' Arbeiten mit Konstanten
' verwendet: Const
' ===============================

Const MEIN_NAME = "Oliver"
Const MEIN_ALTER = "27"

' Ausgabe des Namens des Skriptautors
WScript.Echo("Mein Name ist " & MEIN_NAME & ".")

' Ausgabe des Alters des Skriptautors
WScript.Echo("Ich bin " & MEIN_ALTER & " Jahre alt.")
```

*Listing 3.4: Konstanten.vbs*

# 3.6  Variablen

**Variablen**  Bei Variablen handelt es sich – ähnlich wie bei Konstanten – um Speicher für einzelne Werte. Wie in Konstanten können auch in Variablen beliebige Literale aufgenommen werden. Im Gegensatz zu Konstanten sind die Inhalte von Variablen aber zur Laufzeit des Skripts, wie der Name schon sagt, variabel – sie lassen sich verändern. Die Veränderung kann die Zuweisung eines anderen Literals sein oder die Zuweisung eines Ausdrucks, der ein Ergebnis erreicht. „Ausdruck" ist ein anderes Wort für eine Formel. Ein Ausdruck besteht aus mindestens einem Operator und mindestens einer Variablen oder Konstanten.

Variablen werden innerhalb von Skripten dazu verwendet, dynamisch Werte aufzunehmen, um mit diesen weiterzuarbeiten und sie auf beliebige Weise zu manipulieren, um so zu einem gewünschten Ergebnis zu kommen.

Für die Namen von Variablen gelten die gleichen Regeln wie für die Namen von Konstanten. Variablen schreiben wir in diesem Buch in normaler Groß-/Kleinschreibweise. Um eine Variable von einem Befehl unterscheiden zu können, verwenden wir folgende Vereinbarung:

1. Alle Variablen-Bezeichner sind auf Deutsch (sofern es nicht nur einfache Namen wie x und y sind).

2. Befehle erhalten als Zusatz immer ein Klammernpaar ( ). Das ist so üblich und Sie werden später noch verstehen warum.

## 3.6.1 Verwendung von Variablen

Eine Variable kann auf der linken oder rechten Seite einer Zuweisung verwendet werden.

| Allgemeine Form | Beispiel |
|---|---|
| `Variable = Literal` | `Name = "Holger Schwichtenberg"` |
| `Variable1 = Variable2 Operator Variable3` | `Name = "Holger " & "Schwichtenberg"` |

Außerdem kann eine Variable

▷ in einer Bedingung,

▷ als Zähler oder Bedingung in einer Schleife oder

▷ als Parameter für den Aufruf einer Prozedur oder Funktion verwendet werden.

Diese drei Fälle lernen Sie später in diesem Buch noch kennen.

### Deklaration

Damit Variablen verwendet werden können, **sollten** sie erst **deklariert** werden. Deklarieren bedeutet, sie werden dem Skript „offiziell" bekannt gegeben. Diese Deklarierung kann mit dem Schlüsselwort `Dim` geschehen. **Explizite Deklarierung**

```
Dim schleifenZaehler
Dim aktuellesDatum, startDatum, endDatum
```

Es ist möglich, innerhalb einer Deklarationsanweisung eine oder auch mehrere Variablen zu definieren.

Eine Deklarierung ist in VBScript nicht unbedingt notwendig; man kann eine Variable auch ohne vorherige Deklarierung verwenden. **Implizite Deklarierung**

```
irgendEinDatum = #04/11/75#
eineZahl = 42
```

Die Nicht-Deklarierung von Variablen wird allerdings als „schlechter" Stil angesehen. Grundsätzlich ist es übersichtlicher und „ordentlicher", Variablen immer zu Beginn des Skripts mittels `Dim` zu deklarieren. Eine Deklarierung kann auch erzwungen werden, indem man an den Anfang des Skripts den Befehl `Option Explicit` setzt. Alle undeklarierten Variablen führen dann zu einer Fehlermeldung.

### Beispiel

Nach der „ordentlichen" Deklarierung einer Variablen kann sie verwendet werden. Das folgende Skript definiert verschiedene Variablen und weist diesen entsprechend Werte zu. Anschließend werden diese Werte ausgegeben. **Zuweisung von Werten**

```
' VariablenVerwenden.vbs
' Arbeiten mit Variablen
' ==============================

Dim Zahl1, Zahl2, Zahl3
Dim Text1, Text2, Text3

Zahl1 = 4
Zahl2 = 3
Zahl3 = Zahl1 + Zahl2
WScript.Echo(CStr(Zahl1) + " + " + CStr(Zahl2) + " = " + CStr(Zahl3))

Text1 = "Hallo"
Text2 = "Welt"
Text3 = Text1 + " " + Text2
WScript.Echo(Text1 + " + " + Text2 + " = " + Text3)
```

*Listing 3.5: VariablenVerwenden.vbs*

Eine Variable, egal ob deklariert oder nicht deklariert, hat vor der ersten Zuweisung den Wert 0 bzw. leere Zeichenkette (""). Wenn Sie auf den Inhalt einer Variablen zugreifen, bevor Sie einen Wert zugewiesen haben, erhalten Sie je nach Kontext die 0 oder die leere Zeichenkette. Hier liegt auch eine besondere Gefahr, wenn man ohne `Option Explicit` arbeitet. In dem folgenden Skript wird aufgrund eines Schreibfehlers nichts ausgegeben. Dem WSH fällt das nicht auf.

```
GesamterName = "Holger Schwichtenberg"
WScript.Echo GesamteName
```

Wenn man dagegen `Option Explicit` verwendet und die Variable `GesamterName` deklariert, dann bemerkt der WSH, dass `GesamterName` nicht deklariert ist.

```
' SinnVonOptionExplicit.vbs
' Begründet den Einsatz von Option Explicit
' ==============================
Option Explicit
Dim GesamterName
GesamterName = "Holger Schwichtenberg"
WScript.Echo GesamteName
```

Es kommt zu folgender Fehlermeldung:

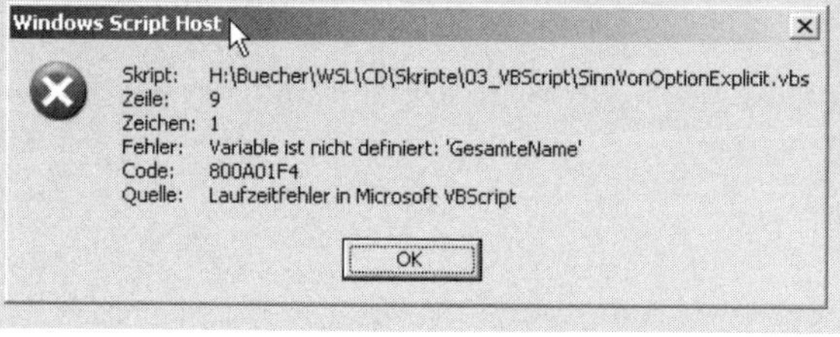

*Bild 3.4:*
*Fehler, wenn*
*bei Einsatz*
*von „Option*
*Explicit" eine*
*Variable nicht*
*deklariert ist*

```
Windows Script Host                                      [x]

   (X)   Skript:    H:\Buecher\WSL\CD\Skripte\03_VBScript\SinnVonOptionExplicit.vbs
         Zeile:     9
         Zeichen:   1
         Fehler:    Variable ist nicht definiert: 'GesamteName'
         Code:      800A01F4
         Quelle:    Laufzeitfehler in Microsoft VBScript

                          [   OK   ]
```

## 3.6.2    Datentypen

Variablen in VBScript (und anderen Programmiersprachen) sind Elemente, die Daten aufnehmen können. Variablen sind ein wichtiges Konzept, damit ein Programm flexibel Informationen aufnehmen und verarbeiten kann. Jede Variable kann Daten einer bestimmten Art aufnehmen, z.B. Zahlen, Texte, Datumswerte etc. Da diese unterschiedlichen Arten von Daten auch unterschiedlich behandelt werden, spricht man davon, dass jede Variable einen sogenannten *Datentyp* besitzt.

Anders als in vielen anderen Programmiersprachen muss man in VBScript nicht statisch **Variant** festlegen, welchen Datentyp eine Variable hat. Eine einzige Variable kann zur Laufzeit unterschiedliche Werte annehmen, die zu unterschiedlichen Datentypen gehören. Dies bezeichnet man als einen „varianten" Datentyp.

Das folgende Beispiel zeigt auf, wie sich eine Variable dynamisch an die aktuelle Situation (Zuweisung) anpassen kann. Dieses Skript weist einer Variablen verschiedene Arten von Werten zu. Die in VBScript eingebaute Funktion TypeName() liefert den Datentyp, den der aktuelle Inhalt einer Variablen besitzt.

```
' VariablenVariant.vbs
' Bestimmen des Datentyps einer Variablen
' Autor: Holger@Schwichtenberg
' =============================================================

Dim var ' Variable

' Nicht initialisiert
WScript.Echo("var ist vom Typ: " + TypeName(var))

' Zuweisung von Null
var = Null
WScript.Echo("var ist vom Typ: " + TypeName(var))

' Zuweisung eines Datums
var = Now()
WScript.Echo("var ist vom Typ: " + TypeName(var))

' Zuweisung einer Zahl
var = 1104
WScript.Echo("var ist vom Typ: " + TypeName(var))

' Zuweisung von "Kein Wert"
var = null
WScript.Echo("var ist vom Typ: " + TypeName(var))
```

*Listing 3.6: VariablenVariant.vbs*

Das Skript erzeugt folgende Ausgabe:

```
var ist vom Typ: Empty
var ist vom Typ: Null
var ist vom Typ: Date
var ist vom Typ: Integer
var ist vom Typ: Null
```

Die folgende Tabelle nennt alle Datentypen, die VBScript kennt.

*Tabelle 3.1:*
*Datentypen in*
*VBScript*

| Untertyp | Beschreibung |
|----------|--------------|
| Empty | Dieser Datentyp kommt nur vor, wenn der Variablen noch kein Wert zugewiesen wurde. |
| Null | Dieser Datentyp kommt nur vor, wenn der Variablen explizit das Literal Null zugewiesen wurde. Null steht für „kein Wert". |
| Boolean | Entweder True oder False |
| Integer | Eine Ganzzahl zwischen -32.768 und 32.767 |
| Currency | Ein Währungswert zwischen -922.337.203.685.477,5808 und 922.337.203.685.477,5807 |
| Long | Eine Ganzzahl zwischen -2.147.483.648 und 2.147.483.647 |
| Single | Eine Fließkommazahl mit einfacher Genauigkeit von -3,402823E38 bis -1,401298E-45 für negative Werte und von 1,401298E-45 bis 3,402823E38 für positive Werte |
| Double | Eine Fließkommazahl mit doppelter Genauigkeit. Wertebereiche: von -1,79769313486232E308 bis -4,94065645841247E-324 für negative Werte und von 4,94065645841247E-324 bis 1.79769313486232E308 für positive Werte |
| Date | Ein Datum zwischen dem 1. Januar 1000 und dem 31. Dezember 9999 |
| String | Eine Zeichenkette mit variabler Länge. Die maximale Länge kann 2 Milliarden Zeichen betragen. |
| Object | Ein Objekt. Eine detaillierte Beschreibung dazu findet sich am Ende dieses Kapitels. |

Wenn Sie in anderen Quellen lesen, dass VBScript keine Datentypen besitze, dann ist das nicht falsch. Technisch gesehen gibt es in VBScript nur einen einzigen Datentyp namens Variant, der die o.g. Untertypen besitzt. Da dies jedoch praktisch keine andere Auswirkung hat als die Tatsache, dass man den Datentyp einer Variablen nicht fest definieren muss, haben wir im vorliegenden Einsteigerbuch etwas von diesen technischen Details abstrahiert.

# 3.7    Operatoren

Damit Variablen und/oder Konstanten auch miteinander interagieren können, werden Operationen benötigt, die auf diese Variablen und/oder Konstanten angewendet werden können. Operatoren sind ein wesentlicher Baustein der schon zuvor erwähnten Ausdrücke. Innerhalb von VBScript sind drei Formen von Operationen möglich:

▷ arithmetische Operationen

▷ Vergleichsoperationen

▷ logische Operationen

Jede dieser Gruppen verfügt über einen Satz an einzelnen Operatoren, die nun kurz beschrieben werden.

### Arithmetische Operatoren

Eine arithmetische Operation liefert immer ein Ergebnis zurück, das basierend auf dem Operator und den Argumenten erstellt wird:

**Arithmetische Operatoren**

```
Ergebnis = <Wert1> <Operator> <Wert2>
```

| Operator | Beschreibung |
|----------|--------------|
| ^ | Potenzierung. Das Potenzieren einer Zahl mit einem Exponenten, z.B. $5^3$, wird in VBScript mit `5^3` beschrieben. |
| / | Division. Zum Dividieren eines Wertes durch einen bestimmten Nenner wird der Schrägstrich verwendet: `5/3` |
| \ | Ganzzahldivision. Liefert den ganzzahligen Anteil des Divisionsergebnisses zurück. |
| Mod | Modulo-Arithmetik. Liefert den nicht-ganzzahligen Anteil des Divisionsergebnisses zurück. |
| + | Addition |
| - | Subtraktion und Negation einer Zahl (Ein negativer Wert wird mit einem vorangestellten Minus dargestellt, z.B. `-5`) |
| & | Zeichenkettenverkettung. Für das Zusammenfügen von Zeichenketten wird das kaufmännische Und („&") verwendet, z.B. `"Hallo " & Name & "!"`. |

```
' Operatoren1.vbs
' Arithmetische Operatoren
' verwendet: keine weiteren Komponenten
' ==============================

' Potenzieren
WScript.Echo("5^3=" & 5^3)
' Unäre Negation
WScript.Echo("-5=" & -5)

' Division
```

```
WScript.Echo("5/3=" & 5/3)

' Ganzzahldivision
WScript.Echo("5\3=" & 5\3)

' Modulo-Arithmetik
WScript.Echo("5 Mod 3=" & 5 Mod 3)

' Addition
WScript.Echo("5+3=" & 5+3)

' Subtraktion
WScript.Echo("5-3=" & 5-3)

' Zeichenkettenverkettung
WScript.Echo("""Hallo""" & """ """ & """Welt"""="" & "Hallo" & " " & "Welt")
```

*Listing 3.7: Operatoren1.vbs*

Die letzte Zeile des Skripts gibt zusätzlich zu dem Text „Hallo Welt" auch Anführungszeichen mit aus. Dazu müssen zwei Anführungszeichen (für die Darstellung der Anführungszeichen innerhalb der Zeichenkette) und ein Anführungszeichen zum Beginn der Zeichenkette verwendet werden.

Dieses Skript erzeugt die folgende Ausgabe:

```
5^3=125
-5=-5
5/3=1,66666666666667
5\3=1
5 Mod 3=2
5+3=8
5-3=2
"Hallo" & " " & "Welt"=Hallo Welt
```

### Vergleichsoperatoren

**Operatoren für Vergleiche**

Bei Vergleichsoperationen werden immer zwei Werte miteinander verglichen. Der Aufruf dieser Operation führt einen Vergleich aus, der zurückliefert, ob dieser Vergleich gültig ist oder nicht:

```
Gueltig = <Wert1> <Vergleichsoperation> <Wert2>
```

| Operator | Beschreibung |
|----------|--------------|
| = | Gleichheit |
| <> | Ungleichheit |
| < | Kleiner als |
| > | Größer als |
| <= | Kleiner gleich |
| >= | Größer gleich |

Das folgende Listing demonstriert die Verwendung und die Rückgabe der entsprechenden Gültigkeit.

```
' Operatoren2.vbs
' Arithmetische Operatoren
' verwendet: keine weiteren Komponenten
' =============================
Dim Wert1, Wert2, Gueltig

Wert1 = 4
Wert2 = 11

Gueltig = Wert1 = Wert2
WScript.echo("Wert1 = Wert2 = " & Gueltig)

Gueltig = Wert1 <> Wert2
WScript.Echo("Wert1 <> Wert2 = " & Gueltig)

Gueltig = Wert1 < Wert2
WScript.Echo("Wert1 < Wert2 = " & Gueltig)

Gueltig = Wert1 > Wert2
WScript.Echo("Wert1 > Wert2 = " & Gueltig)

Gueltig = Wert1 <= Wert2
WScript.Echo("Wert1 <= Wert2 = " & Gueltig)

Gueltig = Wert1 >= Wert2
WScript.Echo("Wert1 >= Wert2 = " & Gueltig)
```

*Listing 3.8: Operatoren2.vbs*

Das Resultat dieses Skripts lautet:

```
Wert1 = Wert2 = Falsch
Wert1 <> Wert2 = Wahr
Wert1 < Wert2 = Wahr
Wert1 > Wert2 = Falsch
Wert1 <= Wert2 = Wahr
Wert1 >= Wert2 = Falsch
```

### Logische Operatoren

Bei logischen Operationen handelt es sich um Verknüpfungen von mehreren Vergleichsausdrücken. Das Ergebnis einer logischen Operation ist True oder False.

**Operatoren für logische Ausdrücke**

| Operator | Beschreibung |
|----------|--------------|
| Not | Logische Negation. Negiert einen Wert: Aus True wird False und aus False wird True. |
| And | Logische Konjunktion. Liefert die Kombination zweier Argumente zurück. True und True ergeben True. True und False jedoch liefern False zurück. |

| Operator | Beschreibung |
|----------|--------------|
| Or | Logische Disjunktion. Liefert True zurück, sobald eins von zwei Argumenten True ergibt. |
| Xor | Logische Exklusion (Entweder-Oder). Liefert nur dann True zurück, wenn maximal ein Argument True ergibt. |

Das folgende Listing verdeutlicht diese Operatoren:

```
' Operatoren3.vbs
' Arithmetische Operatoren
' verwendet: keine weiteren Komponenten
' =================================================================
Dim Wert1, Wert2, Gueltig

Wert1 = True
Wert2 = False

Gueltig = Not Wert1
WScript.Echo("Not True = " & Gueltig)

Gueltig = Wert1 And Wert2
WScript.Echo("Wert1 And Wert2 = " & Gueltig)

Gueltig = Wert1 or Wert2
WScript.Echo("Wert1 or Wert2 = " & Gueltig)

Gueltig = Wert1 XOr Wert2
WScript.Echo("Wert1 XOr Wert2 = " & Gueltig)
```

*Listing 3.9: Operatoren3.vbs*

Dieses Skript liefert folgende Ausgabe:

```
Not True = Falsch
Wert1 And Wert2 = Falsch
Wert1 or Wert2 = Wahr
Wert1 XOr Wert2 = Wahr
```

### Bitweise Operationen

**Flags** Die Operatoren AND, OR und NOT können auch eingesetzt werden, um einzelne Bits in einer Zahl auf 0 oder 1 zu setzen. Wenn man mehrere boolesche Werte speichern muss, fasst man diese – um Speicherplatz zu sparen – häufig zu einer Zahl zusammen. Dabei steht dann jedes einzelne Bit der Zahl für einen booleschen Wert. Jeden einzelnen Wert in einer solchen Zahl nennt man ein **Flag**.

*Tabelle 3.2: Bitweise Operationen*

| Aktion | Erläuterung | Operator |
|--------|-------------|----------|
| Setzen auf True | Wechsel von 0 auf 1 | Zahl Or 2^Bitnummer |
| Setzen auf False | Wechsel von 1 auf 0 | Zahl and (not 2^Bitnummer) |
| Umkehrung aller Flags | Alle 0 auf 1 und alle 1 auf 0 | Not Zahl |

Diese Operationen veranschaulicht das folgende Skript.

```
' BitweiseOperationen.vbs
' Verwendung von AND, OR und NOT für Flags
' ================================
Option Explicit
Dim zahl

' 7. Bit einschalten
Zahl = Zahl or 2^7
Wscript.Echo zahl

' 5. Bit einschalten
Zahl = Zahl or 2^5
Wscript.Echo zahl

' 0. Bit einschalten
Zahl = Zahl or 2^0
Wscript.Echo zahl

' 5. Bit ausschalten
Zahl = Zahl and (not 2^5)
Wscript.Echo zahl

' 7. Bit ausschalten
Zahl = Zahl and (not 128) '(2^7)
Wscript.Echo zahl
```

*Listing 3.10: BitweiseOperationen.vbs*

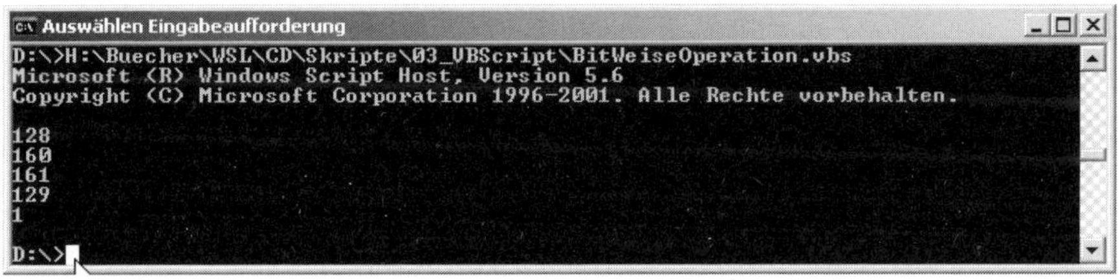

Bild 3.5:
Ausgabe des
obigen Skripts

# 3.8 Bedingungen

VBScript beherrscht, wie viele andere Programmiersprachen auch, die bedingte Programmausführung. Von einer bedingten Programmausführung spricht man, wenn in Abhängigkeit von bestimmten Bedingungen nicht alle Befehle in einem Skript ausgeführt, sondern ein oder mehrere Befehle übersprungen werden. Genau genommen heißt dies für das Skript, dass abhängig davon, ob eine bestimmte Bedingung erfüllt ist oder nicht, ein bestimmter Code-Abschnitt verarbeitet bzw. nicht verarbeitet wird.

**Formen von Bedingungen** Innerhalb von VBScript gibt es zwei grundsätzliche Formen für die bedingte Programmausführung. Durch eine Fallunterscheidung wird es ermöglicht, den Programmablauf abhängig von bestimmten Bedingungen zu steuern:

- ▶ `If...Then`
- ▶ `Select Case`

## 3.8.1    If...Then

Mittels des Konstrukts `If <Bedingung> Then <Anweisung>` lässt sich abhängig von einer bestimmten Bedingung, z.B. `EingegebeneZahl > 1`, der weitere Verlauf des Skripts steuern. Entspricht die definierte Bedingung der Wahrheit, ist also der Wert der Variablen `Eingege-beneZahl` tatsächlich größer 1, so wird die folgende Anweisung ausgeführt.

```
Dim Wert1, Wert2

Wert1 = 4
Wert2 = 20

If Wert1>Wert2 Then _
     WScript.Echo("Der erste Wert ist größer als der zweite")

If Wert1<Wert2 Then _
     WScript.Echo("Der zweite Wert ist größer als der erste")

If Wert1=Wert2 Then _
     WScript.Echo("Beide Werte sind gleich groß")
```

In diesem Beispiel werden zwei Werte miteinander verglichen. Es wird ausgegeben, ob ein Wert größer ist und welcher größer ist. Da die Codezeile zu lang für die Darstellung ist, wird sie mit Hilfe des Unterstrichs getrennt. Sie hätte aber genauso gut auch wie die folgende `If...End If`- Anweisung geschrieben werden können.

Möchte man mehrere Anweisungen abhängig von einer Bedingung ausführen, so muss man das folgende Konstrukt verwenden:

```
If Bedingung Then
    Anweisung1
    Anweisung2
    ...
End If
```

**Else** Im vorigen Beispiel werden immer alle drei Bedingungen überprüft, obwohl immer nur eine zutreffen kann. Möchte man den Ablauf etwas optimieren, also beim Zutreffen einer Bedingung eine weitere Überprüfung vermeiden, so lässt sich das folgende, erweiterte Konstrukt verwenden:

```
If Bedingung Then
    Anweisung1
    Anweisung2
    ...
[ElseIf Bedingung Then
```

```
    Anweisungsblock]
[Else
    Anweisungsblock]
End If
```

Das vorherige Beispiel sähe wie folgt aus:

```
' BedingungIfThen.vbs
' Prüfen von Bedingungen
' verwendet: keine weiteren Komponenten
' ===============================

Dim Wert1, Wert2

Wert1 = 4
Wert2 = 20

If Wert1>Wert2 Then _
    WScript.Echo("Der erste Wert ist größer als der zweite")

If Wert1<Wert2 Then _
    WScript.Echo("Der zweite Wert ist größer als der erste")

If Wert1=Wert2 Then _
    WScript.Echo("Beide Werte sind gleich groß")

If Wert1>Wert2 Then
    WScript.Echo("Der erste Wert ist größer als der zweite")
Elseif Wert1<Wert2 Then
    WScript.Echo("Der zweite Wert ist größer als der erste")
Else
    WScript.Echo("Beide Werte sind gleich groß")
End If
```

*Listing 3.11: BedingungIfThen.vbs*

In diesem Skript werden zwei Varianten der If-Bedingung verwendet. Einige Zeilen wurden zur Darstellung mit einem Unterstrich ⬚ getrennt, haben allerdings die Bedeutung einer Zeile.

## 3.8.2   Select Case

Als eine Alternative zum If...Then-Konstrukt steht das Select Case-Konstrukt zur Verfügung. Mittels dieser Anweisung lassen sich ebenfalls einfache Bedingungen überprüfen, allerdings auf eine etwas übersichtlichere Art und Weise:

```
Select Case Ausdruck
    Case Wert1: Anweisungsblock1
    Case Wert2: Anweisungsblock2
    ...
    Case BedingungN:
[Case Else: Anweisungsblock]
End Select
```

Über diesen Befehl lässt sich eine Variable oder Konstante auf einen bestimmten Inhalt hin prüfen. Das folgende Listing überprüft den Inhalt von Wert1 auf einen bestimmten Inhalt mittels der Select Case-Bedingung.

```
' BedingungSelectCase.vbs
' Prüfen von Bedingungen
' verwendet: keine weiteren Komponenten
' ===============================

Dim Wert1

Wert1 = 2

Select Case Wert1
    Case 1:
        WScript.Echo("Sie haben eine 1 eingegeben")
        WScript.Echo("Auf einem Bein kann man nicht stehen")
    Case 2:
        WScript.Echo("Sie haben eine 2 eingegeben")
        WScript.Echo("Tea for Two")
    Case 3:
        WScript.Echo("Sie haben eine 3 eingegeben")
        WScript.Echo("Aller guten Dinge sind drei")
    Case Else: _
        WScript.Echo("Sie haben eine Zahl größer 3 eingegeben")
End Select
```

*Listing 3.12: BedingungSelectCase.vbs*

### 3.8.3 Bedingte Ausgaben zur Fehlersuche

Während der Entwicklung von Skripten ist es oft nützlich, Hilfsinformationen auszugeben, die eine genaue Kontrolle der Verarbeitung ermöglichen. Diese Informationen sollten allerdings nicht in der Endversion enthalten sein. Dafür bietet sich ein einfacher, aber wirkungsvoller Mechanismus an, der es erlaubt, die Ausgabe solcher Zusatzinformationen beliebig zu aktivieren und wieder zu deaktivieren.

Die Suche nach Fehlern in einem Skript wird *Debugging* genannt.

Das folgende Listing zeigt, wie man durch eine Konstante (DebugMode) zusätzliche Informationen ausgeben lassen kann, wenn sie gewünscht sind, und wie man sie unterdrücken kann, wenn sie nicht erwünscht sind.

```
' Debuggen.vbs
' Aktivieren und Deaktivieren von Debug-Meldungen
' verwendet: keine weiteren Komponenten
' ===============================

Const DebugMode = True    ' Debug-Ausgaben sind aktiviert
```

```
'Const DebugMode = False    ' Debug-Ausgaben sind deaktiviert

Dim i, j          ' Hilfsvariablen
Dim iEingabe     ' Eingabewert

Sub DebugAusgabe(Text)
    Dim sMeldung
    If DebugMode = True Then
        sMeldung = "Debug-Meldung: " & vbCrLf & _
            vbTab & Text & vbCrLf
        WScript.Echo sMeldung
    End If
End Sub

DebugAusgabe("Skriptanfang")

iEingabe = InputBox("Bitte eine Zahl eingeben", "Frage")

DebugAusgabe("Es wurde " + CStr(iEingabe) + " eingegeben.")

j = 1
For i = 1 To iEingabe
    j = j * i
    DebugAusgabe("Schleife i=" + CStr(i) + _
        " Wert j=" + CStr(j))
Next

WScript.Echo "Die Fakultät von " + CStr(iEingabe) + _
    " lautet " + CStr(j)

DebugAusgabe("Skriptende")
```

*Listing 3.13: Debuggen.vbs*

Dieses Skript liefert folgende Ausgabe, wenn die Konstante DebugMode = True gesetzt wurde:

```
Debug-Meldung:
    Skriptanfang

Debug-Meldung:
    Es wurde 4 eingegeben.

Debug-Meldung:
    Schleife i=1 Wert j=1

Debug-Meldung:
    Schleife i=2 Wert j=2

Debug-Meldung:
    Schleife i=3 Wert j=6
```

```
Debug-Meldung:
    Schleife i=4 Wert j=24

Die Fakultät von 4 lautet 24
Debug-Meldung:
    Skriptende
```

Für den Fall, dass die Konstante DebugMode auf False gesetzt wurde, reduziert sich die Ausgabe auf Folgendes:

```
Die Fakultät von 4 lautet 24
```

# 3.9    Schleifen

**Wiederholte Ausführung**

Bei Schleifen handelt es sich um Konstrukte zur wiederholten Verarbeitung eines oder mehrerer Befehle. Wenn ein bestimmter Befehl beispielsweise fünfmal aufgerufen werden soll, so könnte man natürlich rein theoretisch den Befehl fünfmal nacheinander in das Skript schreiben. Dem WSH ist das egal (er macht brav, was ihm befohlen wird), aber guter Stil ist das nicht. Und diese Vorgehensweise versagt natürlich dann, wenn die Anzahl der Wiederholungen nicht konstant ist, sondern sich aus dem Programmablauf variabel ergibt. Eine Schleife dagegen kann an eine bestimmte Bedingung gebunden werden. Im Fall einer konstanten Menge von Schleifendurchläufen setzt man den Befehl in eine Schleife und lässt diese alle Werte zwischen 1 und 5 durchlaufen. Dadurch wird der gewünschte Befehl fünfmal aufgerufen. Allerdings sind Schleifen noch viel flexibler und es existieren unterschiedliche Formen für verschiedene Ansprüche.

VBScript kennt folgende Formen von Schleifen:

- zählergesteuerte Schleifen
- bedingungsgesteuerte Schleifen

**Zählergesteuerte Schleifen**

Im einfachen Fall der zählergesteuerten Schleifen gibt es eine genau definierte Anzahl von Durchläufen und somit wird der enthaltene Code entsprechend oft ausgeführt. Diese Form von Schleifen ist relativ einfach zu handhaben. Man definiert einen Start- und einen Endwert. Alle Werte einschließlich der beiden angegebenen Werte werden durchlaufen. Zusätzlich ist es möglich, eine bestimmte Schrittweite anzugeben, z.B. eine Schrittweite von zwei. Dadurch wird nur jeder zweite Wert der Schleife durchlaufen.

**Bedingungsgesteuerte Schleifen**

Im Gegensatz dazu gibt es Schleifen, deren Fortsetzung bzw. Abbruch von einer ganz bestimmten Bedingung abhängig ist. Eine genaue Anzahl von Durchläufen ist deshalb nicht von vornherein steuerbar. Eine solche Bedingung könnte beispielsweise eine bestimmte Zahl innerhalb einer Variablen sein, z.B. „Die Schleife wird so lange durchlaufen, bis der Inhalt der Variablen eingegebeneZahl kleiner als 100 ist.". Somit kann beispielsweise eine Benutzereingabe so lange wiederholt werden, bis der Benutzer einen korrekten Wert eingegeben hat.

## 3.9.1 For...Next

Diese Schleife beginnt bei einem bestimmten Startwert und endet bei einem Endwert. Bei jedem Durchlaufen der Schleife wird der Zähler um einen bestimmten Wert hochgezählt, bis die gewünschte Obergrenze erreicht ist. In der Regel wird der Zähler bei jedem Durchlauf um eins erhöht. Allerdings ist es auch möglich, jede andere ganzzahlige Schrittweite zu verwenden.

```
For LaufVariable = Start To Ende [Step Schrittweite]
    Anweisungsblock
Next
```

Das folgende Beispiel fragt eine Zahl ab und berechnet daraus deren Fakultät. Dies geschieht durch eine Schleife, die von eins bis zur eingegebenen Zahl durchlaufen wird und die alle auftretenden Werte dieser Schleife multipliziert.

```
' SchleifenForNext.vbs
' Durchlaufen einer Schleife
' verwendet: keine weiteren Komponenten
' ===============================

Dim iFakultaetErgebnis, iFakultaet

iFakultaet = 5

iFakultaetErgebnis = 1
For iZaehler = 1 To iFakultaet
    iFakultaetErgebnis = iFakultaetErgebnis * iZaehler
Next

WScript.Echo("Die Fakultät von " + CStr(iFakultaet) + " ist " +
    Cstr(iFakultaetErgebnis))
```

*Listing 3.14: SchleifenForNext.vbs*

Eine andere Schleifenform ist die For Each-Schleife. Diese wird aus didaktischen Gründen erst im Zusammenhang mit Objekten erklärt. **Weitere Möglichkeiten**

Sie werden vielleicht irgendwo einmal hören, dass es auch bei der For...Next-Schleife Möglichkeiten gibt, die Anzahl der Durchläufe an eine Bedingung zu knüpfen. Das ist richtig, jedoch wird dies hier bewusst verschwiegen, um nicht von dem Konzept abzukommen, sich auf das Wesentliche zu beschränken. Im nächsten Abschnitt lernen Sie daher die Do...Loop-Schleife als richtige Alternative für bedingungsgesteuerte Schleifen kennen.

## 3.9.2 Do...Loop

Eine andere Schleifenform ist die Do...Loop-Schleife. Diese wird durch eine bestimmte Bedingung gesteuert. In Abhängigkeit davon, ob die Bedingung erfüllt ist oder nicht, wird die Schleife abgebrochen oder fortgesetzt.

Die Bedingung kann entweder vor dem ersten Durchlauf der Befehle zum ersten Mal ausgeführt werden (eine sogenannte kopfgesteuerte Schleife) oder nach dem ersten Durchlauf (eine sogenannte fußgeprüfte Schleife).

**Kopf-**
**geprüfte**
**Schleife**

Verwendet man die `Do...Loop`-Schleife als eine kopfgesteuerte Schleife, prüft man also eine Bedingung vor dem ersten Durchlaufen ab, dann hat die `Do...Loop`-Schleife zwei Ausprägungsformen: Einmal wird mittels `Do While <Bedingung>...Loop` die Schleife so lange ausgeführt, wie die Bedingung gültig ist. Eine andere Form lautet `Do Until <Bedingung>...Loop`; dabei wird die Schleife so lange ausgeführt, wie eine Bedingung nicht erfüllt ist.

```
Do While | Until <Bedingung>
    Anweisungsblock
Loop
```

Diese Syntax wird für eine kopfgesteuerte Prüfung verwendet. Möchte man die Schleife allerdings mindestens einmal durchlaufen und erst am Ende des Durchlaufs die Bedingung prüfen, dann kann man folgende Syntax verwenden:

```
Do
    Anweisungsblock
Loop While | Until <Bedingung>
```

Das folgende Beispiel zeigt eine `Do While <Bedingung>...Loop`-Schleife, die so lange ausgeführt wird, wie die Bedingung gültig ist.

```
' SchleifenDoWhile.vbs
' Durchlaufen einer Schleife, solange eine bestimmte Bedingung erfüllt ist
' verwendet: keine weiteren Komponenten
' ===============================

Dim zaehler, maxWert

maxWert = 50

zaehler = 0

Do While zaehler < maxWert
    zaehler = zaehler + 1
    WScript.Echo("zaehler = " + CStr(zaehler))
Loop
```

*Listing 3.15: SchleifenDoWhile.vbs*

Dieses Beispiel enthält eine Schleife, die so lange ausgeführt wird, wie die Variable `zaehler` kleiner als `maxWert` ist. Da in jedem Schleifendurchlauf `zaehler` um eins erhöht wird, tritt dieser Fall früher oder später ein. Es kann bei einer kopfgesteuerten Schleife der Fall vorkommen, dass der Schleifeninhalt niemals ausgeführt wird. Das passiert dann, wenn die Bedingung an das Ergebnis unwahr (`False`) ist, im obigen Beispiel also dann, wenn `maxwert` entweder 0 oder eine negative Zahl ist.

Das nächste Beispiel zeigt eine `Do Until <Bedingung>...Loop`-Schleife, die so lange ausgeführt wird, wie die Bedingung nicht gültig ist.

```
' SchleifenDoUntil.vbs
' Durchlaufen einer Schleife, bis eine bestimmte Bedingung erfüllt ist
' verwendet: keine weiteren Komponenten
' ===============================

Dim eingegebeneZahl

Do Until (eingegebeneZahl <=100) and (eingegebeneZahl>0)
    eingegebeneZahl = _
        CInt(InputBox("Zahl zwischen 0-100", "Bitte eingeben"))
Loop

MsgBox "Sie haben die Zahl " + _
        CStr(eingegebeneZahl) + _
        " eingegeben.", vbOkOnly, _
        "Vielen Dank"
```

*Listing 3.16: SchleifenDoUntil.vbs*

Dieses Beispiel fragt so lange vom Benutzer eine Zahl ab, bis diese zwischen 0 und 100 liegt. Dazu wird die Funktion InputBox() verwendet, diese wird in Kapitel 3.11.2 näher erläutert. Liegt die Zahl außerhalb dieses Bereichs, so wird die Schleife wiederholt. Dadurch lassen sich bestimmte Zahlen, die für die weitere Verarbeitung notwendig sind, auf ihre Korrektheit prüfen und erzwingen.

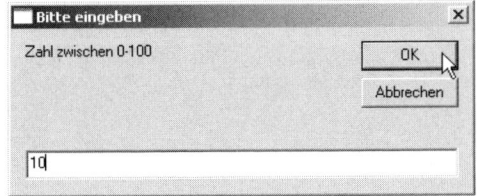

*Bild 3.6: Dialogfenster, das InputBox() erzeugt*

Allerdings ist es auch möglich, die Schleife mitten in einem Durchlauf abzubrechen. Dies geschieht durch den Befehl Break Do.

```
' SchleifenExitLoop.vbs
' Abbrechen einer Schleife
' verwendet: keine weiteren Komponenten
' ===============================

Dim maxDurchlaeufe, durchlauf

durchlauf = 0
maxDurchlaeufe = 10000

Do While durchlauf <= maxDurchlaeufe

    durchlauf = durchlauf + 1
    WScript.Echo("Durchlauf Nummer " + CStr(durchlauf))
    If MsgBox("Möchten Sie diese Schleife verlassen?", _
```

```
vbYesNo + vbDefaultButton2, "Frage") = vbYes Then
        Exit Do
    End If

Loop
```

*Listing 3.17: SchleifenExitLoop.vbs*

Diese Schleife fragt den Benutzer mit Hilfe eines Dialogfensters, ob er die Schleife verlassen möchte. Dazu wird die Funktion MsgBox() verwendet; diese wird in Kapitel 3.11.2 näher erläutert.

*Bild 3.7:*
*Dialogfenster,*
*das MsgBox()*
*erzeugt*

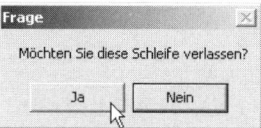

**Fußgesteu-**
**erte Schleife**
Eine andere Form der Do...Loop-Schleife prüft die Bedingung zum Durchlaufen der Schleife am Ende eines Durchlaufs. Das hat zur Folge, dass die Schleife mindestens einmal durchlaufen wird, bevor die Bedingung überprüft wird. Das folgende Beispiel verdeutlicht dies:

```
' SchleifenDoUntil2.vbs
' Fußgesteuerte Schleife
' verwendet: keine weiteren Komponenten
' ================================

Dim zaehler, maxWert

maxWert = 100
zaehler = 100

Do
        zaehler = zaehler + 1
Loop Until zaehler > maxWert

WScript.Echo("Zaehler = " + CStr(zaehler))
```

*Listing 3.18: SchleifenDoUntil2.vbs*

Die Variable zaehler enthält am Ende des Skripts den Wert 101, obwohl die Bedingung der Schleife festlegt, dass die Schleife nur fortgesetzt wird, wenn zaehler kleiner als maxWert (100) ist. Die Schleife wird mindestens einmal durchlaufen, bevor geprüft wird.

# 3.10 Arrays (Variablen-Mengen)

Bisher war von Variablen die Rede, die nur einen Wert aufnehmen können. Um aber mehrere Werte in einer Variablen zu speichern, muss man auf sogenannte Arrays zurückgreifen. Arrays sind Mengen von Variablen, die eine frei wählbare Anzahl von Werten aufnehmen können.

## 3.10.1   Eindimensionale Arrays

Ein Array wird ähnlich wie eine normale Variable definiert, lediglich die Größe des Arrays sollte mit angegeben werden.

```
Dim ZahlenWerte(9)
```

Ein Array besteht aus einer Auflistung von Feldern, die einen beliebigen Datentyp enthalten können. Die Zahl in Klammern gibt dabei den größten Index an Feldern an. Bei der Dimensionierung des Arrays bedeutet die Zahl 9, dass das Array zehn Felder hat, die von 0 bis 9 durchnummeriert sind.

> Beachten Sie, dass in einem Array nicht jeder Feldeintrag durch einen Wert belegt sein muss. So wird sehr häufig der Feldwert 0 nicht belegt. Vergleichen Sie dazu das übernächste Skript (*VariablenArrayReDim.vbs*).

Um Werte in ein Array zu schreiben, geht man genauso vor wie bei der normalen Zuweisung von Variablenwerten, wobei stets in runden Klammern anzugeben ist, welche Feldnummer adressiert werden soll.

```
ZahlenWerte(0) = 4
ZahlenWerte(1) = 54
ZahlenWerte(2) = 75
ZahlenWerte(3) = 19
ZahlenWerte(4) = 2
ZahlenWerte(5) = 48
ZahlenWerte(6) = 39
ZahlenWerte(7) = 27
ZahlenWerte(8) = 15
ZahlenWerte(9) = 5
```

Die folgende Abbildung zeigt beispielsweise ein Array, das zehn Werte aufnimmt.

| 0 | 1 | 2 | 3 | 4 | 5 | 6 | 7 | 8 | 9 |
|---|---|---|---|---|---|---|---|---|---|
| 4 | 54 | 75 | 19 | 2 | 48 | 39 | 27 | 15 | 5 |

*Bild 3.8:*
*Ein Array mit*
*zehn Werten*

Um einzelne Werte aus dem Array auszulesen, kann man wie folgt vorgehen:

```
WScript.Echo(ZahlenWerte(4))
```

Diese Ausgabe liefert den Inhalt des vierten Wertes im Array `ZahlenWerte` zurück: 2.

Das folgende Beispiel generiert sieben Zufallszahlen und schreibt diese in ein Array. Das Generieren einer Zufallszahl wird mit dem Befehl `Rnd()` bewältigt. Dies und das Schleifenkonstrukt `For...Next` werden im weiteren Verlauf dieses Kapitels noch ausführlicher beschrieben.

```
' VariablenArrays.vbs
' Verwenden von Arrays
' verwendet: keine weiteren Komponenten
' ==============================
```

```
Dim zahlenListe(7)
Dim zaehler

For zaehler = 0 To 7
    zahlenListe(zaehler) = Round(rnd(1000)*49)
Next

For zaehler = 0 To 7
    wscript.echo "Zahl " + CStr(zaehler) + " = " + CStr(zahlenListe(zaehler))
Next
```

*Listing 3.19: VariablenArrays.vbs*

**Redimen-**
**sionieren**
Die Größe eines Arrays ist mit der Deklaration nicht unveränderlich festgelegt. Es ist durchaus möglich, die Anzahl von Werten in einem Array zu verändern; dazu wird der Befehl ReDim verwendet. Die eigentliche Variable muss zu Beginn mittels unbestimmter Array-Größe definiert werden: Dim Zahlen(). Anschließend kann jederzeit in der Anwendung die Größe des Arrays über ReDim Zahlen(x) verändert werden.

```
' VariablenArrayReDim.vbs
' Redimensionierung eines Arrays
' verwendet: keine weiteren Komponenten
' ===============================

Dim Zahlen()
ReDim Zahlen(10)

Dim i

For i = 1 To 10
    Zahlen(i) = Round(Rnd(100)*100, 0)
    WScript.Echo("Zahl " + CStr(i) + " = " + _
        CStr(Zahlen(i)))
Next

WScript.Echo("10 Zahlen generiert")

ReDim Zahlen(100)

For i = 11 To 100
    Zahlen(i) = Round(Rnd(100)*100, 0)
    WScript.Echo("Zahl " + CStr(i) + " = " + _
        CStr(Zahlen(i)))
Next
```

*Listing 3.20: VariablenArrayReDim.vbs*

Dieses Skript erzeugt erst zehn Zufallszahlen, gibt anschließend aus, dass diese erzeugt wurden, und generiert dann 90 weitere Zufallszahlen.

## 3.10.2 Mehrdimensionale Arrays

Die bisherigen Arrays haben immer nur eine Dimension verwendet, z.B. eine Zahlenreihe von 1 bis 10. Allerdings ist es auch möglich, mehrere Dimensionen innerhalb eines Variablen-Arrays zu verwenden. Möchte man Werte für zwei Dimensionen (z.B. X-Achse und Y-Achse) speichern, so kann man dies mit einem mehrdimensionalen Array realisieren. Die folgende Abbildung zeigt ein solches zweidimensionales Array.

|   | **1** | **2** | **3** | **4** | **5** |
|---|---|---|---|---|---|
| **1** | 20 | 11 | 75 | 4 | 9 |
| **2** | 2 | 45 | 16 | 78 | 0 |
| **3** | 99 | 23 | 77 | 91 | 31 |
| **4** | 35 | 46 | 3 | 98 | 21 |
| **5** | 38 | 36 | 12 | 5 | 79 |

*Bild 3.9:*
*Zweidimen-*
*sionales Array*
*mit 5x5 Werten*

Um dieses Array zu definieren und anzusprechen, reichen folgende Anweisungen:

```
' Definieren des Arrays
Dim Quadrat(5,5)

' Wert schreiben
Quadrat(2,3) = 16

' Wert lesen
WScript.Echo(Quadrat(2,3))
```

Das folgende Beispiel führt ein Array vor, das 10x10x10 Werte aufnehmen kann.

```
' VariablenArrayMehrdimensional.vbs
' Verwenden von mehrdimensionalen Arrays
' verwendet: keine weiteren Komponenten
' ===============================

Dim Wuerfel()
ReDim Wuerfel(10, 10, 10)
Dim x, y, z

For x = 1 To 10
    For y = 1 To 10
        For z = 1 To 10
            Wuerfel(x, y, z) = Round(Rnd(100)*100, 0)
            WScript.Echo(CStr(x) + ":" + _
                CStr(y) + ":" + CStr(z) + _
                " = " + CStr(Wuerfel(x, y, z)))
        Next
    Next
Next
```

*Listing 3.21: VariablenArrayMehrdimensional.vbs*

Da es programmiertechnisch sehr aufwendig wäre, 10x10x10 Felder manuell zu füllen, wird dies mit Hilfe der `For...Next`-Schleife realisiert. Diese Schleife wird später in diesem Kapitel noch genauer beschrieben.

# 3.11 Eingebaute Funktionen

**Funktionen in Ausdrücken**

Funktionen sind Befehle, die ein Ergebnis zurückliefern. Sie können in Ausdrücken anstelle von Variablen verwendet werden, aber nur auf der **rechten** Seite einer Zuweisung.

- Erlaubt ist: `x = Funktion()`.
- Verboten ist: `Funktion() = x`.

In diesem Abschnitt geht es um Funktionen, die standardmäßig bereits im Sprachumfang von VBScript (und auch in den anderen Visual Basic-Dialekten) vorhanden sind. Dabei handelt es sich in erster Linie um viele Funktionen aus der Kategorie „Freundliche Helfer", die Alltagsaufgaben übernehmen, um die sich der Entwickler dann nicht mehr kümmern muss.

> Ebenso wie eine Variable kann auch eine Funktion unterschiedliche Werte haben. Der Unterschied ist der, dass eine Variable nur ein einfacher Speicher ist. Eine Funktion dagegen ist kein Speicher, sondern eine (komplexe) Abfolge von Befehlen. Der Wert wird in der Funktion errechnet.

## Eingabehilfen

Für die eingebauten VBScript-Funktionen und im Skript selbst definierte Unterroutinen (vgl. Kapitel 3.12) bietet der Editor PrimalScript während der Eingabe Sprechblasen an, die zeigen, welche Parameter die Methode erwartet.

*Bild 3.10: Sprechblasen für die Parameter einer VBScript-Funktion im Editor PrimalScript*

```
 9 Heute = Date()
10 InEinerWoche = DateAdd DateAdd(interval,number,date)
11 InEinemMonat = DateAdd("m", 1, Heute)
12 InEinemQuartal = DateAdd("q", 1, Heute)
13
```

## 3.11.1 Ein- und Ausgabefunktionen

Dieses Kapitel bespricht ausführlicher die Funktionen `MsgBox()` und `Input Box()`, die Sie an einigen wenigen Stellen schon kennengelernt haben.

## MsgBox()

Die Funktion `MsgBox()` (Kurzform für Message Box, zu Deutsch: Dialogfenster) dient dazu, Informationen innerhalb eines kleinen Dialogfensters auszugeben. Anders als der Ausgabebefehl `Wscript.Echo`, dessen Ausgabeform von dem verwendeten Scripting Host (WScript oder CScript) abhängig ist, erzeugt `MsgBox()` immer ein Dialogfenster.

Dabei ist es möglich, diese Methode mit bis zu fünf Parametern aufzurufen und dadurch die Darstellung des Dialogfensters anzupassen.

```
Rückgabewert = MsgBox(Ausgabetext, Buttons, Fenstertitel, Hilfe, Kontext)
```

Der Parameter `Ausgabetext` enthält den eigentlichen auszugebenden Text. Über `Buttons` lässt sich definieren, welches Symbol und welche Schaltflächen angezeigt werden sollen und welche Schaltfläche bereits vorselektiert ist. VBS hat dafür einige Konstanten vordefiniert. Es ist möglich, jeweils eine Konstante für das Symbol, die gewünschten Schaltflächen und die vorselektierten Schaltflächen zu kombinieren. Über `Fenstertitel` lässt sich dem Fenster eine Überschrift zuweisen. Die Parameter `Hilfe` und `Kontext` können für benutzerdefinierte Hilfesysteme verwendet werden; dies wird hier allerdings nicht weiter beschrieben. Die Funktion liefert einen `Rückgabewert` zurück, der angibt, welche Schaltfläche gedrückt wurde.

| Konstante | Wert | Beschreibung |
|---|---|---|
| vbOkOnly | 0 | Nur die *ok*-Schaltfläche anzeigen |
| vbOkCancel | 1 | *OK*- und *Abbrechen*-Schaltfläche |
| vbAbortRetryIgnore | 2 | *Abbrechen*, *Wiederholen* und *Ignorieren* |
| vbYesNoCancel | 3 | *Ja*, *Nein* und *Abbrechen* |
| vbYesNo | 4 | *Ja* und *Nein* |
| vbRetryCancel | 5 | *Wiederholen* und *Abbrechen* |
| vbCritical | 16 | Stoppsymbol |
| vbQuestion | 32 | Fragezeichensymbol |
| vbExclamation | 48 | Warnungssymbol |
| vbInformation | 64 | Information |
| vbDefaultButton1 | 0 | Erste Schaltfläche ist standardmäßig selektiert. |
| vbDefaultButton2 | 256 | Zweite Schaltfläche ist standardmäßig selektiert. |
| vbDefaultButton3 | 512 | Dritte Schaltfläche ist standardmäßig selektiert. |
| vbDefaultButton4 | 768 | Vierte Schaltfläche ist standardmäßig selektiert. |
| vbApplicationModal | 0 | Das Fenster muss geschlossen werden, bevor das Skript fortgesetzt wird. |
| vbSystemModal | 4096 | Bei Win16-Systemen werden alle Anwendungen angehalten, bis das Fenster geschlossen wird. Bei Win32-Systemen steht dieses Fenster immer im Vordergrund. |

*Tabelle 3.3: Darstellungskonstanten für MsgBox()*

Das folgende Beispiel demonstriert die Verwendung der beschriebenen Konstanten mit der `MsgBox()`-Funktion. Die Methode `WelcherButtonWurdeGedrueckt()` gibt aus, welche Schaltfläche innerhalb des Informationsdialogs gedrückt wurde.

```
' KonstantenMsgBox.vbs
' Konstanten für die Verwendung in Nachrichtenfenstern
' verwendet: keine weiteren Komponenten
' =================================================================
```

```
Sub WelcherButtonWurdeGedrueckt(tmpButtonKonstante)
    Dim strButtonName
    Select Case tmpButtonKonstante
        Case vbOk
            strButtonName = "OK"
        Case vbCancel
            strButtonName = "Abbrechen"
        Case vbAbort
            strButtonName = "Abbrechen"
        Case vbRetry
            strButtonName = "Wiederholen"
        Case vbIgnore
            strButtonName = "Ignorieren"
        Case vbYes
            strButtonName = "Ja"
        Case vbNo
            strButtonName = "Nein"
        Case Else
            strButtonName = "Unbekannter Button"
    End Select
    MsgBox "Es wurde der " & strButtonName & _
        "-Button gedrückt", vbInformation, "Information"
End Sub

Dim tmpWert

' vbOkCancel + vbCritical
tmpWert = MsgBox("Achtung! Hier ist ein Stop-Schild, also bitte anhalten!", _
vbOkCancel + vbCritical, "Stopp-Symbol")
WelcherButtonWurdeGedrueckt(tmpWert)

' vbAbortRetryIgnore + vbQuestion
tmpWert = MsgBox("Dies ist eine Frage", vbAbortRetryIgnore + vbQuestion, _
"Fragezeichen-Symbol")
WelcherButtonWurdeGedrueckt(tmpWert)

' vbYesNoCancel + vbExclamation
tmpWert = MsgBox("Achtung! Dies ist eine Warnung", vbYesNoCancel + _
vbExclamation + vbDefaultButton3s, "Warnung-Symbol")
WelcherButtonWurdeGedrueckt(tmpWert)

' vbRetryCancel + vbInformation
tmpWert = MsgBox("Dies ist nur eine Information", vbRetryCancel + _
vbInformation + vbDefaultButton2, "Information-Symbol")
WelcherButtonWurdeGedrueckt(tmpWert)
```

*Listing 3.22: KonstantenMsgBox.vbs*

Die Methode `WelcherButtonWurdeGedrueckt()` gibt die gedrückte Schaltfläche in einem Dialogfenster aus. Diese Methode wird nach jedem Dialogfenster im weiteren Skript aufgerufen.

```
Dim tmpWert

' vbOkCancel + vbCritical
tmpWert = MsgBox("Achtung! Hier ist ein Stop-Schild, also bitte anhalten!", _
vbOkCancel + vbCritical, "Stopp-Symbol")
WelcherButtonWurdeGedrueckt(tmpWert)
```

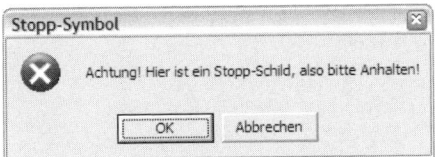

*Bild 3.11:*
*MsgBox() mit*
*vbCritical-*
*Symbol und*
*vbOkCancel-*
*Schaltfläche*

```
' vbAbortRetryIgnore + vbQuestion
tmpWert = MsgBox("Dies ist eine Frage", vbAbortRetryIgnore + vbQuestion, _
"Fragezeichen-Symbol")
WelcherButtonWurdeGedrueckt(tmpWert)
```

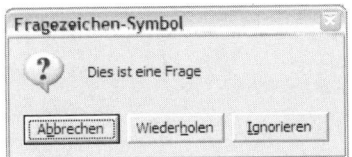

*Bild 3.12:*
*MsgBox() mit*
*vbQuestion-*
*Symbol und*
*vbAbortRetry-*
*Ignore-Schalt-*
*fläche*

```
' vbYesNoCancel + vbExclamation
tmpWert = MsgBox("Achtung! Dies ist eine Warnung", vbYesNoCancel + _
vbExclamation + vbDefaultButton3s, "Warnung-Symbol")
WelcherButtonWurdeGedrueckt(tmpWert)
```

*Bild 3.13:*
*MsgBox() mit*
*vbExclama-*
*tion-Symbol*
*und vbYesNo-*
*Cancel-Schalt-*
*fläche*

```
' vbRetryCancel + vbInformation
tmpWert = MsgBox("Dies ist nur eine Information", vbRetryCancel + _
vbInformation + vbDefaultButton2, "Information-Symbol")
WelcherButtonWurdeGedrueckt(tmpWert)
```

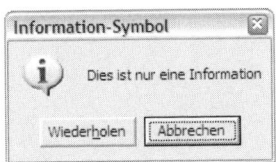

*Bild 3.14:*
*MsgBox() mit*
*vbInformation-*
*Symbol und*
*vbRetryCancel-*
*Schaltfläche*

Die folgende Tabelle umfasst alle möglichen Rückgabewerte, die von `MsgBox()` zurückgeliefert werden können. Die Methode `WelcherButtonWurdeGedrueckt()` gibt für eine dieser übergebenen Konstanten jeweils einen Text in einem Dialogfenster aus.

| Konstante | Wert | Beschreibung |
|-----------|------|--------------|
| vbOk | 1 | OK wurde angeklickt. |
| vbCancel | 2 | Abbrechen wurde geklickt. |
| vbAbort | 3 | Abbrechen wurde geklickt. |
| vbRetry | 4 | Wiederholen wurde geklickt. |
| vbIgnore | 5 | Ignorieren wurde geklickt. |
| vbYes | 6 | Ja wurde geklickt. |
| vbNo | 7 | Nein wurde geklickt. |

### Farbkonstanten

Für die Verwendung von Farben stehen ebenfalls Konstanten zur Verfügung.

| Farbkonstante | Beschreibung |
|---------------|--------------|
| vbBlack | Schwarz |
| vbRed | Rot |
| vbGreen | Grün |
| vbYellow | Gelb |
| vbBlue | Blau |
| vbMagenta | Magenta |
| vbCyan | Cyan |
| vbWhite | Weiß |

### InputBox()

Die Funktion InputBox() ermöglicht die Benutzereingaben mit Hilfe eines eigenen Dialoges. Innerhalb dieses Dialogs steht ein Eingabefeld zur Verfügung, in das der Benutzer einen beliebigen Wert eingeben kann.

Die Funktion kann wie folgt aufgerufen werden:

```
Rueckgabe = InputBox(prompt, title, default)
```

Das folgende Beispiel fragt den Benutzernamen ab und gibt ihn aus.

```
' FunktionInputbox.vbs
' Die integrierte Funktion InputBox
' verwendet: keine weiteren Komponenten
' ===============================

Dim Wert

Wert = InputBox("Bitte geben Sie Ihren Namen ein", "Eingabe", "Oliver")

WScript.Echo("Hallo " + Wert + "!")
```

*Listing 3.23: FunktionInputBox.vbs*

## 3.11.2 Konvertierungsfunktionen

VBScript kennt zwar nur den Datentyp `Variant`, allerdings kann dieser unterschiedlichste Formen von Werten beinhalten. Im Umgang mit Benutzereingaben werden prinzipiell immer nur Texteingaben vom Benutzer angenommen. Man hat zwar durchaus die Möglichkeit, ein Datum einzugeben, aber VBScript liest dies erst einmal als Zeichenkette ein.

Genau an dieser Stelle werden Konvertierungsfunktionen benötigt, die einen bestimmten Variableninhalt (z.B. eine Zeichenkette) in ein anderes Format (z.B. eine Zahl oder ein Datum) übertragen. Erst wenn Werte ein bestimmtes Format besitzen, können entsprechende Funktionen darauf angewendet werden. Beispielsweise können nur Zahlen miteinander addiert werden, bei Zeichenketten ergibt dies keinen Sinn.

Die folgende Tabelle zeigt die verfügbaren Funktionen zur Konvertierung.

| Funktion | Beschreibung |
|---|---|
| `CBool()` | Liefert wahr oder falsch zurück, abhängig davon, ob die übergebene Bedingung gültig ist. |
| `CByte()` | Konvertierung einer Zeichenkette in einen Byte-Wert, falls möglich |
| `CCur()` | Konvertierung einer Zeichenkette in einen Währungswert |
| `CDate()` | Konvertierung einer Zeichenkette in einen Datumswert |
| `CDbl()` | Konvertierung einer Zeichenkette in eine Double-Variable, also in eine Zahl mit Nachkommastellen |
| `Chr()` | Konvertierung eines ANSI-Codes in ein Zeichen |
| `CInt()` | Konvertierung einer Zeichenkette in eine Integer-Variable, also einen ganzzahligen Wert |
| `CLng()` | Konvertierung einer Zeichenkette in eine Long-Variable, also einen sehr großen ganzzahligen Wert |
| `CSng()` | Konvertierung einer Zeichenkette in eine Single-Variable |
| `CStr()` | Konvertierung eines Wertes in eine Zeichenkette |

Das folgende Listing zeigt, wie die Konvertierungsfunktionen verwendet werden können.

**Konvertierungsbeispiele**

```
' Konvertierungsfunktionen.vbs
' Konvertierungsfunktionen von VBScript
' verwendet: keine weiteren Komponenten
' ===============================

On Error Resume Next

' Asc - Konvertierung eines Zeichens in einen ANSI-Wert
WScript.Echo "Asc-Konvertierung von 'A' = " & Asc("A")
WScript.Echo "Asc-Konvertierung von 'Abc' = " & Asc("Abc")
WScript.Echo "Asc-Konvertierung von 'dEF' = " & Asc("dEF")

' CBool - Konvertierung von Bedingungen
WScript.Echo "CBool-Konvertierung von '5 = 5' = " & CBool(5 = 5)
```

```vbscript
WScript.Echo "CBool-Konvertierung von '0' = " & CBool(0)
WScript.Echo "CBool-Konvertierung von '1' = " & CBool(1)
WScript.Echo "CBool-Konvertierung von '4 = 5' = " & CBool(4 = 5)


' CByte - Konvertierung einer Zeichenkette in einen Byte-Wert
WScript.Echo "CByte-Konvertierung von '123' = " & CByte("123")
WScript.Echo "CByte-Konvertierung von 'ABC' = " & CByte("ABC")
If Err.Number<>0 Then
    WScript.Echo "Es ist ein Fehler bei dieser Konvertierung aufgetreten"
    Err.Clear()
End If
' CCur - Konvertierung einer Zeichenkette in einen Währungsbetrag
WScript.Echo "CCur-Konvertierung von '12,34' = " & CCur("12,34")
WScript.Echo "CCur-Konvertierung von '4.321,99' = " & CCur("4.321,99")


' CDate - Konvertierung einer Zeichenkette in einen Datumswert
WScript.Echo "CDate-Konvertierung von '11.4.1975' = " & CDate("11.4.1975")
WScript.Echo "CDate-Konvertierung von '31.7.02' = " & CDate("31.7.02")


' CDbl - Konvertierung einer Zeichenkette in einen Double-Wert
WScript.Echo "CDbl-Konvertierung von '55,43' = " & CDbl("55,43")
WScript.Echo "CDbl-Konvertierung von '2312,32323' = " & CDbl("2312,32323")


' Chr - Konvertierung einer Zahl in das entsprechende ASCII-Zeichen
WScript.Echo "Chr-Konvertierung von '65' = " & Chr(65)
WScript.Echo "Chr-Konvertierung von '123' = " & Chr(123)


' CInt - Konvertierung einer Zeichenkette in einen Double-Wert
WScript.Echo "CInt-Konvertierung von '65' = " & CInt("65")
WScript.Echo "CInt-Konvertierung von '123,2323' = " & CInt("123,2323")
WScript.Echo "CInt-Konvertierung von '12a' = " & CInt("12a")
If Err.Number<>0 Then
    WScript.Echo "Es ist ein Fehler bei dieser Konvertierung aufgetreten"
    Err.Clear()
End If


' CLng - Konvertierung einer Zeichenkette in einen Long-Wert
WScript.Echo "CLng-Konvertierung von '65' = " & CLng("65")
WScript.Echo "CLng-Konvertierung von '123' = " & CLng("123")


' CSng - Konvertierung einer Zeichenkette in einen Single-Wert
WScript.Echo "CSng-Konvertierung von '65' = " & CSng("65")
WScript.Echo "CSng-Konvertierung von '123' = " & CSng("123")


' CStr - Konvertierung einer Zeichenkette in einen String-Wert
WScript.Echo "CStr-Konvertierung von '65' = " & CStr("65")
WScript.Echo "CStr-Konvertierung von '123' = " & CStr("123")


' Hex - Konvertierung einer Zeichenkette in einen Hex-Wert
```

```
WScript.Echo "Hex-Konvertierung von '65' = " & Hex("65")
WScript.Echo "Hex-Konvertierung von '123' = " & Hex("123")

' Oct - Konvertierung einer Zeichenkette in einen Oktal-Wert
WScript.Echo "Oct-Konvertierung von '65' = " & Oct("65")
WScript.Echo "Oct-Konvertierung von '123' = " & Oct("123")
```

*Listing 3.24: Konvertierungsfunktionen.vbs*

Bei einigen Scripting-Befehlen kann die Verwendung dieser Funktionen notwendig sein, damit sie korrekt arbeiten.

### 3.11.3  Abs() und Int()

Die Funktion Abs() liefert für eine übergebene Zahl den absoluten, also den positiven Wert der Zahl zurück. Der Aufruf kann wie folgt geschehen: **Absolute Zahlen**

```
Abs(-11.04)
```

Die Funktion Int() entfernt bei einer Zahl alle Nachkommastellen. Diese Funktion ist nicht mit dem Runden von Zahlen zu verwechseln. Der Aufruf geschieht wie folgt: **Ganzzahlen**

```
Int(23.93)
```

Das folgende Listing demonstriert noch einmal die Verwendung der beiden Funktionen.

```
' FunktionAbsInt.vbs
' Die integrierte Funktion InputBox
' verwendet: keine weiteren Komponenten
' ===============================

Wscript.echo(CStr(Abs(-11.04)))

WScript.Echo(CStr(Abs(1975)))

WScript.Echo(CStr(Int(23.93)))

WScript.Echo(CStr(Int(1.99)))
```

*Listing 3.25: FunktionAbsInt.vbs*

Dieses Listing liefert folgende Ausgabe zurück:

```
11,04
1975
23
1
```

### 3.11.4 Rnd()

**Zufallszahl** Um Zufallszahlen zu generieren, steht die Funktion Rnd() zur Verfügung. Allerdings liefert diese Funktion nur einen Wert, der sich zwischen folgenden Grenzen befindet: $0 \leq Rnd() < 1$. Um eine Zufallszahl aus einem bestimmten Wertebereich zu erhalten, verwendet man folgende Formel:

```
Zufallszahl = Int((Obergrenze - Untergrenze + 1) * Rnd() + Untergrenze)
```

Dieses Listing erzeugt zwei Zufallszahlen mit unterschiedlichen Ober- und Untergrenzen. Damit der Zufallszahlengenerator auch initialisiert wird und somit immer neue Zufallszahlen liefert, muss vor dem ersten Aufruf von Rnd() der Befehl Randomize() verwendet werden. Wird dieser nicht benutzt, treten bei jedem Skriptdurchlauf immer wieder dieselben Zahlen auf.

```
' FunktionRnd.vbs
' Erstellen von Zufallszahlen
' verwendet: keine weiteren Komponenten
' ================================

Dim Untergrenze, Obergrenze, Zufallszahl

Randomize()

Untergrenze = 0
Obergrenze = 100
Zufallszahl = Int((Obergrenze - Untergrenze + 1) * Rnd() + Untergrenze)
WScript.Echo("Eine Zufallszahl zwischen " & CStr(Untergrenze) & _
    " und " & CStr(Obergrenze) & " = " & CStr(Zufallszahl))

Untergrenze = 10
Obergrenze = 20
Zufallszahl = Int((Obergrenze - Untergrenze + 1) * Rnd() + Untergrenze)
WScript.Echo("Eine Zufallszahl zwischen " & CStr(Untergrenze) & _
    " und " & CStr(Obergrenze) & " = " & CStr(Zufallszahl))
```

*Listing 3.26: FunktionRnd.vbs*

### 3.11.5 InStr()

**Zeichenketten finden** Um zu überprüfen, ob ein bestimmtes Zeichen oder Wort in einer Zeichenkette vorkommt, verwendet man die Funktion InStr(). Diese liefert, falls vorhanden, die genaue Startposition des gesuchten Zeichens oder Wortes zurück. Ist das Zeichen oder Wort nicht vorhanden, wird 0 zurückgeliefert.

Der Aufruf der Funktion sieht wie folgt aus:

```
InStr(Startposition, Zeichenkette, Suchtext, Vergleichsart)
```

Der Parameter Startposition gibt an, ab welchem Zeichen der Text durchsucht werden soll. Zeichenkette beinhaltet den zu durchsuchenden Text. Suchtext umfasst das zu suchende Zeichen oder Wort. Über Vergleichsart können mittels der Konstanten vbText-

Compare und vbBinaryCompare die Suchoptionen festgelegt werden; dies ist allerdings optional. Wenn vbTextCompare verwendet wird, wird kein Unterschied zwischen Groß- und Kleinschreibung gemacht.

```
' FunktionInStr.vbs
' Prüfen auf das Vorkommen von Zeichenketten
' verwendet: keine weiteren Komponenten
' ===============================

Dim Zeichenkette, Wort, Position

Zeichenkette = "Beam me up, Scotty!"
Wort = "up"
Position = InStr(1, Zeichenkette, Wort, vbTextCompare)
WScript.Echo("Die Zeichenkette '" & Wort & _
        "' beginnt an der " & CStr(Position) & ". Stelle")
```

*Listing 3.27: FunktionInStr.vbs*

## 3.11.6 Left(), Right() und Mid()

Die Methoden Left(), Right() und Mid() liefern einen Teil einer bestimmten Zeichenkette zurück. Je nach Bezeichnung der Funktion wird von links (Left()), rechts (Right()) oder einem Bereich aus der Mitte Mid() ausgegangen. Die genauen Aufrufparameter sehen folgendermaßen aus:

**Bestandteile von Zeichenketten**

```
Left(Zeichenkette, Anzahlzeichen)
Right(Zeichenkette, Anzahlzeichen)
Mid(Zeichenkette, Anfang, Anzahlzeichen)
```

Dieses Listing zeigt die genaue Verwendung:

```
' FunktionLeftRightMid.vbs
' Prüfen auf das Vorkommen von Zeichenketten
' verwendet: keine weiteren Komponenten
' ==============================

Dim Zeichenkette, Teil

Zeichenkette = "Hund, Katze, Maus"
Teil = Left(Zeichenkette, 4)
WScript.Echo("Left = " & Teil)

Teil = Mid(Zeichenkette, 7, 5)
WScript.Echo("Mid = " & Teil)

Teil = Right(Zeichenkette, 4)
WScript.Echo("Right = " & Teil)
```

*Listing 3.28: FunktionLeftRightMid.vbs*

Das Ergebnis lautet:

```
Left = Hund
Mid = Katze
Right = Maus
```

## 3.11.7   Replace() und Trim()

**Text-ersetzungen**

Innerhalb einer Zeichenkette ist es möglich, einen bestimmten Teil durch einen anderen Text zu ersetzen. Dies wird von der Funktion Replace() durchgeführt.

```
NeuerText = Replace(AlterText, SuchText, NeuerText)
```

**Leerzeichen entfernen**

Es kommt vor, dass Text mit führenden oder folgenden Leerzeichen versehen ist. Um auf einfache Weise überflüssige Leerzeichen zu entfernen, stehen drei Funktionen zur Verfügung. Mittels Trim() lassen sich Leerzeichen am Anfang und am Ende einer Zeichenkette entfernen. LTrim() erledigt dies nur für den Textanfang und RTrim() nur für das Ende einer Zeichenkette.

```
AlterText = "   Hallo   "
NeuerText = Trim(AlterText)
```

Im folgenden Skript wird dies verdeutlicht:

```
' FunktionReplaceTrim.vbs
' Ersetzen von Text
' verwendet: keine weiteren Komponenten
' ===============================

Dim AlteZeichenkette, NeueZeichenkette

' Ersetzen von "Morgen" durch "Abend"
AlteZeichenkette = "Guten Morgen"
NeueZeichenkette = Replace(AlteZeichenkette, "Morgen", "Abend")
WScript.Echo("Replace = " & NeueZeichenkette)
' Abschneiden von Leerzeichen
AlteZeichenkette = "   Guten Tag   "
NeueZeichenkette = Trim(AlteZeichenkette)
WScript.Echo("Trim  = '" & NeueZeichenkette & "'")

NeueZeichenkette = RTrim(AlteZeichenkette)
WScript.Echo("RTrim = '" & NeueZeichenkette & "'")

NeueZeichenkette = LTrim(AlteZeichenkette)
WScript.Echo("LTrim = '" & NeueZeichenkette & "'")
```

*Listing 3.29: FunktionReplaceTrim.vbs*

Das Ergebnis:

```
Replace = Guten Abend
Trim  = 'Guten Tag'
RTrim = '   Guten Tag'
LTrim = 'Guten Tag   '
```

## 3.11.8 UCase() und LCase()

Um einen Text durchweg in Groß- oder Kleinschrift zu halten, kann auf die Funktion UCase() für Großschrift und LCase() für Kleinschrift zurückgegriffen werden. Diese Funktionen werden unter anderem benötigt, wenn man Vergleiche anstellen möchte, bei denen zwischen Groß- und Kleinschreibung nicht unterschieden wird.

**Groß- oder Kleinschrift**

```
' FunktionUCaseLCase.vbs
' Groß- und Kleinschreibung
' verwendet: keine weiteren Komponenten
' =============================

Dim Zeichenkette

Zeichenkette = "VBScript ist nicht schwer."

WScript.Echo(UCase(Zeichenkette))
WScript.Echo(LCase(Zeichenkette))
```

*Listing 3.30: FunkionUCaseLCase.vbs*

Das Ergebnis dieses Skripts:

```
VBSCRIPT IST NICHT SCHWER.
vbscript ist nicht schwer.
```

> Bei allen Vergleichen von Zeichenketten mit dem Gleichheitszeichenoperator wird normalerweise zwischen Groß- und Kleinschreibung unterschieden. Wenn Sie Eingaben des Benutzers prüfen, sollten Sie unbedingt UCase() oder LCase() anwenden, damit nicht ein Unterschied in der Groß- und Kleinschreibung zum Fehlschlagen der Prüfung führt
>
> Beispiel: if UCase(Kennwort) = UCase("Essen") then ...

## 3.11.9 Split() und Join()

Die Funktion Split() hat die Aufgabe, eine Zeichenkette in ein Array von Zeichenketten zu zerlegen. Dabei benötigt diese Funktion einen Parameter, der angibt, welches Zeichen die Stelle markiert, an der die Zeichenkette aufgespaltet werden soll.

**Zeichenkette aufspalten**

Ein Aufruf dieser Funktion sieht dabei so aus:

```
Werte = Split("Hund, Katze, Maus", ",")
```

Im folgenden Listing wird dieses Vorgehen verwendet.

```
' FunktionSplit.vbs
' Zerlegen einer Zeichenkette
' verwendet: Split()
' ===========================

Dim MehrereWerte
Dim EinzelneWerte
```

```
MehrereWerte = "Hund, Katze, Maus"
EinzelneWerte = Split(MehrereWerte, ",")

WScript.Echo(EinzelneWerte(0))
WScript.Echo(EinzelneWerte(1))
WScript.Echo(EinzelneWerte(2))
```

*Listing 3.31: FunktionSplit.vbs*

Die Ausgabe dieses Skripts sieht wie folgt aus:

Hund
Katze
Maus

**Zeichen-ketten zusammen-setzen** Der Gegensatz zur Split()-Funktion ist die Funktion Join(), sie tut genau das Gegenteil: Sie setzt Zeichen in einem Array wieder zu einem Text zusammen.

Dieses Listing zeigt die genaue Vorgehensweise.

```
' FunktionJoin.vbs
' Zusammenfügen einer Zeichenkette
' verwendet: keine weiteren Komponenten
' ===============================

Dim Woerter(3)
Dim EinSatz

Woerter(1) = "Hund "
Woerter(2) = "Katze "
Woerter(3) = "Maus"

EinSatz = Join(Woerter)
WScript.Echo(EinSatz)
```

*Listing 3.32: FunktionJoin.vbs*

## 3.11.10 Date(), Time() und Now()

**Aktuelle Zeit** Um aktuelle Angaben über den Tag bzw. die Uhrzeit des Computers zu erfahren, stehen gleich mehrere Funktionen zur Verfügung. Mittels Date() wird das aktuelle Datum, mit Time() die aktuelle Uhrzeit ermittelt. Die Funktion Now() liefert sowohl das aktuelle Datum als auch die aktuelle Uhrzeit zurück.

```
' FunktionDateTimeNow.vbs
' Datums- und Zeitfunktionen
' verwendet: keine weiteren Komponenten
' ===============================

Dim Datum, Uhrzeit, Jetzt

Datum = Date()
```

```
Uhrzeit = Time()
Jetzt = Now()

WScript.Echo("Datum   = " & Datum)
WScript.Echo("Uhrzeit = " & Uhrzeit)
WScript.Echo("Jetzt   = " & Jetzt)
```

*Listing 3.33: FunktionDateTimeNow.vbs*

Die Ausgabe des Skripts:

```
Datum   = 14.10.2002
Uhrzeit = 22:57:19
Jetzt   = 14.10.2002 22:57:19
```

# 3.11.11 DateAdd() und DateDiff()

Wie das aktuelle Datum bzw. die Uhrzeit ermittelt wird, wurde bereits im vorherigen Abschnitt beschrieben. Um auf diesen oder anderen Werten Rechenoperationen durchzuführen, stehen zwei weitere nützliche Funktionen zur Verfügung. Mittels DateAdd() lassen sich beliebige Zeitwerte zu einem angegebenen Datum addieren. Ähnliches gilt für die DateDiff()-Funktion, die einen bestimmten Zeitwert von einem Datumswert abzieht.

**Rechnen mit Datum und Uhrzeit**

Bei dieser Funktion ist allerdings zu beachten, dass es für die Addition bzw. Subtraktion sehr wichtig ist, das richtige Intervall für die Berechnung anzugeben. Möchte man Sekunden addieren, so muss man die folgenden Angaben machen:

```
NeuesDatum = DateAdd(Intervall, Anzahl, Datum)
```

Die folgende Tabelle zeigt die möglichen Intervalle auf, die verwendet werden können, um einen Zeitwert zu addieren.

| Intervall | Beschreibung |
|-----------|--------------|
| yyyy | Jahr |
| q | Quartal |
| m | Monat |
| y | Tag im Jahr |
| d | Tag |
| w | Wochentag |
| ww | Woche im Jahr |
| h | Stunde |
| n | Minute |
| s | Sekunde |

*Tabelle 3.6: Formate für die Intervalldefinition*

Das folgende Listing berechnet basierend auf dem heutigen Datum das Datum in einer Woche, in einem Monat und in einem Quartal.

```
' FunktionDateAddDiff.vbs
' Datums- und Zeitfunktionen
' verwendet: keine weiteren Komponenten
' ================================

Dim Heute, InEinerWoche, InEinemMonat, InEinemQuartal

Heute = Date()
InEinerWoche = DateAdd("d", 7, Heute)
InEinemMonat = DateAdd("m", 1, Heute)
InEinemQuartal = DateAdd("q", 1, Heute)

WScript.Echo("Heute          = " & Heute)
WScript.Echo("InEinerWoche   = " & InEinerWoche)
WScript.Echo("InEinemMonat   = " & InEinemMonat)
WScript.Echo("InEinemQuartal = " & InEinemQuartal)

TageDazwischen = DateDiff("d", Heute, InEinemQuartal)
WScript.Echo("Tage zwischen " & Heute & " und " & _
InEinemQuartal & " = " & TageDazwischen)
```

*Listing 3.34: FunktionDateAddDiff.vbs*

Das Ergebnis:

```
Heute          = 14.10.2002
InEinerWoche   = 21.10.2002
InEinemMonat   = 14.11.2002
InEinemQuartal = 14.01.2003
Tage zwischen 14.10.2002 und 14.01.2003 = 92
```

## 3.11.12 Hour(), Minute(), Second(), Day(), Month(), Year() und WeekDay()

**Teile extra-hieren**
Im vorherigen Unterkapitel wurde beschrieben, wie man die aktuelle Zeit des Systems anhand von Date(), Time() und Now() erhalten kann. Oftmals werden allerdings auch Teile dieser Informationen benötigt. Dafür stehen ebenfalls einige Funktionen zur Verfügung.

*Tabelle 3.7: Funktionen zur Zeit- und Datums-berechnung*

| Funktion | Beschreibung |
|----------|--------------|
| Hour() | Liefert die Stunde einer übergebenen Uhrzeit zurück. |
| Minute() | Liefert die Minute einer übergebenen Uhrzeit zurück. |
| Second() | Liefert die Sekunde einer übergebenen Uhrzeit zurück. |
| Day() | Liefert den Tag eines übergebenen Datums zurück. |
| Month() | Liefert den Monat eines übergebenen Datums zurück. |
| Year() | Liefert das Jahr eines übergebenen Datums zurück. |
| Weekday() | Liefert eine Zahl zwischen 1 und 7 zurück, die den Wochentag darstellt. Über die Konstanten vbMonday, vbTuesday, vbWednesday, vbThursday, vbFriday, vbSaturday und vbSunday lässt sich zuordnen, um welchen Tag es sich bei dieser Zahl genau handelt. |

Die beiden folgenden Skripte veranschaulichen diese Funktionen:

```
' FunktionHourMinuteSecond.vbs
' Datums- und Zeitfunktionen
' verwendet: keine weiteren Komponenten
' ====================================================================

Dim Jetzt

Jetzt = Time()
WScript.Echo("Jetzt   = " & Jetzt)
WScript.Echo("Stunde  = " & Hour(Jetzt))
WScript.Echo("Minute  = " & Minute(Jetzt))
WScript.Echo("Sekunde = " & Second(Jetzt))
```

*Listing 3.35: FunktionHourMinuteSecond.vbs*

Die Ausgabe von `Time()`, `Hour()`, `Minute()` und `Second()` sieht folgendermaßen aus:

```
Jetzt   = 23:29:24
Stunde  = 23
Minute  = 29
Sekunde = 24
```

Das gleiche Skript mit den entsprechenden Datumsfunktionen:

```
' FunktionDayMonthYear.vbs
' Datums- und Zeitfunktionen
' verwendet: keine weiteren Komponenten
' ===============================

Dim Heute

Heute = Date()
WScript.Echo("Heute    = " & Heute)
WScript.Echo("Tag      = " & Day(Heute))
WScript.Echo("Monat    = " & Month(Heute))
WScript.Echo("Jahr     = " & Year(Heute))
WScript.Echo("Wochentag = " & Weekday(Heute))
If Weekday(Heute) = vbSunday Then WScript.Echo("Sonntag")
If Weekday(Heute) = vbMonday Then WScript.Echo("Montag")
If Weekday(Heute) = vbTuesday Then WScript.Echo("Dienstag")
If Weekday(Heute) = vbWednesday Then WScript.Echo("Mittwoch")
If Weekday(Heute) = vbThursday Then WScript.Echo("Donnerstag")
If Weekday(Heute) = vbFriday Then WScript.Echo("Freitag")
If Weekday(Heute) = vbSaturday Then WScript.Echo("Samstag")
```

*Listing 3.36: FunktionDayMonthYear.vbs*

Dieses Listing erzeugt die folgende Ausgabe:

```
Heute     = 17.10.2002
Tag       = 17
Monat     = 10
Jahr      = 2002
Wochentag = 5
Donnerstag
```

## 3.11.13 Format(), FormatNumber() und FormatDateTime()

Um die Darstellung von Werten anzupassen, z.B. um Zahlen als Währung darzustellen, stehen drei Formatierungsfunktionen zur Verfügung. Mit Hilfe dieser Funktionen und bestimmter Formatierungsanweisungen lassen sich nahezu beliebige Formatierungen vornehmen.

**Zahlen formatieren**
Für die Formatierung von Zahlen kann der folgende Ausdruck verwendet werden:

```
FormatNumber Ausdruck, AnzDezimalstellen, FührendeNull, _
    KlammerNegativeZahl, Zifferngruppieren
```

Bei `FormatNumber()` ist lediglich der erste Parameter (Ausdruck) zwingend erforderlich.

| Argument | Beschreibung |
|---|---|
| Ausdruck | Die Zahl, die formatiert werden soll |
| AnzDezimalstellen | Anzahl der Stellen hinter dem Komma |
| FührendeNull | Folgende Werte sind möglich: TristateTrue, TristateFalse und TristateDefault |
| KlammerNegativeZahl | Folgende Werte sind möglich: TristateTrue, TristateFalse und TristateDefault |
| Zifferngruppieren | Folgende Werte sind möglich: TristateTrue, TristateFalse und TristateDefault |

**Prozentzahlen-Formatierung**
Um Prozentzahlen ordentlich darzustellen, gibt es die Funktion `FormatPercent()`. Die Parameter sind mit denen der Funktion `FormatNumber()` identisch. Allerdings ist zu beachten, dass die übergebene Zahl einer Prozentzahl entspricht, d.h., die Zahl „1" entspricht 100%.

```
FormatNumber Ausdruck, AnzDezimalstellen, FührendeNull, _
    KlammerNegativeZahl, Zifferngruppieren
```

**Datum und Zeit formatieren**
Datums- und Zeitwerte lassen sich auf unterschiedliche Weise darstellen. Diese Darstellung ist einerseits abhängig von der länderspezifischen Systemeinstellung des Computers, aber auch von der gewünschten Form (kurz oder lang).

| Formatierungs-konstante | Beschreibung |
|---|---|
| vbGeneral | Falls ein Datumsanteil enthalten ist, wird dieser im Kurz-format dargestellt. Falls ein Zeitanteil enthalten ist, wird dieser im Langformat dargestellt. |
| vbLongDate | Darstellung eines Datums in langer Schreibweise, entspre-chend der Ländereinstellung |
| vbShortDate | Darstellung des Datums in kurzer Schreibweise, entsprechend der Ländereinstellung |
| vbLongTime | Darstellung der Zeit in langer Schreibweise, abhängig von der Ländereinstellung |
| vbShortTime | Darstellung der Zeit in kurzer Schreibweise, abhängig von der Ländereinstellung |

*Tabelle 3.8: Konstanten für die Format-DateTime-Funktion*

```
FormatDateTime Wert, Formatname
```

Das folgende Listing demonstriert die Verwendung:

```
' FunktionFormat.vbs
' Formatierungen
' verwendet: keine weiteren Komponenten
' ===============================

' Zahlen
Wscript.echo(FormatNumber(-23.317, 2, TristateFalse, TristateTrue,
TristateTrue))
Wscript.echo(FormatNumber(.429, 2, TristateTrue, TristateTrue, TristateTrue))

' Prozent
WScript.Echo(FormatPercent(.45))
WScript.Echo(FormatPercent(.89157, 2, TristateFalse, TristateTrue,
TristateTrue))


' Datums- und Zeitwerte
Dim Jetzt
Jetzt = Now

WScript.Echo(FormatDateTime(Jetzt))
WScript.Echo(FormatDateTime(Jetzt,vbLongDate))
WScript.Echo(FormatDateTime(Jetzt,vbShortTime))
```

*Listing 3.37: FunktionFormat.vbs*

### 3.11.14 IsDate(), IsNumeric(), IsArray()

**Datum?** Ob es sich bei einer Variablen um ein Datum handelt, kann durch die Funktion IsDate() geprüft werden. Als einzigen Parameter erwartet diese Funktion die entsprechende Variable.

**Zahl?** Das Gleiche gilt für Zahlen. Die Funktion IsNumeric() liefert den Wert True (wahr) zurück, falls eine gültige Zahl übergeben wurde.

**Array?** Um zu überprüfen, ob es sich bei einer Variablen um ein Array handelt, kann die Funktion IsArray() benutzt werden.

Das folgende Skript weist einer Variablen nacheinander unterschiedliche Variablentypen zu und überprüft diese auf die aufgezählten Eigenschaften.

```
' FunktionIsDate.vbs
' Datums- und Zeitfunktionen
' verwendet: keine weiteren Komponenten
' =================================

Dim Wert
Dim WertListe(10)

Wert = 123
WScript.Echo("Wert")
WScript.Echo("IsDate = " & IsDate(Wert))
WScript.Echo("IsNumeric = " & IsNumeric(Wert))
WScript.Echo("IsArray = " & IsArray(Wert))
WScript.Echo("--")

Wert = #11/04/1975#
WScript.Echo("Wert")
WScript.Echo("IsDate = " & IsDate(Wert))
WScript.Echo("IsNumeric = " & IsNumeric(Wert))
WScript.Echo("IsArray = " & IsArray(Wert))
WScript.Echo("--")
WScript.Echo("Wertliste")
WScript.Echo("IsDate = " & IsDate(Wertliste))
WScript.Echo("IsNumeric = " & IsNumeric(Wertliste))
WScript.Echo("IsArray = " & IsArray(Wertliste))
WScript.Echo("--")
```

*Listing 3.38: FunktionIsDate.vbs*

Die Ausgabe:

```
Wert
IsDate = Falsch
IsNumeric = Wahr
IsArray = Falsch
--
Wert
IsDate = Wahr
IsNumeric = Falsch
```

```
IsArray = Falsch
--
Wertliste
IsDate = Falsch
IsNumeric = Falsch
IsArray = Wahr
```

# 3.12   Unterroutinen

Um die Übersichtlichkeit eines Skripts zu verbessern und Wiederholungen von Programmcode an mehreren Stellen im Skript zu vermeiden, besteht die Möglichkeit, wiederkehrende Programmzeilen in sogenannte Unterroutinen zu kapseln und anstelle der wiederkehrenden Befehle nur noch die Unterroutinen aufzurufen. Dadurch erhöht sich einerseits die Lesbarkeit; es werden nicht mehr alle Befehle, sondern nur noch eine Funktion aufgerufen. Des Weiteren schlägt sich eine Änderung an der Funktion sofort im gesamten Skript nieder.

Der Name (Bezeichner) einer selbst definierten Unterroutine ist genauso (frei) wählbar wie der Name einer Variablen oder einer Konstanten. In diesem Buch verwenden wir zur Unterscheidung von den eingebauten Funktionen immer deutsche Namen. Die nachstehende Tabelle gibt Ihnen einen Überblick über die Benennungskonventionen.

**Bezeichner für Unterroutinen**

| Art | Wählbarer Name | Sprache | Schreibweise |
|---|---|---|---|
| Variable | Ja | Deutsch | Groß + klein |
| Konstante | Ja | Deutsch | Groß |
| VBScript-Schlüsselwörter (Befehle + eingebaute Funktionen) | Nein | Englisch | Groß + klein |
| Selbst definierte Unterroutine | Ja | Deutsch | Groß + klein |

*Tabelle 3.9: Konventionen für Bezeichner in diesem Buch*

## 3.12.1   Unterroutine ohne Rückgabewert (Prozedur)

Eine Unterroutine, die keinen Wert als Ergebnis ihrer Ausführung zurückliefert, wird oft auch als Prozedur bezeichnet. Innerhalb einer Prozedur lassen sich verschiedene Befehle auf die gewünschte Weise integrieren. Darüber hinaus hat man die Möglichkeit, Parameter zu übergeben.

**Prozeduren**

Parameter sind Werte, die an die Unterroutine übergeben werden und dort für diverse Zwecke (z.B. eine Berechnung) verwendet werden können. Die Parameter verändern das Verhalten einer Unterroutine. Eine Unterroutine kann beliebig viele Parameter haben. Diese werden durch Kommata getrennt.

| Definition einer Unterroutine ohne Parameter | Definition einer Unterroutine mit Parametern |
|---|---|
| `Sub Unterroutine1()`<br>    `Anweisung1`<br>    `Anweisung2`<br>    `...`<br>    `AnweisungN`<br>`End Sub` | `Sub Unterroutine2(a, b)`<br>    `Anweisung1`<br>    `Anweisung2`<br>    `...`<br>    `AnweisungN`<br>`End Sub` |

Um diese Unterroutine innerhalb eines Skripts zu verwenden, reicht es, den Namen der Unterroutine (ggf. mit Werten für die dazugehörigen Parameter) aufzurufen:

| Aufruf einer eigenen Routine ohne Parameter | Aufruf einer eigenen Routine mit Parametern |
|---|---|
| `Unterroutine1` | `Unterroutine2(23, "Hallo")` |

Das folgende Listing zeigt dies an einem konkreten Beispiel:

```
' Unterroutinen.vbs
' Verwendung von Unterroutinen
' verwendet: keine weiteren Komponenten
' ==============================
Sub TextAusgabe(sText)
    WScript.Echo("-------------------------------")
    WScript.Echo(sText)
    WScript.Echo("-------------------------------")
End Sub

Sub NachrichtenDialog(sText)
    MsgBox sText, vbOkOnly + vbInformation, "Information"
End Sub

' Hier beginnt erst das eigentliche Skript

Dim sBeispiel

TextAusgabe "Dies ist ein Beispieltext"
NachrichtenDialog "Noch ein Beispieltext"
TextAusgabe "Und schon wieder ein Beispieltext"
NachrichtenDialog "Und jetzt der letzte Beispieltext"
```

*Listing 3.39: Unterroutinen.vbs*

## 3.12.2 Unterroutine mit Rückgabewert (Funktion)

**Funktion**  Die im vorherigen Unterkapitel beschriebenen Unterroutinen liefern keinen Wert zurück, d.h., sie führen etwas aus, geben aber kein Ergebnis oder Ähnliches an den aufrufenden Code zurück. Möchte man allerdings eine bestimmte Berechnung wiederholt ausführen, benötigt man Unterroutinen, die einen Wert zurückgeben. Eine Unterroutine mit Rückgabewert ist eine selbst definierte Funktion. Eine selbst definierte Funktion wird genauso aufgerufen wie eine eingebaute Funktion.

Die allgemeine Syntax einer solchen Unterroutine mit Rückgabewert sieht wie folgt aus:

```
Function Unterroutine(a, b)
    Anweisung1
    Anweisung2
    ...
    AnweisungN
    Unterroutine = a + b
End Function
```

Der Rückgabewert einer Unterroutine wird durch die Zuweisung eines Ausdrucks an den Namen der Unterroutine definiert, oben also durch:

**Rückgabewert festlegen**

```
Unterroutine = a + b
```

Das folgende Beispiel zeigt eine selbst definierte Unterroutine, die es erlaubt, zwei Werte miteinander zu multiplizieren.

```
' Unterroutine.vbs
' Fußgesteuerte Schleife
' verwendet: keine weiteren Komponenten
' ================================================================

Function Multi(wert1, wert2)
    Multi = wert1 * wert2
End Function

Dim zahl1, zahl2, ergebnis

zahl1 = CInt(InputBox("Bitte Zahl 1 eingeben", "Eingabe", 5))
zahl2 = CInt(InputBox("Bitte Zahl 2 eingeben", "Eingabe", 10))
ergebnis = Multi(zahl1, zahl2)

MsgBox() "Das Ergebnis der Multiplikation lautet: " + _
    CStr(ergebnis), vbOkOnly, "Ergebnis"
```

*Listing 3.40: Unterroutine.vbs*

# 3.13   Benutzerdefinierte Fehlerbehandlung

VBScript hat standardmäßig die grundlegende Eigenschaft, beim Auftreten eines Fehlers das laufende Skript sofort zu beenden und eine Fehlermeldung auszugeben. Das hat den Nachteil, dass die weitere Verarbeitung nicht mehr erfolgen kann.

*Bild 3.15: Eine Fehlermeldung von WScript.exe*

Dieses Verhalten ist nicht immer hilfreich und auch nicht immer gewünscht, daher gibt es innerhalb von VBScript mehrere Möglichkeiten, mit Fehlern umzugehen. Einerseits kann man Fehlermeldungen und das Abbrechen der Anwendung vollständig unterdrücken, sodass jeder Fehler eiskalt ignoriert wird. Das Ignorieren sämtlicher Fehler geschieht mittels folgender Codezeile:

```
On Error Resume Next
```

```
C:\WINNT\System32\cmd.exe                                      _ □ ×
H:\CD\Skripte\03_VBScript>cscript fehlerbehandlung.vbs
Microsoft (R) Windows Script Host, Version 5.6
Copyright (C) Microsoft Corporation 1996-2001. Alle Rechte vorbehalten.

Es ist ein Fehler aufgetreten
        Fehlernummer: 11
        Beschreibung: Division durch Null

H:\CD\Skripte\03_VBScript\fehlerbehandlung.vbs(30, 1) Laufzeitfehler in Microsof
t VBScript: Division durch Null

H:\CD\Skripte\03_VBScript>
```

Möchte man diese Ignorierung von Fehlern wieder deaktivieren und damit wieder das vollständige Abbrechen der Verarbeitung aktivieren, falls ein Fehler auftritt, so funktioniert dies mit folgender Zeile:

```
On Error GoTo 0
```

Allerdings ist es nicht immer sinnvoll, Fehler vollständig zu ignorieren. Oft ergibt es durchaus Sinn, den Fehler näher zu untersuchen und entsprechend darauf zu reagieren. Dafür stellt VBScript ein Objekt zur Verfügung, das alle relevanten Informationen über einen eventuell aufgetretenen Fehler beinhaltet. Diese Informationen sind über das Err-Objekt zugänglich.

> Die Bedeutung des Wortes „Objekt" erfahren Sie gleich im nächsten Hauptkapitel (Kapitel 4). Bitte erlauben Sie mir aus Gründen der Übersichtlichkeit diesen Vorgriff.

```
' Fehlerbehandlung.vbs
' Abfangen von Fehlermeldungen
' verwendet: keine weiteren Komponenten
' =================================

' Ordentliche Fehlerbehandlung
Sub Fehlermeldung
    If Err.Number<>0 Then
        WScript.Echo("Es ist ein Fehler aufgetreten")
        WScript.Echo(vbTab & "Fehlernummer: " & Err.Number)
        WScript.Echo(vbTab & "Beschreibung: " & Err.Description & vbCrLf)
        Err.Description
    End If
End Sub

Dim wert

' Deaktivieren von Fehlerabbrüchen
On Error Resume Next

' Division durch Null
wert = 2 / 0
Fehlermeldung
```

```
' Aktivierung des Fehlerabbruchs
On Error GoTo 0

' Division durch Null
wert = 2 / 0
Fehlermeldung
```

*Listing 3.41: Fehlerbehandlung.vbs*

Dieses Beispiel der Fehlerbehandlung erzeugt die nachfolgende Ausgabe. Die zweite Fehlermeldung resultiert daraus, dass der zweite Fehler nicht vom Code, sondern von der Laufzeitumgebung abgefangen wird.

```
Es ist ein Fehler aufgetreten. Fehlernummer: 11.
Beschreibung: Division durch Null
E:\Fehlerbehandlung.vbs(30, 1) Laufzeitfehler in Microsoft VBScript:
Division  durch Null
```

# 3.14  Fragen und Aufgaben

1.  Welche Möglichkeiten existieren, um den Programmablauf durch bestimmte Bedingungen zu beeinflussen?

2.  Mit welcher Funktion kann man dem Benutzer Informationen mitteilen bzw. von ihm abfragen?

3.  Mit welcher Funktion lässt sich eine Zahl in eine Zeichenkette konvertieren?

4.  Wie kann man einen Anweisungsblock beliebig oft wiederholen lassen?

5.  Wie kann überprüft werden, ob eine Variable einen Datumswert oder eine Zahl enthält?

6.  Wie müssen eigene Unterroutinen aussehen, die einen Rückgabewert zurückliefern?

# 4 Programmieren mit Objekten

Die Active Scripting-Architektur und die Sprache Visual Basic Script nennt man objektbasiert oder objektorientiert. In diesem Buch ist Ihnen ein Objekt schon vielfach begegnet: `WScript` als Teil des Befehls `WScript.Echo()`. Sie erinnern sich vielleicht daran, dass in Kapitel 1 darauf hingewiesen wurde, dass die Bedeutung des Punktes zwischen `WScript` und `Echo` noch erläutert werden wird. Nun ist es soweit.

> Ganz genau genommen gibt es zwischen den Begriffen **objektbasiert** und **objektorientiert** einen Unterschied. Dieser Unterschied ist leider nicht in einem Satz zu erklären, und ihn aufzuzeigen würde weit über das Curriculum eines Einsteigerbuches hinausführen. Wir möchten Sie dazu auf [SCH07a] verweisen.

## 4.1 Was ist ein Objekt?

In der Softwareentwicklung hat sich ein Konzept durchgesetzt, das sich Objektorientierung nennt. Dabei programmiert man mit sogenannten Objekten. Dieser Objektbegriff ist hier ähnlich zu sehen wie der Objektbegriff in der menschlichen Sprache:

▷ Ein Objekt hat Eigenschaften wie beispielsweise einen Namen, eine Farbe und eine Größe.

▷ Man kann mit einem Objekt Dinge tun, zum Beispiel es bewegen oder seine Farbe verändern.

▷ Objekte können Signale aussenden, beispielsweise Töne erzeugen.

Bei der objektorientierten Programmierung hat man diesen drei Möglichkeiten, die ein Objekt innehat, Fachbegriffe gegeben:

**Mitglieder eines Objekts**

▷ Attribute (auch: Eigenschaften)

▷ Methoden

▷ Ereignisse

Man sagt, ein Objekt **hat** (oder **besitzt**) Attribute, Methoden und Ereignisse, wobei ein Objekt jeweils **beliebig viele** Attribute, Methoden oder Ereignisse besitzen kann. Zusammenfassend werden diese drei Konzepte als Mitglieder eines Objekts bezeichnet, damit man nicht immer „Attribute, Methoden und Ereignisse" aufzählen muss.

*Bild 4.1:*
*Grafische*
*Darstellung*
*eines Objekts*
*mit Attri-*
*buten, Metho-*
*den und*
*Ereignissen*

| Attribute |
| Methoden |
| Ereignisse |

**Attribute,** Attribute können gelesen oder gesetzt werden. Methoden können aufgerufen werden und
**Methoden,** dabei Parameter übergeben bekommen. Sie können entweder einen, keinen oder mehrere
**Ereignisse** Werte zurückliefern. Ereignisse löst das Objekt selbst aus. Auf Ereignisse kann man reagieren, indem man Programmcode hinterlegt, der im Falle der Auslösung des Ereignisses abge-
arbeitet werden soll. Diesen Programmcode nennt man eine Ereignisbehandlungsroutine.

Objekte in der realen Welt sind z.B. ein Haus, ein Baum, ein Tisch, ein Auto oder ein
Mensch (an dieser Stelle soll der Begriff Objekt als Oberbegriff zu sehen und daher die Ver-
sachlichung des Menschen gestattet sein). Bei der objektorientierten Programmierung ist es
üblich, Programm-Objekte zu bilden, die realen Objekten entsprechen: ein Haus-Objekt
für ein Haus, ein Baum-Objekt für einen Baum etc. Es ist aber natürlich auch möglich, Programm-Objekte zu bilden, die es in der Realität nicht gibt.

**Objekte** Das Windows Scripting arbeitet mit Objektorientierung und Objekten. Objekte beim
**beim** Windows Scripting sind zum Beispiel eine Datei (engl. File), ein Benutzer (engl. User), eine
**Windows** Domäne (engl. Domain) oder eine Netzwerkkarte (engl. Network Adapter). Dies sind
**Scripting** Objekte, die in der Realwelt „Betriebssystem" vorkommen. Daneben gibt es beim Windows
Scripting auch Objekte wie `ADSystemInfo`, das verschiedene Funktionen zusammenfasst, die
in der Realwelt so nicht zusammengefasst existieren.

# 4.2    Was ist eine Klasse?

**Klassen** Es gibt Objekte (z.B. Datei, Benutzer), von denen es nicht nur ein, sondern mehrere oder
sogar beliebig viele Exemplare geben kann. Mit dem Begriff **Klasse** fasst man alle gleichartigen Objekte zusammen. Ein Beispiel: In der Klasse „Datei" gibt es die Objekte „abc.doc",
„xyz.txt" und „rst.xls". Ein Objekt bezeichnet man auch als **Instanz** einer Klasse. Eine Klasse
definiert, welche Mitglieder (Attribute, Methoden und Ereignisse) jede Instanz oder jedes
Exemplar der Klasse haben soll. Und eine Klasse enthält auch den Programmcode, der ausgeführt werden soll, wenn eine Methode aufgerufen wird. Dieser Programmcode ist in allen
Instanzen einer Klasse gleich (und wird daher auch nur einmal im Speicher abgelegt). Eine
Klasse ist eine Schablone zur Erzeugung von Objekten. Synonym zu Klasse wird oft auch
der Begriff **Objekttyp** verwendet.

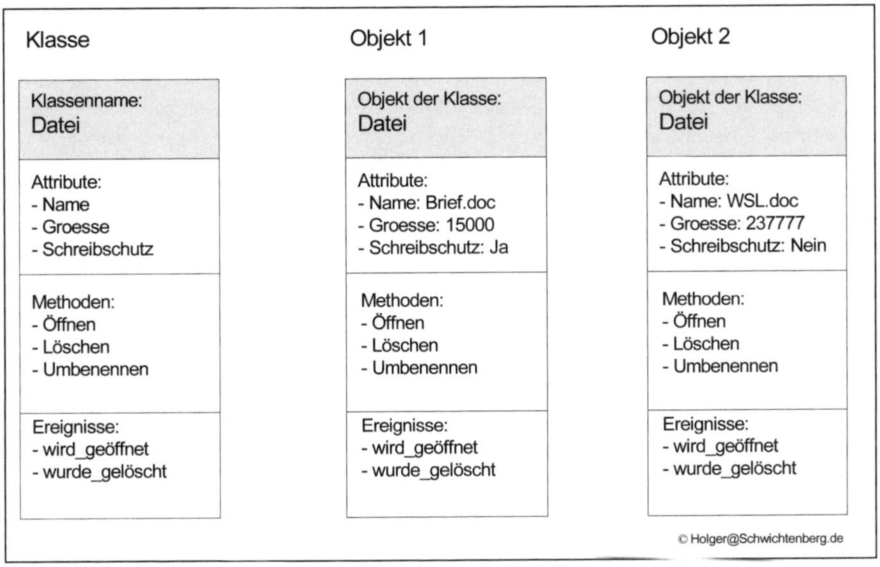

*Bild 4.2:*
*Klasse vs.*
*Objekt*

In der objektorientierten Programmierung geht man so vor, dass man zunächst eine Klasse definiert und danach Instanzen einer Klasse erzeugt, die man dann zur Programmierung verwendet. Den Vorgang, aus einer Klasse eine Instanz zu bilden, nennt man **Instanziierung** (teilweise in der Literatur auch mit einem i geschrieben: **Instanzierung**). Man sagt, eine Klasse wird **instanziiert**.

**Instanzen**

Beispiele für Instanzen sind:

▷ Der BMW mit dem Kennzeichen „E-HS1972" ist eine Instanz der Klasse Auto.
▷ Der Benutzer mit dem Namen „HS" ist eine Instanz der Klasse Benutzer.

Eine Instanz kann einen Namen haben; dieser wird beim Windows Scripting auch als **Spitzname** (engl. **Moniker**) bezeichnet, weil Objekte intern anders angesprochen werden. Der Aufbau dieser Spitznamen ist von Klasse zu Klasse sehr unterschiedlich. In den obigen Beispielen waren die Spitznamen „E-HS1972" und „HS".

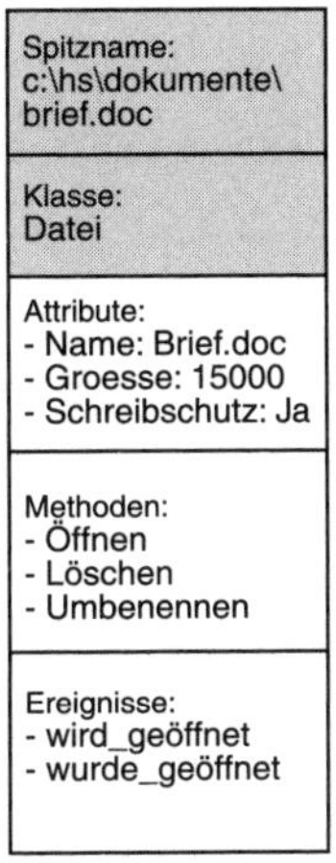

**Spitznamen**

*Bild 4.3:*
*Objekt mit*
*Klasse und*
*Spitzname*

**Klassen beim Windows Scripting**

Beim Windows Scripting arbeiten Sie mit Klassen, die Microsoft (oder andere Hersteller) definiert haben. Das Betriebssystem erzeugt automatisch im laufenden Betrieb unzählige Instanzen dieser Klassen. Ihre Aufgabe als Skriptentwickler ist es lediglich, die gewünschte Instanz zu finden und gemäß Ihren Anforderungen auszulesen oder zu verändern. In vielen Fällen erzeugen Sie auch selbst Instanzen, z.B. wenn Sie eine neue Datei oder einen neuen Benutzer anlegen. Mit der Definition eigener Klassen haben Sie zunächst nichts zu tun: Das ist zwar möglich, führt jedoch weit über dieses einführende Buch hinaus.

**Klassen-namen**

Die von Microsoft und anderen Herstellern definierten Klassen haben in der Regel englische Namen, die oftmals aus mehreren Wörtern bestehen und zum Teil abgekürzt sind. Beispiele für Klassennamen sind:

▶ `File`

▶ `FileSystemObject` (manchmal werden die Begriffe Class oder Object als Teil des Namens einer Klasse verwendet, was eigentlich überflüssig ist)

▶ `IADsUser` (I steht für Interface, ADs für Active Directory Service)

▶ `SWbemObject` (S steht für Scripting, Wbem für Web Based Enterprise Management)

Damit Sie Klassennamen im Text sofort erkennen, sind diese (ebenso wie Befehle, Variablen etc.) in diesem Buch in einer anderen Schriftart dargestellt.

In der objektorientierten Programmierung gibt es einen Unterschied zwischen einer *Schnittstelle* (engl. *Interface*) und einer Klasse/einem Objekt. Da dieser Unterschied jedoch im Rahmen der in diesem Buch vorgestellten Objekte keine Bedeutung hat, wird im Folgenden auf die nähere Erläuterung und Verwendung des Begriffs Schnittstelle verzichtet. Mehr dazu finden Sie in [SCH07a].

# 4.3 Objekte haben Beziehungen

In der Realität sind Objekte miteinander verbunden: Ein Baum hat Äste und Zweige, ein Auto hat einen Motor und Räder etc. Auch bei Betriebssystem-Objekten gibt es solche Zusammenhänge: Eine Domäne enthält Benutzer und Computer, ein Computer besteht aus einem Prozessor und mehreren Festplatten usw. Diese Zusammenhänge müssen durch Programmier-Objekte abgebildet werden.

**Objekte verweisen auf andere Objekte**

Die Lösung zur Abbildung dieser Zusammenhänge ist einfach: Ein Mitglied eines Objekts kann selbst wieder ein Objekt sein. Zum Beispiel kann ein Attribut ein Objekt beinhalten oder eine Methode ein Objekt als Ergebnis liefern.

Daraus ergibt sich eine Objekthierarchie, die man in Form eines Objektbaums darstellen kann. Wir zeigen an einigen Stellen diese Objektbäume, weil sie gut geeignet sind, die Zusammenhänge zwischen den Objekten zu verstehen.

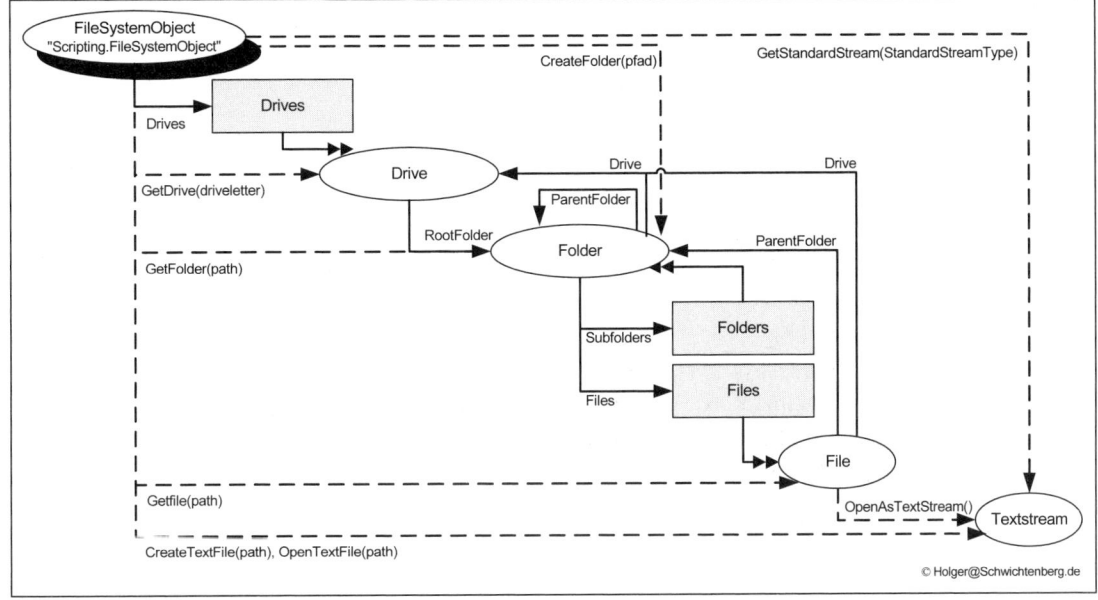

*Bild 4.4: Objektbaum für Objekte, die ein Dateisystem repräsentieren*

Die möglichen Zusammenhänge zwischen den Objekten sind in der Definition einer Klasse hinterlegt. In der Regel steht dort geschrieben, welche Arten von Objekten miteinander verbunden sind. Es ist aber auch möglich, dass in einer Klasse definiert ist, dass ein Mitglied ein beliebiges Objekt enthalten kann.

Bei den Mitgliedern einer Klasse muss man zwischen Mitgliedern unterscheiden, die einfache Daten – wie eine Zahl oder eine Zeichenkette – liefern, und Mitgliedern, die ein Objekt liefern. Mitglieder, die selbst wieder Objekte sind, haben nämlich wieder Mitglieder, sodass eine lange Befehlskette entstehen kann.

**Befehlskette**

```
Objekt1.UnterObjekt2.UnterObjekt3.UnterObjekt4.Methode_von_Unterobjekt4()
```

Die zur Darstellung eines Objektbaums verwendete Notation lässt sich in sechs einfachen Regeln erklären:

▶ Einzelne Objekte sind durch Ovale dargestellt. In dem Oval steht der Name der Klasse.

▶ Objektmengen (vgl. Kapitel 4.9) sind durch Rechtecke dargestellt. In dem Rechteck steht der Name der Klasse.

▶ Durchgezogene Linien sind Attribute, die auf andere Objekte verweisen.

▶ Gestrichelte Linien sind Methoden, die ein Objekt als Ergebnis liefern.

▶ Eine einfache Pfeilspitze bedeutet, dass auf genau ein einzelnes Objekt verwiesen wird (1:1-Beziehung). Eine doppelte Pfeilspitze bedeutet, dass eine Objektmenge beliebig viele Objekte dieses Typs enthalten kann (1:n-Beziehung).

▶ Ovale mit Schatten sind direkt mit `CreateObject()` instanziierbare Klassen. Alle anderen Objekte sind nur indirekt instanziierbar.

# 4.4 Was ist eine Komponente?

**Kompo-
nenten sind
mehrere
Klassen**

Wir haben ja bereits erwähnt, dass Microsoft und andere Hersteller unzählige Klassen vordefiniert haben. Es stellt sich die Frage, wo diese Definitionen liegen. Klassen sind beim Windows Scripting in sogenannten **Komponenten** definiert. Eine Komponente ist eine Programmdatei im Dateisystem mit der Dateinamenerweiterung *.dll*, *.exe* oder *.wsc*. Eine Komponente ist die kompilierte Form einer Klassendefinition und dient dazu, die Klasse auf einem Computer zu installieren oder an einen anderen Computer weiterzugeben. Eine Komponente enthält mindestens eine Klasse; sie kann aber beliebig viele Klassen enthalten.

*Bild 4.5:
Eine Kompo-
nente mit
mehreren
Klassen*

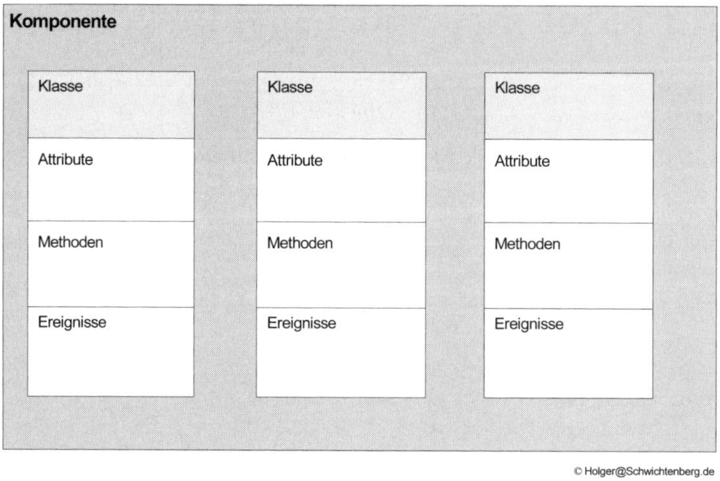

© Holger@Schwichtenberg.de

Es gibt feste Regeln, wie eine solche Komponente aufgebaut ist. Das ist notwendig, damit die Klassen dieser Komponente

- auf verschiedenen Computern verwendet werden können;
- genutzt werden können, egal von welchem Hersteller sie stammen;
- von verschiedenen Programmiersprachen aus genutzt werden können;
- aus verschiedenen Umgebungen heraus genutzt werden können.

**COM**

Diese Regeln heißen Component Object Model (COM). Eine Komponente, die diesen Regeln folgt, heißt COM-Komponente. Eine Klasse in einer COM-Komponente heißt folglich COM-Klasse und deren Instanz COM-Objekt.

**DCOM, OLE,
ActiveX,
MTS, COM+**

COM ist eine Technologie, die Microsoft entwickelt hat, die aber von verschiedenen Herstellern verwendet wird. Distributed COM (DCOM) ist eine Erweiterung von COM, um Klassen auf entfernten Rechnern anzusprechen. Der häufig verwendete Begriff ActiveX ist übrigens eine Teilmenge der COM-Technologie. Gleiches gilt für die Begriffe Object Linking and Embedding (OLE), Microsoft Transaction Server (MTS) und COM+. An dieser Stelle werden wir keine weiteren Interna von COM dokumentieren, sondern wir möchten Sie dazu auf [SCH07a] verweisen.

Bereits der Standardinstallationsumfang von Windows enthält unzählige COM-Komponenten. Durch viele Anwendungen werden weitere Komponenten installiert. Die Komponenten liegen entweder im Verzeichnis der Anwendung oder im *%Windows%*-Verzeichnis. Aber: Nicht jede *.dll*- oder *.exe*-Datei ist eine COM-Komponente. Jedoch ist jede *.wsc*-Datei eine Komponente.

In Kapitel 5 finden Sie eine kurze Einführung in die wichtigsten Komponenten für das Windows Scripting.

# 4.5    Wie arbeitet man mit Objekten?

Jede Programmiersprache hat ihre eigene Art und Weise, mit Objekten umzugehen. Hier soll lediglich beschrieben werden, wie VBScript mit Objekten umgeht.

Eine objektorientierte Sprache muss folgende Aktionen in Bezug auf Objekte unterstützen: **Aktionen mit Objekten**

- Instanziierung eines Objekts aus einer Klasse
- Auslesen des Wertes eines Attributs
- Setzen des Wertes eines Attributs
- Aufrufen einer Methode
- Reagieren auf ein Ereignis
- Löschen eines Objekts
- Duplizieren eines Objekts
- Vergleichen zweier Objekte
- Ermitteln der Klasse, zu der ein Objekt gehört

In der Literatur werden Sie eine Unterscheidung zwischen objektorientierter und objektbasierter Sprache finden. Visual Basic Script ist genau genommen eine objektbasierte Sprache. Aus Gründen der Vereinfachung sprechen wir in diesem Buch aber nur von Objektorientierung.

## Objektvariablen

Visual Basic Script speichert ein Objekt, indem es sich einen Zeiger auf den Speicherbereich **Variablen speichern** merkt, in dem das Objekt gespeichert ist. Dieser Zeiger wird in einer Variablen gespeichert, **Objekte** genau wie ein anderer Wert (eine Zahl oder eine Zeichenkette) auch. Man spricht dann von einer **Objektvariablen**. Die Objektvariable kann – wie jede andere Variable auch – einen beliebigen Namen (Bezeichner) haben (ausgenommen sind bestimmte Schlüsselwörter, vgl. Kapitel 3), die nichts mit dem Namen der Klasse oder dem Spitznamen des Objekts zu tun haben müssen. Leichter zu merken ist der selbst vergebene Name aber meistens schon, wenn man den Klassennamen oder den Spitznamen bei der Namenswahl berücksichtigt. In vielen Beispielen in diesem Buch verzichten wir allerdings auf lange Variablennamen, weil die Programmzeilen dadurch sehr lang werden und viele Zeilenumbrüche in einem Buch den Quellcode unübersichtlich machen (horizontal „scrollen" kann man in einem Buch eben nicht).

### Instanziierung eines Objekts aus einer Klasse

Zur Erinnerung: Instanziierung ist der Vorgang der Erzeugung einer Instanz (eines Exemplars) einer Klasse.

Bevor man ein Objekt, das Operationen auf dem Betriebssystem anbietet, verwenden kann, muss man es instanziieren und in einer Objektvariablen speichern. Um an ein Objekt zu kommen, gibt es beim Windows Scripting vier Möglichkeiten:

**Create-Object()**

- Am häufigsten ist die Verwendung von `CreateObject()`. Bei `Create Object()` gibt man in Klammern den Namen einer Klasse in Form einer Zeichenkette an, z.B.

  ```
  Set o = CreateObject("Scripting.FileSystemObject")
  ```

  Wichtig ist, dass man eine Variable bereitstellt (hier o), die das Objekt aufnimmt, und dass man `Set` vor diesen Befehl schreibt.

  Die Namen der Klassen sind meistens zweigliedrig und durch einen Punkt [.] getrennt. Es gibt aber auch Klassennamen, die aus nur einem Wort bestehen (z.B. `ADsSystemInfo`) oder die eine Zahl als drittes Element besitzen, z.B. `Word.Application.10`

**GetObject()**

- In einigen Fällen wird `GetObject()` als Alternative zu `CreateObject()` verwendet. `GetObject()` erwartet als Parameter einen URL oder einen Dateisystempfad. `GetObject()` wird dann angewendet, wenn das Objekt bereits irgendwo im System vorhanden ist.

  Beispiele:

  `set o = GetObject("c:\daten\umsaetze.xls")` oder

  `set o = GetObject("WinNT://meinComputer/Benutzername")`

**Intrinsic Objects**

- Ablaufumgebungen wie der Windows Script Host (WSH) und Sprachen wie VBScript bieten auch eingebaute Objekte (engl. Intrinsic Objects), die nicht mit `CreateObject()` oder `GetObject()` aufgerufen werden müssen und auch nicht so aufgerufen werden dürfen. Eingebaute Objekte werden nicht vom Skriptentwickler, sondern vom WSH selbst automatisch instanziiert. Sie haben einen eindeutigen Namen und stehen automatisch zur Verfügung.

  Beispiele:

- `WScript` im Windows Script Host
- `Err` in VBScript

  Ein eingebautes Objekt kann zur Verwendung in einem Skript mit einem anderen Namen belegt werden, indem es einer Variablen zugewiesen wird.

  ```
  Set WS = WScript
  ```

**Abgeleitete Objekte**

- Die letzte Möglichkeit, ein Objekt zu gewinnen, ist der Aufruf einer Operation in einem anderen Objekt. Dies sei hier ein abgeleitetes Objekt genannt. Beispielsweise liefert der Aufruf von `GetFile()` in dem `FileSystemObject` ein Objekt des Typs `File`.

  Beispiel:

  ```
  set o = CreateObject("Scripting.FileSystemObject")
  set f = o.GetFile("c:\daten\test.txt")
  ```

Der Unterschied zwischen `CreateObject()` und `GetObject()` sollte eigentlich der sein, dass man mit Ersterem eine neue Instanz einer Klasse erzeugt und mit Letzterem auf eine bestehende Instanz zugreift. Allerdings ist die Verwendung dieser Befehle nicht konsistent. Um auf eine bestehende Excel-Datei zuzugreifen, verwendet man `GetObject()`. Für den Zugriff auf eine bestehende Textdatei kann man `GetObject()` nicht verwenden (hier kommt `CreateObject()` zum Einsatz). Und sowieso wird im Falle des Zugriffs auf eine Excel-Datei nicht ein bestehendes COM-Objekt verwendet, sondern das COM-Objekt, welches die Datei repräsentiert, wird erst beim Aufruf von `GetObject()` erzeugt.

**GetObject() vs. Create-Object()**

> Es gibt keine Regeln für die Verwendung von `CreateObject()` oder `GetObject()`, dies ist leider eine Frage des Wissens.

## Auslesen des Wertes eines Attributs

Nachdem man ein Objekt in einer Objektvariablen abgelegt hat, erfolgen die meisten Zugriffe darauf, indem man das Mitglied durch einen Punkt ⌈.⌋ von der Objektvariablen trennt.

**Wert aus Eigenschaft auslesen**

```
Variable = Objektvariable.Attributname
```

Wenn das Attribut keinen einfachen Wert, sondern ein weiteres Objekt liefert, muss `Set` davor gesetzt werden:

```
Set Objektvariable = Objektvariable.Attributname
```

Dies ist eine lästige Ausnahme, die vielen Skriptentwicklern Probleme bereitet, da man auch diese Fälle auswendig lernen muss.

## Setzen des Wertes eines Attributs

Um einen Wert zu setzen, muss man die obige Syntax nur umkehren:

**Eigenschaft mit Wert belegen**

```
Objektvariable.Attributname = Ausdruck
```

Als Ausdruck können wie bei normalen Variablen entweder Literale, Konstanten, Variablen oder berechnete Ausdrücke mit Operatoren verwendet werden.

Es gibt auch den Fall, dass einem Attribut ein anderes Objekt zugewiesen werden soll. Dann ist `Set` zu verwenden.

```
Set Objektvariable.Attributname = Objektvariable
```

Durch die Zuweisung eines Objekts an ein Attribut eines anderen Objekts entsteht eine Objekthierarchie (also ein Objektmodell).

## Aufruf einer Methode

Der Aufruf einer Methode unterscheidet sich nicht vom Aufruf einer Unterroutine, bis auf die vorangestellte Objektvariable und die Trennung durch den Punkt ⌈.⌋. Man unterscheidet auch hier, ob die Methode Parameter erwartet oder nicht und ob eine Methode einen Rückgabewert liefert oder nicht.

**Methoden**

| Rückgabewert | Parameter | Beispiel |
|---|---|---|
| Nein | Nein | `Objektvariable.Methode` |
| Nein | Ja | `Objektvariable.Methode Parameter1, Parameter2,...` |
| Ja | Nein | `Var = Objektvariable.Methode` |
| Ja | Ja | `Var = Objektvariable.Methode(Parameter1, Parameter2,...)` |

Auch hier ist zu beachten, dass die runden Klammern um die Parameterliste nur dann zu verwenden sind, wenn die Methode einen Rückgabewert hat.

### Reagieren auf ein Ereignis

Ereignisse  Die Erstellung einer Ereignisbehandlungsroutine unterscheidet sich sehr stark von Klasse zu Klasse. Die Vorgehensweisen werden daher bei den entsprechenden Klassen besprochen.

### Löschen eines Objekts

Nothing  VBScript besitzt eine automatische Speicherverwaltung. Das heißt, Sie müssen sich als Skriptentwickler normalerweise keine Gedanken darüber machen, dass der Speicher, den Ihre Objekte belegen, wieder freigegeben wird. Spätestens beim Beenden des Skripts wird der verwendete Speicher freigegeben. Er wird auch freigegeben, wenn einer Objektvariablen ein anderes Objekt zugewiesen wird.

Dennoch gibt es einen Befehl, um ein Objekt zu vernichten und den Speicher sofort freizugeben. Man weist dabei der Objektvariablen den Wert `Nothing` zu:

```
Set Objektvariable = Nothing
```

Diesen Befehl müssen Sie nur einsetzen, wenn Sie in Ihrem Programm sehr, sehr viele Objektvariablen verwenden, die im späteren Ablauf des Skripts nicht mehr benötigt werden.

### Duplizieren eines Objekts

Man kann ein Objekt in VBScript nicht duplizieren, sondern man kann lediglich den Verweis auf ein Objekt duplizieren. Wenn die Objektvariable O1 auf ein Objekt verweist und Sie in Ihr Skript einfügen

```
Set O2 = O1
```

dann verweist O2 danach auf das gleiche Objekt wie O1.

Die Befehle

```
O1.Attributname = "Text"
```

und

```
O2.Attributname = "Text"
```

sind dann also völlig synonym.

> Vergessen Sie auch in diesem Fall nicht das Wort Set. Ohne das Schlüsselwort Set kommt es nicht unbedingt zu einem Fehler, aber möglicherweise zu unerwünschten Ergebnissen.

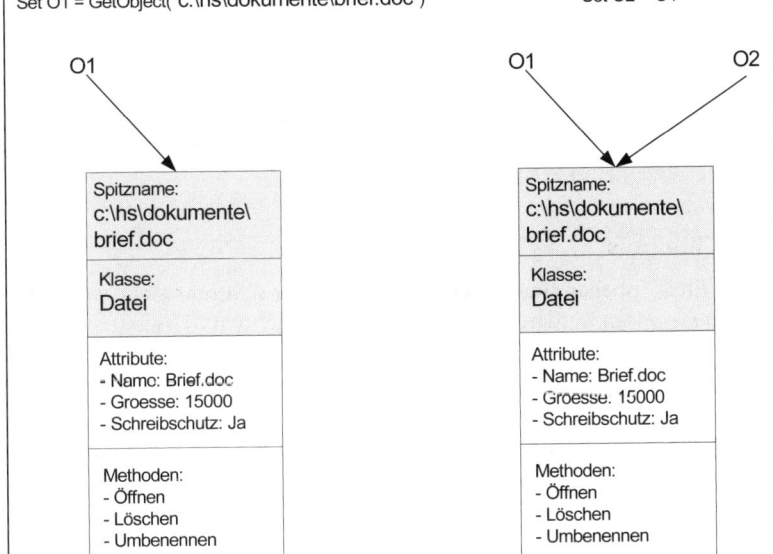

*Bild 4.6: Duplizieren von Objektverweisen*

### Vergleich zweier Objekte

Sie können vergleichen, ob zwei Objektvariablen auf das gleiche Objekt verweisen. Dafür wird allerdings nicht das Gleichheitszeichen, sondern der Operator is verwendet.

```
If o1 Is O2 Then
    WScript.Echo "gleiches Objekt!"
Else
    WScript.Echo "verschiedene Objekte!"
End If
```

### Ermitteln der Klasse, zu der ein Objekt gehört

Die Funktion TypeName() liefert zu einem Objekt den Namen der Klasse, von der das Objekt abstammt.

```
WScript.Echo "Objekt ist eine Instanz der Klasse: " & _
TypeName(Objektvariable)
```

Leider funktioniert die TypeName()-Funktion nicht immer so, wie man es sich wünschen würde. Aufgrund der komplexen inneren Architektur des Component Object Model (COM) gibt es mehrere verschiedene Bezeichnungen für ein und dieselbe Klasse. Es würde hier zu weit führen, dies näher zu erklären. Merken Sie sich bitte nur, dass die mit TypeName() ermittelten Namen nicht unbedingt den in diesem Buch dokumentierten Namen entsprechen müssen. Leider gibt es keinen anderen Weg, sodass diese Aufgabe nur unbefriedigend gelöst ist beim Windows Scripting.

## 4.6 Eingabehilfen für Objekte

Ein guter Editor hilft Ihnen bei der Programmierung mit Objekten dadurch, dass er für ein Objekt alle verfügbaren Attribute und Methoden in einer Liste anzeigt. Diese Hilfe bietet Ihnen der Windows-Editor „Notepad" natürlich nicht. Für das Windows Scripting gibt es überhaupt nur wenige Editoren auf dem Markt, die diese Funktion beherrschen.

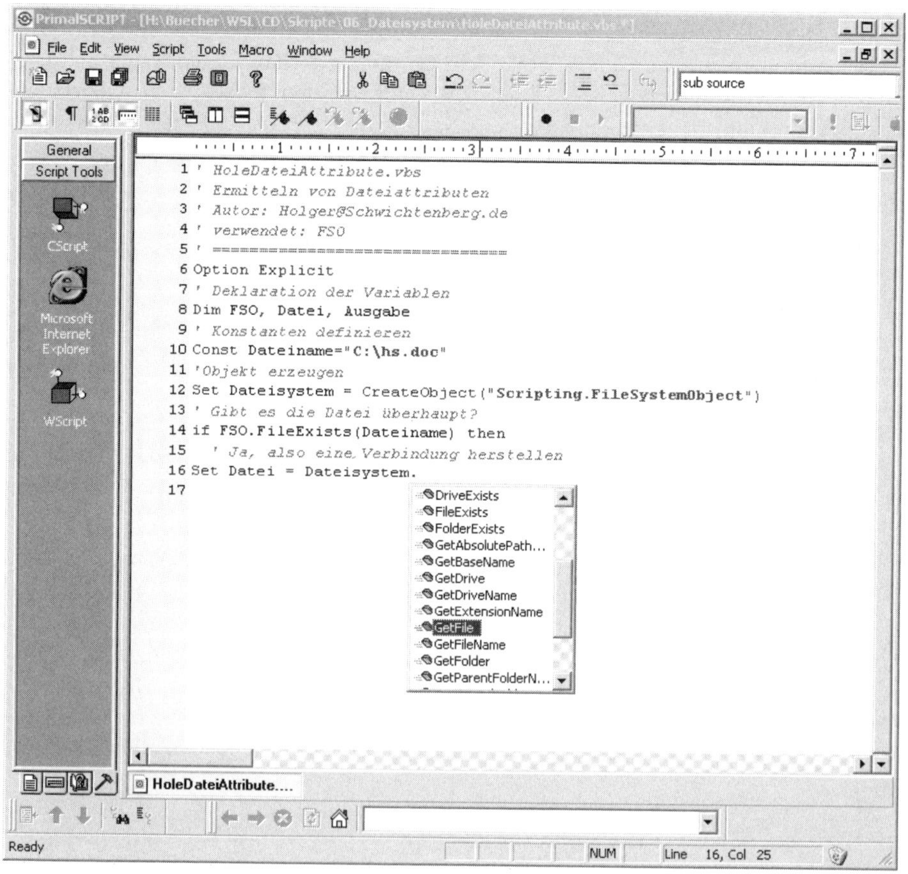

*Bild 4.7:*
*PrimalSense-*
*Funktion für*
*das Objekt*
*„Scripting.*
*FileSystem*
*Object"*

![PrimalSCRIPT Editor-Fenster mit VBScript-Code HoleDateiAttribute.vbs und PrimalSense-Auswahlliste]

PrimalScript und SystemScripter haben wir in Kapitel 2 unter anderem deshalb vorgestellt, weil sie diese sehr hilfreiche Funktion bieten. So werden für Objekte nach der Eingabe des Punktes „." alle verfügbaren Attribute und Methoden in einem Kontextmenü angezeigt. Der Programmierer muss anschließend nur noch aus einer Liste das gewünschte Element auswählen. Der Code wird dann automatisch vervollständigt.

**Auto-Vervollständigen für Objekte**

Diese Technik bezeichnet Sapien, der Hersteller von PrimalScript, als *PrimalSense*, was der IntelliSense-Funktion von Microsoft entspricht, die Sie aus zahlreichen Microsoft-Produkten kennen.

## 4.7 Wie erfahre ich, welche Objekte es überhaupt gibt?

Diese Frage ist leider nicht eindeutig und nicht befriedigend beantwortbar. Die globale Antwort lautet: Lesen Sie die Microsoft-Dokumentation oder kaufen Sie sich ein gutes Buch. Es gibt nämlich einige tausend Objekte auf jedem Windows-System. Es existieren Werkzeuge, um herauszufinden, welche Objekte auf einem Computer vorhanden sind, und meistens kann man auch ermitteln, was diese Objekte ungefähr anbieten. Jedoch ist diese Suche oft sehr aufwendig und frustrierend, zumal der Name eines Objekts und die Namen seiner Methoden oftmals nur ungenau widerspiegeln, was das Objekt wirklich tut.

**Objekte kennen und suchen**

Trotz dieser Vorrede hier einige Hinweise:

- Alle Klassennamen, die bei `CreateObject()` verwendet werden können, finden Sie in der Registrierungsdatenbank direkt unterhalb des Hauptschlüssels *HKEY_CLASSES_ROOT*. Schauen Sie dort einmal nach, was Ihr Windows so alles anbietet.
- Welche Protokolle bei `GetObject()` erlaubt sind, findet man ebenfalls in *HKEY_CLASSES_ROOT*, allerdings versteckt zwischen den Klassennamen. Leider ist nicht eindeutig erkennbar, was ein Protokoll und was keins ist. Ein Anhaltspunkt kann sein, dass einige Protokolle den Untereintrag „URL-Protokoll" besitzen (siehe z.B. *HTTP* und *LDAP*).
- Die eingebauten Objekte findet man nicht in der Registrierungsdatenbank. Dabei hilft nur die jeweilige Dokumentation.
- Welche Objekte von einem anderen Objekt ableitbar sind, erfährt man ebenfalls nicht in der Registrierungsdatenbank. Dazu muss man ein Werkzeug nutzen, das die Innereien eines Objekts auslesen kann. Solche Werkzeuge sind beispielsweise der Objektkatalog in der Visual Basic 6.0-Entwicklungsumgebung (auch enthalten in den Microsoft Office-Visual Basic-Editoren und in Visual InterDev 6.0) oder *oleview.exe* von Microsoft. Leider haben in diesen Werkzeugen die Klassen oft andere Namen als in der Registrierungsdatenbank, was das Auffinden sehr erschwert.

*Bild 4.8:*
*Klassen in der*
*Windows-*
*Registrierungs-*
*datenbank*

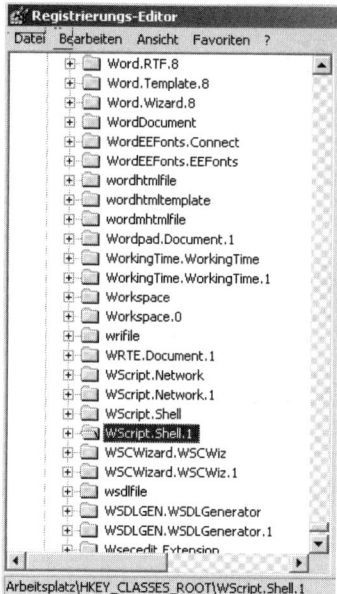

Bild 4.8:
Klassen in der
Windows-
Registrierungs-
datenbank

## 4.8 Was passiert, wenn ein Objekt nicht da ist?

**Fehler-situationen**

Wenn Sie ein Objekt aufrufen, das es nicht gibt, bekommen Sie eine Fehlermeldung. Auch hier muss man wieder Fälle unterscheiden:

▶ `CreateObject()` meldet „ActiveX-Komponenten kann kein Objekt erstellen". (Das „n" ist übrigens kein Tippfehler, sondern ein Übersetzungsfehler in Windows!)

▶ `GetObject()` meldet „ungültige Syntax".

▶ Beim Zugriff auf ein eingebautes Objekt, das es nicht gibt, kommt „Objekt erforderlich".

▶ Beim Aufruf eines nicht vorhandenen abgeleiteten Objekts lesen Sie: „Objekt unterstützt diese Eigenschaft oder Methode nicht."

## 4.9 Was ist eine Objektmenge?

**Collections**

In vielen Fällen hat man nicht nur eine einzige Instanz einer Klasse, sondern mehrere Instanzen. Zum Beispiel kann es unzählige Instanzen der Klasse `User` geben. Objekte können zu *Objektmengen* (auch *Auflistung*, *Sammlung* oder engl. *Collection* genannt) zusammengefasst werden, z.B. alle lokalen Benutzer auf einem bestimmten Computer. Diese Objektmenge wäre homogen, weil alle Objekte in der Menge zur Klasse `User` gehören. Es gibt aber auch heterogene Objektmengen mit Objekten aus verschiedenen Klassen. Zum Beispiel enthält eine Domäne Objekte der Typen `User`, `Group` und `Computer`.

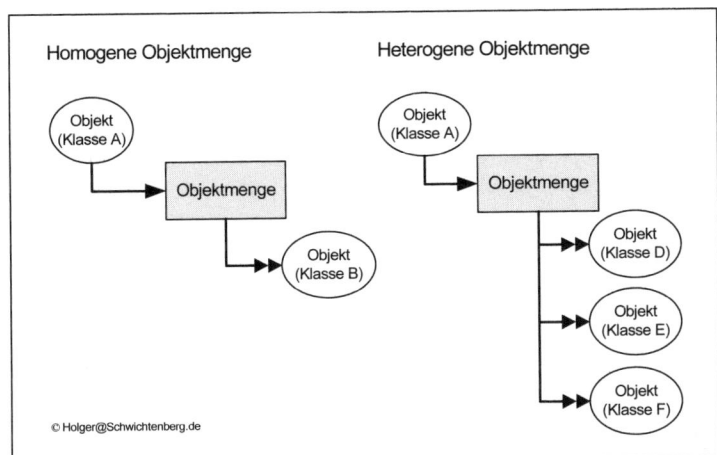

Bei der Skriptprogrammierung haben Sie es sehr oft mit Objektmengen zu tun. Typische Aufgaben sind:

**Objektmengen beim Scripting**

▷ Schleifen über alle Objekte in einer Objektmenge (z.B. Auflisten aller Benutzer)

▷ Zugriff auf einzelne Objekte in einer Objektmenge (z.B. Zugriff auf Benutzer „HS" oder den 4. Benutzer in der Menge)

▷ Ergänzen oder Entfernen von Objekten aus einer Objektmenge (z.B. Hinzufügen oder Entfernen eines Benutzers).

> Eine Objektmenge ist selbst ein Objekt. Gegenüber einem normalen Objekt besitzt sie nur einige Funktionen zusätzlich, z.B. Objekte auflisten, Objekt ergänzen, Objekt löschen Die bisherigen Aussagen über die Erzeugung und Verwendung von Objekten treffen auch auf Objektmengen zu.

### For Each...Next

Die For Each...Next-Schleife ähnelt zwar der For...Next-Schleife, allerdings werden bei dieser kein Start- und Endwert benötigt. Diese Schleife verwendet man zum Durchlaufen von Objektmengen. Für jedes Element in einer bestimmten Menge wird die Schleife einmal durchlaufen. Bei einer solchen Menge kann es sich beispielsweise um alle Dateien eines bestimmten Verzeichnisses handeln.

**Objektmengen durchlaufen**

```
For Each Objektvariable in Objektmenge
    Anweisungsblock
Next
```

Eine Objektmenge kann man am besten an einem Beispiel veranschaulichen. Dazu ist leider ein kleiner Vorgriff auf Kapitel 7 („Scripting des Dateisystems") notwendig. Das folgende Skript gibt eine Liste der verfügbaren Laufwerke aus. Es sei schrittweise erklärt:

**Beispiel**

▷ Zunächst wird eine Instanz der Klasse Scripting.FileSystemObject erzeugt und der Objektvariablen Dateisystem zugewiesen.

▷ Die Klasse Scripting.FileSystemObject liefert im Attribut Drives eine Objektmenge mit den Laufwerken.

> ➤ Über das Attribut `Count` wird die Anzahl der Objekte in der Menge ausgegeben.

> ➤ Mit `For Each Laufwerk In Laufwerke...Next` wird dann eine Schleife über alle Laufwerke definiert.

> ➤ Innerhalb der Schleife wird geprüft, ob das Laufwerk verfügbar ist. Nur für die verfügbaren Laufwerke werden der Laufwerksbuchstabe (Attribut `DriveLetter`) und der Name des Laufwerks (Attribut `Volume Name`) ausgegeben.

```
' SchleifenForEachIn.vbs
' Schleife über eine Menge von Objekten
' verwendet: SCRRun
' ===============================

' --- Objekt erzeugen
Set Dateisystem = CreateObject("Scripting.FileSystemObject")

' --- Objektmenge aus dem erzeugten Objekt holen
Set Laufwerke = Dateisystem.Drives

' --- Anzahl der Laufwerke ausgeben
WScript.Echo "Anzahl der Laufwerke: " & Laufwerke.Count

' --- Schleife beginnen
For Each Laufwerk In Laufwerke
If Laufwerk.Isready then
  wscript.echo  Laufwerk.DriveLetter & ":" & Laufwerk.VolumeName
End if
Next
```

*Listing 4.1: SchleifenForEachIn.vbs*

Viele, aber nicht alle Objektmengen bieten `Count` an. In einigen Objektmengen heißt es `Length`. Wiederum andere unterstützen die automatische Zählung gar nicht. Da hilft dann nur das Mitzählen in einer Schleife mit `For Each...Next`.

Mit `For Each` kann auch ein Array (vgl. Kapitel 3) aufgelistet werden.

### Zugriff auf einzelne Objekte in einer Objektmenge

Zunächst einmal muss man festhalten, dass nicht alle, aber viele Objektmengen den gezielten Zugriff auf einzelne Objekte ermöglichen. Um auf einzelne Objekte in einer Objektmenge zugreifen zu können, haben alle Objekte in einer Objektmenge einen eindeutigen Schlüsselwert. Normalerweise greift man über die Funktion `Item()` gezielt auf ein einzelnes Objekt zu:

`Objektmenge.Item(Schlüsselwert)`

Diesen Ausdruck kann man oft (aber nicht immer!) auch verkürzen auf:

`Objektmenge(Schlüsselwert)`

Als Schlüsselwert kommen fallweise Zahlen oder Zeichenketten zum Einsatz. Einige Objektmengen unterstützen auch beide Vorgehensweisen. Im Falle des Einsatzes von Zahlen gibt es oft eine sequenzielle Zählung, die meistens bei 0, manchmal aber auch bei 1 beginnt.

Im folgenden Skript wird der gezielte Zugriff auf das Laufwerk D: gezeigt.   **Beispiel**

```
' Objektmengenzugriff.vbs
' Zugriff auf einzelne Elemente einer Objektmenge
' verwendet: SCRRun
' ===============================================================
' --- Objekt erzeugen
Set Dateisystem = CreateObject("Scripting.FileSystemObject")

' --- Objektmenge aus dem erzeugten Objekt holen
Set Laufwerke = Dateisystem.Drives

' --- Objekt einzeln ansprechen (ALTERNATIVE 1)
WScript.echo Laufwerke.Item("D:").VolumeName

' --- Objekt einzeln ansprechen (ALTERNATIVE 2)
WScript.echo Laufwerke("D:").VolumeName

' --- Objekt einzeln ansprechen (ALTERNATIVE 3)
WScript.echo Dateisystem.GetDrive("D:").Volumename
```

Die dritte Alternative zeigt, dass es auch noch andere Wege zum selben Ziel geben kann. Diese alternativen Vorgehensweisen sind aber von Klasse zu Klasse unterschiedlich.

## Verändern einer Objektmenge

Leider gibt es für das Hinzufügen eines Objekts zu einer Objektmenge und das Entfernen eines Objekts aus einer Objektmenge keine allgemeingültige Vorgehensweise. Viele Objektmengen kochen hier ihr eigenes Süppchen, d.h., die Befehle sind in jeder Objektmenge anders. Sie finden die Erläuterungen bei der jeweiligen Objektmenge in den folgenden Kapiteln dieses Buchs.

An dieser Stelle soll nur erwähnt sein, wie es **häufig** funktioniert.

▷ Ergänzt wird ein Objekt mit der Add()-Methode. Dabei sind eine Objektvariable mit   **Add()**
dem aufzunehmenden Objekt und der Schlüsselwert, über den das Objekt später identifizierbar sein soll, anzugeben.

```
Objektmenge.Add Objektvariable, Schlüsselwert
```

▷ Zum Entfernen aus der Liste ist der Schlüsselwert notwendig, der an die Methode   **Remove()**
Remove() übergeben wird.

```
Objektmenge.Remove Schlüsselwert
```

Statt Add() heißt es oft Insert() und statt Remove() oft Delete().

# 4.10 Fragen und Aufgaben

1. Was ist an folgendem Befehl falsch?

   ```
   o = CreateObject("Scripting.FileSystemObject")
   ```

2. Was ist an folgenden Befehlen falsch?

   ```
   Set Benutzer= Domaene.Create "user", "HolgerSchwichtenberg"
   Benutzer.ChangePassword("rot", "gruen")
   ```

3. Was wird in diesem Skriptfragment ausgegeben?

   ```
   set k1 = CreateObject("Wahlen.KanzlerKandidat")
   set k2 = CreateObject("Wahlen.KanzlerKandidat")
   k1.Name = "Gerhard"
   k1.Gehalt = 100000
   k2.Name = "Edmund"
   k2.Gehalt = 90000
   set k1 = k2
   k1.Gehalt = 120000
   Msgbox k2.gehalt
   ```

4. Wie greift man auf das zehnte Element einer Objektmenge mit Namen BenutzerListe zu?

# 5 Komponenten für das Scripting

**Lernziel**

Im vorherigen Kapitel haben Sie gelernt, dass der Zugriff auf Funktionen des Betriebssystems beim Windows Scripting durch Objekte realisiert wird und diese Objekte Instanzen von Klassen sind, die in Komponenten definiert sind. In diesem Kapitel lernen Sie die Komponenten kennen, welche in diesem Buch verwendet werden.

Die hinteren Kapitel dieses Buches (ab Kapitel 6) sind **aufgabenorientiert** aufgebaut, d.h., Sie lernen jeweils das Scripting des Dateisystems, der Benutzerverwaltung, der Hardware usw. in einem eigenen Kapitel kennen. Die Windows Scripting-Komponenten sind aber nicht derart nach Aufgaben unterteilt. Das bedeutet, dass eine Komponente mehrere Aufgabenbereiche umfassen kann, und für einen Aufgabenbereich benötigt man oftmals Klassen aus mehreren Komponenten.

In diesem Kapitel werden daher zusammenhängend alle Komponenten vorgestellt, damit Sie die einzelnen Aufgabenbereiche in fast beliebiger Reihenfolge lesen können. Dieses Kapitel vermittelt also die Grundlagen zum Verständnis der folgenden Kapitel. Sie sollten es lesen, auch wenn es Ihnen zunächst etwas theoretisch erscheint. Die praktische Nutzung dieser Komponenten folgt im weiteren Verlauf des Buches.

In jedem in diesem Buch vorgestellten Skript finden Sie vier Kopfzeilen. Eine davon beginnt mit „verwendet:". Dahinter finden Sie die Kürzel der Komponenten, die installiert sein müssen, damit das Skript lauffähig ist. Die häufigste Ursache von nicht funktionierenden Skripten sind fehlende Komponenten oder Komponenten in falschen Versionen. Bitte beachten Sie die Hinweise in diesem Kapitel zu den benötigten Komponenten.

## 5.1 WSH Runtime (WSHRun)

**Gemischt-warenladen**

Die WSH Runtime-Komponente (kurz: WSHRun) ist eine bunte Mischung aus Funktionen, die beim Windows Scripting hilfreich sind.

## 5.1.1    Installation

Die WSH Runtime-Komponente wird in der Datei *wshom.ocx* (eine *.ocx*-Datei ist das gleiche wie eine DLL) realisiert und diese Datei wird automatisch zusammen mit dem Windows Script Host (WSH) installiert. Sie ist also auf allen Systemen vorhanden, auf denen es den WSH gibt (vgl. Kapitel 1).

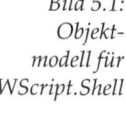
**Versions-nummer** Die Versionsnummer dieser Komponente entspricht der Versionsnummer des WSH. Nutzen Sie das in Kapitel 1 vorgestellte Verfahren, um die Dateiversion von *wshom.ocx* mit dem Windows Explorer zu ermitteln.

## 5.1.2    Klassen

WSHRun ist eine sehr einfache Komponente mit zwei zentralen Klassen:

▷  `WScript.Shell`: Die `Shell`-Klasse ist eine bunte Sammlung verschiedener Funktionen, die hauptsächlich in Zusammenhang mit der Benutzeroberfläche, den Umgebungsvariablen, der Registrierungsdatenbank und dem Ereignisprotokoll stehen.

▷  `WScript.Network`: Mit dieser Klasse wird der Zugriff auf Netzwerk- und Druckerverbindungen möglich. Sie ist deshalb dazu geeignet, die nötigen Verbindungen beim Anmelden eines Benutzers vorzunehmen. Außerdem können der Computername und der aktuell angemeldete Benutzer ermittelt werden.

Diese beiden Klassen instanziiert man mit `CreateObject()`. Von diesen Klassen aus können Instanzen anderer Klassen erreicht werden, wie die beiden folgenden Abbildungen zeigen.

*Bild 5.1: Objekt-modell für WScript.Shell*

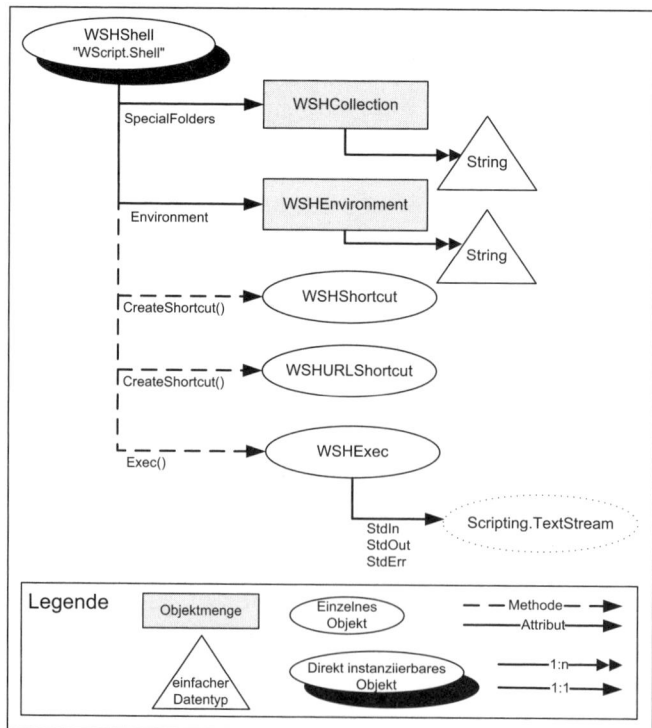

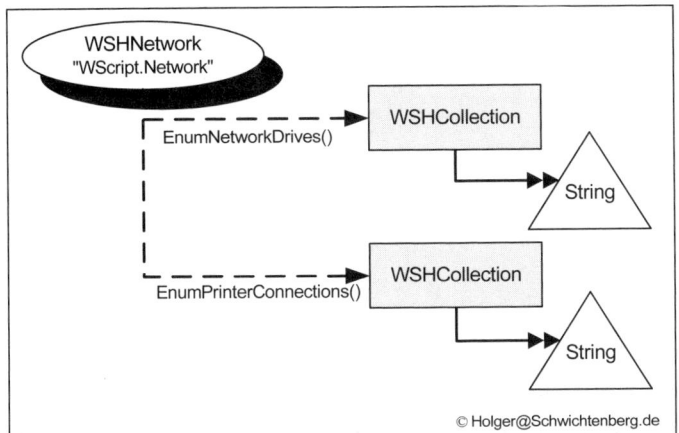

*Bild 5.2:
Objektmodell
für WScript.
Network*

*Tabelle 5.1:
Klassen der
WSH Run-
time-Kompo-
nente*

| Klasse | Zugriff | Erläuterung |
|--------|---------|-------------|
| WScript | Dies ist ein eingebautes Objekt (Intrinsic Object), das nicht instanziiert werden muss. Es kann einfach über seinen Namen angesprochen werden. | Dieses Objekt stellt Basisfunktionen des Windows Script Host (WSH) wie die Ausgabe von Text in Dialogfenstern oder Kommandozeilenfenstern und die Auswertung der Kommandozeilenparameter des Skripts bereit. Ganz genau genommen ist diese Klasse nicht Teil der WSH Runtime-Komponente, sondern direkt in den WSH eingebaut. Im Rahmen der Beispiele in diesem Buch macht das aber keinen praktischen Unterschied. |
| WSHShell | CreateObject("WScript.Shell") | Die WSHShell-Klasse ist inzwischen eine Mischung sehr verschiedener Funktionalitäten: Zugriff auf Umgebungsvariablen, Schreiben ins Ereignisprotokoll, Lesen und Schreiben der Registrierungsdatenbank, Senden von Tastendrücken an Fenster, Erzeugen und Verändern von Verknüpfungen im Dateisystem, Zugriff auf Spezialordner und Ausgabe von Dialogboxen. |
| WSHNetwork | CreateObject("WScript.Network") | Mit dieser Klasse wird der Zugriff auf Netzwerkverbindungen und Drucker möglich. Sie ist daher bestens dafür geeignet, die nötigen Verbindungen beim Anmelden eines Benutzers vorzunehmen. WSHNetwork gehört zu den Klassen, von denen eigene Instanzen angelegt werden können. |

| Klasse | Zugriff | Erläuterung |
|---|---|---|
| WSHCollection | Nur über die Klassen WSHShell oder WSHNetwork | Ein WSHCollection-Objekt ist ein Hilfsobjekt zur Verwaltung von Wertemengen, nicht wie üblich von Objekten. Die WSHObjektmengenklasse ist nicht von außen instanziierbar, sondern wird von den Klassen WSHShell (im Attribut SpecialFolders) und WSHNetwork (EnumNetworkDrives, EnumPrinterConnections) verwendet. |
| WSHEnvironment | Nur über die Klasse WSHShell | Dies ist eine Objektmengenklasse mit mehr Ähnlichkeit mit WSHCollection als mit einer richtigen Objektmengenklasse. Sie speichert Umgebungsvariablen. |
| WSHShortcut | Nur über die Klasse WSHShell | Ein WSHShortcut-Objekt repräsentiert eine Datei- oder Ordnerverknüpfung. Ein Objekt dieser Klasse wird durch die Methode WSHShell.CreateShortcut() erzeugt. |
| WSHURLShortcut | Nur über die Klasse WSHShell | Ein WSHURLShortcut-Objekt repräsentiert eine spezielle Verknüpfung zu einem Uniform Resource Locator (URL). Ein Objekt dieser Klasse wird durch die Methode WSHShell.CreateShortcut() erzeugt. |
| WSHExec | Nur über die Klasse WSHShell | Ein WSHExec-Objekt dient der Überwachung eines externen Programms, das mittels der Methode Exec() auf einem WSHShell-Objekt gestartet wurde. |

### 5.1.3 Beispiele

Zahlreiche Beispiele zur Verwendung dieser Komponente kommen später in allen Kapiteln in diesem Buch vor.

# 5.2 Scripting Runtime (SCRRun)

**Dateisystem-zugriff**

Die Scripting Runtime-Komponente dient hauptsächlich dem Zugriff auf das Dateisystem:

- ▷ Direkter Zugriff auf einzelne Laufwerke, Ordner und Dateien
- ▷ Iteration über Laufwerke und Ordner
- ▷ Zusammensetzung und Aufspaltung von Pfadangaben

- Anlegen, Verschieben, Kopieren und Löschen von Ordnern
- Verschieben, Kopieren und Löschen von Dateien jedes Typs
- Anlegen, Lesen und Beschreiben von Textdateien
- Lesen und Verändern von Laufwerks-, Ordner- und Dateieigenschaften
- Direkter Zugriff auf Sonderordner
- Zugriff auf die Standardein- bzw. -ausgabe
- Ändern von Dateiattributen
- Zugriff auf Dateilänge und Daten
- Versionsinformationen von DLLs

Folgende Funktionen, die in Zusammenhang mit dem Dateisystem anfallen, deckt die SCR-Run-Komponente jedoch nicht ab:

- Anlegen, Lesen und Beschreiben von binären Dateien
- Suchfunktion über das Dateisystem
- Zugriff auf den Sperrstatus einer Datei
- Zugriff auf Sicherheitsinformationen
- Zugriff auf Verzeichnisfreigaben
- Zugriff auf erweiterte Dateiattribute (z.B. Autorenname bei Word-Dokumenten)
- Zugriff auf die Kontextmenüeinträge einer Datei
- Überwachung von Dateisystem-Änderungen (neue Datei, Dateiänderung etc.)

Für einige dieser Anwendungen werden wir in diesem Buch dennoch Lösungen auf Basis anderer Komponenten finden.

> Die SCRRun-Komponente bietet neben dem Dateisystemzugriff auch noch zwei andere Funktionsbereiche (Verschlüsselung von Skripten und Speicherung von Daten in Listen), die in diesem Buch aber nicht verwendet werden.

## 5.2.1 Installation

Die Scripting Runtime-Komponente wird ebenfalls automatisch zusammen mit dem WSH installiert (*scrrun.dll*).

Nutzen Sie das in Kapitel 1 vorgestellte Verfahren, um die Dateiversion von *scrrun.dll* mit dem Windows Explorer zu ermitteln. Die Datei liegt im *%System%*-Verzeichnis Ihrer Windows-Installation.

**Versionsnummer ermitteln**

## 5.2.2 Klassen

In diesem Buch wird die SCRRun-Komponente nur zum Zugriff auf das Dateisystem verwendet. Die nachfolgende Abbildung zeigt die Klassen, die mit dem Dateisystemzugriff in Verbindung stehen.

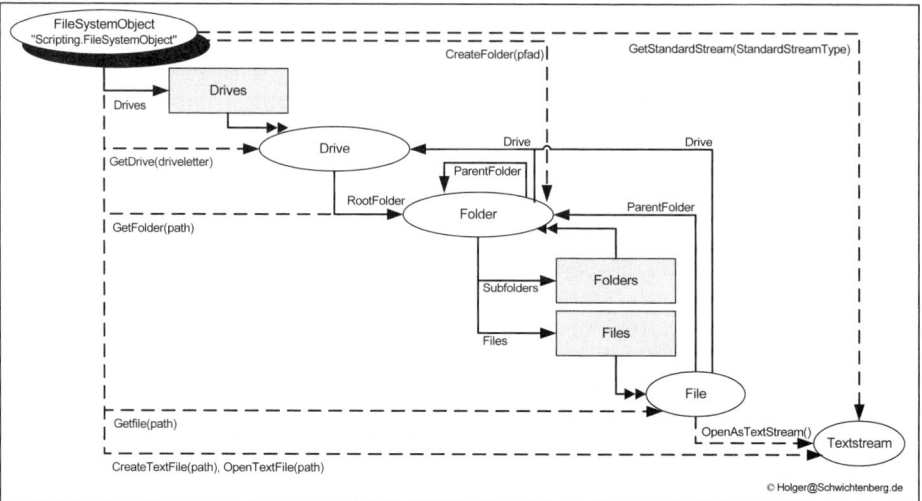

*Tabelle 5.2:*
*Klassen der*
*Scripting*
*Runtime-*
*Komponente*

| Klasse | Zugriff | Erläuterung |
|---|---|---|
| FileSystemObject | CreateObject("Scripting. FileSystemObject") | Ein Objekt dieser Klasse repräsentiert das komplette Dateisystem, das von dem Rechner aus, auf dem das Skript läuft, erreichbar ist (einschließlich der Netzlaufwerke). Diese Stammklasse ist die einzige instanziierbare Klasse aus dem Bereich Dateisystemzugriff und dient der Erzeugung neuer Instanzen der anderen Klassen. |
| Drive | Über die Methode Get-Drive() aus einer Instanz der Klasse FileSystem-Object | Repräsentiert ein Laufwerk. |
| Drives | Über das Attribut Drives in einer Instanz der Klasse FileSystemObject | Liste aller verfügbaren Laufwerke (nicht nur Festplatten, sondern alle Arten von Laufwerken, die im Windows Explorer angezeigt werden können), also Diskettenlaufwerk, Festplatte, CD, andere Wechselmedien und auch Laufwerksverknüpfungen |
| File | Über die Methode Get-File() aus einer Instanz der Klasse FileSystem-Object | Repräsentiert ein Verzeichnis. |
| Files | Über das Attribut Files in einer Instanz der Klasse FileSystemObject | Liste aller Dateien in einem Verzeichnis |

| Klasse | Zugriff | Erläuterung |
|--------|---------|-------------|
| Folder | Über die Methode GetFolder() aus einer Instanz der Klasse File-SystemObject | Repräsentiert ein Verzeichnis. |
| Folders | Über das Attribut Sub-Folders in einer Instanz der Klasse Folder | Liste aller Ordner in einem Laufwerk oder einem übergeordneten Ordner |
| TextStream | Über die Methode OpenTextStream() oder CreateTextStream() in einer Instanz der Klasse FileSystemObject | Repräsentiert eine Textdatei oder einen Standard-I/O-Stream. |

### 5.2.3 Objektauswahl

Wichtig ist, dass man nicht direkt über GetObject()auf ein Laufwerk, eine Datei oder ein Verzeichnis zugreifen kann, sondern dass man immer zunächst eine Instanz von FileSystemObject mittels des Befehls Create Object("Scripting.FileSystemObject") erzeugen muss. Diese Klasse bietet dann Methoden wie GetDrive(), GetFile() und GetFolder() zum Zugriff auf die Elemente des Dateisystems. **Hilfsroutinen**

### 5.2.4 Beispiele

Beispiele zu dieser Komponente finden Sie später in diesem Buch.

# 5.3 ActiveX Data Objects (ADO)

Die ActiveX Data Objects (kurz: ADO) ist eine Komponente zum Zugriff auf Daten aller Art (wobei es durchaus richtig ist, im Singular zu sprechen: Mehrere Objekte bilden eine Komponente.). Hauptsächlich wird ADO jedoch zum Zugriff auf Datenbanken (z.B. Microsoft Access) verwendet. Datenbanken spielen beim Scripting als Quelle und permanenter Speicher für Konfigurationsdaten (z.B. Benutzerlisten) eine wichtige Rolle. **Datenbank-zugriff**

### 5.3.1 Installation

ADO gehört nicht zum Installationsumfang der meisten Windows-Versionen, es wird aber mit vielen Zusatzprodukten (z.B. Microsoft Office) installiert. Sie finden die aktuellste Version (zurzeit Version 2.8) von ADO auf der CD-ROM zu diesem Buch im Verzeichnis */install*. **ADO 2.8**

**Versions-nummer ermitteln** Es gibt sehr viele verschiedene Versionen dieser Komponente. Nutzen Sie das in Kapitel 1 vorgestellte Verfahren, um die Dateiversion von *msado15.dll* mit dem Windows Explorer zu ermitteln. Die Datei liegt in der Regel nicht im *%System%*-Verzeichnis Ihrer Windows-Installation, sondern unter *\Programme\Gemeinsame Dateien\system\ado\*.

Die *msado15.dll* ist ein gutes Beispiel dafür, dass die im Dateinamen enthaltene Zahl nichts über die wirkliche Versionsnummer aussagt. Im Fall von ADO hat sich die *15* seit der Version 1.5 nicht mehr verändert, weil Microsoft sich danach entschlossen hat, nicht mehr in jeder Version einen eigenen Dateinamen zu produzieren.

## 5.3.2 Klassen

**ADO-Klassen** ADO ist eine mächtige Komponente. Beim Scripting sind aber im Wesentlichen die in der folgenden Tabelle genannten Klassen relevant.

*Tabelle 5.3: Die wichtigsten Klassen in der ADO-Komponente*

| Klasse | Zugriff | Erläuterung |
|--------|---------|-------------|
| Connection | CreateObject("ADODB.Connection") | Connection repräsentiert eine Verbindung zu einer Datenbank. |
| RecordSet | CreateObject("ADODB.RecordSet") oder über ein Connection-Objekt | Recordset repräsentiert eine Menge von Datensätzen, also eine Tabelle in einer Datenbank oder das Ergebnis einer Abfrage mit dem SQL-Befehl SELECT. |
| Field | Nur über die Klasse RecordSet | Ein Field-Objekt repräsentiert eine einzelne Spalte in einem RecordSet. |
| Fields | Nur über die Klasse RecordSet | Fields ist die Menge aller Field-Objekte, also aller Spalten in einer Tabelle. |

*Bild 5.4: Objektmodell für die ADO-Komponente*

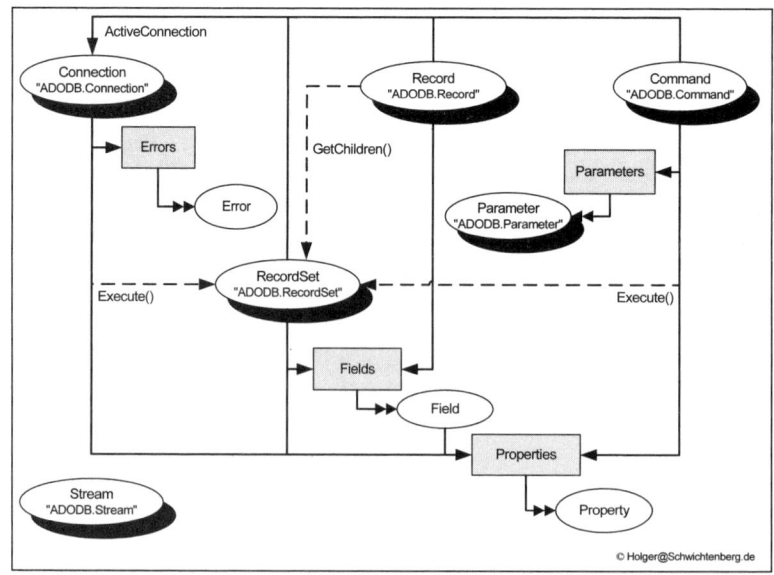

## 5.3.3 Objektauswahl

Mit diesen Objekten kann man auf jede beliebige Tabelle (oder Teilmenge einer Tabelle) in (fast) jeder beliebigen Datenbank zugreifen. Voraussetzung für den Zugriff ist, dass auf dem System ein passender Treiber für die Datenbank vorhanden ist. Als Treiber können sowohl sogenannte ODBC-Treiber als auch sogenannte OLEDB-Provider verwendet werden.

Wenn ein Treiber vorhanden ist, benötigt ADO zwei Angaben von dem Skript:

▷ eine sogenannte *Verbindungszeichenfolge*, welche den Standort der Datenbank und den Datenbanktreiber beschreibt;

▷ einen Befehl in der Sprache *Structured Query Language (SQL)*, der definiert, welche Tabelle oder Teilmenge einer Tabelle oder Schnitt-/Vereinigungsmenge mehrerer Tabellen aus der Datenbank geholt werden soll.

### Verbindungszeichenfolgen

Ein Beispiel für eine Verbindungszeichenfolge ist die folgende Spezifikation des Zugriffs auf eine Access-Datenbank mit Namen *Scripting.mdb*:

```
Provider=Microsoft.Jet.OLEDB.3.51;Persist Security Info=False;User
ID=admin;Data Source=D:\buch\scripting.mdb
```

Man kann ganze Kapitel über Verbindungszeichenfolgen schreiben. Anstatt Ihnen beizubringen, welche Kommandos es dort gibt, zeigen wir Ihnen lieber, wie man sich die Verbindungszeichenfolge von einem Wizard erstellen lassen kann. Dieser Wizard ist das OLEDB Datenlink-Fenster, das auf jedem Windows vorhanden ist.

Gehen Sie folgendermaßen vor:

1. Legen Sie eine neue Textdatei im Dateisystem an.
2. Benennen Sie die Datei um in einen Namen mit der Dateinamenerweiterung *.udl*, z.B. *MeineDB.udl*. Das Icon verändert sich dadurch.
3. Doppelklicken Sie auf die *.udl*-Datei.
4. Arbeiten Sie sich durch die Registerkarten, beginnend auf der ersten.
5. Schließen Sie danach das Fenster.
6. Öffnen Sie dann die Datei mit dem Windows Editor *Notepad*, indem Sie *Öffnen mit...* und dort *Notepad* auswählen. Sie sehen dann einen Inhalt wie den folgenden:

   ```
   [oledb]
   ; Everything after this line is an OLEDB initstring
   Provider=Microsoft.Jet.OLEDB.4.0;Persist Security Info=False;
       User ID=admin;Data Source=D:\buch\data\meier.mdb
   ```

7. Kopieren Sie den Inhalt der Zeile, die mit „PROVIDER" beginnt, als Verbindungszeichenfolge in Ihr Skript.

### SQL-Befehle

SQL ist eine standardisierte Abfragesprache, zu der es viele Bücher gibt. Hier soll nur der wichtigste Befehl – SELECT – kurz erläutert werden.

Die allgemeine Form lautet:

```
SELECT SpaltenListe FROM Tabelle WHERE Bedingung
```

Bild 5.5:
Auswahl des
OLEDB-Provi-
ders in einer
UDL-Datei
und Spezi-
fikation
einer Verbin-
dung zu einer
Access- bzw.
SQL Server-
Datenbank

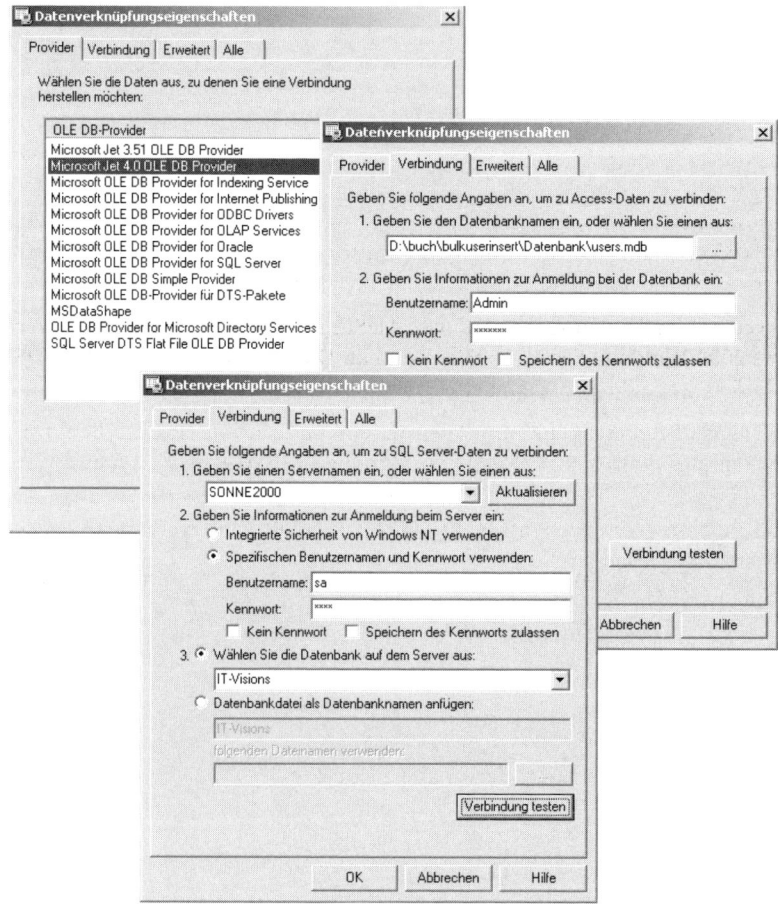

Dabei ist

▷ SpaltenListe eine durch Kommata getrennte Liste der Spalten, die aus der Tabelle ausgewählt werden sollen;

▷ Tabelle der Name der Tabelle, die die Daten liefern soll;

▷ Bedingung eine Einschränkung der Datensätze (Zeilen) der Tabelle.

Beispiel für einen SQL-Befehl:

```
SELECT Vorname, Name FROM Benutzer WHERE Beschreibung = "Neue Mitarbeit"
    and Status = 10
```

Auch für SQL-Befehle gibt es Wizards, z.B. den Abfrage-Designer in Microsoft Access, der in ähnlicher Form auch in den Microsoft SQL Server Tools und Visual Studio enthalten ist.

### 5.3.4 Beispiele

Konkrete Scripting-Beispiele zu ADO folgen in Kapitel 6.

# 5.4 Active Directory Service Interface (ADSI)

Das Active Directory Service Interface (ADSI) ist eine Komponente für den Zugriff auf Verzeichnisdienste. Ein Verzeichnisdienst ist eine (hierarchische) Objektmenge von Benutzern, Gruppen, Diensten und anderen Ressourcen in einem Netzwerk.

**Verzeichnis-dienstzugriff**

Das „Active Directory" im Namen suggeriert, dass ADSI nur etwas mit dem Active Directory in Windows 2000/Windows Server 2003 zu tun hat. Dies ist nicht korrekt. Mit ADSI können folgende Verzeichnisdienste verwaltet werden:

- Windows NT4-Benutzerdatenbank und -Dienste (einschließlich der lokalen Benutzerdatenbanken von Windows 2000 Professional, Windows XP, Windows Vista und Windows Server 2000/2003/2008 ohne Active Directory)
- alle Verzeichnisdienste, die das Lightweight Directory Access Protocol (LDAP) verstehen. Dazu gehören insbesondere:
- Windows 2000 Active Directory
- Windows Server 2003 Active Directory
- Microsoft Exchange Server 5.5 und 2000
- Novell NetWare ab Version 3.x
- Netware Directory Service ab Version 4.0
- Microsoft Internet Information (IIS) Server ab Version 4.0

### 5.4.1 Installation

Die folgende Tabelle zeigt die Verfügbarkeit von ADSI. Das erwähnte Add-on finden Sie auf der CD-ROM zu diesem Buch im Verzeichnis */install*. Die aktuelle Version ist 2.5.

| Betriebssystem | Verfügbarkeit von ADSI |
|---|---|
| Windows 95 | Installation des Add-on notwendig |
| Windows 98 | Installation des Add-on notwendig |
| Windows ME | Installation des Add-on notwendig |
| Windows NT4 | Installation des Add-on notwendig |
| Windows 2000 | ADSI 2.5 gehört zum Standardinstallationsumfang. |
| Windows XP | ADSI 2.5 gehört zum Standardinstallationsumfang. |
| Windows Server 2003/2008 | ADSI 2.5 gehört zum Standardinstallationsumfang. |
| Windows Vista | ADSI 2.5 gehört zum Standardinstallationsumfang. |

*Tabelle 5.4: Verfügbarkeit der ADSI-Komponente*

**Versions-nummer ermitteln** Um die Versionsnummer von ADSI auf Ihrem System zu ermitteln, ermitteln Sie die Dateiversion von *activeds.dll* mit dem Windows Explorer. Die Datei liegt in der Regel im *%System%*-Verzeichnis Ihrer Windows-Installation.

> In Windows XP erhalten Sie die Dateiversion 5.1.2600.0 und in Windows Server 2003 5.2.3790.0. Diese Versionen enthalten leichte interne Veränderungen. Vom Wesen her handelt es sich jedoch um ADSI 2.5.

> ADSI kann auf entfernte Computer zugreifen und dort Aktionen ausführen. Es muss aber nur auf dem Computer installiert sein, auf dem das Skript läuft. Eine Installation auf dem anzusprechenden Computer ist nicht notwendig.

ADSI ist keine einzelne DLL, sondern eine Menge von DLLs. Für jeden Verzeichnisdienst gibt es eine DLL. Man spricht von ADSI-Providern. ADSI ist durch andere ADSI-Provider erweiterbar.

**Provider** Die wichtigsten Provider sind der **LDAP-Provider** und der **WinNT-Provider**. Der LDAP-Provider ermöglicht die komplette Verwaltung jedes LDAP-basierten Verzeichnisdienstes, also z.B. eines Active Directory. Der WinNT-Provider unterstützt die Verwaltung folgender Objekte: NT4-Domänen, Computer, lokale und Domänenbenutzer, lokale und globale Benutzergruppen, Windows-Dienste, Verzeichnisfreigaben, Druckerwarteschlangen, Druckaufträge, Benutzersitzungen und in Benutzung befindliche Dateien.

## 5.4.2    Klassen

Welche Klassen ADSI bereitstellt, hängt von dem Verzeichnisdienst ab, der angesprochen wird. Die beiden nachfolgenden Tabellen nennen die wichtigsten Klassen für NT4-basierte Systeme und das Active Directory. In allen Fällen greift man mittels `GetObject()` auf ein konkretes Objekt zu. Nach `GetObject()`ist ein sogenannter ADSI-Pfad anzugeben, der allgemein folgenden Aufbau hat:

```
<Verzeichnisdienst-ID>:<Verzeichnisdienst-spezifischer Teil>
```

Der Hauptteil eines ADSI-Pfades ist also abhängig vom jeweiligen Verzeichnisdienst und dort in der Regel auch abhängig vom anzusprechenden Objekttyp. Die Pfade sind die gleichen, wie sie auch bei der Administration der Systeme verwendet werden.

Die Beispiele in den folgenden Tabellen werden Ihnen aber helfen, sich mit den Pfaden zurechtzufinden. Ein Hilfsmittel zur Ermittlung von Pfaden ist der Active Directory Browser, siehe hierzu Kapitel 5.4.3.

> Beachten Sie unbedingt Folgendes: Die Verzeichnisdienst-ID unterscheidet zwischen Groß- und Kleinschreibung. Bitte schreiben Sie buchstabengenau „WinNT" und „LDAP" und nicht „WINNT", „winnt", „ldap" oder Ähnliches. Dies ist der häufigste Fehler beim Windows Scripting. Zum Glück ist dies auch der einzige Ort, wo die Groß-/Kleinschreibung relevant ist. Um unnötige Support-Anfragen zu vermeiden, werden wir diese Aussage an einigen Stellen wiederholen.

## Klassen für WinNT-basierte Systeme (WinNT-Provider)

Die nachfolgende Tabelle nennt die wichtigsten ADSI-Klassen für Windows NT 4.0, Windows 2000 Professional, Windows 2000 Server ohne Active Directory, Windows XP, Windows Vista und Windows Server 2003/Windows Server 2008 ohne Active Directory.

| Klasse | Zugriff | Erläuterung |
|---|---|---|
| Domain | `GetObject("WinNT://DomainName")` | NT4-Domäne |
| Computer | `GetObject("WinNT://DomainName/ComputerName")` oder `GetObject("WinNT://ComputerName")` | Computer |
| User | `GetObject("WinNT://DomainName/BenutzerName")` oder `GetObject("WinNT://PDCName/BenutzerName")` oder `GetObject("WinNT://ComputerName/BenutzerName")` | Benutzerkonto in Domäne oder auf einem Computer |
| Group | `GetObject("WinNT://DomainName/GruppenName")` oder `GetObject("WinNT://PDCName/GruppenName")` oder `GetObject("WinNT://ComputerName/GruppenName")` | Benutzergruppe in Domäne oder auf einem Computer |
| Service | `GetObject("WinNT://ComputerName/DienstName")` | Dienst auf einem Computer der NT-Produkt-familie |
| PrintQueue | `GetObject("WinNT://ComputerName/Druckername")` | Druckerwarte-schlange |
| PrintJob | **Nur über eine Instanz von** `PrintQueue` | Ein Druckauf-trag in einer Druckerwarte-schlange |
| FileShare | `GetObject("WinNT://ComputerName/lanmanserver/FreigabeName")` | Verzeichnis-freigabe |

*Tabelle 5.5: ADSI-Klassen für NT 4.0, Windows 2000 Professional, Windows 2000 Server ohne Active Directory, Windows XP, Windows Vista und Windows Server 2003/2008 ohne Active Directory (WinNT-Provider)*

Bitte beachten Sie, dass Sie die kursiv geschriebenen Begriffe *DomainName, ComputerName, BenutzerName, FreigabeName* etc. durch konkrete existierende Namen in Ihrem Netzwerk ersetzen müssen. In den Beispielen in diesem Buch sind konkrete Namen genannt, damit die Beispiele Sinn ergeben. Ein häufiger Fehler beim Ausprobieren der Beispiele ist jedoch zu vergessen, die eigenen Namen einzutragen.

Bitte beachten Sie auch, dass „WinNT" in genau dieser Schreibweise geschrieben werden muss, also nicht „winnt" oder „WINNT" oder „Winnt". Wenn Sie dies nicht beachten, kommt es zu kuriosen Fehlermeldungen.

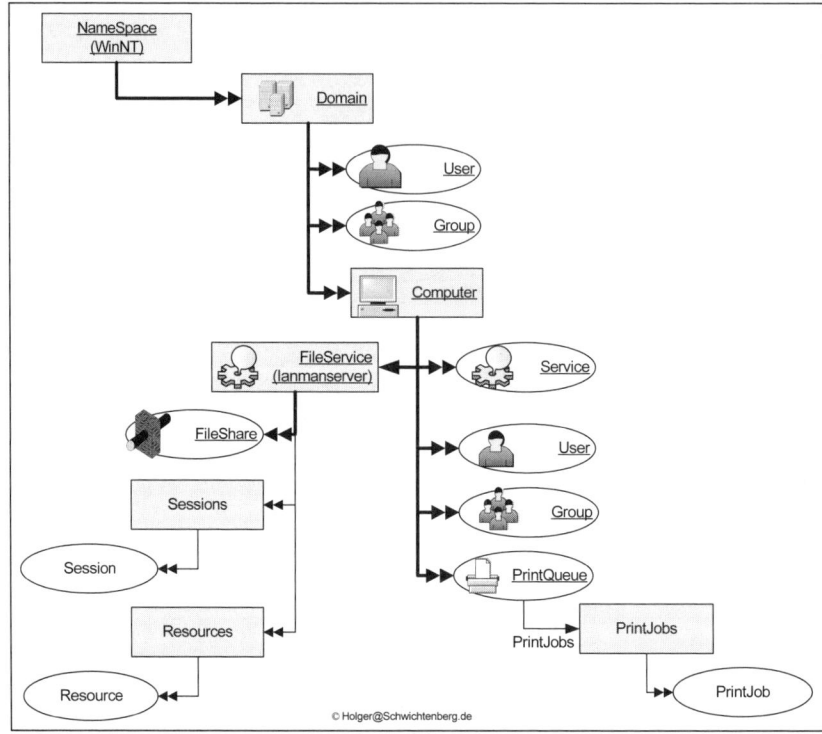

## Klassen für das Active Directory (LDAP-Provider)

Die nachfolgende Tabelle nennt die wichtigsten Klassen für das Active Directory in Windows 2000 und Windows Server 2003.

*Tabelle 5.6:*
*ADSI-Klassen*
*für das Active*
*Directory*

| Klasse | Zugriff | Erläuterung |
|---|---|---|
| Domain | `GetObject("LDAP://dc=x,dc=y,dc=z")` oder `GetObject("LDAP://Domain-Controler/dc=x,dc=y,dc=z")` | Active Directory-Domäne |
| Computer | `GetObject("LDAP://LDAPPFAD")` | Computer |
| User | `GetObject("LDAP://LDAPPFAD")` | Benutzerkonto in Domäne |
| Group | `GetObject("LDAP://LDAPPFAD")` | Benutzergruppe in Domäne |
| organizational-Unit | `GetObject("LDAP://LDAPPFAD")` | Dienst auf einem Computer der NT-Produktfamilie |
| Contact | `GetObject("LDAP://LDAPPFAD")` | Kontakteintrag |
| printQueue | `GetObject("LDAP://LDAPPFAD")` | Druckerwarteschlange |
| Volume | `GetObject("LDAP://LDAPPFAD")` | Verzeichnisfreigabe |

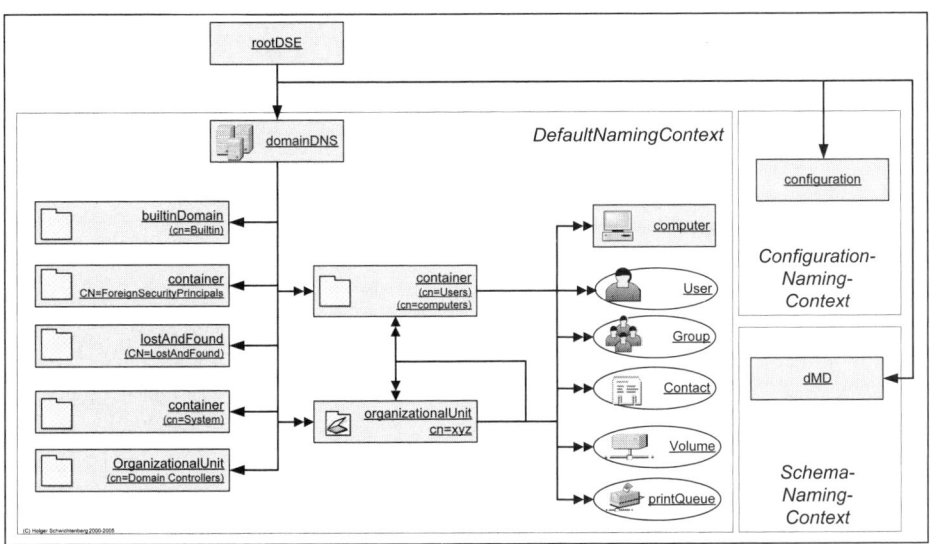

*Bild 5.7:*
*Objektmodell*
*der ADSI-*
*Klassen für*
*das Active*
*Directory*

Für den Zugriff auf das Active Directory werden LDAP-Pfadnamen verwendet. Bitte haben Sie Verständnis dafür, dass es über den Umfang dieses Buches hinausführen würde, LDAP-Pfadnamen zu erklären, weil dies allgemeines Wissen zum Active Directory ist. Nutzen Sie ein Buch über den Aufbau des Active Directory, wenn Sie Informationen über den Aufbau der LDAP-Pfadnamen benötigen. Ersetzen Sie das kursiv geschriebene LDAPPFAD durch eine konkrete Pfadangabe, sodass sich ein Befehl wie

```
Set Benutzer = GetObject("LDAP://ServerE02/CN=Holger Schwichtenberg,
OU= Geschaeftsleitung,DC=IT-VISIONS,DC=local")
```

ergibt, um auf einen Benutzer zuzugreifen.

Bitte beachten Sie, dass das Wort LDAP immer komplett in Großbuchstaben geschrieben werden muss.

## Beispiel

Das folgende Beispiel veranschaulicht die Anwendung eines ADSI-Objekts.          **Beispiel**

```
' ADSI_Einzelobjekt.vbs
' Zugriff auf ein Objekt im Active Directory
' verwendet: ADSI
' ----------------------------------------------------------------
Set Benutzer = GetObject("LDAP://ServerE02/CN=Holger Schwichtenberg,
OU= Geschaeftsleitung,DC=IT-VISIONS,DC=local")
' --- Objekt auslesen
WScript.Echo(Benutzer.givenname)
WScript.Echo(Benutzer.lastname)
WScript.Echo(Benutzer.telephonenumber)
' --- Objekt beschreiben
```

```
Benutzer.Description = "Inhaber www.IT-Visions.de"
Benutzer.SetInfo
WScript.Echo(Benutzer.Description)
```

*Listing 5.1: Auslesen und Verändern eines Benutzer-Objekts aus dem Active Directory*

 Alle Schreibzugriffe müssen mit einem Aufruf der Methode SetInfo() abgeschlossen werden. Erst dann werden die Änderungen wirksam.

### Container-Objekte

**Container und Blätter** Verzeichnisdienst-Objekte können andere Objekte enthalten. Sie werden dann Container genannt. Objekte, die keine anderen Objekte enthalten können, heißen Blätter. Der Zugriff auf die Container-Objekte und ihre Attribute ist vollkommen identisch mit dem Zugriff auf Blatt-Objekte. Auf Container kann man aber die For Each-Schleife anwenden, um alle Unterobjekte aufzulisten.

Im folgenden Beispiel werden nicht nur die Namen, sondern auch die Klassenzugehörigkeiten der Unterobjekte aufgelistet.

```
' ADSI_Unterobjekte.vbs
' Liste der Unterobjekte eines Windows2000-Computer-Objekts
' verwendet: ADSI
' ------------------------------
Set computer = GetObject("WinNT://Byfang")
WScript.Echo computer.name
For Each obj In computer
    WScript.Echo obj.class & ":" & obj.name
Next
```

*Listing 5.2: Auflisten eines Container-Objekts*

**Create() und Delete()** Außerdem kann man auf einen Container die Methoden Create() und Delete() anwenden. Create() erzeugt neue Objekte, Delete() löscht bestehende Objekte. In beiden Fällen ist der Klassenname anzugeben.

```
' ADSI_AnlegenLoeschen.vbs
' Anlegen und Löschen eines Objekts mit ADSI
' verwendet: ADSI
' ----------------------------------------------------------------
Const COMPUTERNAME = "."
Set NTDomain = GetObject("WinNT://" & COMPUTERNAME)
Set Benutzer = NTDomain.Create("user", "HolgerS")
Benutzer.Fullname = "Holger Schwichtenberg"
Benutzer.Description = "Autor"
Benutzer.SetInfo
WScript.Echo("Benutzer angelegt!")

Set NTDomain = GetObject("WinNT://" & COMPUTERNAME)
NTDomain.Delete "user", "HolgerS"
WScript.Echo("Benutzer wieder gelöscht!")
```

*Listing 5.3: Anlegen und Löschen eines Objekts mit ADSI*

### Besonderheiten

Es gibt einige Attribute in ADSI-Objekten, die man nicht direkt ansprechen kann. Es würde hier zu weit führen zu erklären, welche Attribute das sind (vgl. [SCH07a]). Nehmen Sie bitte an dieser Stelle einfach hin, dass man in einigen Fällen folgende etwas umständliche Form wählen muss:

**Besondere Attribute**

```
Objekt.Put "Attributname", Wert
Variable = Objekt.Get("Attributname")
```

Außerdem gibt es mehrwertige Attribute, also Attribute, die mehr als einen Wert haben können. Mehrwertige Attribute werden über Arrays zugewiesen und benötigen die speziellen Methoden GetEx() und PutEx(). Auch dazu erfahren Sie mehr in [SCH07a], weil dieser Fall in den Beispielen in diesem Buch nicht vorkommt.

**Mehrwertige Attribute**

Bei bestimmten Konstellationen kann es hinsichtlich des Datentyps zu Problemen bei der Übergabe von Werten an Put() kommen. So übergibt VBScript eine Variable vom Datentyp Variant per Zeiger; der ADSI-Provider für LDAP unterstützt aber diese Form der Übergabe nicht. Sie müssen VBScript mit einem Trick dazu zwingen, keinen Zeiger, sondern den Wert direkt zu übergeben.

**Notwendige Typkonvertierungen**

▷ Eine Möglichkeit ist, beim Aufruf von Put() die Variable explizit in den passenden Subtyp zu konvertieren.

```
u.Put "samAccountName", CStr(un)
objRecipient.Put "mailPreferenceOption", CInt(0)
```

▷ Eine andere Möglichkeit besteht darin, den Wert einfach in Klammern zu setzen. Wie in Kapitel 2 beschrieben, sieht VBScript dann einen Ausdruck, der ausgewertet wird, und ein Ausdruck wird immer als sein Wert übergeben, nicht als Zeiger.

```
u.Put "samAccountName", (un)
```

## 5.4.3 Hilfsmittel

Um die Objekthierarchie eines Verzeichnisdienstes zu erkunden, ist der Microsoft *Active Directory Service Browser (ADB)* ein zweckmäßiges Werkzeug. Der ADB ermöglicht es Ihnen, sich von einem beliebigen Ausgangspunkt ebenenweise durch einen Verzeichnisdienst zu hangeln. Der Wert des ADB für das Scripting liegt in zwei Punkten:

**Active Directory Service Browser**

▷ Der ADB zeigt den kompletten ADSI-Pfad des aktuell ausgewählten Objekts an. Diesen Pfad kann man per Ausschneiden&Einfügen (Cut&Paste) in ein Skript übernehmen.

▷ Der ADB zeigt in einem Auswahlmenü, welche Attribute das aktuell ausgewählte Objekt besitzt. Hier kann man also erkennen, welche Attributnamen man in seinen Skripten verwenden kann.

Der ADB ist ein kostenloses Werkzeug von Microsoft, für das es allerdings keinen Support bei Microsoft gibt. Sie finden den ADB auf der Buch-CD unter */install/Werkzeuge.*

Bild 5.8:
Ansicht eines
Kontakt-
Eintrags in
einem Active
Directory

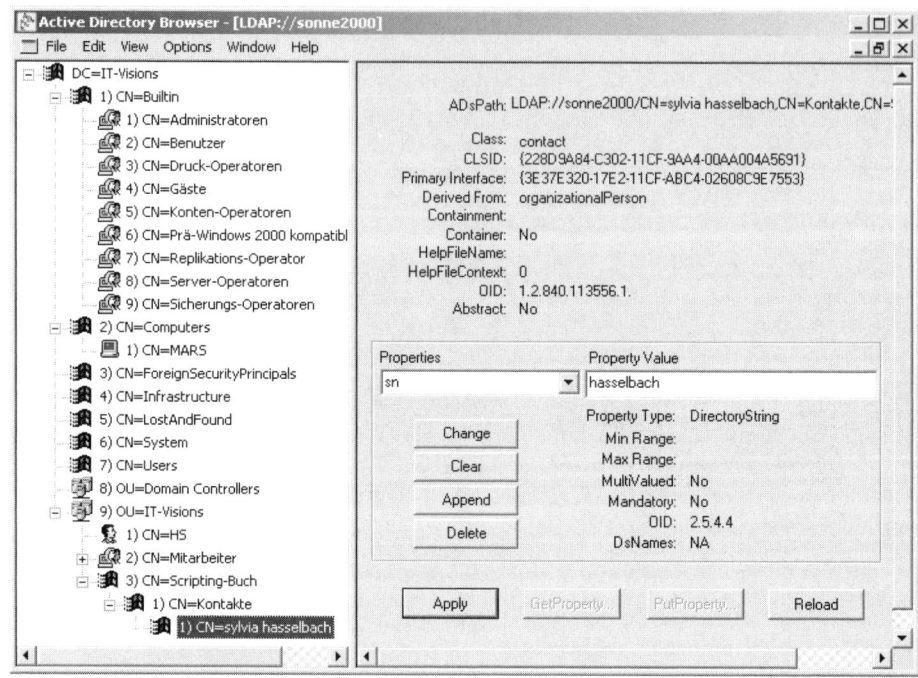

Bild 5.8:
Ansicht eines
Kontakt-
Eintrags in
einem Active
Directory

# 5.5 Group Policy Management-Komponente (GPMC Objects)

**Gruppen-richtlinien**  Gruppenrichtlinien sind ein mächtiges Werkzeug zum Anpassen von Windows und für die Rechtebeschränkung von Benutzern in Active Directory-basierten Windows-Netzwerken. Gruppenrichtlinien wurden mit Windows 2000 Server eingeführt und in Windows Server 2003 erweitert.

**GPMC**  Lange Zeit gab es Defizite in den Administrationswerkzeugen für Gruppenrichtlinien; insbesondere für große Unternehmen mit einer Vielzahl von Organisationseinheiten und einer Vielzahl unterschiedlicher Gruppenrichtlinien war die Verwaltung der Gruppenrichtlinien sehr mühsam und unübersichtlich. Zusammen mit dem Windows Server 2003 hat Microsoft daher eine neue Verwaltungskonsole für Gruppenrichtlinien entwickelt, die Group Policy Management Console (GPMC). In der deutschen Version findet man sowohl den Begriff GPMC als auch „Gruppenrichtlinienverwaltung". Die GPMC wurde zwar für Windows Server 2003 entwickelt, funktioniert aber mit Ausnahme einiger weniger Funktionen auch mit Windows 2000-Domänen.

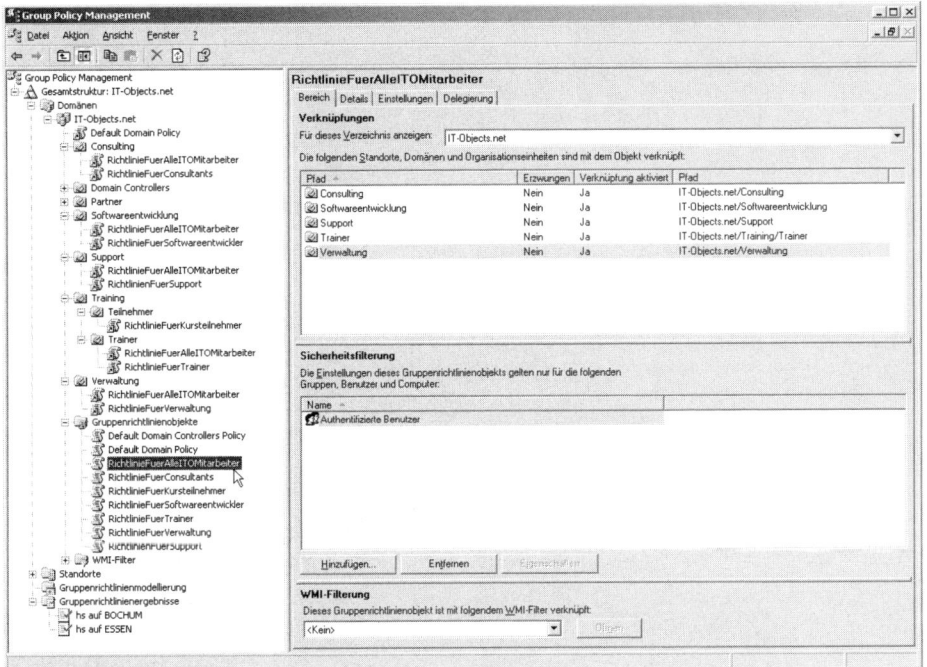

*Bild 5.9:*
*Gruppen-*
*richtlinien in*
*der GPMC*

Die GPMC bietet folgende Funktionen:

▷ komfortable Zuweisung von Richtlinien zu Organisationseinheiten

▷ Berichte in HTML-Form über die auf eine OU, einen Benutzer oder eine Gruppe einwirkenden Richtlinien und Einstellungen

▷ Sichern und Wiederherstellen von Gruppenrichtlinienobjekten

▷ Importieren und Exportieren sowie Kopieren und Einfügen von Gruppenrichtlinienobjekten

Die GPMC-Funktionen können komplett über eine Scripting-Komponente gesteuert werden, die hier im Folgenden vorgestellt werden soll. Anwendungsbeispiele für die Komponente finden Sie in Kapitel 17.

**GPMC-Scripting**

Nicht zu den Funktionen der GPMC gehört jedoch die Erstellung von Gruppenrichtlinien; diese Funktion wird wie bisher über den „Gruppenrichtlinien-Editor" bereitgestellt. Daher können Gruppenrichtlinien weiterhin nicht per Programmcode/Skript definiert werden. Die GPMC-Komponente ermöglicht nur die Zuordnung von vordefinierten Gruppenrichtlinien. Die Funktionen des Gruppenrichtlinien-Editors sind leider nicht Scripting-fähig.

## 5.5.1    Installation

**gpmc.msi**   Die Group Policy Management Console (GPMC) ist ein Add-on (*gpmc.msi*), das Sie auf der Buch-CD im Verzeichnis */install/Komponenten/GPMC* finden. Durch die Installation der GPMC wird auch die GPMC-Scripting-Komponente installiert.

Das GPMC-Werkzeug läuft nur unter den Betriebssystemen ab Windows XP, kann aber nicht nur Windows Server 2003, sondern auch Windows 2000 Server-basierte Active Directory-Installationen verwalten. Für die Installation der GPMC auf Windows XP muss dort auch das .NET Framework installiert sein.

Lizenzrechtlich ist der Einsatz der GPMC auf beliebig vielen Systemen kostenlos, sobald man eine Lizenz von Windows 2000 Server oder Windows Server 2003 besitzt.

**Veränderungen nach der Installation**   Nach der Installation der *gpmc.msi* gibt es drei Veränderungen in Ihrem System:

▷ Im Ordner *Verwaltung* im Start-Menü findet man ein neues Werkzeug *Gruppenrichtlinienverwaltung*.

▷ Die Registerkarte *Gruppenrichtlinie* in der MMC-Konsole *Active Directory-Benutzer und -Computer* ist nicht mehr verfügbar und durch einen Hinweis auf die GPMC ersetzt.

▷ Sie finden im Unterverzeichnis */Programme/GPMC/Script* eine Reihe von Beispielskripten.

## 5.5.2    Klassen

Die GPMC-Komponente implementiert zahlreiche Klassen, die ein umfangreiches Objektmodell bilden (siehe Abbildung). Der Name einer jeden Klasse beginnt mit den Großbuchstaben GPM. Der Name der Wurzelklasse des Objektmodells besteht nur aus diesen drei Großbuchstaben. Das Wurzelobjekt, von dem alle weiteren Aktionen ausgehen, wird instanziiert mit `CreateObject("GPMgmt.GPM")`.

*Bild 5.10: GPMC-Objektmodell*

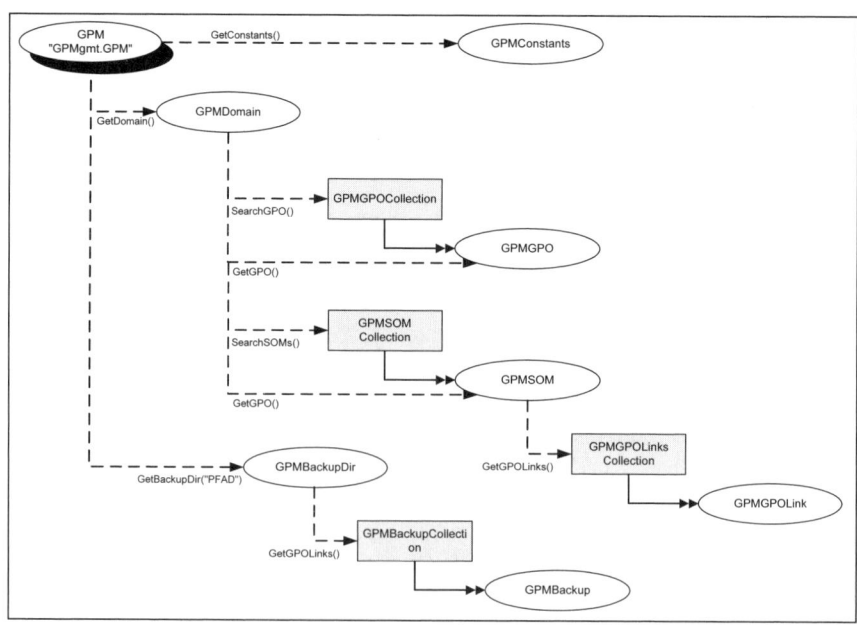

## Begriffserklärungen

Container im Active Directory (Sites, Domänen und Organisationseinheiten) werden innerhalb der GPMC-Komponente Scopes of Management (SOMs) genannt.

Ein Global Unique Identifier (GUID) ist eine Zahl, die die Eigenschaft besitzt, über Raum und Zeit eindeutig zu sein, obwohl sie dezentral erzeugt wird. Ein GUID umfasst 16 Byte (128 Bit), also einen Bereich von rund 3,4028236e+38 Werten (2 hoch 128). Üblicherweise erfolgt die Darstellung als Hexadezimalzahl in geschweiften Klammern, z.B. {6AC1786C-016F-11D2-945F-00C04fB984F9}. GUIDs werden an verschiedenen Stellen in Windows eingesetzt, u.a. zur eindeutigen Identifizierung von Gruppenrichtlinien.

Das Objektmodell der GPMC-Komponente ist sehr geradlinig: **Wichtige Klassen**

- ▷ Über `GetDomain()` erhält man von dem `GPM`-Objekt aus ein `GPMDomain`-Objekt.
- ▷ Das `GPMDomain`-Objekt liefert über `SearchGPOs()` eine Liste aller Gruppenrichtlinien in Form einzelner `GPMGPO`-Objekte.
- ▷ Das `GPMDomain`-Objekt liefert außerdem über `SearchSOMs()` eine Liste aller AD-Container in Form einzelner `GPMSOM`-Objekte.
- ▷ Ein einzelnes `GPMGPO`-Objekt kann über den GUID der Gruppenrichtlinie als Parameter für die Methode `GetGPO()` direkt angesprochen werden.
- ▷ Ein einzelnes `GPMSOM`-Objekt kann über den LDAP-Pfad des Containers als Parameter für die Methode `GetSOM()` direkt angesprochen werden.
- ▷ Jedes `GPMSOM`-Objekt besitzt eine `GPMGPOLinkCollection` mit einzelnen `GPMGPOLink`-Objekten, die jeweils eine Verknüpfung des Containers mit einer Gruppenrichtlinie repräsentieren.

Ein `GPMGPOLink`-Objekt enthält laut Objektmodell zwar einen Verweis auf ein `GPMSOM`-Objekt, nicht jedoch auf ein `GPMGPO`-Objekt. Die Beziehung zu dem zugehörigen Gruppenrichtlinienobjekt wird hergestellt über die Attribute `GPMDomain` und `GPOID`. `GPMDomain` enthält den voll qualifizierten Domänennamen als Zeichenkette, `GPOID` den `GUID` des Gruppenrichtlinienobjekts. Diese Informationen reichen aus, um gezielt ein einzelnes `GPMGPO`-Objekt ermitteln zu können. Der nachfolgende Befehl liefert das Objekt für die „Default Domain Controllers Policy" in der Domäne „It-visions.net": **Verknüpfungen**

```
GPM.GetDomain("It-visions.net", "", Constants.UseAnyDC). _
GetGPO("{6AC1786C-016F-11D2-945F-00C04fB984F9}")
```

| Klasse | Zugriff | Erläuterung |
|---|---|---|
| GPM | CreateObject ("GPMgmt.GPM") | Wurzelobjekt der GPMC-Komponente |
| GPMConstants | Über die Methode GetConstants() in einer Instanz der Klasse GPM | GPMConstants ist ein Objekt, das alle für die Arbeit mit der GPMC-Komponente wichtigen Konstanten zusammenfasst. |
| GPMDomain | GPM.GetDomain(Domänenname) | Eine Active Directory-Domäne |

*Tabelle 5.7: Die wichtigsten GPMC-Klassen*

| Klasse | Zugriff | Erläuterung |
|---|---|---|
| `GPMGPO` | Über die Methode `GetGPO(GUID)` in einer Instanz von `GPMDomain` oder über die `GPMGPOCollection` | Ein einzelnes Gruppenricht-linienobjekt |
| `GPMGPOCollection` | Über die Methode `Search-GPOs()` in einer Instanz von `GPMDomain` | Menge aller Gruppenricht-linienobjekte in einer Domäne |
| `GPMGPOLink` | Über die `GPMGPOLinks-Collection` | Eine Verknüpfung zwischen einer Gruppenrichtlinie und einem AD-Container |
| `GPMGPOLinksCollection` | Über `GetGPOLinks()` in einer Instanz von `GPOSOM` | Menge aller Verknüpfungen eines AD-Containers zu Gruppenrichtlinien |
| `GPMSOM` | Über die Methode `GetSOM(GUID)` in einer Instanz von `GPMDomain` oder über die `GPMSOMCollection` | Ein Active Directory-Container |
| `GPMSOMCollection` | Über die Methode `SearchSOMs()` in einer Instanz von `GPMDomain` | Menge aller Active Directory-Container in einer Domäne |
| `GPMBackupDir` | `GetBackupDir("PFAD")` in einer Instanz von `GPM` | Ein Verzeichnis im Dateisystem mit Sicherungskopien von GPOs |
| `GPMBackupCollection` | `SearchBackups(SearchCriteria)` in einer Instanz von `GPMBack-upDir` | Eine Menge von Sicherung-skopien von GPOs in einem Verzeichnis im Dateisystem |
| `GPMBackup` | Durch `For...Each` über eine `GPMBackupCollection` | Eine einzelne Sicherungskopie eines GPO |
| `GPMSearchCriteria` | `CreateSearchCriteria()` in einer Instanz von `GPM` | Eine Suchanfrage, die Eingabe-parameter für die Methoden `SearchBackups()`, `SearchGPOs()` oder `SearchSOMs()` ist |

## 5.5.3 Hilfsmittel

Wichtige Hilfsmittel für die Arbeit mit der GPMC-Komponente sind die grafische GPMC-Benutzerschnittstelle (MMC-Snap-In „Gruppenrichtlinienverwaltung") sowie die Kommando-zeilenwerkzeuge *secedit.exe* (Windows 2000) bzw. *gpupdate.exe* (Windows XP, 2003, Vista).

### MMC-Snap-In „Gruppenrichtlinienverwaltung"

**GPMC-Benutzer-oberfläche** Das MMC-Snap-In „Gruppenrichtlinienverwaltung" benötigen Sie, um Gruppenrichtlinien-objekte zu erstellen und den Erfolg Ihrer Skripte betrachten zu können.

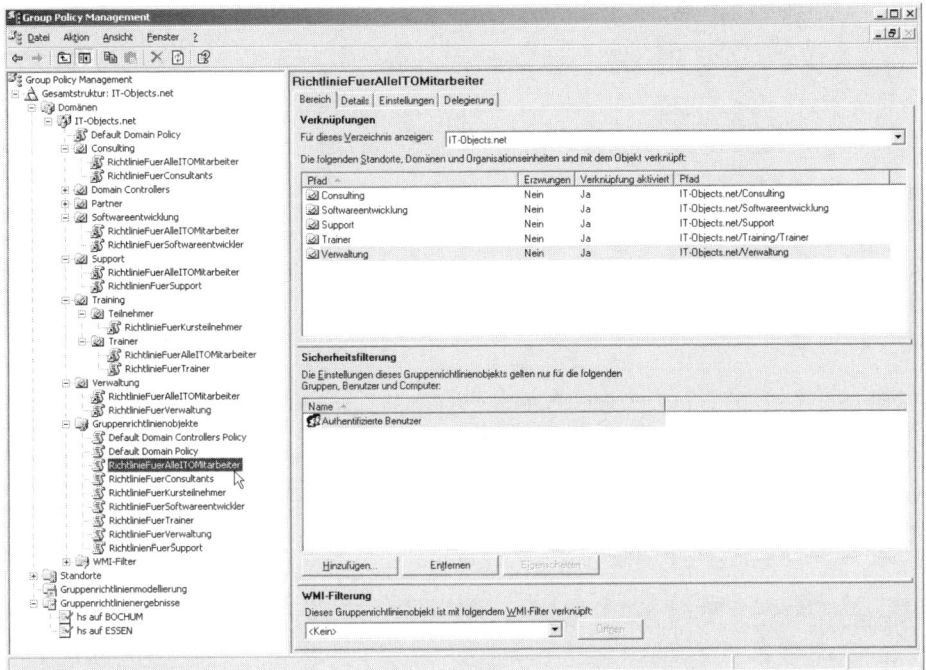

Gruppenrichtlinien werden nach der Installation der GPMC nicht mehr in der Konsole **Richtlinien erzeugen und zuweisen** *Active Directory-Benutzer und -Computer*, sondern in der GPMC angelegt. Wählen Sie dazu die Organisationseinheit bzw. den Container aus, der bzw. dem Sie die Richtlinie zuweisen wollen, und wählen Sie dann im Kontextmenü *Gruppenrichtlinienobjekt hier erstellen und verknüpfen*. Nach der Vergabe eines Namens erscheint die neue Gruppenrichtlinie unterhalb der Organisationseinheit.

Alternativ können Sie eine neue Richtlinie im Ast *Gruppenrichtlinienobjekte* anlegen, indem Sie dort im Kontextmenü *Neu* wählen. In diesem Fall legen Sie eine Gruppenrichtlinie an, die zunächst keiner Organisationseinheit zugewiesen ist. Sie können eine bestehende Gruppenrichtlinie per Ziehen&Fallenlassen (Drag&Drop) einem Container zuweisen. Da die Reihenfolge der Gruppenrichtlinienobjekte innerhalb eines Containers nicht beliebig ist, kann man in den Eigenschaften eines Containers die Reihenfolge ändern.

Um die Gruppenrichtlinie zu ändern, wählen Sie *Bearbeiten* im Kontextmenü der Richtlinie. Dadurch öffnet sich der Group Policy Object Editor (*GPEdit.dll*), der auch unter Windows 2000 schon vorhanden war.

Ein WMI-Filter ist ein in der WMI Query Language (WQL) festgelegter Suchausdruck (vgl. **WMI-Filter** auch Kapitel 5.6.3). WMI-Filter können dazu verwendet werden, Gruppenrichtlinien fallweise auszuführen. Ein WMI-Filter besteht aus einer oder mehreren WQL-Abfragen. Wenn eine Gruppenrichtlinie an einen WMI-Filter gebunden ist, dann wird sie nur ausgeführt, wenn alle WQL-Abfragen des Filters ein Ergebnis liefern.

Auf diese Weise kann man die Ausführung einer Gruppenrichtlinie von einer beliebigen Information im WMI-Repository abhängig machen. Beispielsweise liefert die folgende

WQL-Abfrage nur dann ein Ergebnis, wenn sie auf einem Computer mit Windows XP (Windows Build 2600) ausgeführt wird:

```
SELECT *
FROM Win32_OperatingSystem
WHERE BuildNumber=2600
```

Indem Sie diesen WMI-Filter an eine Gruppenrichtlinie binden, erreichen Sie, dass die Gruppenrichtlinie nur auf Windows XP-Computern ausgeführt wird.

> Die WMI-Filter-Funktion ist nur in Windows Server 2003-basierten Active Directory-Installationen verfügbar.

**Ergebnis-mengen**

Die für einen konkreten Active Directory-Benutzer oder -Computer geltenden Richtlinien zu ermitteln ist nicht trivial, weil Container Gruppenrichtlinien an die Untercontainer vererben können und weil an jeden Container beliebig viele Gruppenrichtlinien gebunden sein können.

Wenn Sie eine Organisationseinheit anwählen, können Sie auf der Registerkarte *Gruppen-richtlinienvererbung* sehen, welche Gruppenrichtlinien durch die Containervererbung auf eine Organisationseinheit einwirken.

*Bild 5.12: Beispiel für einen RSoP-Bericht*

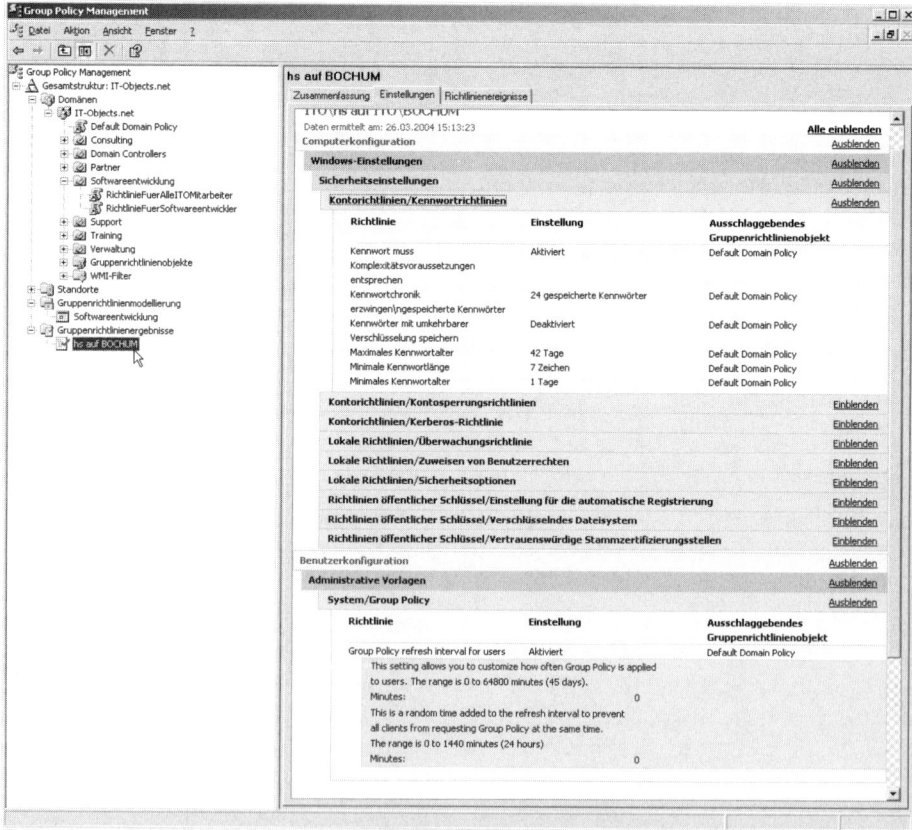

Sie können auch die einzelnen Einstellungen betrachten, die für ein konkretes Objekt auf Basis der Summe der wirkenden Gruppenrichtlinien gelten. Dies nennt man den Resultant Set of Policies (RSoP). Man kann einen RSoP-Bericht sowohl auf der Ebene einer Organisationseinheit (Ast *Gruppenrichtlinienmodellierung*) als auch auf der Ebene eines Benutzers oder einer Gruppe (Ast *Gruppenrichtlinienergebnisse*) einsehen. Im letzteren Fall kann man wählen, für welchen Computer der RSoP angezeigt werden soll.

### Aktualisierung von Gruppenrichtlinien

Normalerweise werden Gruppenrichtlinien nur in längeren Intervallen (5 Minuten auf Domänencontrollern, 90 Minuten zzgl. einer zufälligen Verzögerung von 0 bis 30 Minuten auf anderen Computern) aktualisiert. Diese für Testzwecke (und auch einige Realwelt-Situationen) unbefriedigende Wartezeit kann durch die Nutzung der Kommandozeilenwerkzeuge *secedit.exe* bzw. *gpupdate.exe* oder die Reduzierung des Aktualisierungsintervalls manipuliert werden. **secedit.exe/ gpup- date.exe**

Die Kommandozeilenwerkzeuge *secedit.exe* (Windows 2000) bzw. *gpupdate.exe* (Windows XP, 2003, Vista) erzwingen die sofortige Aktualisierung aller Gruppenrichtlinien auf einem System (siehe folgende Tabelle). Leider gibt es keine Skriptbefehle zum Erzwingen der Gruppenrichtlinienaktualisierung; Sie können aber die Werkzeuge *secedit.exe* und *gpupdate.exe* aus einem Skript heraus als externe Prozesse starten (vgl. Kapitel 15.2).

| Gruppenrichtlinienaktualisierung in Windows 2000 | Gruppenrichtlinienaktualisierung in Windows XP, Windows Server 2003 und Windows Vista |
|---|---|
| `secedit /refreshpolicy user_policy /enforce` `secedit /refreshpolicy machine_policy / enforce` | `gpupdate /force` |

Eine andere Alternative (nur für Benutzer-Richtlinien) besteht darin, das Aktualisierungsintervall herabzusetzen. Es ist möglich, durch die Gruppenrichtlinieneinstellung */Benutzerkonfiguration/Administrative Vorlagen/System/Group Policy/Group refresh interval for users* das Aktualisierungsintervall auf wenige Sekunden (Einstellung 0, vgl. folgende Abbildung) zu reduzieren. **Group refresh interval**

Wenn Sie das Aktualisierungsintervall in der „Default Domain Policy" ändern, dann wirkt die Aktualisierung sowohl auf Veränderungen in allen bestehenden Gruppenrichtlinien als auch in Bezug auf die Neuzuordnung von Gruppenrichtlinien oder die Entfernung bereits bestehender Gruppenrichtlinien.

*Bild 5.13:*
*Setzen des*
*Aktualisie-*
*rungsinter-*
*valls für*
*Gruppen-*
*richtlinien*

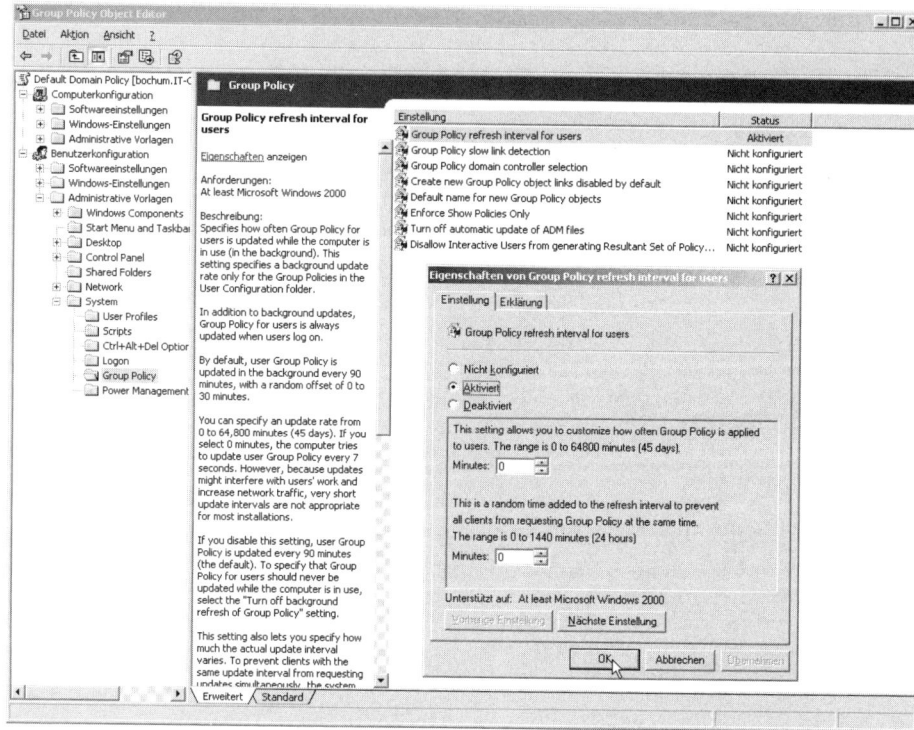

## 5.5.4    Beispiele

Konkrete Scripting-Beispiele zur GPMC-Komponente folgen in Kapitel 17.

# 5.6    Windows Management Instrumentation (WMI)

**WMI**  Die Windows Management Instrumentation (kurz: WMI) ist die größte, mächtigste, umfassendste und komplizierteste Komponente für das Windows Scripting.

Die *Windows Management Instrumentation* ist ein übergreifender Ansatz zum Zugriff auf alle möglichen Arten von System- und Netzwerkinformationen. WMI ermöglicht auch den Zugriff auf Informationen aus Quellen wie Registrierungsdatenbank, Dateisystem und Ereignisprotokollen, die durch andere Einzelkomponenten bereits abgedeckt sind. Während WMI den Vorteil der Einheitlichkeit bietet, sind die speziellen Komponenten im konkreten Anwendungsfall oft etwas einfacher zu handhaben. Daneben gibt es aber unzählige Funktionen, die man nur mit WMI realisieren kann.

WMI ist die Microsoft-Implementierung des *Web Based Enterprise Management (WBEM)*. **WBEM** WBEM ist ein Standard der Desktop Management Task Force (DMTF) für das Netz- und Systemmanagement, also zur Verwaltung von Netzwerk- und Systemressourcen (z.B. Hardware, Software, Benutzer). WBEM wurde ursprünglich von BMC Software, Cisco Systems, Compaq, Intel und Microsoft entwickelt und später an die DMTF übergeben. Aus historischen Gründen findet man in WMI-Tools häufig noch die Bezeichnung WBEM.

Der Name *Web Based Enterprise Management* ist irreführend, weil er nahelegt, dass es sich bei WBEM um eine grafische Benutzerschnittstelle auf Webbasis für das Management von Systeminformationen handelt. WBEM ist jedoch lediglich eine Architektur mit Programmierschnittstelle, also weder Tool noch Anwendung.

## 5.6.1   Installation

WMI ist in vielen verschiedenen Versionen (1.0, 1.1, 1.2, 1.5, 5.1, 5.2, 6.0) im Umlauf. Auf Windows 95 und Windows NT 4.0 kann als höchstes WMI 1.5 als Erweiterung installiert werden. Das WMI-Setup finden Sie auf der Buch-CD-ROM im Verzeichnis */install*.

| Betriebssystem | Verfügbarkeit |
|---|---|
| Windows 95 | Nicht enthalten, Add-on für WMI 1.5 kann installiert werden |
| Windows 98 | Version 1.0 enthalten, Add-on für WMI 1.5 kann installiert werden |
| Windows ME | WMI 1.5 enthalten |
| Windows NT4 | Nicht enthalten, Add-on für WMI 1.5 kann installiert werden |
| Windows 2000 | WMI 1.5 gehört zum Standardinstallationsumfang |
| Windows XP | WMI 5.1 gehört zum Standardinstallationsumfang |
| Windows Server 2003 | WMI 5.2 gehört zum Standardinstallationsumfang |
| Windows Vista | WMI 6.0 gehört zum Standardinstallationsumfang |
| Windows Server 2008 | WMI 6.0 gehört zum Standardinstallationsumfang |

*Tabelle 5.8: Verfügbarkeit der WMI-Komponente*

Um die Versionsnummer des bei Ihnen installierten WMI zu ermitteln, starten Sie das Skript **Versions-** *WMI-Version.vbs* von der CD-ROM zu diesem Buch (Verzeichnis */Skripte/Kapitel05/*). **nummer ermitteln**

```
' WMI-Version.vbs
' WMI-Version ermitteln
' verwendet: WMI
' ------------------------------

Dim objWO   ' As WbemScripting.SWbemObject
Set objWO = GetObject("WinMgmts:root\default:__cimomidentification=@")
Msgbox "WMI-Version: " & objWO.versionusedtocreatedb
```

*Listing 5.4: /Skripte/Kapitel05/WMI-Version.vbs*

**Provider**

**Provider** WMI ist – genau wie ADSI – nicht in einer einzigen DLL realisiert. Für unterschiedliche Systembausteine gibt es unterschiedliche sogenannte WMI-Provider. Für jeden WMI-Provider gibt es eine DLL.

> WMI kann genauso wie ADSI Fernzugriffe auf andere Computer realisieren. Anders als bei ADSI muss dazu aber auf beiden Computern WMI installiert sein.

**Win Mgmt.exe** **WMI starten**

WMI wird durch die ausführbare Datei *WinMgmt.exe* implementiert. *WinMgmt.exe* läuft unter NT-basierten Systemen als Dienst unter dem Namen „WinMgmt (Windows-Verwaltungsinstrumentation)". Auf Windows 9x/Windows ME wird *WinMgmt.exe* beim ersten WMI-Aufruf als normaler Prozess gestartet, wenn ein Aufruf erfolgt.

> Bitte stellen Sie auf NT-basierten Systemen (NT4, Windows 2000, XP, Windows Server 2003) sicher, dass die WMI-Dienste sowohl auf dem aufrufenden als auch auf dem aufgerufenen Rechner nicht deaktiviert sind, weil sonst Ihre Skripte nicht funktionieren können.

## 5.6.2 Klassen

WMI 5.5 bietet derzeit ca. 4.500 Klassen. Durch die Installation von Zusatzprodukten (z.B. Microsoft Office) kommen Dutzende weitere Klassen hinzu, da heute viele Produkte einen WMI-Provider mitliefern.

Hier auch nur einige dieser Klassen zu nennen würde nur Platz verschwenden. Sie werden WMI-Klassen in vielen Beispielen in den folgenden Kapiteln kennenlernen. An dieser Stelle soll jedoch erklärt sein, wie man grundsätzlich ein Objekt anspricht.

> WMI-Klassen beginnen meistens mit der Vorsilbe „Win32" oder „CIM".

Außerdem gibt es einige WMI-Hilfsobjekte, die keine konkreten Ressourcen im Computer/ Netzwerk repräsentieren, sondern nützliche Funktionen für den Zugriff auf WMI-Objekte bieten.

*Tabelle 5.9: Ausgewählte WMI-Hilfsklassen*

| Klasse | Zugriff | Erläuterung |
|---|---|---|
| SWbemLocator | CreateObject("WbemScripting.<br>SWbemLocator") | Diese Klasse stellt eine (von mehreren) Möglichkeiten dar, die Verbindung zu anderen Computern mit WMI aufzubauen. Diese Klasse ist instanziierbar durch WbemScripting.SWbemLocator. |
| SWbemServices | GetObject("WinMgmts://COMPUTER-NAME") oder über die Methode ConnectServer("COMPUTERNAME") eines SWbemLocator-Objekts | Ein SWbemServices-Objekt repräsentiert einen WMI-Namensraum als Ganzes. |

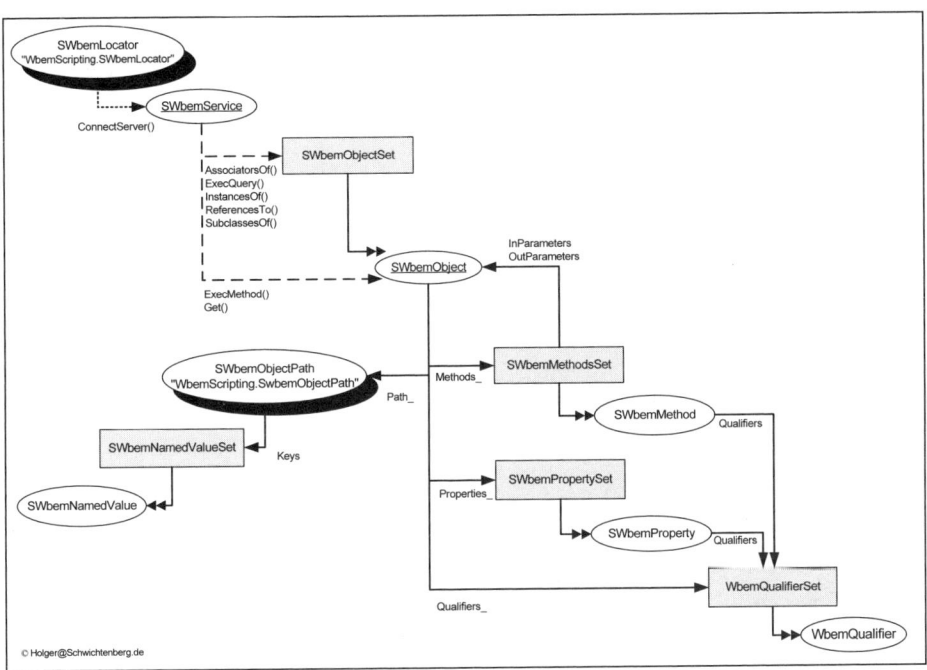

## 5.6.3    Objektauswahl

Grundsätzlich verwendet WMI den `GetObject()`-Befehl. Bei `GetObject()` anzugeben ist eine Zeichenkette in einer speziellen Form, ein sogenannter WMI-Pfad.

Ein WMI-Pfad ist folgendermaßen aufgebaut:

```
WinMgmts:\\Computer\Namensraum:Klasse.Schluessel='wert'
```

**Aufbau der WMI-Pfade**

Dabei bedeuten die jeweiligen Elemente Folgendes:

- `WinMgmts` ist ein feststehender Begriff, der dem WSH sagt, dass nun WMI zu verwenden ist. Anders als bei ADSI ist die Groß-/Kleinschreibung egal.

- `Computer` steht für den Namen des anzusprechenden Computers. Ein Punkt in Anführungszeichen (" ") steht dabei für den lokalen Computer, auf dem das Skript läuft.

- `Namensraum`: Da WMI so viele Klassen besitzt, sind diese in einen hierarchischen Baum einsortiert. Der Pfad in dem Baum wird Namensraum (engl. Namespace) genannt.

- `Klasse` ist der Name der Klasse, die angesprochen werden soll.

- Mit `Schluessel='wert'` wird festgelegt, welche Instanz der Klasse angesprochen werden soll. Dabei ist `Schluessel` der Name des Schlüsselattributs der Klasse und `Wert` der Wert dieses Schlüsselattributs in der gesuchten Instanz.

Die folgende Tabelle zeigt Beispiele für den Zugriff auf WMI-Objekte am Beispiel der Klasse `Win32_LogicalDisk`, die ein Laufwerk repräsentiert. Die Klasse liegt im Namensraum `\root\cimv2`. Wie Sie der Tabelle entnehmen können, sind viele Bestandteile der Pfadangabe optional.

| Objekt | Pfad |
|--------|------|
| Die Instanz der Klasse `Win32_LogicalDisk` aus dem Namensraum `\root\cimv2:` mit dem Namen „D:" auf dem lokalen Computer | `GetObject("WinMgmts:\\.\root\cimv2:` `Win32_LogicalDisk.DeviceID='D:'")` |
| Die Instanz der Klasse `Win32_LogicalDisk` aus dem Namensraum `\root\cimv2:` mit dem Namen „D:" auf dem Computer *ServerE02* | `GetObject("WinMgmts:\\SERVERE02\root\cimv2:` `Win32_LogicalDisk.DeviceID='D:'")` |
| Die Instanz der Klasse `Win32_LogicalDisk` aus dem Standardnamensraum mit dem Namen „D:" auf dem lokalen Computer | `GetObject("WinMgmts:` `Win32_LogicalDisk.DeviceID='D:'")` |

Der sogenannte Standardnamensraum, in dem die Klasse gesucht wird, wenn kein Namensraum explizit genannt wurde, ist in der Registrierungsdatenbank festgelegt (*HKEY_LOCAL_MACHINE\Software\Microsoft\WBEM\Scripting\Default Namespace*). Die Standardeinstellung ist `\root\cimv2`. Sie sollten diese Einstellung nicht ändern.

### Beispiel

**Einzelobjekt ansprechen** Ein Beispiel hilft, die Anwendung zu veranschaulichen. Das folgende Skript gibt den Namen eines Laufwerks aus und ändert ihn dann. Wichtig ist der Aufruf der Methode Put_(). Änderungen in WMI-Objekten werden erst nach Aufruf dieser Methode wirksam.

```
' WMI_EinzelObjekt.vbs
' Ändern des Namens eines Laufwerkes
' verwendet: WMI
' -------------------------------
Const COMPUTERNAME = "ServerE02"
Set Laufwerk = GetObject("WinMgmts:\\" & COMPUTERNAME & _
"\root\cimv2:Win32_LogicalDisk='C:'")
WScript.Echo "Name vorher: " & Laufwerk.VolumeName
Laufwerk.VolumeName = "Laufwerk C"
Laufwerk.Put_
WScript.Echo "Änderung ausgeführt!"
WScript.Echo "Name nachher: " & Laufwerk.VolumeName
```

*Listing 5.5: Verwendung eines einzelnen WMI-Objekts*

### Mengenzugriffe: Alle Instanzen

Eine schöne Besonderheit von WMI besteht darin, dass man nicht nur ein bestimmtes Objekt ansprechen kann, sondern auch alle Instanzen einer Klasse bzw. eine beliebige Teilmenge aus den Instanzen einer Klasse wählen kann.

Dazu nennt man bei `GetObject()` nur „WinMgmts" und den Namen des anzusprechenden Computers. Auf dem zurückgelieferten Objekt ruft man `InstancesOf()` unter Nennung des Klassennamens auf. Mit `For Each` kann man dann alle Instanzen auflisten. **Alle Instanzen ansprechen**

```
' WMI_Menge1.vbs
' Größe der Laufwerke ermitteln
' verwendet: WMI
' -----------------------------

Set Computer = GetObject("WinMgmts:\\COMPUTERNAME")
Set menge = Computer.InstancesOf("Win32_LogicalDisk")
For Each o In menge
    WScript.Echo o.name & " Größe:" & o.size
Next
```

*Listing 5.6: Beispiel für das Auslesen aller Instanzen einer WMI-Klasse*

Neu in Windows Vista ist, dass man in einer WMI-Objektmenge über die Eigenschaft `ItemIndex()` direkt ein Element der Liste ansprechen kann. Beispielsweise ist `Menge.ItemIndex(1)` das zweite Element, weil die Zählung bei 0 beginnt.

## Mengenzugriffe: Ausgewählte Instanzen (Einsatz von WQL)

Will man die Menge auf einige ausgewählte Instanzen einschränken, reicht die Änderung einer Zeile. Bei Verwendung von `ExecQuery()` statt `InstancesOf()` kann man über die Sprache WMI Query Language, eine abgewandelte Form der Structured Query Language (SQL, vgl. Kapitel 5.3.3), angeben, welche Instanzen man haben möchte. **Ausgewählte Instanzen ansprechen**

```
SELECT AttributListe FROM Klasse WHERE Bedingung
```

Dabei ist `Klasse` ein beliebiger WMI-Klassenname. `AttributListe` ist ein * (stellvertretend für alle Attribute) oder eine durch Kommata getrennte Liste von Attributnamen, die in der Klasse vorkommen.

Die Ergebnismenge lässt sich durch die Angabe von Attributnamen und die Verwendung einer `FROM`-Klausel hinsichtlich der Breite und Länge einschränken. Andere Schlüsselwörter werden nicht unterstützt.

| WQL-Abfrage | Erläuterung |
|---|---|
| `SELECT * FROM Win32_Service`<br>`WHERE state='running' and startmode='manual'` | Alle NT-Dienste, die laufen, aber manuell gestartet wurden |
| `SELECT IPAddress`<br>`FROM Win32_NetworkAdapterConfiguration`<br>`WHERE IPEnabled=TRUE` | Das mehrwertige Attribut `IPAddress` einer Netzwerkkarte, die für das IP-Protokoll zugelassen ist |
| `SELECT RecordNumber, Message`<br>`FROM Win32_NTLogEvent`<br>`WHERE Logfile='Application'` | Eintragsnummer und Nachricht aller Einträge in das Anwendungs-Ereignisprotokoll |

*Tabelle 5.11:*
*Beispiele für*
*WQL-Abfragen*

**Beispiel**  Es folgt ein Beispiel, das alle Laufwerke auflistet, deren Laufwerksbuchstabe nicht A: oder B: ist (also größer als B:). Zu jedem Laufwerk wird die Größe angezeigt.

```
' WMI_Menge2.vbs
' Größe der Laufwerke ermitteln, deren Laufwerksbuchstabe größer B ist
' verwendet: WMI
' -------------------------------
Set Computer = GetObject("WinMgmts:\\ServerE02")
Set menge = Computer.ExecQuery("SELECT * FROM Win32_LogicalDisk WHERE
Name>'b:'")
For Each o In menge
    WScript.Echo o.name & " Größe:" & o.size
Next
```

*Listing 5.7: Beispiel für das Auslesen ausgewählter Instanzen einer WMI-Klasse*

Bitte beachten Sie, dass B: in einfachen Anführungszeichen stehen muss, da das Attribut Name eine Zeichenkette erwartet.

> WQL ist eine abgespeckte und in Teilen ergänzte Version der Standardsprache SQL. Bitte haben Sie Verständnis dafür, dass wir in diesem Buch SQL nicht erklären können. Sie werden im Handel zahlreiche Bücher zu SQL finden. WQL ist in [SCH07a] erklärt.

## 5.6.4  Hilfsmittel

**WMI Object Browser**  Ähnlich wie für ADSI gibt es auch für WMI ein Werkzeug, um die vorhandenen Objekte zu betrachten und entlang der Hierarchie der Objekte das System zu erforschen, mit dem Ziel, geeignete Objekte und Attribute für das Scripting zu finden. Das Werkzeug heißt *WMI Object Browser* und läuft innerhalb des Internet Explorers.

Der WMI Object Browser ist ein kostenloses Werkzeug von Microsoft. Sie finden ihn als Teil der „WMI Tools" auf der Buch-CD unter */Werkzeuge*.

*Bild 5.15: Der WMI Object Browser zeigt an, dass der Computer zwei Festplatten besitzt, wobei die angewählte zweite Festplatte eine IBM DDRS-Festplatte mit SCSI-Schnittstelle ist.*

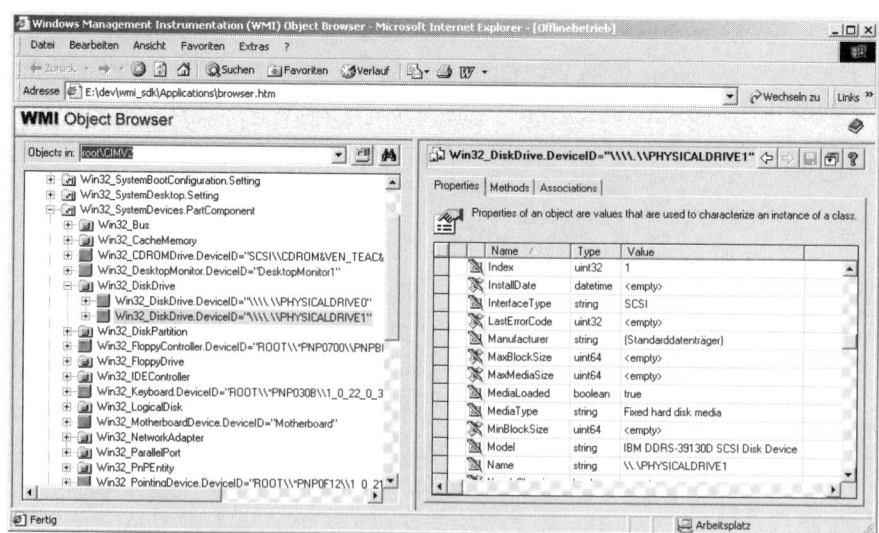

# 5.7 Microsoft XML (MSXML)

Die Extensible Markup Language (XML) ist eine Metasprache zur Definition von Auszeichnungssprachen. XML gilt als die neue Universallösung für die Darstellung von Daten.

**Document Object Model**

XML ist für das Scripting als Speicher für Konfigurationsdaten für Skripte und als Ausgabeformat für die Ergebnisse eines Skripts relevant. Es folgt zunächst eine kurze Einführung in XML.

## 5.7.1 XML-Grundlagen

XML ist kein Binärformat, sondern wird in Form von druckbaren Zeichenketten („im Quellcode") gespeichert. Ebenso wie die Hypertext Markup Language (HTML) besteht auch XML aus Tags mit Attributen und Informationen zwischen diesen Tags. Ein XML-Element steht aus einem öffnenden und einem schließenden Tag. Tags werden wie in HTML mit „<" und „>" begrenzt. Attributwerte stehen in einfachen oder doppelten Anführungszeichen. Die Syntax eines Elements mit einem Attribut sieht so aus:

**Elemente und Attribute**

```
<Elementname Attributname="Information">
Information
</Elementname>
```

Ein Element, das keinen Inhalt hat (ein sogenanntes leeres Element), kann statt durch `<Elementname></Elementname>` auch durch die Kurzform `<Elementname/>` geschlossen werden. Dies ist in HTML nicht möglich.

```
- <BENUTZER>
  - <USERS>
    - <USER>
        <BENUTZERNAME>HugoHastig</BENUTZERNAME>
        <VORNAME>Hugo</VORNAME>
        <NACHNAME>Hastig</NACHNAME>
        <GEBURTSDATUM>01.08.1935</GEBURTSDATUM>
        <ABTEILUNGSNUMMER>1</ABTEILUNGSNUMMER>
      </USER>
    - <USER>
        <BENUTZERNAME>WilliWinzig</BENUTZERNAME>
        <VORNAME>Willi</VORNAME>
        <NACHNAME>Winzig</NACHNAME>
        <GEBURTSDATUM>27.05.1944</GEBURTSDATUM>
        <ABTEILUNGSNUMMER>1</ABTEILUNGSNUMMER>
      </USER>
    - <USER>
        <BENUTZERNAME>StefanDerrick</BENUTZERNAME>
        <VORNAME>Stefan</VORNAME>
        <NACHNAME>Derrick</NACHNAME>
        <GEBURTSDATUM>23.12.1912</GEBURTSDATUM>
        <ABTEILUNGSNUMMER>2</ABTEILUNGSNUMMER>
      </USER>
    - <USER>
        <BENUTZERNAME>HarryKlein</BENUTZERNAME>
        <VORNAME>Harry</VORNAME>
        <NACHNAME>Klein</NACHNAME>
        <GEBURTSDATUM>14.02.1958</GEBURTSDATUM>
        <ABTEILUNGSNUMMER>3</ABTEILUNGSNUMMER>
      </USER>
  </USERS>
</BENUTZER>
```

*Bild 5.16: Beispiel für eine XML-Datei, die in diesem Buch verwendet wird*

## Informationsspeicherung

In XML können Informationen auf drei verschiedene Weisen abgelegt werden:

▷ eingeschlossen zwischen dem Anfang und dem Ende des Elements

```
<Element>
Wert
</Element>
```

▷ in einem Attribut

```
<Element Attribut=Wert>
</Element>
```

▷ Schließlich kann auch die Anordnung der Elemente selbst Träger der Information sein.

```
<Element>
  <HatKeinenWert/>
</Element>
```

## Regeln

**Wohlge-formtheit** Anders als HTML erwartet XML jedoch eine Wohlgeformtheit der Dokumente. Die XML-Parser sind in der Regel so eingestellt, dass ein Verstoß gegen die Regeln der Wohlgeformtheit zu einem Fehler führt. Die Wohlgeformtheit wird durch die in der folgenden Tabelle genannten Regeln definiert.

*Tabelle 5.12:*
*XML-Wohl-*
*geformtheit*
*versus HTML*

| XML-Regel | zum Vergleich: HTML |
|---|---|
| Jedes Element muss geschlossen werden. Die Auslassung des schließenden Tags führt zu einem Fehler. | In HTML gibt es auch einige Tags, die nicht geschlossen werden müssen. Die Auslassung des schließenden Tags führt jedoch nicht zu einem Fehler. |
| Elementnamen sind case-sensitive. | Zwischen Groß- und Kleinschreibung wird in HTML nicht unterschieden. |
| Elementnamen dürfen keine Leerzeichen enthalten. | Gilt auch in HTML. |
| Elemente dürfen sich nicht kreuzweise überlappen. | Das sollte auch in HTML nicht vorkommen, führt aber allenfalls zu einer unerwünschten Darstellung, nicht zu einem Fehler. |
| Die Anführungszeichen um Attributwerte sind verpflichtend. | Dies ist in HTML nur dann verpflichtend, wenn der Attributwert Leerzeichen enthält. |
| Jeder Attributname darf pro Element nur einmal vorkommen. Allerdings darf jedes Element mehrfach das gleiche Unterelement besitzen. | Gilt auch in HTML. |
| Jedes XML-Dokument besitzt genau einen obersten Knoten, dem alle anderen Knoten untergeordnet sein müssen. Der oberste Knoten heißt in XML Document Element. | In HTML sollte ein Dokument mit <HTML> beginnen und mit </HTML> enden, eine Verletzung ist aber kein Fehlergrund. |

### DOM und MSXML

Das *XML Document Object Model (DOM)* ist eine Programmierschnittstelle für XML-Dokumente. DOM ist die Repräsentation eines XML-Dokuments in Form eines Objektmodells, das die logische Struktur des Dokuments widerspiegelt. Mit DOM lassen sich per Programmcode folgende Funktionen ausführen:

**DOM**

- Navigation durch die Struktur und den Inhalt eines Dokuments
- Veränderung der Struktur durch Einfügen und Löschen von Elementen
- Veränderungen der Eigenschaften von Strukturelementen
- Veränderung der Inhalte
- Erstellung kompletter Dokumente von Grund auf

Das Document Object Model liegt in der Verantwortung der DOM Working Group des World Wide Web Consortium (W3C). Den Zugriff auf das Document Object Model (DOM) eines XML-Dokuments ermöglicht die Komponente Microsoft XML (MSXML).

**MSXML**

## 5.7.2 Installation

MSXML wird zusammen mit dem Microsoft Internet Explorer installiert. Jede Version des Internet Explorers enthält eine neue Version von MSXML. Aktuell ist die Version 4.0 im Internet Explorer 6.0.

Um die Versionsnummer von MSXML zu ermitteln, betrachten Sie die Dateiversion der *msxml3.dll* im *%System%*-Verzeichnis Ihres Systems.

**Versionsnummer ermitteln**

## 5.7.3 Klassen

XML kennt zwölf verschiedene Knotentypen und entsprechend gibt es in MSXML zwölf verschiedene Klassen.

**Zwölf Knotentypen**

*Tabelle 5.13: Die wichtigsten MSXML-Klassen*

| Klasse | Zugriff | Erläuterung |
|---|---|---|
| DOMDocument | CreateObject ("Microsoft.XMLDOM") | Ein DOMDocument repräsentiert den im XML-Quelltext unsichtbaren Startknoten eines XML-Baums, der stets den Namen „document" und den gleichnamigen Knotentyp besitzt. Eine Umbenennung ist nicht möglich. DOMDocument stellt zahlreiche Basisfunktionen wie das Erzeugen neuer Knoten und das Laden und Speichern des Dokuments bereit. Jedes DOMDocument besitzt genau ein sogenanntes DocumentElement, das nicht mit dem unsichtbaren Startknoten verwechselt werden darf. Das DocumentElement ist der sichtbare oberste Knoten eines XML-Dokuments. |

| Klasse | Zugriff | Erläuterung |
|--------|---------|-------------|
| XMLDOM-ParseError | Nur über die Klasse DOMDocument | Ein Objekt dieser Klasse ist über das Attribut parseError des DOMDocument erreichbar. XMLDOM ParseError enthält detaillierte Informationen über den letzten Fehler, der beim Parsen aufgetreten ist. |
| XMLDOMImplementation | Nur über die Klasse DOMDocument | Diese Klasse stellt lediglich eine Methode bereit: Mit HasFeature(feature, version) kann überprüft werden, ob der Parser bestimmte Features unterstützt. In Version 1.0 unterstützt MSHTML die Features „XML", „DOM" und „MS-DOM". |
| XMLDOMNodeList | Nur über die Klasse DOMDocument | Ist eine Objektmenge von XMLDOMNode-Objekten. |
| XMLDOMNamed-NodeMap | Nur über die Klasse DOMDocument | Ist eine spezielle Objektmenge für Knoten des Typs XMLDOMAttribute, also für die Attribute von XML-Elementen. Unterstützt im Gegensatz zu XMLDOM NodeList den Zugriff auf enthaltene Attribute über ihren Namen (u.a. durch getNamedItem(name) und setNamedItem(name). |
| XMLDOMNode | Nur über die Klasse DOMDocument | Repräsentiert einen Knoten in einem XML-Baum. Dabei sind viel mehr Dinge ein Knoten als nur die Elemente (Tags). Auch der Inhalt der Tags, die Attribute und das Dokument selbst sind Knoten. Jedes Node-Objekt enthält zwei Collections: childnodes ist eine XMLDOM-NodeList-Objektmenge der untergeordneten Knoten. Attributes ist eine XMLDOM NamedNode-Map der Attribute des Knotens. |

*Bild 5.17:*
*Das Objekt-*
*modell der*
*MSXML-*
*Komponente*

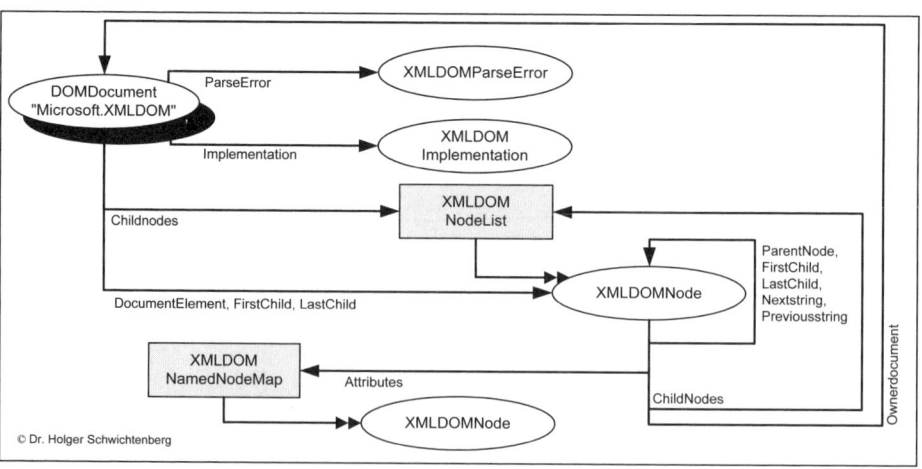

# 5.8   Fragen und Aufgaben

1.  Wie installiert man die WSH Runtime-Komponente und die Scripting Runtime-Komponente?

2.  Wie instanziiert man ein `File`-Objekt?

3.  Was ist die einfachste Möglichkeit, eine Verbindungszeichenfolge für den Zugriff auf eine Access-Datenbank zu ermitteln?

4.  Was ist falsch an dem Befehl `set o = GetObject("ldap://essen1")`?

5.  Was können Sie ausprobieren, wenn es zu einer Fehlermeldung kommt beim Versuch, ein Verzeichnisattribut mit `obj.Attributname = Wert` zu verändern?

6.  Wie kann man alle Laufwerke ausgeben, deren freier Speicher mehr als 1.000.000 Byte beträgt?

# 6 Datenübergabe und Datenausgabe

**Lernziel**

Man kann den Wert von Skripten erheblich steigern, indem man die Skripte parametrisierbar macht. Wenn Sie zum Beispiel ein Skript schreiben, das einen Benutzer anlegt, dann können Sie den Kontonamen und die Detaildaten durch Konstanten im Skript ablegen, wie wir das bisher getan haben. Wollen Sie aber einen anderen Benutzer anlegen, so müssen Sie das Skript erneut im Editor öffnen und die Konstantendefinitionen ändern. Das ist vielleicht noch ein akzeptables Vorgehen, sofern Sie selbst als Autor des Skripts der einzige Nutzer sind. Es ist jedoch nicht akzeptabel, wenn Sie das Skript an andere weitergeben möchten oder wenn das Skript sehr häufig mit unterschiedlichen Eingabemengen verwendet wird.

WSH-Skripte können mit Kommandozeilenparametern aufgerufen werden. Dies ist eine adäquate Vorgehensweise, solange nur sehr wenige Daten benötigt werden. Wenn Sie ein Skript schreiben, das hundert Benutzer anlegt, dann werden Sie sich wünschen, die Daten dieser hundert Benutzer in einer Datei speichern und dem Skript einfach den Pfad zu der Datei übergeben zu können.

Auch wenn ein Skript große Datenmengen ausgibt (z.B. eine Liste aller vorhandenen Benutzer), bietet sich die Speicherung in Dateien an.

In diesem Kapitel lernen Sie daher zwei Vorgehensweisen:

- Aufruf von WSH-Skripten mit Kommandozeilenparametern
- Lesen und Speichern von Daten in Dateien unterschiedlichen Typs (wir zeigen Textdateien, Access und XML)

Eine andere Alternative der Datenübergabe an Skripte ist die Interaktion mit dem angemeldeten Benutzer. Diese Möglichkeit wurde bereits in Kapitel 3 (Befehle `MsgBox()` und `InputBox()`) vorgestellt. Auch die Registrierungsdatenbank kann als Konfigurationsspeicher für Skripte verwendet werden. Mehr dazu in Kapitel 13.

> Die Skripte in diesem Kapitel führen keine Aktion im Betriebssystem aus. Sie dienen lediglich der Demonstration der Datenübergabe und -ausgabe. Die Routinen, die diese Daten weiterverarbeiten können (also z.B. Benutzer anlegen), lernen Sie aus didaktischen Gründen erst später in diesem Buch kennen.

# 6.1    Kommandozeilenparameter

Ein WSH-Skript kann beim Aufruf Kommandozeilenparameter übergeben. Die Form der Kommandozeilenparameter ist dabei **fast** beliebig. Sie haben die Möglichkeit, die Kommandozeilenparameter mit einem Sonderzeichen (z.B. Minus oder Schrägstrich) einzuleiten. Dies ist üblich für optionale Parameter. Sie können Attribut-Wert-Paare bilden, wobei die Trennung auch durch ein beliebiges Sonderzeichen erfolgen kann.

```
-datei test.txt
/benutzer:hs
```

Kommandozeilenparameter können sowohl bei *WScript.exe* (der Windows-Version des WSH) als auch bei *CScript.exe* (der Kommandozeilenversion des WSH, vgl. Kapitel 1) übergeben werden. Bei der Kommandozeilenversion muss man die Parameter einfach nur hinter den Skriptnamen hängen:

```
Skriptname2.vbs -datei test.txt /benutzer:hs
```

Bei *WScript.exe* kann man Argumente in einer Dateiverknüpfung angeben.

**Arguments**    Das aufgerufene Skript selbst kann über das eingebaute Objekt `WScript` (das nicht instanziiert werden muss) auf die übergebenen Kommandozeilenparameter zugreifen. Bei dem Unterobjekt `WScript.Arguments` handelt es sich um eine Objektmenge von Werten, die über die Kommandozeile übergeben wurden.

**Arguments-Eigenschaften**    Die `Arguments`-Objektmenge verfügt selbst über zwei Attribute, die genauere Auskunft über die übergebenen Argumente liefern können. Mittels `Arguments.Count` lässt sich feststellen, wie viele Argumente übergeben wurden. Über `Arguments.Item(x)` kann man auf ein bestimmtes Argument zugreifen, das x-te Argument, wobei das erste Argument mit 0, das zweite mit 1 usw. angesprochen wird.

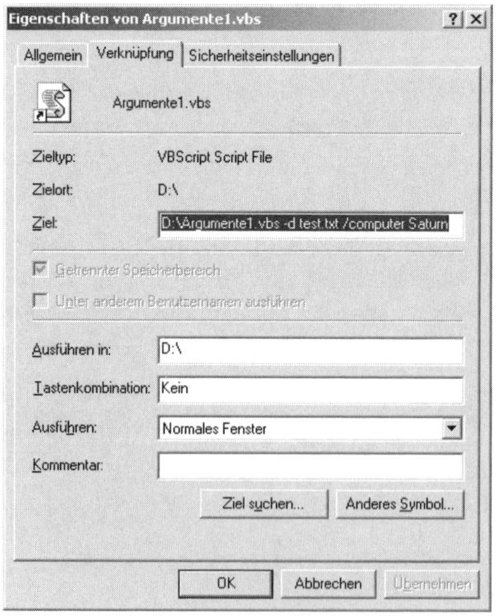

*Bild 6.1: Kommandozeilenparameter in einer Verknüpfung angeben*

```
' Argumente1.vbs
' Auslesen von Kommandozeilenargumenten
' ==============================

Option Explicit

Dim i
Dim oArgumente

Set oArgumente = WScript.Arguments

WScript.Echo("Es wurden " + _
    CStr(oArgumente.Length) + _
    " Argumente übergeben.")

For i = 0 To oArgumente.Count - 1
    WScript.Echo("Argument " + _
        CStr(i) + " = " + _
        oArgumente(i))
Next
```

*Listing 6.1: Argumente1.vbs*

Dieses Skript liefert die Anzahl der übergebenen Argumente und listet diese auf. Diese Möglichkeit der Übergabe von Werten eignet sich jedoch nur für Skripte, bei denen ein bestimmtes Argument immer an einer exakten Position oder aber eine Liste von gleichartigen Argumenten übergeben wird. Ein möglicher Aufruf sähe wie folgt aus:

```
CmdArgumente.vbs 44 23 23 12
```

## 6.1.1    Komplexere Parameter

Möchte man allerdings ein Skript erstellen, das unterschiedliche Argumente für unterschiedliche Zwecke aufnehmen kann, muss man eine Fallunterscheidung für die Argumente integrieren. Das folgende Skript bietet die Möglichkeit, ein oder mehrere Argumente zu übergeben. Allerdings sollte vor dem eigentlichen Argumentwert eine Beschreibung für das entsprechende Argument übergeben werden.

Ein beispielhafter Aufruf des nachstehenden Skripts sieht folgendermaßen aus:

```
Argumente2.vbs -d test.txt /computer Compi32
Argumente2.vbs -verzeichnis c:\temp
```

Gibt man keines der drei Argumente (-d, -v, -c) an, so erscheint ein Hilfe-Dialogfenster, das anzeigt, wie das Skript zu verwenden ist.

```
' Argumente2.vbs
' Auslesen von Kommandozeilenargumenten
' verwendet: WSHRun
'     Übergabe unterschiedlicher Argumente
'     Dabei muss jedes Argument mit einer Kennzeichnung
```

```
'     übergeben werden.
' ==============================

Option Explicit

Dim i
Dim oArgumente

Dim sDatei
Dim sVerzeichnis
Dim sComputer

Set oArgumente = WScript.Arguments

' Bei Argument 0 beginnen
i = 0

If oArgumente.Count > 0 Then
    Do
        If UCase(oArgumente(i)) = "-V" Or _
            UCase(oArgumente(i)) = "-VERZEICHNIS" Then
            ' --- Verzeichnisargument
            i = i + 1
            sVerzeichnis = oArgumente(i)

        Elseif UCase(oArgumente(i)) = "-D" Or _
            UCase(oArgumente(i)) = "-DATEI" Then
            ' --- Dateiargument
            i = i + 1
            sDatei = oArgumente(i)

        Elseif UCase(oArgumente(i)) = "/C" Or _
            UCase(oArgumente(i)) = "/COMPUTER" Then
            i = i + 1
            sComputer = oArgumente(i)

        End If
        i = i + 1
    Loop Until i>=oArgumente.Count
End if

If sDatei = "" And sVerzeichnis = "" And sComputer = "" Then
    ' Es wurde kein Argument übergeben
    WScript.Echo("Es wurden keine oder falsche Argumente übergeben.")
    WScript.Echo(vbTab + _
        "-d dateiname oder -datei dateiname")
    WScript.Echo(vbTab + _
        "-v verzeichnisname oder -verzeichnis verzeichnisname")
    WScript.Echo(vbTab + _
```

```
                    "-c computername oder -computer computername")

Else

    If sDatei <> "" Then
        WScript.Echo("Datei = " + sDatei)
        ' Aktionen für die übergebene Datei
    End If

    If sVerzeichnis <> "" Then
        WScript.Echo("Datei = " + sVerzeichnis)
        ' Aktionen für das übergebene Verzeichnis
    End If

    If sComputer <> "" Then
        WScript.Echo("Computer = " + sComputer)
        ' Aktionen für den übergebenen Computer
    End If

End If
```

*Listing 6.2: Argumente2.vbs*

## 6.1.2 Kommandozeilenparameter des WSH

Sie haben weiter oben gelernt, dass Sie sehr flexibel bezüglich des Aufbaus Ihrer Parameter sind. Sie erinnern sich hoffentlich noch, dass dort einschränkend „**fast** beliebig" stand, denn sie dürfen Ihre Kommandozeilenparameter nicht mit einem doppelten Schrägstrich einleiten. Parameter, die mit einem doppelten Schrägstrich beginnen, betrachtet der WSH nämlich als Anweisungen an sich selbst, nicht an das Skript. Die folgende Tabelle zeigt die definierten Kommandozeilenparameter des WSH.

| Kommando-zeilenoption | Bedeutung |
|---|---|
| //B | Batch-Modus: Alle Ausgaben von WScript.Echo() werden unterdrückt. Dies gilt nicht für Ausgaben, die von Sprachen direkt erzeugt werden (z.B. MsgBox() in VBScript). |
| //I | Interaktiver Modus: Ausgaben werden dargestellt. (Dies ist die Standardeinstellung.) |
| //D | Debugging wird aktiviert: Bei einem Fehler wird der Debugger gestartet, sofern einer installiert und das Debugging durch die Registrierungsdatenbankeinstellungen grundsätzlich zugelassen ist. |
| //X | Skript wird im Debugger gestartet. Der Unterschied zur Option //D besteht darin, dass das Skript in diesem Fall nicht auf einen Fehler wartet, sondern von der ersten Zeile an im Debugger startet. |
| //E:Engine | Unabhängig von der Dateinamenerweiterung wird eine bestimmte Skriptsprache zur Ausführung der Skriptdatei verwendet. |

*Tabelle 6.1:*
*WSH-Kom-*
*mandozeilen-*
*parameter*

| Kommando-zeilenoption | Bedeutung |
|---|---|
| //H:CScript | Einstellung der WSH-Variante, die verwendet wird, wenn ein Doppelklick oder Ziehen&Fallenlassen (Drag&Drop) auf eine Datei erfolgt. Standard ist WScript. Diese Option verändert auf einfache Weise die Shell-Verknüpfung für zum WSH gehörende Dateinamen-erweiterungen auf CScript. |
| //H:WScript | Zurücksetzen der Standardstartoption auf *wscript.exe* |
| //T:nn | Timeout: Hinter //T: kann angegeben werden, wie viele Sekunden das Skript maximal laufen darf. Mit //T:2 wird das Skript nach zwei Sekunden – sofern es nicht vorher regulär beendet wurde – mit der Meldung „Die Skriptausführungszeit wurde überschritten" zwangs-weise beendet. |
| //Logo | WSH-Version und der Copyright-Vermerk werden bei *cscript.exe* angezeigt. (Dies ist die Standardeinstellung.) |
| //Nologo | Die Ausgabe der WSH-Version und des Copyright-Vermerks in der Kommandozeile wird bei CScript unterdrückt. Bei WScript hat diese Option keine Relevanz, weil dort sowieso kein „Logo" gezeigt wird. |
| //S | Speicherung der aktuellen Kommandozeileneinstellungen für diesen Benutzer |
| //Job: jobname | Aus der angegebenen Skriptdatei wird nur ein bestimmter Job aus-geführt. (Diese Option gehört zu einer Funktion des WSH, die in die-sem Buch nicht erläutert wird.) |

Wenn Sie ein Skript mit einem Kommandozeilenparameter aufrufen, der mit einem Doppel-schrägstrich beginnt und nicht in obiger Tabelle vorkommt, erhalten Sie eine Fehlermeldung.

# 6.2 Zugriff auf Datendateien

Wenn größere Datenmengen zu lesen sind oder ein Skript unbeaufsichtigt laufen soll, dann sind die bisherigen Ein- und Ausgabewege für Skripte ungeeignet. In diesem Unterkapitel stellen wir Ihnen vor, wie Sie Textdateien, Microsoft Access-Datenbanken und XML-Dateien als Eingabe- oder Ausgabedatei für Skripte nutzen können.

**TextStream-Objekt** Das TextStream-Objekt nutzt für die Textbearbeitung die folgenden drei Modi, welche durch entsprechende Konstanten definiert werden:

▷ ForReading: Datei wird zum Lesen geöffnet. Der Wert ist 1.

▷ ForWriting: Die Datei wird zum Schreiben geöffnet. Der Wert ist 2.

▷ ForAppending: Die Datei wird zum Anhängen von Text geöffnet. Der Wert ist 8.

Außer beim Zugriff auf die INI-Dateien (siehe Kapitel 6.2.2) nutzen alle Verfahren für den Zugriff auf Datendateien dieselbe Datenbasis. Es wird eine Benutzerliste mit den Attributen Benutzername (Text), Vorname (Text), Nachname (Text), Geburtsdatum (Datum) und Abteilungsnummer (Zahl) verwendet.

# 6.2.1 Zugriff auf CSV-Dateien

Eine CSV-Datei (CSV steht für Comma Separated Value) ist eine Textdatei, in der Werte enthalten sind, welche durch eindeutige Trennzeichen voneinander getrennt sind. Eine CSV-Datei kann auch die Feldnamen enthalten, diese stehen dann in der ersten Zeile. Als Trennzeichen wird meistens das Semikolon oder das Komma verwendet.

Die Scripting Runtime-Komponente ermöglicht die Bearbeitung von Textdateien über die TextStream-Klasse. Ein TextStream-Objekt repräsentiert eine geöffnete Textdatei.

Es ist zwar möglich, mit dieser Klasse auch binäre Dateien zu öffnen, jedoch gibt es in FSO keine Verfahren, um binäre Dateien korrekt zu verarbeiten. Daher sollten Sie die TextStream-Klasse nur auf Textdateien anwenden.

Moderner als INI-Dateien ist die Verwendung von XML-Dateien.

## Anlegen einer CSV-Datei

Dieses Beispiel beschreibt das Anlegen einer CSV-Datei. Zur Ausführung des Skripts wird ein vollständig installierter Windows Script Host (WSH) vorausgesetzt. Da es sich bei einer CSV-Datei um eine Textdatei handelt, erfolgt die Anlage einer solchen Datei über das Text-Stream-Objekt der Scripting Runtime-Komponente.

Das Skript erzeugt eine Referenz auf eine Instanz von FileSystemObject durch den Aufruf von CreateObject() und speichert diese Referenz in der Variablen FSO. Die Methode Create-TextFile() erzeugt eine neue Datei mit dem Namen *Benutzerliste.csv*. Zusätzlich wird die Zeile mit den Feldnamen in der ersten Zeile der Datei durch die WriteLine()-Funktion eingetragen. Anschließend wird die Datei durch Close() geschlossen.

```
' CSVDatei_Erzeugen.vbs
' Anlegen einer CSV-Datei und Speichern der Feldnamen
' verwendet: SCRRun
' =========================================================================
Option Explicit
' Deklaration der Variablen
Dim FSO,Datei
Const Dateiname="Benutzerliste.csv"
'Erzeugen einer Objektreferenz
Set FSO = CreateObject("Scripting.FileSystemObject")
'Erzeugen der Datei
Set Datei = FSO.CreateTextFile(Dateiname)
' Schreiben der Spaltennamen
Datei.WriteLine("Benutzername;Vorname;Nachname;Geburtstag;Abteilungsnummer")
Datei.Close
```

*Listing 6.3: /Skripte/Kapitel06/CSVDatei_Erzeugen.vbs*

Das Auslesen einer solchen Datei ist noch nicht sinnvoll, da augenblicklich keine Daten enthalten sind. Das Schreiben von Daten in eine CSV-Datei wird im nächsten Abschnitt erklärt.

### Schreiben einer CSV-Datei

**CSV-Datei beschreiben**

Jede Spalte einer CSV-Datei ist durch ein Trennzeichen (hier: Semikolon) von der Nachbarspalte getrennt. Um eine Benutzerliste in einer CSV-Datei abzulegen, werden im folgenden Beispielskript die benötigten Variablen deklariert und anschließend über die `Array()`-Funktion mit Werten gefüllt.

Über `CreateObject()` wird ein Verweis auf das `FileSystemObject` erzeugt und in der Variablen `FSO` gespeichert. Anschließend wird durch die `Create TextFile()`-Methode die im vorherigen Beispiel erzeugte Textdatei geöffnet und die Objektreferenz in der Variablen `Datei` gespeichert. Neu in diesem Beispiel ist der Öffnungsmodus `ForAppending`; er erlaubt das Anhängen von Daten an bestehende Dateien. Mittels einer `For`-Schleife werden alle Werte der entsprechenden Arrays in der Datei abgelegt. Die `Close()`-Methode schließt die Datei am Ende des Skripts.

**Anzahl der Einträge**

Eine Besonderheit in der Schleife ist die Funktion `UBound()`, welche die Anzahl von Einträgen eines Arrays zurückliefert.

```
' CSVDatei_Beschreiben.vbs
' Schreiben von Werten in eine CSV-Datei
' verwendet: SCRRun
' ===============================
Option Explicit
' Variablen deklarieren
Dim Benutzername, Vorname, Nachname, Geburtstag, Abteilungsnummer
Dim FSO,Datei,i
Const ForWriting = 2
Const ForAppending=8
' Arrays mit Werten füllen
Benutzername=Array("HugoHastig","WilliWinzig", _
   "StefanDerrick","HarryKlein")
Vorname=Array("Hugo","Willi","Stefan","Harry")
Nachname=Array("Hastig","Winzig","Derrick","Klein")
Geburtstag=Array("01.08.1935","27.05.1944","23.12.1912","14.02.1958")
Abteilungsnummer=Array("1","1","2","3")

'Erzeugen eines FSO-Objekts
Set FSO = CreateObject("Scripting.FileSystemObject")
'Erzeugen der Datei
Set Datei = fso.OpenTextFile("Benutzerliste.csv",ForAppending)
'Schreiben der einzelnen Werte
For i=0 to UBound(Benutzername)
  Datei.Write Benutzername(i) & ";"
  Datei.Write Vorname(i) & ";"
  Datei.Write Nachname(i) & ";"
  Datei.Write Geburtstag(i) & ";"
  Datei.Writeline Abteilungsnummer(i)
Next
Datei.Close
```

*Listing 6.4: /Skripte/Kapitel06/CSVDatei_Beschreiben.vbs*

Ein erneutes Anlegen der Datei ist nicht notwendig, weil die Datei im Modus `ForAppending` geöffnet wurde. Dadurch werden die zu schreibenden Daten am Ende der Datei angehängt.

*Bild 6.2:*
*Werte in der*
*CSV-Datei*

### Lesen einer CSV-Datei

Wenn sich Daten in einer CSV-Datei befinden, können sie mit den Methoden eines `Text-Stream`-Objekts ausgelesen werden. Nach der Erzeugung der Referenz auf das `FileSystem-Object` und dem Speichern derselben in der Variablen `FSO` wird eine CSV-Datei zum Lesen durch die `OpenText File()`-Methode geöffnet. Um die Daten nun zeilenweise einzulesen, wird die `ReadLine()`-Methode des `FileSystemObject` verwendet. Dies geschieht in einer `While`-Schleife, welche als Abbruchkriterium die Eigenschaft `AtEndOfStream` überprüft. Diese Eigenschaft liefert den Wert `True` zurück, sobald das Ende der Datei erreicht ist.

**Aufteilen von Zeilen**

Jede gelesene Zeile wird in der Variablen `TextZeile` zur Weiterverarbeitung abgelegt. Das Aufteilen der Zeile in die einzelnen Werte erfolgt durch die `Split()`-Funktion, welche die aufzuteilende Zeichenkette und das verwendete Trennzeichen (hier: Semikolon) als Parameter erwartet. Als Rückgabewert liefert die Funktion ein Array mit den Werten der Zeile. Dieses Array ist *nullbasiert*, d.h., das erste Element erhält den Index 0, das zweite den Index 1 und das letzte Element den Index AnzahlEinträge-1. Das Array wird durch die Variable `Benutzer` repräsentiert.

Anschließend werden in jedem Schleifendurchlauf die ermittelten Werte mit der `Echo()`-Methode des `WScript`-Objekts ausgegeben.

Ist das Ende der Datei erreicht, wird sie geschlossen und der Zugriff auf die Datei freigegeben. Diese Aufgabe erfüllt die `Close()`-Methode des `TextStream`-Objekts.

**Freigabe des Dateizugriffs**

```
' CSVDatei_Lesen.vbs
' Lesen einer CSV-Datei und Ausgabe der gelesenen Werte
' verwendet: SCRRun
' ========================================================================
Option Explicit
' Konstanten definieren
Const ForReading = 1
Const Dateiname="Benutzerliste.csv"
' Variablen deklarieren
Dim FSO, Datei, Benutzer
Dim TextZeile
'Objekt erzeugen
Set FSO=CreateObject("Scripting.FileSystemObject")
'Öffnen der Datei zum Lesen
```

```
Set Datei = FSO.OpenTextFile(Dateiname, ForReading, False)
'Datei bis zum Ende durchlaufen
While not Datei.AtEndOfStream
'Lesen einer Zeile
TextZeile=Datei.Readline()
'Zeile an Semikolon trennen und die Werte
'in einem Array speichern
Benutzer=Split(TextZeile,";")
'Ausgabe der Benutzerdaten
Wscript.echo Benutzer(0) & ";" & Benutzer(1) & ";" & Benutzer(2) & _
    ";" & Benutzer(3) & ";" & Benutzer(4)
Wend
'Schließen der Datei
Datei.Close
```

*Listing 6.5: /Skripte/Kapitel06/CSVDatei_Lesen.vbs*

Bild 6.3:
Ausgabe der
gelesenen
Werte

## 6.2.2    Zugriff auf INI-Dateien

INI-Dateien werden zum Speichern von Konfigurationseinstellungen unter Windows benutzt. Zwar speichern das Windows-Betriebssystem und viele Anwendungen Konfigurationsdaten inzwischen in der Windows-Registrierungsdatenbank, aber INI-Dateien sind noch nicht ausgestorben, weil sie sich einfacher zusammen mit einer Anwendung verbreiten lassen als Registrierungsdatenbankeinstellungen, für die oft ein eigenes Setup-Programm notwendig ist.

INI-Dateien sind Textdateien mit einem speziellen Aufbau. Sie haben üblicherweise die Dateinamenerweiterung *.ini*. Im Rahmen des Scripting ist der Zugriff auf INI-Dateien wichtig, um auf existierende INI-Dateien von Alt-Anwendunegn zuzugreifen oder für die Skripte eigene INI-Dateien anzulegen.

**Aufbau einer**
**INI-Datei**    Der Aufbau einer INI-Datei wird im Folgenden kurz beschrieben: Es existieren Gruppen, welche durch eckige Klammern gekennzeichnet sind. Unterhalb dieser Gruppen, die auch *Sektionen* genannt werden, werden die einzelnen Einträge und Werte aufgelistet. Die einzelnen Sektionen können Einträge enthalten oder auch leer sein. Die Trennung von Eintrag und Wert erfolgt über ein Gleichheitszeichen. Ein Eintrag endet immer am Ende der Zeile; Einträge, welche sich über mehrere Zeilen erstrecken, sind nicht möglich.

Im nachfolgenden Listing ist beispielhaft ein Auszug aus der Datei *Win.ini* dargestellt.

```
[fonts]
[extensions]
[mci extensions]
[files]
[Mail]
MAPI=1
CMC=1
```

Da der Windows Script Host keine Methoden zur Verwaltung von INI-Dateien zur Verfügung stellt, müssen diese von Hand erstellt werden, wobei das Lesen und Schreiben von INI-Dateien am aufwendigsten ist.

**Keine Methoden vorhanden**

## Anlegen einer INI-Datei

Bei einer INI-Datei handelt es sich um eine normale Textdatei. Leider gibt es von Microsoft keine spezielle Klasse für INI-Dateien, die die spezielle Struktur einer INI-Datei beherrscht. Eine INI-Datei kann nur über die allgemeine Klasse TextStream gelesen und bearbeitet werden.

## Lesen einer INI-Datei

Um nun auf einen Wert in der INI-Datei lesend zuzugreifen, muss die Datei zeilenweise gelesen werden. Dann wird jede Zeile daraufhin untersucht, ob es sich um eine Sektion handelt. Dies erfolgt über den Vergleich des ersten Zeichens einer Zeile. Das erste Zeichen einer Sektionszeile muss eine eckige Klammer [ sein. Wenn es sich bei dem Eintrag um eine Sektion handelt, muss überprüft werden, ob der Name mit dem gesuchten Sektionsnamen übereinstimmt. Ist dies der Fall, werden die einzelnen Einträge durchlaufen. Auch hier erfolgt ein Vergleich, ob der gesuchte Eintrag in der Zeile enthalten ist. Ist auch dieser Schritt erfolgreich abgeschlossen, d.h. der richtige Eintrag in der richtigen Sektion gefunden, wird der Wert dadurch ermittelt, dass die Position des Gleichheitszeichens in der Zeile bestimmt wird. Hinter dem Gleichheitszeichen befindet sich der gesuchte Wert. Dieser wird durch die Right()-Funktion ermittelt. Diese Funktion ermittelt einen Wert, indem eine gegebene Anzahl von Zeichen von rechts aus einer Zeichenkette extrahiert wird.

**Suchen nach Sektionen**

```
' INIDatei_Lesen.vbs
' Lesen eines bestimmten Eintrags aus einer INI-Datei
' Verwendet: FSO
' ===============================
Option Explicit
' Variablen deklarieren
Dim FSO, IniDatei, Zeile, EintragWert, Zeichen
Dim EintragGefunden,  SektionGefunden
Dim I
' Konstanten definieren
Const ForReading = 1
Const Dateiname="C:\boot.INI"
Const Sektion="boot loader"
Const Eintrag="default"
```

```vbs
' Erzeugen eines FSO-Objektes
Set FSO = CreateObject("Scripting.FileSystemObject")
' INI-Datei zum Lesen öffnen
Set IniDatei = FSO.OpenTextFile(Dateiname, ForReading)
' Durchlaufe die gesamte Datei
Do While Not IniDatei.AtEndOfStream
  Zeile=IniDatei.readline
  ' Wenn die aktuelle Zeile eine Sektion kennzeichnet
    If Left(Zeile,1)="[" Then
      ' Ist es die gesuchte Sektion?
      If UCase(Mid(Zeile,2,Len(Sektion)))=UCase(Sektion) Then
        ' Ja
        SektionGefunden=True
      Else
        ' Nein
        SektionGefunden=False
      End If
    Else
      If SektionGefunden Then
        'Ist die aktuelle Zeile der gesuchte Eintrag?
        If UCase(Left(Zeile,Len(Eintrag)))=UCase(Eintrag) Then
          I = Len(Eintrag)+1
          ' So lange wiederholen bis der Eintrag gefunden wurde
          Do While I<Len(Zeile)
            Zeichen = Mid(Zeile,I,1)
            ' Suche das Gleichheitszeichen
            If Zeichen="=" Then
              ' Ermitteln des Wertes
              EintragWert=Right(Zeile,Len(Zeile)-I)
              ' Abbruchbedingung setzen
              I=Len(Zeile)
              EintragGefunden=True
            Else
              I=I+1
            End If
          Loop
        End If
      End If
    End If
Loop
' Datei schließen
IniDatei.close
' Wert zurückgeben
WScript.Echo "Der gesuchte Wert ist: " & Trim(EintragWert)
```
/Skripte/Kapitel06/INIDatei_Lesen.vbs

## Schreiben einer INI-Datei

Beim Schreiben macht sich stärker als beim Lesen einer INI-Datei bemerkbar, dass es keine speziellen Klassen für die Bearbeitung solcher Dateien gibt. Deshalb nutzt das Skript in diesem Kapitel eine temporäre Datei, um Werte in einer INI-Datei zu verändern. Die Originaldatei wird zeilenweise gelesen. Die erste If-Abfrage überprüft, ob es sich bei der gelesenen Zeile um eine Sektion handelt. Ist dies der Fall, wird überprüft, ob es sich um die gesuchte Sektion handelt. Im Erfolgsfall wird die Variable SektionGefunden auf den Wert True gesetzt.

Nun erfolgt eine Überprüfung, ob die gelesene Zeile den zu ändernden Wert enthält; ist dies der Fall, wird der Wert des Eintrags abgeschnitten. Dies übernimmt die Left()-Funktion, welche den Eintragsnamen extrahiert. Als Parameter erwartet Left() die Zeichenkette, aus der der Wert entnommen werden soll, sowie die Anzahl der zu entnehmenden Zeichen. Anschließend wird die Variable AlterEintrag auf den Wert True gesetzt, um zu kennzeichnen, dass eine Veränderung stattgefunden hat. Die Zeile wird nun durch WriteLine() in die temporäre Datei übertragen.

Wenn nach dem Durchlauf durch die Datei die Variable AlterEintrag immer noch den Wert False enthält, handelt es sich um einen neuen Eintrag, welcher in die Datei eingefügt werden muss. Es wird überprüft, ob die Variable Sektion gefüllt ist. Dann wird die Sektion in die temporäre Datei eingetragen. Es werden nun die Inhalte der Variablen Eintrag und Inhalt mit einem Gleichheitszeichen als Zeichenkette verknüpft und ebenfalls in die temporäre Datei geschrieben.

Zum Schluss wird die Originaldatei gelöscht und die temporäre Datei an den Speicherplatz der Originaldatei verschoben und entsprechend umbenannt.

Das Skript verwendet für die Verwaltung der temporären Datei die Funktion GetTempName() und zur Ablage im */Temp*-Verzeichnis die Funktion GetSpecialFolder(). Der Funktion GetSpecialFolder() wird der Wert „2" übergeben, woraufhin der Pfad zum */Temp*-Verzeichnis des aktuell angemeldeten Benutzers zurückgegeben wird. Die Funktion GetTempName() erzeugt nun einen eindeutigen Dateinamen. Mit diesen beiden Werten wird die temporäre Datei durch die Funktion CreateTextFile() angelegt und geöffnet.

**Temporäre Dateien**

```
' INIDatei_Schreiben.vbs
' Schreiben in eine INI-Datei
' Verwendet: FSO
' ==============================
Option Explicit

' Variablen deklarieren
Dim FSO, IniDatei, TempDatei
Dim temp, TempFolder
Dim Zeile,AlterEintrag
Dim SektionGefunden
'Konstanten deklarieren
Const ForReading = 1
Const ForWriting = 2
Const Dateiname="g:\test\ITVisions.ini"
Const Eintrag="Website"
```

```
Const Inhalt="www.IT-Visions.de"
Const Sektion="Internet"
' -- Werte vorbelegen
AlterEintrag=False
SektionGefunden=False
' Erzeugen des FSO-Objektes
Set FSO = CreateObject("Scripting.FileSystemObject")
' INI-Datei öffnen
Set IniDatei = FSO.OpenTextFile(Dateiname, ForReading)
' Temporären Dateinamen erzeugen
temp = FSO.GetTempName
' Ermitteln des Temp-Verzeichnisses
TempFolder=FSO.GetSpecialFolder(2)
' Erzeugen der temporären Datei und gleichzeitiges Öffnen
Set TempDatei = FSO.CreateTextFile(TempFolder & "\" & temp, True)
' Solange das Ende der Datei nicht erreicht ist
Do While Not IniDatei.AtEndOfStream
  ' Zeilenweise einlesen
  Zeile=IniDatei.Readline
  ' Sektionsbeginn suchen
  If Left(Zeile,1)="[" Then
    If InStr(UCase(Zeile), "[" + UCase(Sektion) + "]") > 0 Then
      ' Ja
      SektionGefunden=True
    Else
      ' Nein
  SektionGefunden=False
    End If
  Else
    If SektionGefunden Then
      If UCase(Left(Zeile,Len(Eintrag)))=UCase(Eintrag) Then
        ' Eintrag gefunden
        ' Neuen Eintrag in Variable schreiben
        Zeile=Eintrag & "=" & Inhalt
        ' Merker setzen
        AlterEintrag=True
      End If
    End If
  End If
  ' Zeile in temp. Datei schreiben
  TempDatei.Writeline(Zeile)
Loop
' Wenn es ein neuer Eintrag ist, dann Sektion und Eintrag schreiben
If Not AlterEintrag Then
  If Sektion <> "" Then TempDatei.Writeline("[" + Sektion + "]")
  TempDatei.Writeline(Eintrag + " =" + Inhalt)
End If

' Temporäre Datei schließen
```

```
TempDatei.Close
' INI-Datei schließen
IniDatei.Close

' Temporäre Datei kopieren und alte Datei überschreiben
FSO.CopyFile TempFolder & "\" & temp,Dateiname,True
' Temporäre Datei löschen
FSO.DeleteFile TempFolder & "\" & temp, True
```

*Listing 6.6: WScript.Echo "Neue INI-Datei wurde erzeugt!" /Skripte/Kapitel06/INIDatei_Schreiben.vbs*

# 6.2.3 Zugriff auf Access-Datenbanken

Kleinere Datenmengen lassen sich in den bisher beschriebenen Dateiarten bequem verwalten. Sollen aber größere Datenmengen verarbeitet werden, bietet sich die Verwendung von Datenbankdateien an. Diese speichern Informationen in Tabellen, welche durch Zeilen und Spalten definiert sind. Neben dem sequenziellen Zugriff unterstützen Datenbanken über die Abfragesprache SQL (Structured Query Language) auch den gezielten Zugriff auf einzelne Zeilen und Spalten.

Datenbanken enthalten Informationen in Gestalt von Strukturdaten und Inhaltsdaten. Die Strukturdaten enthalten den statischen Informationsanteil (Tabellennamen, Spaltenüberschriften) einer Informationseinheit, die Inhaltsdaten sind der dynamische Anteil.

In diesem Kapitel wird als Datenbank Microsoft Access verwendet, weil diese Datenbank weit verbreitet, einfach und kostengünstig ist. Die in diesem Kapitel verwendeten Skripte setzen nicht voraus, dass Microsoft Access auf dem Computer, auf dem das Skript läuft, installiert ist. Die kostenlose Komponente ADO enthält alles, um eine Datenbank per Skript zu lesen oder zu beschreiben. Sie müssen dafür keine Lizenzgebühren an Microsoft zahlen. Sie benötigen allerdings Microsoft Access oder ein fortgeschrittenes Skript, das über dieses Buch hinausführen würde, wenn Sie eine andere Datenbank als die auf der CD-ROM mitgelieferte verwenden oder diese Datenbank in ihrer Struktur verändern wollen.

**Gitterstruktur**

Das grundlegende Objekt einer Access-Datenbank ist die Tabelle. Darin werden alle Daten gespeichert. Eine Tabelle unterteilt sich in Datensätze, die in Zeilen dargestellt werden. Jede Zeile enthält eine Anzahl von Feldern, die die Spalten darstellen. Diese Spalten werden über einen Feldnamen angesprochen, wie etwa Vorname oder Abteilungsnummer.

Voraussetzung für dieses Kapitel ist die Installation der ActiveX Data Objects (ADO), welche in Version 2.8 auf der beiliegenden CD-ROM enthalten sind.

## Lesen in einer Access-Datenbank

Ziel dieses Kapitels ist der Zugriff auf Informationen, die in Form von Tabellen in einer Access-Datenbank vorliegen. Für den lesenden Zugriff auf Access-Datenbanken werden die Objekte Connection und RecordSet verwendet.

**Verbindung aufnehmen**

Um auf eine Datenbankdatei zugreifen zu können, wird eine Verbindung zu dieser Datenquelle erstellt. Dies geschieht über das Connection-Objekt. Um eine Verbindung aufzubauen, sind der Name des passenden Datenbanktreibers und der Pfad zur Datenbankdatei anzugeben. Dafür wird eine spezielle Notation verwendet, die sich Verbindungszeichenfolge nennt. Provider kennzeichnet hier den verwendeten Datenbanktreiber, während in Data Source der Pfad und Dateiname der zu verwendenden Datenbankdatei übergeben werden.

```
"Provider=Microsoft.Jet.OLEDB.4.0; Data Source=C:\user.MDB;"
```

Diese Verbindungszeichenfolge wird über die Open()-Methode an das Connection-Objekt übergeben.

```
DBConnection.Open "Provider=Microsoft.Jet.OLEDB.4.0; Data Source=C:\user.MDB;"
```

**Ausführen einer Abfrage**

Die Open()-Methode öffnet nun die Verbindung zur Datenquelle und mittels der Execute()-Methode wird eine SQL-Anfrage an das Datenbanksystem gesendet, welches eine Auflistung in Form eines RecordSet-Objekts zurückgibt. Der SQL-Befehl ruft alle Zeilen und Spalten der Tabelle „Benutzer" ab:

```
SqlString="SELECT * FROM Benutzer"
```

Zur Sicherheit wird der Datensatzzeiger durch Aufruf der MoveFirst()-Methode auf den ersten Datensatz positioniert. Das Durchlaufen des kompletten RecordSet erfolgt in einer While-Schleife. Nach jedem Schleifendurchlauf muss der Datensatzzeiger mit MoveNext() unbedingt auf den nächsten Datensatz gesetzt werden, da es sonst zu einer Endlosschleife kommt. Das Dateiende wird über die EOF()-Eigenschaft abgefragt, die False liefert, solange das Dateiende noch nicht erreicht ist. Liefert die Eigenschaft True, wird die Schleife sofort verlassen.

Es gehört zum guten Programmierstil, am Ende des Skripts das RecordSet- sowie das Connection-Objekt zu schließen, um die verwendeten Ressourcen freizugeben.

```
' DatenbankTabelle_Lesen.vbs
' Lesen der Benutzerliste aus einer Access-Datenbank
' verwendet: ADO
' ==================================================
'Deklarieren der Variablen
Dim DBConnection, SqlString, Ergebnismenge
'Definieren der Konstanten
Const Verbindung="Provider=Microsoft.Jet.OLEDB.4.0; Data Source=.\User.MDB;"
' Erstellen eines Connection-Objekts
Set DBConnection = CreateObject("ADODB.Connection")
' Öffnen der Verbindung zur Datenbank
' Die MDB-Datei muss im selben Verzeichnis liegen wie das Skript
DBConnection.Open Verbindung
' Abfrage der Tabelle Benutzer
SqlString="SELECT * FROM Benutzer"
' Ausführen der Abfrage und Rückgabe eines Recordset
Set Ergebnismenge = DBConnection.Execute(SqlString)
' An den Anfang des Recordset springen
Ergebnismenge.MoveFirst
```

```
' Durchlaufen des gesamten Ergebnisses
Do While Not Ergebnismenge.eof
  ' Ausgabe der Daten
  WScript.echo "Ausgabe der Daten für " & Ergebnismenge("Benutzername")
  WScript.Echo Ergebnismenge("Vorname")
  WScript.Echo Ergebnismenge("Nachname")
  WScript.Echo Ergebnismenge("Geburtsdatum")
  WScript.Echo Ergebnismenge("Abteilungsnummer")
  WScript.Echo "###############"
  ' Datensatzzeiger auf den nächsten Datensatz positionieren
  Ergebnismenge.MoveNext
Loop
' Recordset schließen
Ergebnismenge.Close
' Verbindung schließen
DBConnection.Close
```

*Listing 6.7: /Skripte/Kapitel06/DatenbankTabelle_Lesen.vbs*

### Schreiben in eine Access-Datenbank

Nun sollen in Datenbanken nicht nur Werte ausgelesen, sondern auch neue Werte hinzugefügt oder geändert werden. Auch dieses Feature wird durch die ADO-Komponente unterstützt. Das folgende Beispielskript schreibt Werte in die Datenbanktabelle „Benutzer2", die aus der CSV-Datei „Benutzerliste" ausgelesen werden. **Werte eintragen**

Nach der Variablendeklaration und der Konstantendefinition erfolgt die Erstellung der für den Einlesevorgang benötigten Objekte. Es werden ein FileSystemObject-, ein File-, ein Connection- sowie ein Recordset-Objekt benötigt.

Das FileSystemObject wird mittels der CreateObject()-Methode erzeugt und in der Variablen FSO abgelegt, während das File-Objekt durch die OpenTextFile()-Methode instanziiert wird. **Eingabedaten aus Datei**

Die beiden Datenbankobjekte Connection und Recordset werden ebenfalls durch CreateObject() erzeugt und in den entsprechenden Variablen abgelegt.

Das Öffnen der Connection erfolgt über die Open()-Methode unter Angabe der Verbindungszeichenfolge. Die Connection wird der ActiveConnection-Eigenschaft des Recordset zugeordnet. In Source wird der Name der zu beschreibenden Tabelle angegeben.

Die Angaben zum LockType und CursorType schließen die Definition der vom RecordSet benötigten Parameter ab. Die genaue Erläuterung dieser Parameter würde den Rahmen dieses Buches sprengen. Daher sei hier nur erklärt, dass die gewählten Parameter Ihnen den uneingeschränkten Schreib- und Lesezugriff auf die Datenbank ermöglichen und eine parallele Bearbeitung der Datenbank durch eine andere Anwendung möglich bleibt. So können Sie das Skript testen und die Ergebnisse direkt in Microsoft Access betrachten. Die Öffnung des Recordset erfolgt dann über die Open()-Methode. **Gemeinsamer Zugriff**

Nun wird die Textdatei zeilenweise bis zum Ende gelesen; jede Zeile wird über die Split()-Funktion an den Positionen der Semikola aufgetrennt und in der Array-Variablen Benutzer abgelegt.

**Temporäre Zeilen** Um neue Datensätze zu einer Tabelle hinzuzufügen, stellt das Recordset die AddNew()-Methode bereit, welche eine temporäre leere Zeile in der Tabelle anlegt. Durch Setzen der einzelnen Spaltenwerte gelangen die Daten in diese temporäre Zeile. Das Setzen der Werte kann auf zwei Arten erfolgen: Das Recordset erlaubt den Zugriff auf die einzelnen Spalten einmal über den Spaltennamen oder über den Spaltenindex. Aus Gründen der Verständlichkeit benutzt dieses Beispiel den Zugriff über den Spaltennamen. Zum Zugriff wird der Spaltenname als Zeichenkettenliteral in runden Klammern an den Variablennamen Tabelle des Recordset-Objekts angehängt. In der Datenbank gespeichert werden diese Werte durch den Aufruf der Update()-Funktion.

Nachdem die Daten in die Tabelle eingetragen wurden, werden die File-, RecordSet- und Connection-Objekte durch Aufruf der Close()-Methode geschlossen.

```
' SchreibeDatenbankTabelle.vbs
' Schreiben von Werten in eine Datenbanktabelle
' verwendet: SCRRun, ADO
' =========================================================================

' Variablen deklarieren
Dim DBConnection
Dim Tabelle
Dim FSO
Dim Datei,TextZeile,Ausgabe, Zaehler
' Konstanten für Datenzugriffe definieren
Const Verbindung="Provider=Microsoft.Jet.OLEDB.4.0; Data Source=.\User.MDB;"
Const adOpenDynamic = 2
Const adLockOptimistic = 3
Const ForReading = 1
Const adOpenKeyset = 1

' FSO erstellen
Set FSO=CreateObject("Scripting.FileSystemObject")
' Datei zum Einlesen öffnen
Set Datei = FSO.OpenTextFile("Benutzerliste.csv", ForReading, False)
' Connection-Objekt erstellen
Set DBConnection = CreateObject("ADODB.Connection")
' Connection öffnen
' Die MDB-Datei muss im selben Verzeichnis liegen wie das Skript
DBConnection.Open Verbindung
' Recordset-Objekt erstellen
Set Tabelle = CreateObject("ADODB.Recordset")' verwendete Connection festlegen
Tabelle.ActiveConnection = DBConnection
' Zugriffsart festlegen
Tabelle.CursorType = adOpenDynamic
' Sperrart festlegen
Tabelle.LockType = adLockOptimistic' verwendete Quelle angeben
Tabelle.Source="Benutzer2"
' Tabelle öffnen
Tabelle.Open
Zaehler=0
```

```
' Gesamte Textdatei durchlaufen
While not Datei.AtEndOfStream
    ' Erste Zeile überlesen, enthält die Feldnamen
    if Zaehler=0 then TextZeile=Datei.Readline()
    ' Zeilenweise einlesen
    TextZeile=Datei.Readline()
    ' Werte trennen
    Benutzer=Split(TextZeile,";")
    ' Hinzufügen einer neuen Tabellenzeile
    Tabelle.AddNew
    ' Spalten mit Werten besetzen
    Tabelle("Benutzername") = Benutzer(0)
    Tabelle("Vorname") = Benutzer(1)
    Tabelle("Nachname") = Benutzer(2)
    Tabelle("Geburtsdatum") = CDate(Benutzer(3))
    Tabelle("Abteilungsnummer") = CInt(Benutzer(4))
    ' Änderungen schreiben
    Tabelle.Update
    Zaehler=Zaehler+1
Wend
'Objekte schließen
Tabelle.Close
DBConnection.Close
Datei.Close
```

*Listing 6.8: /Skripte/Kapitel06/SchreibeDatenbankTabelle.vbs*

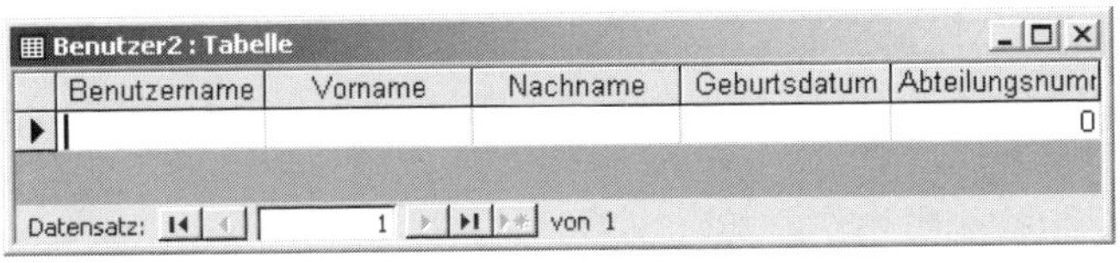

*Bild 6.4:*
*Tabelle vor dem*
*Einfügen der*
*Daten*

Nach dem Einfügen stehen die Daten in der Access-Tabelle, wie die nachstehende Abbildung zeigt.

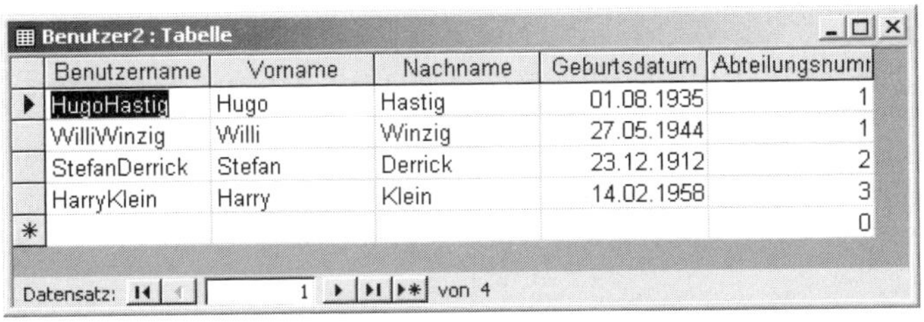

*Bild 6.5:*
*Tabelle nach*
*dem Einfügen*
*der Daten*

## 6.2.4 Zugriff auf XML-Dateien

Den Zugriff auf das Document Object Model (DOM) eines XML-Dokuments ermöglicht die Komponente MSXML. Diese erweitert das standardisierte XML-DOM um zusätzliche Funktionalitäten zum Parsen des Dokuments und zum Laden eines Dokuments in den

XML-Parser. Erst durch diese Erweiterungen wird es möglich, MSXML unabhängig vom Internet Explorer in eigene Anwendungen zu integrieren.

Es ist modern, eine XML-Datei anstelle von INI-Dateien oder der Registrierungsdatenbank zu verwenden. Das Microsoft .NET Framework verwendet zur Konfiguration nur XML-Dateien.

**Aufbau einer XML-Datei**

Der Aufbau eines XML-Dokuments erfolgt in Baumstruktur: Das Dokument enthält einen eindeutigen Wurzelknoten, der die anderen enthaltenen Knoten umschließt. Die den Knoten umschließenden Bezeichner werden Tags genannt. Jedes Knoten-Tag muss vollständig sein; wird also ein Tag geöffnet, muss es auch wieder geschlossen werden.

```
<BENUTZERNAME>HugoHastig</BENUTZERNAME>
```

Für Knoten, die keine Werte enthalten, ist eine besondere Notation zugelassen. Das Knoten-Tag muss nur einmal aufgeführt werden, aber am Ende einen Schrägstrich „/" enthalten. Ist beispielsweise von einem Benutzer der Vorname nicht bekannt, kann man auch schreiben:

```
<VORNAME/>
```

Alternativ wäre die Schreibweise

```
<VORNAME></VORNAME>
```

Jede XML-Datei enthält zusätzlich zum Wurzelknoten evtl. mehrere Kinderknoten, welche auch wiederum eigene Kinderknoten enthalten können. Diese Knotenstruktur wird über die Auflistung XMLDOMNodeList verwaltet. Ein gültiges XML-Dokument muss wenigstens den Wurzelknoten enthalten.

Zusätzlich kann jeder Knoten noch Attribute aufnehmen, welche Eigenschaften des Knotens beschreiben. Die Angabe von Attributen ist nur im Start-Tag des Knotens erlaubt. So lässt sich im Tag <Abteilungsnummer> auch der Name der Abteilung definieren:

```
<ABTEILUNGSNUMMER Name="Vertrieb">1</ABTEILUNGSNUMMER>
```

Das folgende Listing zeigt die XML-Datei, die in diesem Kapitel angelegt und gelesen wird.

```
<BENUTZER>
  <USERS>
    <USER>
      <BENUTZERNAME>HugoHastig</BENUTZERNAME>
      <VORNAME>Hugo</VORNAME>
      <NACHNAME>Hastig</NACHNAME>
      <GEBURTSDATUM>01.08.1935</GEBURTSDATUM>
      <ABTEILUNGSNUMMER>1</ABTEILUNGSNUMMER>
    </USER>
    <USER>
      <BENUTZERNAME>WilliWinzig</BENUTZERNAME>
      <VORNAME>Willi</VORNAME>
      <NACHNAME>Winzig</NACHNAME>
      <GEBURTSDATUM>27.05.1944</GEBURTSDATUM>
      <ABTEILUNGSNUMMER>1</ABTEILUNGSNUMMER>
    </USER>
```

```
  <BENUTZERNAME>StefanDerrick</BENUTZERNAME>
  <VORNAME>Stefan</VORNAME>
  <NACHNAME>Derrick</NACHNAME>
  <GEBURTSDATUM>23.12.1912</GEBURTSDATUM>
  <ABTEILUNGSNUMMER>2</ABTEILUNGSNUMMER>
  <BENUTZERNAME>HarryKlein</BENUTZERNAME>
  <VORNAME>Harry</VORNAME>
  <NACHNAME>Klein</NACHNAME>
  <GEBURTSDATUM>14.02.1958</GEBURTSDATUM>
  <ABTEILUNGSNUMMER>3</ABTEILUNGSNUMMER>
</USER>
  </USERS>
</BENUTZER>
```

*Listing 6.9: /Skripte/Kapitel06/Benutzer.xml*

## Anlegen einer XML-Datei

Wie ein XML-Dokument angelegt wird, zeigt das folgende Skript. Zunächst wird eine **Wurzelkno-** Instanz von Msxml.DOMDocument erstellt und in der Variablen XMLDokument abgelegt. Der **ten erzeugen** Aufruf der CreateElement()-Methode erzeugt ein Node-Objekt mit dem als Parameter übergebenen Namen. Dieses Node-Objekt wird in der Variablen XMLWurzel abgelegt. Nun erfolgt das Hinzufügen des Node-Objekts zum eigentlichen Dokument; dies übernimmt die AppendChild()-Methode, die das Node-Objekt an das DOMDocument bindet. Das Speichern der Datei durch Save() legt die XML-Datei auf dem Datenträger ab.

```
' XMLDatei_Erzeugen.vbs
' Erzeugen einer XML-Datei
' verwendet: XML
' ==============================
Option Explicit
' Variablen deklarieren
Dim XMLDokument
Dim XMLWurzel
' XML-Dokument erzeugen
Set XMLDokument = CreateObject("Msxml.DOMDocument")
' Wurzelelement erzeugen
Set XMLWurzel = XMLDokument.CreateElement("BENUTZER")
' Wurzelelement an das Dokument anhängen
XMLDokument.AppendChild XMLWurzel
' Datei speichern
XMLDokument.Save "User.xml"
```

*Listing 6.10: /Skripte/Kapitel06/XMLDatei_Erzeugen.vbs*

**Knoten erzeugen** Um die Beispieldaten in einer XML-Datei zu speichern, werden sie aus der CSV-Datei gelesen und in ein XML-Dokument überführt. Das Erzeugen eines Knotens innerhalb eines XML-Dokuments vollzieht sich in zwei Schritten, weil die `XMLDOMNodeList`-Auflistung keine `Add()`-Methode bereitstellt.

Zunächst muss eine Instanz der entsprechenden Knotentyp-Klasse erzeugt werden. Da die Knotentyp-Klassen nicht von außen instanziierbar sind, kann dies nur über eine Methode der Stammklasse erfolgen. DOMDocument bietet Methoden der Form `create{Knotentyp-Name}()` an, also z.B. `CreateElement()` und `createProcessingInstruction()`.

Danach muss das Element an die gewünschte Stelle in den Baum eingehängt werden. Dafür stehen die Methoden `AppendChild()` und `InsertBefore()` in der Nodes-Klasse zur Verfügung. `AppendChild()` fügt den neuen Knoten am Ende der Liste der Kinderknoten an. Bei `InsertBefore()` kann ein Kinderknoten angegeben werden, von dem aus gesehen links der neue Knoten angefügt werden soll.

```
' XMLDatei_Schreiben.vbs
' Lesen einer CSV-Datei und Ausgabe in ein XML-Dokument
' verwendet: XML, SCRRun
' ===============================
Option Explicit
' Konstanten definieren
Const ForReading = 1
' Variablen deklarieren
Dim FSO, Datei, Benutzer
Dim TextZeile
Dim XMLDokument, XMLWurzel, XMLBenutzer, XMLBenutzerliste
Dim XMLBenutzername, XMLVorname, XMLNachname, XMLGeburtsdatum,
XMLAbteilungsnummer
'Objekt erzeugen
Set FSO=CreateObject("Scripting.FileSystemObject")
'Öffnen der Datei zum Lesen
Set Datei = FSO.OpenTextFile("c:\Benutzerliste.csv", ForReading, False)
' Erzeugen des XML-Dokuments
Set XMLDokument = CreateObject("Msxml.DOMDocument")
' Erzeugen des Wurzelelements
Set XMLWurzel = XMLDokument.createElement("BENUTZER")
' Hinzufügen des Wurzel-Elements zum Dokument
XMLDokument.appendChild XMLWurzel
' Erzeugen der Benutzerliste - Auflistung
Set XMLBenutzerliste = XMLDokument.createElement("USERS")
XMLWurzel.appendChild XMLBenutzerliste
' Überlesen der Feldnamen
Datei.SkipLine()
'Datei bis zum Ende durchlaufen
while not Datei.AtEndOfStream
  ' Erzeugen der Benutzer-Collection
  Set XMLBenutzer=XMLDokument.createElement("USER")
  XMLBenutzerliste.appendChild XMLBenutzer
  'Lesen einer Zeile
  TextZeile=Datei.Readline()
```

```
'Zeile an Semikolon trennen und die Werte
'in einem Array speichern
Benutzer=Split(TextZeile,";")
'Ausgabe der Benutzerdaten in ein XML-Dokument
Set XMLBenutzername = XMLDokument.createElement("BENUTZERNAME")
XMLBenutzername.Text = Benutzer(0)
XMLBenutzer.appendChild XMLBenutzername
Set XMLVorname = XMLDokument.createElement("VORNAME")
XMLVorname.Text = Benutzer(1)
XMLBenutzer.appendChild XMLVorname
Set XMLNachname = XMLDokument.createElement("NACHNAME")
XMLNachname.Text = Benutzer(2)
XMLBenutzer.appendChild XMLNachname
Set XMLGeburtsdatum = XMLDokument.createElement("GEBURTSDATUM")
XMLGeburtsdatum.Text = Benutzer(3)
XMLBenutzer.appendChild XMLGeburtsdatum
Set XMLAbteilungsnummer =  & _
XMLDokument.createElement("ABTEILUNGSNUMMER")
XMLAbteilungsnummer.Text = Benutzer(4)
XMLBenutzer.appendChild XMLAbteilungsnummer
Wend
' XML-Datei speichern
XMLDokument.Save "Benutzer.xml"
'Schließen der Datei
Datei.Close
```

*Listing 6.11: /Skripte/Kapitel06/XMLDatei_Schreiben.vbs*

Es besteht auch die Möglichkeit, mit Hilfe der ActiveX Data Objects (ADO) beliebige Datenquellen in XML-Form umzuwandeln, zu speichern bzw. entsprechend strukturierte XML-Dateien in Form eines `RecordSet` zu laden.

### Lesen einer XML-Datei

Ein XML-Dokument kann auf drei Weisen in den Speicher geladen werden: **Load() und LoadXML()**

▷   aus einer externen Datei mit Hilfe der Methode `Load()`,

▷   durch Übergabe einer XML-Quelltext-Zeichenkette an die Methode `LoadXML()`,

▷   durch schrittweise Erzeugung des XML-Baums.

Standard im XML-DOM ist das asynchrone Laden, d.h., nach der Ausführung von `Load()` wird die Kontrolle direkt an den Aufrufer zurückgegeben und das Dokument im Hintergrund in das Objekt geladen. Mit Hilfe des Attributs `ReadyState` kann der Zustand des Ladevorgangs überwacht werden. `ReadyState` durchläuft die Werte von 0 bis 4. Der Wert 4 bedeutet, dass das Dokument komplett geladen wurde. **Synchrones und asynchrones Laden**

```
Do While XMLDokument.readyState < 4
    wscript.echo "Warte..." & XMLDokument.readyState
Loop
```

**Async** Sie können dies vermeiden, indem Sie den Ladevorgang auf „synchron" setzen. Dazu müssen Sie dem Attribut async den Wert False zuweisen.

```
XMLDokument.async = False
```

Das Beispielskript liest die vorhandene XML-Datei *Benutzer.xml* ein, die mit dem vorherigen Beispiel erstellt wurde. Dazu wird über Create Object() ein Verweis auf ein DOMDocument erzeugt und in der Variablen XMLDokument abgelegt. Die Eigenschaft Async wird auf False gesetzt, um den Ladevorgang synchron auszuführen. Danach wird die Datei über Load() geladen. Es erfolgt eine Abfrage der Knotenauflistung User, welche sich in der dritten Ebene befindet. Dies wird gekennzeichnet durch den Abfrageparameter „*/*/USER". In einer For-Schleife werden die Text-Eigenschaften aller Unterknoten an der Konsole ausgegeben. Die Anzahl der Unterknoten bildet die obere Grenze für die For-Schleife, die durch die Length-Eigenschaft repräsentiert wird. Da die Auflistung der Unterknoten nullbasiert ist, muss die Auflistung von 0 bis Length-1 durchlaufen werden.

```
' XMLDatei_Lesen.vbs
' Lesen einer XML-Datei und Ausgabe der Werte an der Konsole
' verwendet: XML
' ========================================================
Option Explicit
' Deklaration der Variablen
Dim XMLDokument
Dim Benutzerknoten
Dim Zaehler
' Erzeugen des Verweises
Set XMLDokument = CreateObject("Msxml2.DOMDocument")
' Asynchrones Laden ausschalten
XMLDokument.async = False
' Datei laden
XMLDokument.load("C:\Benutzer.xml")
' Knoten-Auflistung auswählen
Set Benutzerknoten = XMLDokument.selectNodes("*/*/USER")
' Alle Knoten durchlaufen
For Zaehler=0 to Benutzerknoten.length-1
  ' Daten ausgeben
  Wscript.echo Benutzerknoten.item(Zaehler).childNodes.item(0).Text & ";" _
  & Benutzerknoten.item(Zaehler).childNodes.item(1).Text & ";" _
  & Benutzerknoten.item(Zaehler).childNodes.item(2).Text & ";" & _
  Benutzerknoten.item(Zaehler).childNodes.item(3).Text & ";" & _
  Benutzerknoten.item(Zaehler).childNodes.item(4).Text
Next
```

*Listing 6.12: /Skripte/Kapitel06/XMLDatei_Lesen.vbs*

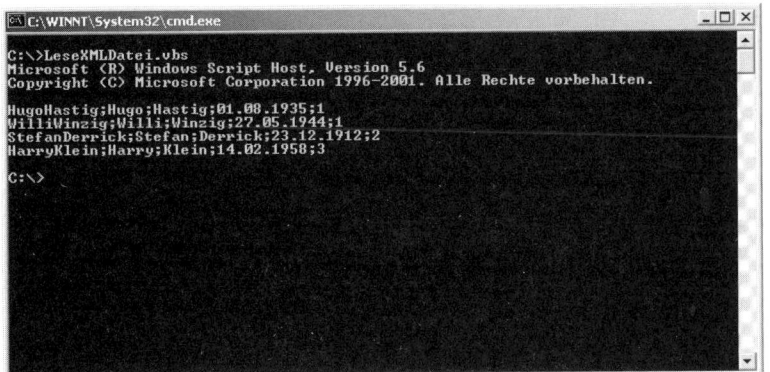

# 6.3 Fragen und Aufgaben

1. Mit welcher Methode können Zeilen an einem beliebigen Trenner aufgeteilt werden?

2. Welche Öffnungs-Modi unterstützt das `TextStream`-Objekt bei der Textbearbeitung?

3. Unterstützt der Windows Script Host die Verwaltung von INI-Dateien? Wenn ja, wie heißen die Methoden?

4. Kann die Eigenschaft `Provider` des `Connection`-Objekts nach dem Erzeugen des Objekts geändert werden?

5. Müssen mit `AddNew()` hinzugefügte Zeilen eines `RecordSet`-Objekts explizit gespeichert werden? Wenn ja, wie heißt die dazu benötigte Methode?

6. Lassen sich Excel-Dateien mit den Methoden der SCRRun-Komponente lesen und schreiben?

7. Wird für den Zugriff auf Excel-Dateien Microsoft Excel benötigt?

8. Lassen sich leere XML-Knoten erstellen? Wenn ja, welche Möglichkeiten bietet XML an?

9. Was lässt sich durch XML-Attribute definieren?

10. Das nachfolgende Skript enthält einen Fehler. Beschreiben Sie diesen.

```
Option Explicit
' Variablen deklarieren
Dim FSO,Datei
'Konstanten definieren
Const ForReading = 1
Const ForWriting = 2
Const ForAppending=8

'Erzeugen eines FSO-Objekts
Set FSO = CreateObject("Scripting.FileSystemObject")
'Erzeugen der Datei
Set Datei = FSO.OpenTextFile("Benutzerliste.csv",ForReading)
    'Spaltennamen schreiben
    Datei.WriteLine("Hier wird ein Fehler ausgelöst")
Datei.Close
```

11. Auch das folgende Listing enthält einen „beliebten" Programmierfehler. Finden Sie diesen und ergänzen Sie das Skript um evtl. fehlende Zeilen.

```
Dim DBConnection, SqlString, Ergebnismenge
Const Verbindung="Provider=Microsoft.Jet.OLEDB.4.0; Data _
Source=.\User.MDB;"
Set DBConnection = CreateObject("ADODB.Connection")
DBConnection.Open Verbindung
SqlString="SELECT * FROM Benutzer"
Set Ergebnismenge = DBConnection.Execute(SqlString)
Ergebnismenge.MoveFirst
Do While Not Ergebnismenge.eof
WScript.echo Ergebnismenge("Benutzername")
Loop
```

# 7 Scripting des Dateisystems

Dieses Kapitel vermittelt das Wissen im Umgang mit dem Dateisystem aus der Sicht der Skriptprogrammierung. Hierbei werden Themen wie Laufwerke, Ordner und Dateien behandelt. Der Dateisystemzugriff baut im Wesentlichen auf den Klassen der Scripting Runtime-Komponente auf. **Lernziele**

## 7.1 Dateien

Um auf die äußeren Attribute einer Datei zuzugreifen, etwa um sie zu kopieren oder zu löschen, wird ein File-Objekt benötigt. Dieses Objekt stellt die Scripting Runtime-Komponente zur Verfügung. Es gibt verschiedene Möglichkeiten, an ein File-Objekt und damit an eine bestimmte Datei heranzukommen. Die gebräuchlichste ist die GetFile()-Methode in der FileSystemObject-Klasse, an die der Pfad der gewünschten Datei übergeben werden muss. **Zugriff auf Dateien**

Die Bearbeitung des Inhalts von Textdateien ermöglicht die Scripting Runtime-Komponente über eine TextStream-Klasse. Eine TextStream-Klasse ist mit einer geöffneten Textdatei gleichzusetzen. **Streams**

> Es gibt in der Scripting Runtime-Komponente leider keine Methoden, um binäre Dateien korrekt zu verarbeiten.

### 7.1.1 Auflisten von Dateien

Eine der häufigsten Aufgaben beim Umgang mit Dateien ist sicherlich das Auflisten der Dateien in einem Ordner im Dateisystem.

Das nachfolgende Listing listet alle Dateien des Verzeichnisses /temp auf dem Laufwerk C: auf. Nach der Variablendeklaration wird ein FileSystemObject-Objekt erstellt und die Referenz in der Variablen FSO gespeichert. Nun wird durch die GetFolder()-Methode des FileSystemObject eine Referenz auf das Verzeichnis in Form eines Folder-Objekts in der Variablen Verzeichnis gespeichert. Die nachfolgende For Each-Schleife durchläuft die Files-Objektmenge des Folder-Objekts und gibt die Namen der Dateien aus. Die Files-Objektmenge enthält für jede einzelne im Ordner vorhandene Datei einzelne File-Objekte. Dabei wird durch die Echo()-Methode des WScript-Objekts das Attribut Name jedes einzelnen File-Objekts ausgegeben. **Dir-Befehl**

```
' DateienAuflisten.vbs
' Auflisten von Dateien
' verwendet: SCRRun
' ===============================
Option Explicit
' Deklaration der Konstanten
Const Verzeichnis = "C:\temp"
' Deklaration der Variablen
Dim FSO, Verzeichnis, Datei
'Objekt erzeugen
Set FSO = CreateObject("Scripting.FileSystemObject")
'Referenz auf ein Verzeichnis holen
Set Verzeichnis = FSO.GetFolder(Verzeichnis)
'Über alle Dateien im Verzeichnis iterieren
For Each Datei In Verzeichnis.Files
    WScript.Echo Datei.Name
Next
```

*Listing 7.1: /Skripte/Kapitel07/DateienAuflisten.vbs*

## 7.1.2  Dateieigenschaften bestimmen

Die Bestimmung von Dateieigenschaften wird durch die File-Klasse der Scripting Runtime-Komponente unterstützt. Dateien können unterschiedliche Attribute besitzen; manche werden durch das Betriebssystem vergeben, andere durch den Anwender.

**FileExists()** Das folgende Skript überprüft nach der obligatorischen Variablendeklaration und der Erstellung der FileSystemObject-Referenz, ob der in der Konstante Dateiname definierte Dateiname existiert (FileExists()-Methode). Ist dies der Fall, wird durch die GetFile()-Methode in der Variablen Datei eine Referenz auf die Datei gespeichert.

**Größe, Datum** Durch die Echo()-Methode des WScript-Objekts erfolgt die Ausgabe der Attribute des File-Objekts. In diesem Fall sind das die Attribute Size, welches die Dateigröße ermittelt, sowie DateCreated, DateLastAccessed und DateLastModified für die Datumsinformationen des File-Objekts.

**Datei-attribute** Außerdem wird die Attributes-Eigenschaft ausgegeben, welche die Ja/Nein-Eigenschaften (engl. *Flags*) der Datei enthält. Das Attribut Attributes enthält eine Zahl, die die Summe der gesetzten Dateieigenschaften enthält.

Die folgende Tabelle listet die verfügbaren Attribute und die zugehörigen Konstanten auf. Die Tabelle ist so zu verstehen: Eine Datei, die schreibgeschützt, versteckt und komprimiert ist, enthält in Attributes den Wert 131 (1+2+128). Sie werden merken, dass jeder Wert genau einem Bit entspricht.

*Tabelle 7.1: Dateieigenschaften*

| Attributwert | Beschreibung |
|---|---|
| 1 | schreibgeschützt |
| 2 | versteckt |
| 4 | System |

| Attributwert | Beschreibung |
|---|---|
| 8 | Laufwerk |
| 32 | Archiv |
| 64 | Verknüpfung |
| 128 | komprimiert |

Um die eigentlichen Attribute zu ermitteln, wird der numerische Attributwert mit dem logischen AND-Operator in die einzelnen Werte zerlegt. Für jeden gefundenen Wert wird eine passende Zeichenkette in der Variablen Ausgabe abgelegt. Am Schluss des Skripts werden störende Leerzeichen durch die Trim()-Funktion entfernt und die Attributwerte ausgegeben.

**Numerische Eigenschaft**

```
' HoleDateiAttribute.vbs
' Ermitteln von Dateieigenschaften
' verwendet: SCRRun
' ==============================
Option Explicit
' Deklaration der Variablen
Dim FSO, Datei, Ausgabe
' Konstanten definieren
Const Dateiname="C:\docs\WSL_Kapitel07.doc"
'Objekt erzeugen
Set FSO = CreateObject("Scripting.FileSystemObject")
' Gibt es die Datei überhaupt?
if FSO.FileExists(Dateiname) then
  ' Ja, also eine Verbindung herstellen
  Set Datei = FSO.GetFile(Dateiname)
  WScript.Echo "Größe der Datei: " & Datei.Size & " Bytes."
  WScript.Echo "Typ der Datei: " & Datei.Type
  WScript.Echo "Attribute der Datei: " & Datei.Attributes
  WScript.Echo "Erstellt am " & Datei.DateCreated
  WScript.Echo "Geändert am " & Datei.DateLastAccessed
  WScript.Echo "Letzter Zugriff " & Datei.DateLastModified
  ' Dateiattribute ermitteln
  If Datei.attributes and 0 Then   Ausgabe = Ausgabe & "Normal "
  If Datei.attributes and 1 Then   Ausgabe = Ausgabe & "Nur-Lesen "
  If Datei.attributes and 2 Then   Ausgabe = Ausgabe & "Versteckt "
  If Datei.attributes and 4 Then   Ausgabe = Ausgabe & "System "
  If Datei.attributes and 32 Then  Ausgabe = Ausgabe & "Archiv "
  If Datei.attributes and 64 Then  Ausgabe = Ausgabe & "Link "
  If Datei.attributes and 128 Then  Ausgabe = Ausgabe & "Komprimiert "
else
  WScript.Echo "Datei " & Dateiname & " nicht gefunden!"
end if
WScript.Echo "Die Datei " & Dateiname & _
  " hat die Attributwerte [" & Trim(Ausgabe) & "]"
```

*Listing 7.2: /Skripte/Kapitel07/HoleDateiAttribute.vbs*

### 7.1.3 Dateieigenschaften ändern

**Entfernen**  Die Änderung von in Flags gespeicherten Dateieigenschaften geschieht auf zwei Wegen durch Veränderung von Attributes: Das Entfernen von Attributen erfolgt durch die logische Verknüpfung des aktuellen Attributwerts mit dem zu invertierenden Attributwert (NOT x) durch den AND-Operator, während das Setzen von Attributen durch die logische Verknüpfung über den OR-Operator erfolgt. Das Beispiel erzeugt ein FileSystemObject und prüft über die FileExists()-Methode, ob die Datei überhaupt existiert. Ist dies der Fall, wird durch die GetFile()-Methode in der Variablen Datei eine Referenz auf die Datei abgelegt. Sollte die Datei nicht vorhanden sein, verzweigt die oben angesprochene FileExists()-Methode in den Else-Zweig der Prüfung und gibt eine entsprechende Meldung aus.

Nun erfolgt die Ausgabe des numerischen Wertes des Attributes-Attributs. Um die eigentlichen Attribute zu ermitteln, wird die Hilfsfunktion HoleAttribute() aufgerufen. Dieser Funktion wird die Objektreferenz auf die Datei als Parameter übergeben.

**Auswertung der Attribute**  Die Hilfsfunktion ermittelt durch die Auswertung des numerischen Attributwertes mit dem logischen AND-Operator die einzelnen Eigenschaften und gibt diese als Zeichenkette an das aufrufende Skript zurück.

**Attribute setzen**  Nachdem die aktuellen Attribute ausgegeben wurden, werden alle Werte zurückgesetzt und die HoleAttribute()-Funktion wird erneut aufgerufen. Anhand der Ausgabe ist zu erkennen, dass keine Attribute mehr gesetzt sind. Im nächsten Schritt werden der Datei alle zugewiesen und wiederum durch HoleAttribute() ermittelt. Die Ausgabe zeigt die gesetzten Werte.

```
' SetzeDateiAttribute.vbs
' Setzen von Dateieigenschaften
' verwendet: SCRRun
' =============================
Option Explicit
' Deklaration der Variablen
Dim FSO, Datei, Attributwerte
' Konstanten definieren
Const Dateiname="C:\boot.ini"
'Objekt erzeugen
Set FSO = CreateObject("Scripting.FileSystemObject")
' Gibt es die Datei überhaupt?
If FSO.FileExists(Dateiname) Then
    ' Ja, also eine Verbindung herstellen
    Set Datei = FSO.GetFile(Dateiname)
    WScript.Echo "Größe der Datei: " & Datei.Size & " Bytes."
    WScript.Echo "Typ der Datei: " & Datei.Type
    WScript.Echo "Attribute der Datei: " & Datei.Attributes
    WScript.Echo "Erstellt am " & Datei.DateCreated
    WScript.Echo "Geändert am " & Datei.DateLastAccessed
    WScript.Echo "Letzter Zugriff " & Datei.DateLastModified
    Attributwerte=HoleAttribute(Datei)
    WScript.Echo "Die Datei " & Dateiname & " hat die Attributwerte
    [" & _ Attributwerte & "]"
    ' Entfernen der Attribute
```

```
     Datei.Attributes = Datei.Attributes and not 0
     Datei.Attributes = Datei.Attributes and not 1
     Datei.Attributes = Datei.Attributes and not 2
     Datei.Attributes = Datei.Attributes and not 4
     Datei.Attributes = Datei.Attributes and not 32
     Datei.Attributes = Datei.Attributes and not 64
     Datei.Attributes = Datei.Attributes and not 128
     Attributwerte=HoleAttribute(Datei)
     WScript.Echo "Die Datei " & Dateiname & " hat die Attributwerte
     [" & _ Attributwerte & "]"
     Attributwerte=""
     'Setzen der Attribute
     Datei.Attributes = Datei.Attributes or 0
     Datei.Attributes = Datei.Attributes or 1
     Datei.Attributes = Datei.Attributes or 2
     Datei.Attributes = Datei.Attributes or 4
     Datei.Attributes = Datei.Attributes or 32
     Datei.Attributes = Datei.Attributes or 64
     Datei.Attributes = Datei.Attributes or 128
     Attributwerte=HoleAttribute(Datei)
     WScript.Echo "Die Datei " & Dateiname & " hat die Attributwerte
     [" & _ Trim(Attributwerte) & "]"
Else
     WScript.Echo "Datei " & Dateiname & " nicht gefunden!"
End If


Private Function HoleAttribute(Handle)
' Hilfsroutine : Aufschlüsseln von Dateieigenschaften
' Deklaration der Variablen
Dim Ausgabe
   ' Normal-Flag gesetzt
   If Datei.attributes and 0 Then   Ausgabe = Ausgabe & "Normal "
   ' Nur-Lesen-Flag gesetzt
   If Datei.attributes and 1 Then   Ausgabe = Ausgabe & "Nur-Lesen "
   ' Versteckt-Flag gesetzt
   If Datei.attributes and 2 Then   Ausgabe = Ausgabe & "Versteckt "
   ' System-Flag gesetzt
   If Datei.attributes and 4 Then   Ausgabe = Ausgabe & "System "
   ' Archiv-Flag gesetzt
   If Datei.attributes and 32 Then   Ausgabe = Ausgabe & "Archiv "
   ' Alias-Flag gesetzt
   If Datei.attributes and 64 Then   Ausgabe = Ausgabe & "Link "
   ' Komprimiert-Flag gesetzt
   If Datei.attributes and 128 Then   Ausgabe = Ausgabe & "Komprimiert "
   ' Werte zurückgeben
   HoleAttribute=Trim(Ausgabe)
End Function
```

*Listing 7.3: /Skripte/Kapitel07/SetzeDateiAttribute.vbs*

## 7.1.4 Anlegen einer Textdatei

Das Anlegen von Dateien erfolgt durch die Klasse `FileSystemObject`. Hier steht mit `Create-TextFile()` eine Möglichkeit zur Verfügung, eine neue Textdatei zu erzeugen. Das Ergebnis dieser Methode ist ein Objekt vom Typ `TextStream`.

**Überschrei-ben erlaubt** Nach der Variablendeklaration und der Erzeugung des `FileSystemObject`-Objekts wird durch die `CreateTextFile()`-Methode die Textdatei *Beispiel.txt* erzeugt und die Referenz auf diese Datei in der Variablen `Datei` abgelegt. Der boolesche Parameter (`True`/`False`), welcher ebenfalls an die Methode übergeben wird, erlaubt das Überschreiben einer vorhandenen Datei mit demselben Dateinamen. Die `WriteLine()`-Methode des `File`-Objekts schreibt nun eine Zeile Text in die Datei und danach wird die Datei durch die `Close()`-Methode geschlossen.

```
' ErzeugeDatei.vbs
' Erzeugen einer Textdatei
' verwendet: SCRRun
' ==============================
Option Explicit
' Deklaration der Variablen
Dim FSO
Dim Datei
' Objekt erzeugen
Set FSO = CreateObject("Scripting.FileSystemObject")
'Datei Beispiel.txt erzeugen
Set Datei = Fso.CreateTextFile("Beispiel.txt", True)
'Eine Zeile in die Datei schreiben
Datei.WriteLine("Dies ist meine erste automatisch erzeugte Datei")
'Datei schließen
Datei.Close
```

*Listing 7.4: /Skripte/Kapitel07/ErzeugeDatei.vbs*

## 7.1.5 Lesen einer Textdatei

Mit der Methode `OpenTextFile()` auf der Ebene der `FileSystemObject`-Klasse kann eine Datei direkt über ihren Pfad geöffnet werden. Das Ergebnis dieser Methode ist ein `Text-Stream`-Objekt.

**Viele Wege führen nach Rom** Dem Auslesen dienen die nachfolgenden Methoden im `TextStream`-Objekt, die alle eine Zeichenkette (`String`) zurückliefern:

▷ `ReadAll()` liest die komplette Textdatei in einen String ein.

▷ `ReadLine()` liest dagegen nur eine Zeile.

▷ Noch feiner granuliert werden kann das Einlesen mit `Read(AnzahlZeichen)`: Der Parameter `AnzahlZeichen` bestimmt die Anzahl der Zeichen, die eingelesen werden sollen. Die nachfolgenden Skripte veranschaulichen jeweils eine Methode zum Lesen von Textdateien.

## Beispiel 1: Zeichenweises Einlesen

Das erste Skript liest die Textdatei zeichenweise ein. Dazu wird ein `FileSystemObject` **Zeichen-** erzeugt und in einer Variablen abgelegt. Nach dem Prüfen auf Existenz der Datei mit der **weise lesen** `FileExist()`-Methode wird die Datei mit der `OpenTextFile()`-Methode geöffnet. Sie wird nun in einer `Do-Until`-Schleife bis zum Ende durchlaufen, wobei die Prüfung auf das Dateiende durch das `atEndOfStream`-Attribut erledigt wird. Das `atEndOfStream`-Attribut liefert den booleschen Wert `True`, wenn das Dateiende erreicht ist.

In der Schleife wird mit `Read(1)` jeweils ein Zeichen aus der Datei gelesen und in der Variablen `Zeichen` gespeichert. Um das zeichenweise Einlesen zu zeigen, werden der Variablen `Inhalt` dieses gelesene Zeichen sowie ein Zeilenumbruch zugewiesen. Das Schließen der Datei übernimmt die `Close()`-Methode. Danach wird der Inhalt der Textdatei am Bildschirm ausgegeben.

```
' LeseDateiZeichenweise.vbs
' Eine Textdatei zeichenweise lesen
' verwendet: SCRRun
' ================================
Option Explicit
' Deklaration der Variablen
Dim FSO, DateiInhalt, Zeile, Inhalt, Zeichen
' Konstanten definieren
Const DateiName="beispiel.txt"
'Objekt erzeugen
Set FSO = CreateObject("Scripting.FileSystemObject")
' Gibt es die Datei überhaupt?
If FSO.FileExists(DateiName) then
    ' Ja, also eine Verbindung herstellen
    Set DateiInhalt = FSO.OpenTextFile(DateiName)
    'Solange das Ende der Datei nicht erreicht ist
    Do Until DateiInhalt.atEndOfStream
        'Ein Zeichen lesen
        Zeichen = DateiInhalt.Read(1)
        Inhalt=Inhalt + Zeichen + vbcrlf
    Loop
    'Datei schließen
    DateiInhalt.Close
    'Inhalt ausgeben
    WScript.Echo Inhalt
Else
    WScript.Echo "Datei " & DateiName & " nicht gefunden!"
End If
```

*Listing 7.5: /Skripte/Kapitel07/LeseDateiZeichenweise.vbs*

## Beispiel 2: Zeilenweises Einlesen

**Zeilenweise lesen**

Das nächste Skript liest die Datei zeilenweise ein. Nach der Erstellung eines `FileSystem-Object` und der Überprüfung, ob die Datei existiert, erfolgt das Öffnen der Datei durch `OpenTextFile()`. Auch in diesem Skript wird die Datei in einer Schleife bis zum Ende durchlaufen. Allerdings wird nun durch die `ReadLine()`-Methode immer eine ganze Zeile gelesen und in der Variablen Zeile gespeichert. Wenn das Ende der Datei erreicht ist, wird die Datei geschlossen und der Inhalt am Bildschirm ausgegeben.

> Enthält die Datei als Zeilenende anstelle von Zeilenumbruch und Zeilenvorschub lediglich einen Zeilenvorschub, wird die gesamte Datei beim ersten Lesen durch ReadLine eingelesen, da ReadLine() immer bis zum Auftreten eines Zeilenumbruchs liest.

```
' LeseDateiZeilenweise.vbs
' Eine Textdatei zeilenweise lesen
' verwendet: SCRRun
' ===========================================================
Option Explicit
' Deklaration der Variablen
Dim FSO, DateiInhalt, Zeile, Inhalt
' Konstanten definieren
Const Dateiname="beispiel.txt"
'Objekt erzeugen
Set FSO = CreateObject("Scripting.FileSystemObject")
' Gibt es die Datei überhaupt?
If FSO.FileExists(DateiName) Then
    ' Ja, also eine Verbindung herstellen
    Set DateiInhalt = FSO.OpenTextFile(Dateiname)
    Do Until DateiInhalt.atEndOfStream
        Zeile = DateiInhalt.ReadLine
        Inhalt=Inhalt + Zeile + vbcrlf
    Loop
    DateiInhalt.Close
    WScript.Echo Inhalt
Else
    WScript.Echo "Datei " & Dateiname & " nicht gefunden!"
End If
```

*Listing 7.6: /Skripte/Kapitel07/LeseDateiZeilenweise.vbs*

### Beispiel 3: Datei komplett einlesen

**Alles lesen** Am einfachsten ist das Einlesen der gesamten Textdatei mit einem einzigen Befehl. Dies wird mit dem nächsten Skript demonstriert. Das Skript ist vom Aufbau her identisch zu den vorherigen, weshalb eine erneute Beschreibung unterlassen wird. Lediglich beim Einlesen treten Unterschiede zutage: Der Einlesevorgang wird hier nicht mehr in einer Schleife vorgenommen, sondern beschränkt sich auf eine Codezeile. Der Variablen Inhalt wird das Ergebnis der ReadAll()-Methode zugewiesen. Diese Methode liest den gesamten Inhalt der Textdatei auf einmal ein.

```
' LeseDateiKomplett.vbs
' Eine Textdatei komplett lesen
' verwendet: SCRRun
' ==============================
Option Explicit
' Deklaration der Variablen
```

```
Dim FSO, DateiInhalt, Zeile, Inhalt
' Konstanten definieren
Const DateiName="beispiel.txt"
'Objekt erzeugen
Set FSO = CreateObject("Scripting.FileSystemObject")
' Gibt es die Datei überhaupt?
if FSO.FileExists(DateiName) then
    ' Ja, also eine Verbindung herstellen
    set DateiInhalt = FSO.OpenTextFile(DateiName)
    'Gesamte Datei auf einmal lesen
    Inhalt=DateiInhalt.ReadAll()
    'Datei schließen
    DateiInhalt.Close
    'Inhalt ausgeben
    WScript.Echo Inhalt
else
    WScript.Echo "Datei " & DateiName& " nicht gefunden!"
end if
```

*Listing 7.7: /Skripte/Kapitel07/LeseDateiKomplett.vbs*

## 7.1.6 Schreiben von Dateien

Analog zu den Lese-Methoden gibt es Methoden für den Schreibzugriff.

▷ Write("Text")
▷ WriteLine("Text")
▷ WriteBlankLines(AnzahlLeerzeilen)

Es ist möglich, eine Textdatei zeilenweise (WriteLine()) oder zeichenweise (Write()) zu schreiben. Es gibt jedoch keine explizite Methode, um eine komplette Textdatei mit Hilfe eines Methodenaufrufs zu speichern. WriteBlankLines() schreibt eine beliebige Anzahl von Leerzeilen. Das folgende Skript schreibt die Buchstaben des deutschen Alphabets (a bis z und A bis Z) in eine Zeile einer Textdatei. Würde Write() durch WriteLine() ersetzt, stünde jeder Buchstabe in einer eigenen Zeile.

**Zeile oder Zeichen**

Das Beispielskript zeigt das Schreiben in eine Datei anhand der Write()-Methode. Die Datei wird durch OpenTextFile() geöffnet, aber anders als beim Lesen wird der Öffnungsmodus nicht auf dem Standardwert ForReading belassen, sondern es wird als zusätzlicher Parameter ForWriting übergeben. Dieser Parameter erlaubt das Schreiben in die geöffnete Datei. In einer For-Schleife werden alle 26 Klein- und Großbuchstaben des Alphabets zeichenweise in die Datei geschrieben. Zum Schluss wird die Datei durch die Close()-Methode geschlossen.

```
' SchreibeDatei.vbs
' Eine Textdatei schreiben
' verwendet: SCRRun
' ===============================
Option Explicit
'Konstantendefinitionen
Const ForWriting = 2
```

```
Const DateiName="beispiel.txt"
' Deklaration der Variablen
Dim FSO, DateiInhalt, Zaehler
'Objekt erzeugen
Set FSO = CreateObject("Scripting.FileSystemObject")
set DateiInhalt = FSO.OpenTextFile(DateiName, ForWriting)
'Alle Buchstaben des Alphabets in die Datei schreiben
For Zaehler = 1 To 26
    'Kleinbuchstaben beginnen an Position 97
    DateiInhalt.Write Chr(96 + Zaehler)
    'Großbuchstaben beginnen an Position 65
    DateiInhalt.Write Chr(64 + Zaehler)
Next
'Datei schließen
DateiInhalt.Close
```

*Listing 7.8: /Skripte/Kapitel07/SchreibeDatei.vbs*

## 7.1.7 Umbenennen einer Datei

**Keine eigene Methode** Für das Umbenennen von Dateien stellt die Klasse `FileSystemObject` – entgegen der Erwartung – keine entsprechende Methode bereit. Die Benennung einer Datei ist einfach möglich, indem man schreibend auf das Attribut `Name` zugreift.

Wichtig ist, dass dabei als neuer Name nur der Dateiname, nicht der komplette Pfad anzugeben ist.

```
' DateiUmbenennen.vbs
' Umbenennen einer Datei
' verwendet: SCRRun
' ==================================================
Option Explicit
' Deklaration der Variablen
Dim Dateisystem, Datei
' Konstanten definieren
Const DateiPfadAlt="c:\ausgabe.xml"
Const DateiNameNeu="Skriptausgabe.xml"
'FSO-Objekt erzeugen
Set Dateisystem = CreateObject("Scripting.FileSystemObject")
'File-Objekt gewinnen
Set Datei = Dateisystem.GetFile(DateiPfadAlt)
'Neuen Namen setzen
Datei.Name = DateiNameNeu
'Erfolgsmeldung ausgeben
MsgBox "Datei wurde umbenannt!"
```

*Listing 7.9: /Skripte/Kapitel07/DateiUmbenennen.vbs*

## 7.1.8 Kopieren einer Datei

Für das Kopieren von Dateien stellt das FileSystemObject die Methode CopyFile() zur Verfügung: CopyFile(QuellPfad, ZielPfad, ÜberschreibenJaNein)

Der CopyFile()-Methode werden die Dateinamen für die Quell- und Zieldatei übergeben sowie als dritter Parameter ein boolescher Wert, welcher angibt, ob eine bereits bestehende Datei mit gleichem Namen überschrieben werden soll. **Überschreiben erlaubt**

```
' KopiereDatei.vbs
' Eine Datei kopieren
' verwendet: SCRRun
' =======================================
Option Explicit
' Deklaration der Variablen
Dim FSO
' Konstanten definieren
Const DateiNameQuelle="beispiel.txt"
Const DateiNameZiel="beispiel2.txt"
'Objekt erzeugen
Set FSO = CreateObject("Scripting.FileSystemObject")
If FSO.FileExists(DateiNameQuelle) Then
    'Kopieren mit CopyFile
    FSO.CopyFile DateiNameQuelle, DateiNameZiel, True
    WScript.Echo DateiNameQuelle & " wurde nach " & _
        DateiNameZiel & " kopiert."
Else
    WScript.Echo DateiNameQuelle & " ist nicht vorhanden."
End If
```

*Listing 7.10: /Skripte/Kapitel07/KopiereDatei.vbs*

## 7.1.9 Verschieben einer Datei

Auch das Verschieben von Dateien lässt sich genauso wie das Kopieren über eine integrierte Methode erreichen. Das FileSystemObject stellt hierfür die Methode **Kein Überschreib-modus**

MoveFile("QuellPfad","ZielPfad")

zur Verfügung. Auch die MoveFile()-Methode bekommt als Parameter die Namen für die Quell- und Zieldatei übergeben.

> Allerdings ist das Überschreiben bereits bestehender Dateien nicht möglich. Wenn die Datei schon vorhanden ist, erscheint ein Laufzeitfehler.

```
' VerschiebeDatei.vbs
' Eine Datei verschieben
' verwendet: SCRRun
' ============================
Option Explicit
' Deklaration der Variablen
```

```
Dim FSO, DateiNameQuelle, DateiNameZiel
' Konstanten definieren
Const DateiNameQuelle="beispiel.txt"
Const DateiNameZiel="beispiel3.txt"
'Objekt erzeugen
Set FSO = CreateObject("Scripting.FileSystemObject")
If FSO.FileExists(DateiNameQuelle) Then
    ' Verschieben mit MoveFile
    FSO.MoveFile DateiNameQuelle, DateiNameZiel
    ' Ausgabe
    WScript.Echo DateiNameQuelle & " wurde nach " & _
        DateiNameZiel & " verschoben."
Else
    ' Fehlermeldung ausgeben
    WScript.Echo DateiNameQuelle & " ist nicht vorhanden"
End If
```

*Listing 7.11: /Skripte/Kapitel07/VerschiebeDatei.vbs*

**Überschreiben selbst gemacht**

Besser ist eine zweite Methode, welche aber etwas mehr Programmieraufwand erfordert. Hierbei wird die Datei kopiert und dann die Quelldatei durch die Methode `DeleteFile` gelöscht. Der zweite Vorteil des Skripts liegt darin, dass sich so auch schreibgeschützte Dateien verschieben lassen.

```
' VerschiebeDatei2.vbs
' Eine Datei sicher verschieben
' verwendet: SCRRun
' ==============================
Option Explicit
' Deklaration der Variablen
Dim FSO, DateiNameQuelle, DateiNameZiel
' Konstanten definieren
Const DateiNameQuelle="beispiel.txt"
Const DateiNameZiel="beispiel3.txt"
'Objekt erzeugen
Set FSO = CreateObject("Scripting.FileSystemObject")
If FSO.FileExists(DateiNameQuelle) Then
    ' Kopiere die Datei
    FSO.CopyFile DateiNameQuelle, DateiNameZiel, True
    ' Nun löschen, auch schreibgeschützt
    FSO.DeleteFile DateiNameQuelle, true
    ' Ausgabe
    WScript.Echo DateiNameQuelle & " wurde nach " & _
        DateiNameZiel & " verschoben."
Else
    ' Fehlermeldung ausgeben
    WScript.Echo DateiNameQuelle & " ist nicht vorhanden"
End If
```

*Listing 7.12: /Skripte/Kapitel07/VerschiebeDatei2.vbs*

## 7.1.10   Dateien suchen

Die Scripting Runtime-Komponente stellt keine Methode zur Verfügung, um Dateien oder Verzeichnisse zu suchen. Um Dateien in einem Laufwerk zu suchen, muss selbst ein Skript geschrieben werden, welches beginnend im Startverzeichnis des Laufwerkes die gesamte Verzeichnisstruktur durchläuft. Die Inhalte der Verzeichnisse – Datei- und Verzeichnisnamen – werden mit der angegebenen Suchmaske verglichen. Ist die Suchmaske in dem Namen enthalten, wird eine Meldung ausgegeben.

Um eine beliebige hierarchische Verzeichnisstruktur durchsuchen zu können, muss man die sogenannte *Rekursion* einsetzen: Rekursion bedeutet, dass eine Unterroutine sich selbst aufruft und diesen Selbstaufruf erst bei einer bestimmten Bedingung abbricht. In dem nachfolgenden Skript steckt die Rekursion in ListeOrdner(). Übergeben werden der Pfad eines Ordners und der Suchbegriff.

**Rekursive Suche**

```
' SucheDateien.vbs
' Suchen von Dateien
' verwendet: SCRRun
' =============================
Option Explicit
Dim Start, Suchwort
If WScript.Arguments.Count = 2 Then
    ' Werte von der Kommandozeile lesen
    Start = WScript.Arguments(0)
    Suchwort=WScript.Arguments(1)
    ' Aufruf der Hilfsroutine
    ListeOrdner Start, Suchwort
else
    'Syntax ausgeben
    WScript.Echo "Syntax: SucheDateien.vbs Startverzeichnis Suchwort"
End If


' Hilfsroutine: Rekursion über Ordnerinhalte
Sub ListeOrdner(Ordner, Suchmaske)
' Deklaration der Variablen
Dim FSO, Verzeichnis, Datei, Unterverzeichnis
' Objekt erzeugen
Set FSO = CreateObject("Scripting.FileSystemObject")
' Referenz auf Verzeichnis erzeugen
Set Verzeichnis = FSO.GetFolder(Ordner)
' Alle Dateien im Verzeichnis durchlaufen
For Each Datei In Verzeichnis.Files
    ' Wenn Dateiname mit Suchwort übereinstimmt
    If InStr(UCase(Datei.Name),UCase(Suchmaske))>0 Then
        ' Ausgabe des Pfades und des Dateinamens
        WScript.Echo "Gefunden: " & Datei.path
    End If
Next
' Durchlaufe alle Unterverzeichnisse
For Each Unterverzeichnis In Verzeichnis.SubFolders
```

```
' Wenn Verzeichnisname mit Suchwort übereinstimmt
If InStr(UCase(Unterverzeichnis.Name),UCase(Suchmaske))>0 then
    ' Ausgabe des Pfades und des Verzeichnisnamens
    WScript.Echo Unterverzeichnis.Name
End If
'Rekursiver Aufruf der Routine
ListeOrdner Unterverzeichnis.Path, Suchmaske
Next
End Sub
```

*Listing 7.13: /Skripte/Kapitel07/SucheDateien.vbs*

Dieses Skript wird mit Parametern an der Kommandozeile aufgerufen. Die Syntax ist folgende:

```
cscript.exe SucheDateien.vbs Startverzeichnis Suchwort
```

Die Hauptroutine des Skripts ist sehr kurz gehalten. Es erfolgt eine Prüfung, ob zwei Parameter übergeben wurden. Ist dies der Fall, wird die ListeOrdner()-Methode mit den übergebenen Parametern aufgerufen. Wurden nicht genügend Parameter übergeben, erfolgt eine Ausgabe mit der genauen Syntax.

**Beginne bei Null**
Die Arguments-Auflistung ist nullbasiert, deshalb stehen die Parameter in Arguments(0) und Arguments(1). Allerdings ist die Count-Eigenschaft der Arguments-Auflistung einsbasiert, weshalb im Skript auf Arguments.Counts=2 geprüft wird.

**Files**
In der ListeOrdner()-Methode wird die Referenz auf ein FileSystemObject erzeugt und mittels der GetFolder()-Methode wird ein Verweis auf das Folder-Objekt des Startverzeichnisses in der Variablen Verzeichnis gespeichert. In den beiden For Each-Schleifen werden die Files()- und die SubFolders()-Auflistungen des FileSystemObject durchlaufen, welche die im referenzierten Verzeichnis enthaltenen Dateien und Unterverzeichnisse enthalten. Über die InStr()-Funktion wird der Datei- oder Verzeichnisname mit dem gesuchten Begriff verglichen. Ist der gesuchte Begriff in der Zeichenkette enthalten, liefert die InStr()-Funktion einen Wert größer 0 zurück, ansonsten wird der Index des gesuchten Begriffs in der Zeichenkette zurückgeliefert. Jede gefundene Datei und jedes gefundene Verzeichnis wird ausgegeben.

**SubFolders**
In der For Each-Schleife der Verzeichnissuche wird für jedes Unterverzeichnis der SubFolders-Auflistung des Folder-Objekts rekursiv die ListeOrdner()-Methode erneut aufgerufen.

Um Fehler bei der Suche auszuschließen, werden sowohl die Verzeichnisnamen als auch das Suchkriterium durch die UCase()-Funktion in Großbuchstaben umgewandelt.

## 7.1.11 Suchen in Dateiinhalten

**Dateiinhalte suchen**
Eine weitere Suchvariante ist das Suchen von Dateiinhalten in Dateien. Das nachfolgende Skript durchsucht alle Dateien innerhalb eines Verzeichnisbaums nach dem Vorkommen einer Zeichenkette. Da das Skript nahezu identisch mit dem obigen Beispiel ist, beschränken sich die Erläuterungen lediglich auf die abweichenden Teile.

Beim Durchlaufen der Files()-Auflistung wird jede Datei im Textmodus geöffnet. Die ReadAll()-Methode liest den gesamten Inhalt der Datei in eine Variable. Die InStr()-Funktion von Visual Basic vergleicht nun den gesuchten String mit dem Dateiinhalt. Wird ein Wert größer als 0 zurückgegeben, ist die gesuchte Zeichenfolge in der Datei enthalten. Es erfolgt eine Ausgabe des Dateinamens inklusive Pfad.

**Zeichenfolge enthalten?**

```
' SucheInDatei.vbs
' Suchen in Dateien
' verwendet: SCRRun
' =============================
Option Explicit
' Deklaration der Variablen
Dim Verzeichnis, Unterverzeichnis
Dim SuchText, FSO

' Suchtext aus der Kommandozeile lesen
SuchText = WScript.Arguments(0)
'Objekt erzeugen
Set FSO = CreateObject("Scripting.FileSystemObject")
' Zu durchsuchendes Verzeichnis aus der Kommandozeile lesen
Set Verzeichnis = FSO.GetFolder(WScript.Arguments(1))
' Aufruf der Suchfunktion
WScript.Echo "Der Text " & SuchText & " wurde gefunden in:"
Suche Verzeichnis,SuchText

Function Suche(Verzeichnis,SucheText)
Dim Dateien,TextStream,Dateiinhalt
For Each Dateien in Verzeichnis.Files
  Set TextStream = FSO.OpenTextFile(Dateien.Path,1)
  Dateiinhalt = TextStream.ReadAll
  If InStr(1, Dateiinhalt, SucheText, 1) then
    WScript.Echo Dateien.Path
  End If
  TextStream.Close
Next

' Unterverzeichnis durchsuchen
For Each Unterverzeichnis in Verzeichnis.SubFolders
  Suche Unterverzeichnis,SucheText
Next
End Function
```

*Listing 7.14: /Skripte/Kapitel07/SucheInDatei.vbs*

## 7.1.12 Dateien löschen

Das folgende Skript nutzt die Delete()-Methode der File-Klasse, um alle Dateien mit der Erweiterung *.wmf* aus *C:\temp* zu löschen.

**Ohne Rückfrage** Es wird ein neues Objekt erzeugt, welches in der Objektvariablen FSO gespeichert wird. Anschließend erzeugt die Methode GetFolder() ein Folder-Objekt und speichert dieses in der Variablen Verzeichnis. Mittels einer For Each-Schleife wird nun die Files-Auflistung des Folder-Objekts durchlaufen und das Attribut Name der Datei überprüft. Entspricht die Erweiterung dem geforderten Muster, wird die Datei gelöscht.

```
' LoescheDatei.vbs
' Löschen von Dateien
' verwendet: SCRRun
' =============================
Option Explicit
' Deklaration der Variablen
Dim FSO, Datei, Verzeichnis
' FSO erzeugen
Set FSO = CreateObject("Scripting.FileSystemObject")
' Referenz auf Verzeichnis holen
Set Verzeichnis = FSO.GetFolder("c:\inetpub")
' Alle Dateien bearbeiten
For Each Datei In Verzeichnis.Files
   ' Wenn Dateiendung .WMF dann
   If UCase(Right(Datei.Name, 4)) = ".WMF" Then
      ' Ausgabe
      WScript.Echo "Loesche " & Datei.Name
      ' Lösche Datei
      Datei.Delete
   End If
Next
```

*Listing 7.15: /Skripte/Kapitel07/LoescheDatei.vbs*

# 7.2　Verzeichnisse

**Max. 255 Einträge** Verzeichnisse (alias Ordner) dienen der Strukturierung eines Dateisystems.

Der Zugriff auf Ordner erfolgt auf die gleiche Weise wie der Zugriff auf Dateien, nur dass anstelle eines File-Objekts ein Folder-Objekt im Spiel ist, das ebenfalls in der Scripting Runtime-Komponente zur Verfügung gestellt wird. Genau wie es eine GetFile()-Methode gibt, steht auch eine GetFolder()-Methode zur Verfügung, die ein Folder-Objekt liefert, über das ein beliebiger Ordner über seinen Dateisystempfad angesprochen werden kann.

## 7.2.1　Auflisten eines einzelnen Verzeichnisses

Das folgende Listing zeigt, wie die in einem bestimmten Ordner enthaltenen Dateien und Unterordner aufgelistet werden. Dieses Beispiel listet nur die erste Ebene innerhalb eines Verzeichnisses auf.

**Files und SubFolder** Zu Beginn werden entsprechende Variablen deklariert und ein Verweis auf das FileSystem-Object erzeugt. Der Verweis auf das Verzeichnis erfolgt über die GetFolder()-Methode, welche den Verweis in der Variablen Verzeichnis speichert. Nun wird in der ersten For

Each-Schleife die Files-Objektmenge des Folder-Objekts durchlaufen und alle Dateinamen werden ausgegeben. In der nächsten For Each-Schleife wird die SubFolders-Objektmenge durchlaufen, welche die im Verzeichnis enthaltenen Unterverzeichnisse enthält. Auch die Verzeichnisnamen werden an der Konsole ausgegeben.

```
' LeseOrdner.vbs
' Lesen eines Verzeichnisses
' verwendet: SCRRun
' ===============================
Option Explicit
' Deklaration der Variablen
Dim FSO, Verzeichnis, UnterVerzeichnis
Dim Datei
' Konstanten definieren
Const VerzeichnisName="INetPub"
'Objekt erzeugen
Set FSO = CreateObject("Scripting.FileSystemObject")
'Referenz auf ein Verzeichnis holen
Set Verzeichnis = FSO.GetFolder(VerzeichnisName)
' Ausgabe
WScript.Echo "-- Dateien:"
' Alle Dateien
For Each Datei In Verzeichnis.Files
  WScript.Echo Datei.Name
Next
WScript.Echo "-- Ordner:"
' Alle Unterverzeichnisse
For Each UnterVerzeichnis In Verzeichnis.SubFolders
  WScript.Echo UnterVerzeichnis.Name
Next
```

*Listing 7.16: /Skripte/Kapitel07/LeseOrdner.vbs*

## 7.2.2 Auflisten eines Verzeichnisbaums

Um einen Verzeichnisbaum mit allen seinen Unterverzeichnissen aufzulisten, benötigt man Rekursion. Hierbei wird ausgehend von einem Verzeichnis durch den gesamten untergeordneten Verzeichnisbaum traversiert. Das Skript unterscheidet sich lediglich im rekursiven Aufruf der ListeVerzeichnisRek()-Prozedur. Als Parameter wird ein Verzeichnis-Objekt an die Hilfsfunktion übergeben.

**Rekursives Auflisten**

```
' ListeVerzeichnisseRek.vbs
' Auflisten von Verzeichnissen
' verwendet: SCRRun
' =============================
Option Explicit
' Aufruf der Routine
' Konstanten definieren
Const VerzeichnisBezeichner="."
```

```
ListeVerzeichnisseRek VerzeichnisBezeichner

Sub ListeVerzeichnisseRek(Verzeichnisname)
' Deklaration der Variablen
Dim FSO, Verzeichnis, UnterVerzeichnis
'Objekt erzeugen
Set FSO = CreateObject("Scripting.FileSystemObject")
' Wenn das Verzeichnis existiert
if FSO.FolderExists(Verzeichnisname) then
  ' Ordner holen
  Set Verzeichnis = FSO.GetFolder(Verzeichnisname)
  ' Alle Unterverzeichnisse auflisten
  for each UnterVerzeichnis in Verzeichnis.subfolders
    WScript.Echo UnterVerzeichnis.Name
    ' Erneuter Aufruf mit dem Unterverzeichnis
    ListeVerzeichnisseRek UnterVerzeichnis
  next
end if
End Sub
```

*Listing 7.17: /Skripte/Kapitel07/ListeVerzeichnisseRek.vbs*

Neben absoluten Verzeichnisnamen lassen sich auch (wie in den Beispielen demonstriert) relative Verzeichnisangaben nutzen. So ist der Zugriff auf das aktuelle Verzeichnis durch die Zuweisung von „.“ möglich, während das übergeordnete Verzeichnis durch „..“ repräsentiert wird. Auch ist ein Zugriff auf das Wurzelverzeichnis durch die Zuweisung von „\“ möglich.

## 7.2.3 Anlegen eines Verzeichnisses

**Create-Folder()**
Die Methode CreateFolder() in der Klasse FileSystemObject dient dem Anlegen eines Ordners. Durch das Anlegen eines Verzeichnisses wird der Grundstock für die weitere Arbeit mit Verzeichnissen gelegt. Das Beispielskript erzeugt durch CreateObject() einen Verweis auf eine Instanz von FileSystemObject, welcher in der Variablen FSO gespeichert wird. Die Überprüfung auf Existenz des Verzeichnisses mittels FolderExists() wird durch den Not-Operator negiert. Nur wenn das Verzeichnis nicht existiert, wird es durch die Create-Folder()-Methode angelegt; andernfalls erscheint ein Hinweis, dass das Verzeichnis bereits vorhanden ist.

```
' ErzeugeOrdner.vbs
' Erzeugen eines Verzeichnisses
' verwendet: SCRRun
' =============================
Option Explicit
' Deklaration der Variablen
Dim FSO, Verzeichnis
' Konstanten definieren
Const VerzeichnisName="Test"
```

```
' Objekt erzeugen
Set FSO = CreateObject("Scripting.FileSystemObject")
' Prüfung, ob das Verzeichnis bereits existiert
if Not FSO.FolderExists(VerzeichnisName) then
    ' Verzeichnis anlegen
    FSO.CreateFolder(VerzeichnisName)
else
    ' Fehlermeldung ausgeben
    WScript.Echo "Verzeichnis " & VerzeichnisName & " existiert bereits"
End If
```

*Listing 7.18: /Skripte/Kapitel07/ErzeugeOrdner.vbs*

Die Existenz des gerade angelegten Verzeichnisses kann mit dem Skript des nächsten Abschnitts überprüft werden.

## 7.2.4  Verzeichnisattribute bestimmen

Neben Dateien können auch Verzeichnisse über Eigenschaften verfügen (vgl. Kapitel 7.1.2). Diese sind teilweise identisch. Lediglich die Eigenschaft Verzeichnis kommt hinzu.

**Verzeichnis-attribute**

*Tabelle 7.2:*
*Verzeichnis-*
*eigenschaften*

| Wert | Bedeutung |
|------|-----------|
| 16 | Verzeichnis |
| 1 | schreibgeschützt |
| 2 | versteckt |
| 4 | System |
| 8 | Laufwerk |
| 32 | Archiv |
| 64 | Verknüpfung |
| 128 | komprimiert |

Der Zugriff erfolgt über das Attributes-Attribut des Folder-Objekts. Nach der Erzeugung der FileSystemObject-Referenz und der Überprüfung, ob das Verzeichnis existiert, wird durch die GetFolder()-Methode ein Verweis auf das Verzeichnis erzeugt und in der Variablen Verzeichnis abgespeichert. Anschließend erfolgt die Ausgabe einzelner Attribute des Folder-Objekts. Dies sind im Beispiel die Attribute Type, ParentFolder, ShortName, Date-Created, DateLastAccessed, DateLastModified und das Attributes-Attribut. Letzteres Attribut wird durch einen numerischen Wert repräsentiert, der durch Addition einzelner Attribute entsteht (vgl. die Erläuterungen zu Dateieigenschaften in Kapitel 7.1.2).

Die Zerlegung dieses numerischen Wertes in seine einzelnen Bestandteile erfolgt über die logische Operation AND.

**Numerischer Wert**

```
' VerzeichnisAttribute.vbs
' Attribute eines Verzeichnisses
' verwendet: SCRRun
' ===============================
Option Explicit
' Deklaration der Variablen
Dim FSO, Verzeichnis
' Konstanten definieren
Const VerzeichnisName="INetPub"
'Objekt erzeugen
Set FSO = CreateObject("Scripting.FileSystemObject")
' Gibt es das Verzeichnis überhaupt?
if FSO.FolderExists(VerzeichnisName) then
    ' Ja, also eine Verbindung herstellen
    Set Verzeichnis = FSO.GetFolder(VerzeichnisName)
    WScript.Echo "Typ des Objekts       : " & Verzeichnis.Type
    WScript.Echo "Elternverzeichnis     : " & Verzeichnis.ParentFolder
    WScript.Echo "ShortName             : " & Verzeichnis.ShortName
    WScript.Echo "Erstellt am           : " & Verzeichnis.DateCreated
    WScript.Echo "Geändert am           : " & _
         Verzeichnis.DateLastModified
    WScript.Echo "Letzter Zugriff       : " & _
         Verzeichnis.DateLastAccessed
    WScript.Echo "Attribute des Objekts : " & Verzeichnis.Attributes
    WScript.Echo "----------------------"
    If Verzeichnis.Attributes AND 2 Then
     WScript.Echo "Versteckter Ordner"
    End if
    If Verzeichnis.Attributes AND 4 Then
     WScript.Echo "Systemordner"
    End if
    If Verzeichnis.Attributes AND 16 Then
     WScript.Echo "Ordner"
    End if
    If Verzeichnis.Attributes AND 32 Then
     WScript.Echo "Archive Bit gesetzt"
    End if
    If Verzeichnis.Attributes AND 2048 Then
     WScript.Echo "Komprimierter Ordner"
    End if
else
    WScript.Echo "Verzeichnis " & VerzeichnisName & " nicht gefunden!"
end if
```

*Listing 7.19: /Skripte/Kapitel07/VerzeichnisAttribute.vbs*

Die folgende Abbildung zeigt die Ausgabe des Skripts.

```
C:\WINNT\System32\cmd.exe                                    _ □ x

C:\>C:\VerzeichnisAttribute.vbs
Microsoft (R) Windows Script Host, Version 5.6
Copyright (C) Microsoft Corporation 1996-2001. Alle Rechte vorbehalten.

Typ des Objektes      : Dateiordner
Elternverzeichnis     : C:\
ShortName             : INETPUB
Erstellt am           : 05.01.2002 22:20:43
Geändert am           : 05.01.2002 22:20:44
Letzter Zugriff       : 19.10.2002
Attribute des Objektes : 50
_____
Versteckter Ordner
Ordner
Archive Bit gesetzt

C:\>
```

*Bild 7.1:*
*Verzeichnis-*
*attribute*
*ausgeben*

## 7.2.5 Umbenennen eines Verzeichnisses

Für das Umbenennen von Verzeichnissen stellt das `FileSystemObject` wie beim Umbenennen von Dateien keine explizite Methode zur Verfügung. Auch hier kann einfach schreibend auf das Attribut `Name` eines `Folder`-Objekts zugegriffen werden.

Ebenso wie beim Umbenennen einer Datei mit dem `File`-Objekt ist es wichtig, dass als neuer Name nicht der komplette Pfad angegeben wird.

```
' OrdnerUmbenennen.vbs
' Umbenennen eines Dateisystemordners
' verwendet: SCRRun
' =================================
Option Explicit
' Deklaration der Variablen
Dim Dateisystem, Ordner
' Konstanten definieren
Const OrdnerPfadAlt="c:\test"
Const OrdnerNameNeu="Skripte"
'FSO-Objekt erzeugen
Set DateiSystem = CreateObject("Scripting.FileSystemObject")
'File-Objekt gewinnen
Set Ordner = Dateisystem.GetFolder(OrdnerPfadAlt)
'Neuen Namen setzen
Ordner.Name = OrdnerNameNeu
'Erfolgsmeldung ausgeben
MsgBox "Ordner wurde umbenannt!"
```

*Listing 7.20: /Skripte/Kapitel07/OrdnerUmbenennen.vbs*

## 7.2.6 Löschen von Verzeichnissen

**Vorhandene Ordner löschen** Für das Löschen von Verzeichnissen wird die Methode DeleteFolder() in der Klasse File-SystemObject genutzt. Diese Methode erwartet als Parameter den Pfad und den Namen des Verzeichnisses.

Im nachfolgenden Skript wird ein Verweis auf das FileSystemObject erzeugt und in der Variablen FSO gespeichert. Nachdem durch die Folder Exists()-Methode erfolgreich überprüft wurde, ob das Verzeichnis existiert, wird das Verzeichnis durch die DeleteFolder()-Methode gelöscht. Ist das Verzeichnis nicht vorhanden, wird eine Fehlermeldung an der Konsole ausgegeben.

```
' LoescheVerzeichnis.vbs
' Löschen eines Verzeichnisses
' verwendet: SCRRun
' =============================
Option Explicit
' Deklaration der Variablen
Dim FSO
Const VerzeichnisName="Test"
'Objekt erzeugen
Set FSO = CreateObject("Scripting.FileSystemObject")
' Wenn es das Verzeichnis gibt, dann ...
If FSO.FolderExists(VerzeichnisName) Then
  ' löschen
  FSO.DeleteFolder Verzeichnisname
  ' Ausgabe
  WScript.Echo "Das Verzeichnis " & VerzeichnisName & " wurde gelöscht."
Else
  ' sonst Fehlermeldung ausgeben
  WScript.Echo "Das Verzeichnis " & VerzeichnisName & _
    " existiert nicht."
End If
```

*Listing 7.21: /Skripte/Kapitel07/LoescheVerzeichnis.vbs*

## 7.2.7 Kopieren von Verzeichnissen

**Unterschiedliche Verzeichnisse** Für das Kopieren von Verzeichnissen stellt das FileSystemObject die Methode Copy-Folder() zur Verfügung.

Im Beispielskript wird der Verweis auf das FileSystemObject wie üblich in der Variablen FSO gespeichert. Nun wird die CopyFolder()-Methode mit dem Namen des Quell- und Zielverzeichnisses aufgerufen. Dadurch wird der Ordner kopiert. Quell- und Zielverzeichnis sollten auf unterschiedliche Verzeichnisse zeigen, da sonst keine Kopieroperation durchgeführt wird. Es wird allerdings auch keine Fehlermeldung erzeugt.

```
' KopiereOrdner.vbs
' Kopieren eines Verzeichnisses
' verwendet: SCRun
' =============================
```

```
Option Explicit
' Deklaration der Variablen
Dim FSO
' Konstanten definieren
Const VerzeichnisNameQuelle="Test"
Const VerzeichnisNameZiel="Test1"
' FSO-Objekt erstellen
Set FSO = CreateObject("Scripting.FileSystemObject")
' Zielordner bereits vorhanden?
if not FSO.FolderExists(VerzeichnisNameZiel) then
    ' Quellverzeichnis vorhanden?
    if FSO.FolderExists(VerzeichnisNameQuelle) then
      ' Kopieren des Ordners
      FSO.CopyFolder VerzeichnisNameQuelle,VerzeichnisNameZiel
      WScript.echo "Ordner " & VerzeichnisNameQuelle & " wurde nach " & _
                   VerzeichnisNameZiel & " kopiert"
    else
        WScript.echo "Quellordner " & VerzeichnisNameQuelle & _
                   " existiert nicht"
    end if
else
    WScript.echo "Zielordner " & VerzeichnisNameZiel & " existiert bereits"
end if
```

*Listing 7.22: /Skripte/Kapitel07/KopiereOrdner.vbs*

## 7.2.8    Verschieben von Verzeichnissen

Das Verschieben eines Verzeichnisses erfolgt durch die MoveFolder()-Methode, welche den Pfad auf das Quell- und Zielverzeichnis erwartet.

Im Beispiel wird nach der Erzeugung des FileSystemObject und der Überprüfung, ob das Quellverzeichnis existiert, die MoveFolder()-Methode aufgerufen. Sollte das Quellverzeichnis nicht existieren, wird eine Fehlermeldung an der Konsole ausgegeben.

Sollte das Zielverzeichnis bereits vorhanden sein, wird die etwas merkwürdige Meldung „Die Datei ist bereits vorhanden." ausgegeben.

```
' VerschiebeOrdner.vbs
' Verschieben eines Verzeichnisses
' verwendet: SCRRun
' ===============================
Option Explicit
' Deklaration der Variablen
Dim FSO
' Konstanten definieren
Const VerzeichnisNameQuelle="Test"
Const VerzeichnisNameZiel="Test1"
' FSO-Objekt erstellen
```

```
Set FSO = CreateObject("Scripting.FileSystemObject")
' Wenn die Quelle existiert, dann
if FSO.FolderExists(VerzeichnisNameQuelle) then
  ' Verschieben des Ordners
  FSO.MoveFolder VerzeichnisNameQuelle,VerzeichnisNameZiel
  WScript.Echo "Ordner " & VerzeichnisNameQuelle & _
    " wurde nach " & VerzeichnisNameZiel & " verschoben"
else
  WScript.Echo "Quelle " & VerzeichnisNameQuelle & " existiert nicht"
end if
```

*Listing 7.23: /Skripte/Kapitel07/VerschiebeOrdner.vbs*

## 7.2.9 Verzeichnis suchen

Das FileSystemObject stellt für die Suche nach Verzeichnissen keine eigene Methode zur Verfügung. Deshalb demonstriert das nachfolgende Beispiel das Vorgehen, um Verzeichnisse im Dateisystem zu suchen.

**Verzeichnis-suche**
Nach der Deklaration der Variablen wird ein Verweis auf ein FileSystemObject durch die CreateObject()-Methode erstellt und in der Variablen FSO abgelegt. Nun wird ein Verweis auf das Verzeichnis erzeugt, welches bei der Suche als Startverzeichnis fungieren soll. Dieser Verweis wird durch die GetFolder()-Methode ermittelt und in der Variablen Verzeichnis gespeichert. Anschließend wird in einer For Each-Schleife die SubFolders-Objektmenge des Folder-Objekts durchlaufen. Jeder Verzeichnisname wird durch die InStr()-Funktion mit dem Suchwort verglichen. Sollte das Suchwort in dem Verzeichnisnamen vorkommen, liefert InStr() einen Wert größer 0. In diesem Fall erfolgt die Ausgabe des Verzeichnisnamens.

**Rekursive Suche**
Eine Besonderheit an diesem Skript ist der rekursive Aufruf der SucheOrdner()-Methode mit dem Namen des aus der SubFolder-Auflistung ermittelten Verzeichnisnamens und der gesuchten Zeichenkette. Dadurch wird der gesamte Verzeichnisbaum unterhalb des Startverzeichnisses durchlaufen.

```
' VerzeichnisSuche.vbs
' Suchen eines Verzeichnisses (rekursiv)
' verwendet: SCRRun
' ===============================
Option Explicit
' Aufruf der Routine
SucheOrdner "C:\Winnt","System"

' === Unterroutine
Sub SucheOrdner(StartVerzeichnis,Suchtext)
' Deklaration der Variablen
Dim FSO, Verzeichnis, Unterverzeichnis
' FSO-Objekt erstellen
Set FSO = CreateObject("Scripting.FileSystemObject")
' Referenz auf Verzeichnis holen
Set Verzeichnis = FSO.GetFolder(StartVerzeichnis)
' Durchlaufe Unterverzeichnisse
```

```
For Each Unterverzeichnis In Verzeichnis.SubFolders
   ' Entspricht Verzeichnisname dem gesuchten Element?
   If InStr(UCase(Unterverzeichnis.Name),UCase(Suchtext))>0 then
      ' Ausgabe des Verzeichnisnamens
      WScript.Echo Unterverzeichnis.Name
   End If
   ' Rekursiver Aufruf für nächste Verzeichnisebene
   SucheOrdner Unterverzeichnis.Path,Suchtext
Next
End Sub
```

*Listing 7.24: /Skripte/Kapitel07/VerzeichnisSuche.vbs*

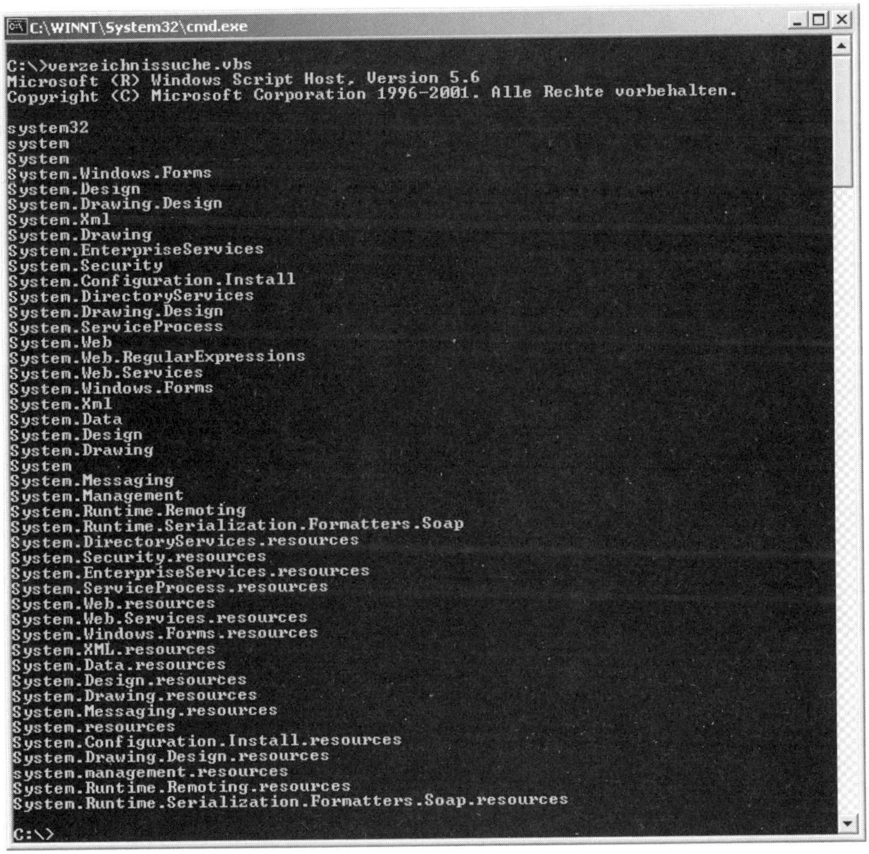

*Bild 7.2: Ausgabe des Skripts Verzeichnis-Suche.vbs*

## 7.2.10 Eine Verzeichnisstruktur gemäß einer XML-Datei anlegen

Das Erstellen einzelner Verzeichnisse wurde in diesem Kapitel bereits gezeigt. Allerdings ist der Aufbau großer und komplexer Verzeichnisbäume mit dieser Methode nur unzureichend zu bewerkstelligen. Deshalb wird in diesem Beispiel eine komplexe Aufgabe vorgestellt, welche eine Verzeichnisstruktur aus einer XML-Datei aufbaut. Da eine Verzeich-

**Große Verzeichnisbäume**

nisstruktur hierarchisch ist, ist es am besten, für die Definition der Verzeichnisstruktur eine XML-Datei zu verwenden, weil diese es auf einfache Weise erlaubt, hierarchische Strukturen abzubilden.

Die Verwendung von XML-Dateien wurde bereits in Kapitel 6 besprochen.

Das Skript durchläuft den in einer XML-Datei gespeicherten Verzeichnisbaum und erstellt die darin definierten Verzeichnisse. Das XML-Dokument, welches als Eingabe für das Skript dient, besteht unterhalb des Wurzelknotens „VerzeichnisStruktur" aus hierarchisch angeordneten „Verzeichnis"-Einträgen.

*Bild 7.3:*
*XML-Datei*
*zur Beschreibung einer*
*Verzeichnisstruktur*

```
- <VerzeichnisStruktur>
    <!-- Firma -->
  - <Verzeichnis Name="IT-Visions.de">
    - <Verzeichnis Name="Leistungen">
        <Verzeichnis Name="Schulungen" />
        <Verzeichnis Name="Beratung" />
        <Verzeichnis Name="Entwicklung" />
      </Verzeichnis>
      <Verzeichnis Name="Kunden" />
      <Verzeichnis Name="Lieferanten" />
      <Verzeichnis Name="Internes" />
    </Verzeichnis>
    <!-- Websites -->
  <Verzeichnis Name="Websites">
      <Verzeichnis Name="www.windows-scripting.de" />
      <Verzeichnis Name="www.dotnetframework.de" />
      <Verzeichnis Name="www.dotnet-doktor.de" />
      <Verzeichnis Name="www.IT-Visions.de" />
      <Verzeichnis Name="www.komponenten.Info" />
      <Verzeichnis Name="www.dotnet-camp.de" />
      <Verzeichnis Name="www.powershell-doktor.de" />
    </Verzeichnis>
  </VerzeichnisStruktur>
```

*Bild 7.4:*
*Diese Abbildung zeigt das Ergebnis der Anwendung des Skripts auf die obige XML-Datei.*

```
TEMP (T:)
  IT-Visions.de
    Internes
    Kunden
    Leistungen
      Beratung
      Entwicklung
      Schulungen
    Lieferanten
  Websites
    www.dotnet-camp.de
    www.dotnet-doktor.de
    www.dotnetframework.de
    www.IT-Visions.de
    www.komponenten.Info
    www.powershell-doktor.de
    www.windows-scripting.de
```

### Das Skript

Das Skript erwartet, dass die XML-Datei mit Namen *Verzeichnisstruktur.xml* im gleichen Verzeichnis wie das Skript liegt. Das Basisverzeichnis wird durch einen dem Skript zu übergebenden Parameter festgelegt. Da das Skript eine Ausgabezeile für jedes Verzeichnis erzeugt, sollte es mit *cscript.exe* gestartet werden, um eine Vielzahl von Dialogfenstern zu vermeiden:

```
cscript.exe VerzeichnisstrukturAnlegen.vbs
```

Das Skript besteht aus zwei Teilen: aus dem Hauptprogramm, das die Pfade ermittelt und das XML-Dokument lädt, sowie aus der Unterroutine `VerzeichnisseAnlegen()`, die den Durchlauf durch das XML-Dokument durch rekursiven Selbstaufruf durchführt und entsprechend die Verzeichnisse mit der Scripting Runtime-Komponente anlegt. Nach dem Anlegen eines Verzeichnisses ruft sich die Routine selbst wieder auf, um die Unterknoten des aktuellen Knotens abzuarbeiten. Damit unterstützt das Skript eine beliebig tiefe Verzeichnishierarchie.

Die Hauptroutine übergibt beim Aufruf der Unterroutine das Wurzelement des geladenen XML-Dokuments (`XMLDocument.documentElement`). Die Unterroutine führt dann eine Schleife über alle Kinderknoten (`childNodes`) des übergebenen Elements aus. Die Anzahl der untergeordneten XML-Elemente kann man mit `Length` ermitteln. Wichtig ist, dass nur Knoten des Typs 1 verarbeitet werden, da die in dem XML-Eingabedokument enthaltenen XML-Kommentare ignoriert werden müssen. Den Namen des anzulegenden Verzeichnisses findet man in dem XML-Attribut „Name" des aktuellen XML-Elements: `NeuerName = Unterknoten.Item(i).GetAttribute("Name")`.

```
' -----------------------------------------
' Skriptname: VerzeichnisstrukturAnlegen.vbs
' -----------------------------------------
' Dieses Skript legt im Dateisystem eine
' Verzeichnisstruktur gemäß den Vorgaben einer
' XML-Datei an.
' -----------------------------------------
' verwendet FSO, MSXML, WSH-Objekte
' -----------------------------------------


Option Explicit

' Deklaration der Variablen
Dim FSO
Dim XMLDocument
Dim WSHShell
Dim Eingabedatei
Dim StartKnoten

' Parameter
Const Basisverzeichnis = "T:\"

' Notwendige COM-Objekte erzeugen
Set FSO = CreateObject("Scripting.FileSystemObject")
Set XMLDocument = CreateObject("Msxml2.DOMDocument")
XMLDocument.async = False
Set WSHShell = CreateObject("Wscript.shell")

' Basisverzeichnis erzeugen, wenn nicht vorhanden
If Not FSO.FolderExists(BasisVerzeichnis) Then
        WScript.Echo "Basisverzeichnis " &  BasisVerzeichnis & " wird erzeugt..."
        FSO.CreateFolder(BasisVerzeichnis)
End If
```

```
Eingabedatei = WSHShell.CurrentDirectory & "/Verzeichnisstruktur.xml"
' Lade die XML-Datei
WScript.echo "Lade " & Eingabedatei
XMLDocument.Load Eingabedatei
XMLDocument.async = False
' Rekursion starten mit Wurzelknoten
Set StartKnoten = XMLDocument.documentElement
' ALTERNATIV:
'Set StartKnoten = XMLDocument.SelectSingleNode("/VerzeichnisStruktur/
Verzeichnis[@Name='Websites']")
If Not StartKnoten Is Nothing Then
VerzeichnisseAnlegen StartKnoten,Basisverzeichnis
Else
 WScript.Echo "Kein Startknoten!"
End If
' === Rekursive Hilfsroutine zum Anlegen der Verzeichnisse
Sub VerzeichnisseAnlegen(AktKnoten, AktVerz)
Dim Unterknoten
Dim NeuerName
Dim NeuerPfad
Dim i
Dim Knoten
Dim Ordner

' Schleife über alle Unterknoten
Set Unterknoten = AktKnoten.childNodes
For i = 0 To Unterknoten.length - 1
Set Knoten = Unterknoten.Item(i)
If Knoten.nodeType = 1 Then
' Knoten auslesen und neuen Verzeichnisnamen erzeugen
NeuerName = Knoten.GetAttribute("Name")
      NeuerPfad = AktVerz & "\" & NeuerName
   If Not FSO.FolderExists(NeuerPfad) Then
       ' Verzeichnis erzeugen
       WScript.Echo "Verzeichnis " & NeuerPfad & " wird erzeugt..."
       Set Ordner = FSO.CreateFolder(NeuerPfad)
     Else
       WScript.Echo "Verzeichnis " &  NeuerPfad & " ist bereits vorhanden!"
     End If
     ' Rekursion
     VerzeichnisseAnlegen Knoten, NeuerPfad
End If
Next
End Sub
```

*Listing 7.25: /Skripte/Kapitel07/ErzeugeVerzeichnisbaumXML.vbs*

### Selektion einzelner Elemente

Natürlich will man nicht immer den kompletten Baum durchlaufen, um ein bestimmtes Element zu finden. Das `DOMDocument`-Objekt bietet daher mit `SelectNodes()` und `SelectSingleNode()` zwei Suchmethoden an. `SelectNodes()` findet alle Knoten, die einer bestimmten Pfadangabe entsprechen. `SelectSingleNode()` findet nur einen einzelnen Knoten. Gibt es mehrere Knoten, die der Pfadangabe entsprechen, so wird der erste genommen. Die Angabe des Pfades erfolgt in beiden Fällen mit XPath-Ausdrücken. Auf einfache Weise kann man das Skript zum Anlegen der Verzeichnisstruktur so manipulieren, dass nur noch ein Teilbereich angelegt wird.

Der folgende XPath-Ausdruck macht den Verzeichnisknoten, der ein XML-Attribut „Name" mit dem Wert „Websites" besitzt, zum Startknoten der Rekursion.

```
Set StartKnoten = XMLDocument.SelectSingleNode("/VerzeichnisStruktur/
Verzeichnis[@Name='Websites']")
```

### Einsatz im Netzwerk

Das Erzeugen von Verzeichnisstrukturen beschränkt sich nicht nur auf den lokalen Computer, sondern kann ebenfalls im Netzwerk genutzt werden. Dazu ist nicht einmal das Verbinden mit dem entfernten Computer notwendig. Das Skript verarbeitet auch UNC Namen im Netzwerk. So legt das Skript auch dann die Verzeichnisstruktur an, wenn in der Konstanten `Basisverzeichnis` ein UNC-Name wie z.B. „\\ServerE02\d$\WSLBuch" abgelegt wurde. Lediglich das Verzeichnis, welches die Verzeichnisstruktur aufnehmen soll, muss vorhanden sein.

## 7.2.11 Eine Verzeichnisstruktur in einer XML-Datei dokumentieren

Im letzten Unterkapitel wurde gezeigt, wie man eine komplexe Verzeichnisstruktur mit Hilfe von XML beschreiben und aus einem XML-Dokument erzeugen kann. In diesem Abschnitt soll nun die gegensätzliche Aufgabe gelöst werden: Eine vorhandene Verzeichnisstruktur soll in XML-Form dokumentiert werden. Es geht also um das Erstellen und Verändern von XML-Dokumenten via Skript.

Die Aufgabe wird durch die Bildschirmabbildungen 7.3 und 7.4 skizziert: Die in Abbildung 7.4 dargestellte Verzeichnisstruktur soll in Form der in Abbildung 7.3 dargestellten XML-Datei dokumentiert werden. Für das Scripting mit XML kommt die COM-Komponente MSXML zum Einsatz.

Das Erzeugen eines Knotens innerhalb eines XML-Dokuments vollzieht sich in zwei Schritten, weil die `XMLDOMNodeList`-Objektmenge keine Methode zum direkten Hinzufügen eines Unterknotens bereitstellt.

▷ Zunächst muss eine Instanz der entsprechenden Knotentyp-Klasse erzeugt werden. Da die Knotentyp-Klassen nicht von außen instanziierbar sind, kann dies nur über eine Methode der Stammklasse erfolgen. Die Klasse `DOMDocument` bietet Methoden der Form `create 'KnotentypName'()` an, also z.B. `CreateElement()` und `createProcessingInstruction()`.

▷ Danach muss das Element an die gewünschte Stelle in den Baum eingehängt werden. Dafür stehen die Methoden `AppendChild()` und `InsertBefore()` in der `XMLDOMNode`-`List`-Klasse zur Verfügung. `AppendChild()` fügt den neuen Knoten am Ende der Liste der Kinderknoten an. Bei `InsertBefore()` kann ein Kinderknoten angegeben werden, von dem aus gesehen links der neue Knoten eingefügt werden soll.

## Das Skript

Das folgende Listing zeigt das Skript, das anschließend erläutert wird.

```
' ----------------------------------------
' Skriptname: VerzeichnisstrukturDokumentieren.vbs
' ----------------------------------------
' Dieses Skript dokumentiert die Struktur
' eines Dateisystemverzeichnisses in XML-Form
' ----------------------------------------
' verwendet FSO, MSXML
' ----------------------------------------


Option Explicit

' Deklaration der Variablen
Dim FSO
Dim XMLDocument
Dim StartKnoten

Const MaxEbene = 3
Const Basisverzeichnis = "T:\"
Const Ausgabedatei = "T:\verzeichnisstruktur.xml"

' Notwendige COM-Objekte erzeugen
Set FSO = CreateObject("Scripting.FileSystemObject")
Set XMLDocument = CreateObject("Msxml.DOMDocument")

' Prüfen, ob Basisverzeichnis vorhanden
If Not FSO.FolderExists(BasisVerzeichnis) Then
        WScript.Echo "Verzeichnis " &  Basisverzeichnis & " existiert nicht!"
WScript.Quit
End If

' Processing Instruction erzeugen
Dim pi
Set pi = XMLDocument.createProcessingInstruction("xml", " version=""1.0""")
XMLDocument.InsertBefore pi, XMLDocument.childNodes.Item(0)
' -- Erzeuge Root-Element
Dim Wurzel
Set Wurzel = xml_add(XMLDocument, XMLDocument, "VerzeichnisStruktur", "")
' Rekursion
VerzeichnisseDokumentieren Basisverzeichnis, Wurzel, 1
```

```
' Speichern
XMLDocument.save Ausgabedatei
WScript.Echo "Ausgabedatei wurde erfolgreich gespeichert!"

' === Rekursive Hilfsroutine zum Anlegen der XML-Knoten für jeden Ordner
Sub VerzeichnisseDokumentieren(Pfad, XmlKnoten,Ebene)
Dim Ordner
Dim Unterordner
Dim ele
' Ordner holen
Set Ordner = FSO.GetFolder(Pfad)
WScript.Echo "Dokumentiere Ordner: " & Ordner.Path
' Element für Ordner erzeugen
Set ele = xml_add(xmldocument, XmlKnoten, "Verzeichnis", "")
ele.setAttribute "Name", Ordner.Name
' Maximale Dokumentationstiefe erreicht?
if Ebene = MaxEbene then Exit Sub
' Schleife über die Unterordner
For Each Unterordner In Ordner.SubFolders
VerzeichnisseDokumentieren Unterordner.Path,ele, Ebene+1
Next
End Sub


' === Einzelnes Element erzeugen
Function xml_add(xdoc, xparent, name, value)
Dim xele ' Neues Element
' -- Unterelement erzeugen
Set xele = xdoc.createElement(name)
' -- Wert setzen
xele.text = value
' -- Element anfügen
If xdoc.documentElement Is Nothing Then   ' root-Element?
    Set xdoc.documentElement = xele ' Ja
Else
    xparent.appendChild xele         ' Nein
End If
Set xml_add = xele
End Function
```

*Listing 7.26: VerzeichnisstrukturDokumentieren.vbs*

Das Skript beginnt mit dem Erzeugen der notwendigen COM-Objekte. Danach wird mit FSO.FolderExists() sichergestellt, dass das zu dokumentierende Verzeichnis überhaupt existiert. An das mit CreateObject("Msxml.DOMDocument") erzeugte neue XML-Dokument hängt das Skript dann die XML Processing Instruction und den Wurzelknoten ⟨Verzeichnis-Struktur⟩ an, bevor die Routine VerzeichnisseDokumentieren() mit dem Wurzelknoten als Parameter angestoßen wird.

Als Eingabeparameter erwartet die Routine `VerzeichnisseDokumentieren()` drei Informationen:

1.  den Pfad des zu dokumentierenden Verzeichnisses
2.  einen Objektverweis auf einen Knoten in einem XML-Dokument
3.  eine Zahl mit der laufenden Verzeichnistiefe, da man die Dokumentationstiefe durch eine Konstante begrenzen kann

`VerzeichnisseDokumentieren()` erzeugt jeweils einen Unterknoten für das aktuelle Verzeichnis unter dem aktuellen Knoten und iteriert dann über alle Unterordner, sofern die maximale Dokumentationstiefe noch nicht erreicht ist. Innerhalb der Schleife über die Unterordner erfolgt der rekursive Selbstaufruf der Routine. In der Routine kommen `xml_add()` und `SetAttribute()` zum Einsatz.

Die Hilfsroutine `xml_add()` in dem Listing dient der Erzeugung neuer Elemente in einem bestimmten Dokument am Ende der Liste der Kinderknoten eines übergebenen Vaterknotens. Man beachte die Fallunterscheidung für das Wurzelelement eines XML-Dokuments: Dies kann nicht durch `InsertBefore()` oder `AppendChild()` angefügt werden, sondern nur durch direkte Zuweisung an das Attribut `documentElement` der Klasse `XmlDocument`. Die Hilfsroutine gibt dem Aufrufer einen Objektverweis auf das neu erzeugte XML-Element zurück, damit der Aufrufer das Element weiter bearbeiten kann.

Wenn man das gewünschte Ausgabeformat betrachtet, sieht man, dass die Verzeichnisnamen nicht im Inhalt des XML-Elements, sondern in einem Attribut „Name" stehen sollen. Für das Hinzufügen eines XML-Attributs zu einem XML-Element benötigt man nur eine einzige Programmcodezeile:

```
ele.setAttribute "Name", "Wert"
```

Nach der Rückkehr der Routine ins Hauptprogramm wird das erzeugte XML-Dokument mit der Methode `Save()`, die in der `XmlDocument`-Klasse angeboten wird, im Dateisystem als XML-Datei abgespeichert.

## 7.3 Rechte auf Dateien und Verzeichnisse vergeben

Die Vergabe von Rechten auf Dateien im Dateisystem wird vom `FileSystemObject` nicht direkt unterstützt. Dafür wird die Komponente *AdsSecurity* benötigt. Die Verwendung dieser Komponente ist derart komplex, dass sie den Rahmen dieses Buches sprengt. Details zur Rechtevergabe erfahren Sie in [SCH07a].

## 7.4 Laufwerke

Neben den Dateien und Ordnern gibt es als dritte Kategorie von Objekten, die über die Scripting Runtime-Komponente zur Verfügung gestellt werden, Laufwerke. Für jedes Laufwerk des Computers gibt es ein `Drive`-Objekt, das über die `Drives`-Auflistung angeboten wird. Um ein einzelnes Laufwerk ansprechen zu können (etwa um den freien Speicherplatz zu ermitteln), wird die GetDrive()-Methode des FileSystemObject aufgerufen.

Für einige Aktionen werden zusätzliche Klassen benötigt:

▶ Netzlaufwerke verbinden und trennen über die Klasse WSHShell aus der WSH Runtime-Komponente

▶ Ausführung der Festplattenprüfung über die Klasse Win32_LogicalDisk in WMI

## 7.4.1 Auflisten von Laufwerken

Das folgende Skript listet alle Laufwerke eines Computers auf. Wie das Beispiel zeigt, gibt es nur wenige Attribute, die auf jeden Fall ausgelesen werden können (DriveLetter, DriveType, ShareName und Path). Der Zugriff auf medienabhängige Attribute ist dagegen nur möglich, wenn sich auch ein lesbares Medium im Laufwerk befindet. Dies sollte mit IsReady überprüft werden, bevor ein Zugriff auf die medienabhängigen Attribute erfolgt. IsReady liefert den Wert True, wenn sich ein Datenträger im Laufwerk befindet.

**Drives()**

Die Beschreibung der einzelnen Attribute kann der Ausgabe des Skripts entnommen werden.

```
' ListeLaufwerke.vbs
' Auflisten aller Laufwerke eines Computers
' verwendet: SCRRun
' ===============================
Option Explicit
' Deklaration der Variablen
Dim FSO, Laufwerk
' FSO-Objekt erstellen
Set FSO = CreateObject("Scripting.FileSystemObject")
' Alle Laufwerke durchlaufen
For Each Laufwerk In FSO.Drives
    WScript.Echo "Laufwerksbuchstabe: " & Laufwerk.DriveLetter
    WScript.Echo "Laufwerkstyp: " & Laufwerk.DriveType
    WScript.Echo "Freigabename: " & Laufwerk.ShareName
    WScript.Echo "Pfad: " & Laufwerk.Path
    ' Wenn ein Datenträger im Laufwerk ist, dann können diese
    ' Attribute zusätzlich ausgegeben werden
    If Laufwerk.IsReady Then
        WScript.Echo "IsReady: " & Laufwerk.IsReady
        WScript.Echo "Seriennummer: " & Laufwerk.SerialNumber
        WScript.Echo "Dateisystem: " & Laufwerk.FileSystem
        WScript.Echo "Volumename: " & Laufwerk.VolumeName
        WScript.Echo "--- Mediengröße"
        WScript.Echo "Gesamtgröße: " & Laufwerk.TotalSize
        WScript.Echo "Freier Speicher: " & Laufwerk.FreeSpace
        WScript.Echo "Verfügbarer Speicher: " & Laufwerk.AvailableSpace
    End If
Next
```

*Listing 7.27: /Skripte/Kapitel07/ListeLaufwerke.vbs*

*Bild 7.5:*
*Auflistung der*
*vorhandenen*
*Laufwerke*

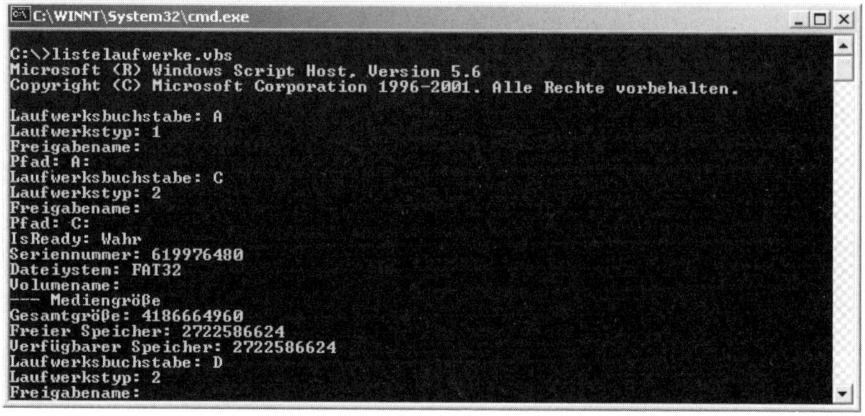

```
C:\WINNT\System32\cmd.exe                                    _|□|×|

C:\>listelaufwerke.vbs
Microsoft (R) Windows Script Host, Version 5.6
Copyright (C) Microsoft Corporation 1996-2001. Alle Rechte vorbehalten.

Laufwerksbuchstabe: A
Laufwerkstyp: 1
Freigabename:
Pfad: A:
Laufwerksbuchstabe: C
Laufwerkstyp: 2
Freigabename:
Pfad: C:
IsReady: Wahr
Seriennummer: 619976480
Dateisystem: FAT32
Volumename:
---- Mediengröße
Gesamtgröße: 4186664960
Freier Speicher: 2722586624
Verfügbarer Speicher: 2722586624
Laufwerksbuchstabe: D
Laufwerkstyp: 2
Freigabename:
```

## 7.4.2 Laufwerkstyp bestimmen

**Daten-**
**trägerart**

Abhängig von der Art des Datenträgers lassen sich einige Operationen nur auf bestimmten Datenträgern durchführen. So ist beispielsweise die Formatierung einer Diskette mit dem NTFS-Dateisystem nicht möglich. Um nun überprüfen zu können, von welcher Art ein Datenträger ist, wird im nachfolgenden Skript die Information über den Datenträgertyp in verständlicher Form ausgegeben.

Nach der Deklaration zweier Variablen wird eine Referenz auf das FileSystemObject-Objekt erzeugt und in der Variablen FSO gespeichert. Aus dem im Skript als Konstante definierten Laufwerksbuchstaben wird über die GetDrive()-Methode ein Verweis auf das Drive-Objekt erzeugt und in der Variablen Laufwerk abgelegt. Nun wird durch eine Fallunterscheidung in einer Select Case-Anweisung der numerische Wert der Eigenschaft DriveType ausgewertet. Nach der Ausgabe des Ergebnisses an der Konsole wird das Skript beendet. Das Ergebnis ist in Abbildung 7.5 dargestellt.

```
' HoleLaufwerkstyp.vbs
' Datenträgertyp ermitteln
' verwendet: SCRRun
' =============================================
Option Explicit
' Deklaration der Variablen
Dim Laufwerk, Laufwerkstyp
Const Laufwerksbezeichnung="C:"
' FSO-Objekt erstellen
Set FSO = CreateObject("Scripting.FileSystemObject")
' Referenz auf Laufwerk ermitteln
Set Laufwerk=FSO.GetDrive(Laufwerksbezeichnung)
' Fallunterscheidung über die Laufwerksarten
Select Case Laufwerk.DriveType
    Case 0: Laufwerkstyp = "Unbekannt"
    Case 1: Laufwerkstyp = "Wechseldatenträger"
    Case 2: Laufwerkstyp = "Lokaler Datenträger"
    Case 3: Laufwerkstyp = "Netzwerklaufwerk"
    Case 4: Laufwerkstyp = "CD-ROM-Laufwerk"
```

```
  Case 5: Laufwerkstyp = "Virtuelles Laufwerk"
End Select
'Ausgabe des Ergebnisses
WScript.Echo Laufwerksbezeichnung & " " & Laufwerkstyp
```

*Listing 7.28: /Skripte/Kapitel07/HoleLaufwerkstyp.vbs*

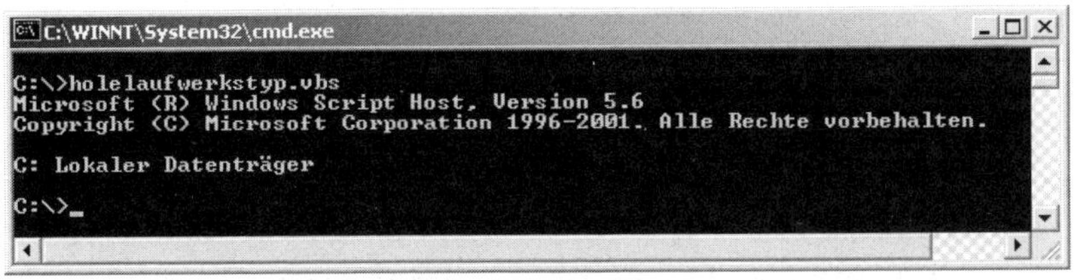

*Bild 7.6: Darstellung des Laufwerkstyps*

## 7.4.3   Dateisystemtyp ermitteln

Die Ermittlung des auf einem Laufwerk verwendeten Dateisystems kann über zwei verschiedene Technologien geschehen. Das erste Beispielskript beschreibt den Lösungsweg über WMI, während das zweite Skript dieselben Informationen über das FileSystem-Object-Objekt erhält.

### Lösung über WMI

Die Ermittlung des Dateisystems über WMI erfolgt über die Abfrage der Klasse Win32_LogicalDisk. Diese Klasse stellt für jedes Laufwerk unter anderem das verwendete Dateisystem zur Verfügung. **WMI**

> Bitte stellen Sie sicher, dass WMI installiert ist und läuft. Dies ist nicht auf allen Systemen automatisch der Fall (vgl. Kapitel 5).

Das Skript erzeugt nach der Deklaration der verwendeten Variablen mittels GetObject() einen Verweis auf das Objekt des Computers und speichert es in der Variablen WMIService. Anschließend werden über eine WQL-Abfrage alle Laufwerke der Klasse Win32_LogicalDisk abgefragt. Diese Klasse stellt unter anderem die benötigten Attribute DeviceID und FileSystem zur Verfügung. DeviceID kennzeichnet den Laufwerksbuchstaben und FileSystem das verwendete Dateisystem.

Das Skript durchläuft in einer For Each-Schleife das Ergebnis der WQL-Abfrage und gibt alle Laufwerke mit dem verwendeten Dateisystem aus. **Alle Dateisysteme im Überblick**

```
' ErmittleSystem_WMI.vbs
' Dateisystem aller Laufwerke eines Rechners ermitteln, Variante 1
' verwendet: WMI
' ================================
Option Explicit
' Deklaration der Variablen
Dim WMIService, Disks, Disk
' Konstanten definieren
Const Computer="Laptop"
```

```
Set WMIService = GetObject("WinMgmts:" & _
  "{impersonationLevel=impersonate}!\\" & Computer & "\root\cimv2")
Set Disks = WMIService.ExecQuery ("Select * from Win32_LogicalDisk")
For Each Disk in Disks
  WScript.Echo "Das auf Laufwerk " &  Disk.DeviceID & _
    " verwendete Dateisystem ist " & Disk.FileSystem
Next
```

*Listing 7.29: /Skripte/Kapitel07/ErmittleSystem_WMI.vbs*

### Lösung über SCRRun

**FSO**  Die Ermittlung des verwendeten Dateisystems mittels der Scripting Runtime-Komponente stellt das folgende Skript vor. Es erstellt nach der Deklaration der benötigten Variablen einen Verweis auf das FileSystemObject und speichert ihn in der Variablen FSO. Mittels einer For Each-Schleife über die Drives-Auflistung des Drive-Objekts wird nun für jedes Laufwerk die Methode GetDrive() aufgerufen. Der Verweis auf das Laufwerk wird in der Variablen Platte abgelegt. Nach der Überprüfung, ob das Laufwerk bereit ist, wird eine Ausgabe erzeugt, in welcher das Attribut FileSystem des Drive-Objekt ausgegeben wird.

```
' ErmittleSystem_FSO.vbs
' Dateisystem aller Laufwerke eines Rechners ermitteln, Variante 2
' verwendet: SCRRun
' ================================
Option Explicit
' Deklaration der Variablen
Dim FSO, Platte,Laufwerk
' FSO-Objekt erstellen
Set FSO = CreateObject("Scripting.FileSystemObject")
' Referenz auf das Laufwerk ermitteln
For Each Laufwerk In FSO.Drives
  Set Platte=FSO.GetDrive(Laufwerk)
  ' Wenn das Laufwerk bereit ist
  if Platte.isReady then
    WScript.Echo "Das auf Laufwerk " & Laufwerk & _
      " verwendete Dateisystem ist " & Platte.FileSystem
  else
    WScript.Echo "Laufwerk " & Laufwerk & " ist nicht bereit"
  end if
Next
```

*Listing 7.30: /Skripte/Kapitel07/ErmittleSystem_FSO.vbs*

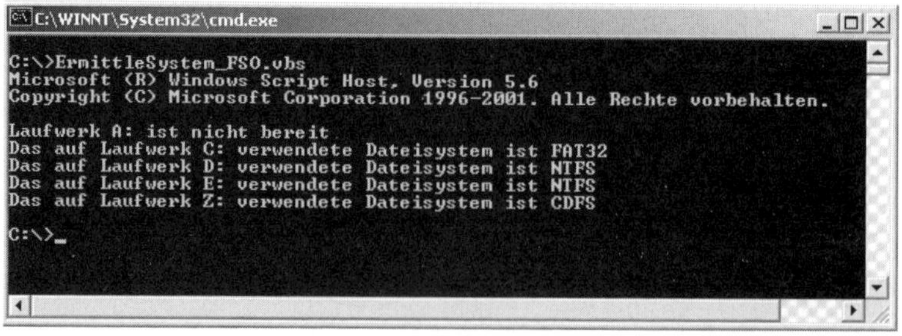

*Bild 7.7:*
*Ermittlung des*
*Dateisystems*

## 7.4.4    Speicherplatzbelegung anzeigen

Die Anzeige aller Informationen zur Speicherplatzbelegung eines Datenträgers wird durch das `Drive`-Objekt der Scripting Runtime-Komponente unterstützt.

Das `Drive`-Objekt stellt die Attribute `TotalSize` (Gesamtkapazität), `FreeSpace` (Freier Speicherplatz) und `AvailableSpace` (Verfügbarer Speicherplatz) zur Verfügung. Diese Informationen werden als Byte-Angaben ausgegeben, was bei der Größe heutiger Datenträger sehr lange Zahlen mit sich bringt. Außerdem fehlt eine Eigenschaft für den belegten Speicherplatz.

**Angaben in Byte**

Im nachfolgenden Beispiel wird die Ermittlung aller Speicherplatzangaben eines Laufwerks demonstriert. Zu Beginn werden alle benötigten Variablen deklariert. Danach wird das `FileSystemObject` durch `CreateObject()` erzeugt und in der Variablen `FSO` gespeichert. Fällt die Überprüfung, ob das Laufwerk existiert, positiv aus, wird durch die `GetDrive()`-Methode ein Verweis auf das `Drive`-Objekt in der Variablen `Laufwerk` abgelegt.

**Verweis auf Laufwerk**

Als letzte Prüfung wird durch `IsReady` die Bereitschaft des Laufwerks ermittelt. Sind alle Prüfungen positiv verlaufen, wird sowohl der Gesamtspeicher durch das Attribut `TotalSpace` als auch der freie Speicherplatz durch das Attribut `FreeSpace` ermittelt. Der belegte Spcicherplatz wird aus den beiden Werten berechnet. War die Prüfung der `IsReady`-Eigenschaft negativ, wird die Variable `Speicher` auf den Wert 0 gesetzt.

In der nächsten If-Abfrage wird diese Variable überprüft, um die Berechnungen durchführen zu können. Hat die Variable `Speicher` den Wert 0, wird eine Fehlermeldung ausgegeben; andernfalls erfolgt die Ausgabe der Daten.

Um die ermittelten Daten sinnvoll darstellen zu können, verwendet das Skript die Hilfsroutine `BerechneSpeicher()`. Diese Routine überprüft die Größe des Speicherplatzes und gibt den formatierten Wert in der korrekten Dimension zurück.

**Umrechnung**

```
' Speicherplatz.vbs
' Ermitteln des freien Speicherplatzes eines Laufwerks
' verwendet: SCRRun
' ===============================
Option Explicit
' Deklaration der Variablen
Dim FSO, Laufwerk
Dim Speicher,BelegterSpeicher,FreierSpeicher
Const Laufwerksbezeichnung="C:"
' Objekt referenzieren
Set FSO = CreateObject ("Scripting.FileSystemObject")
' Laufwerk existiert?
if FSO.DriveExists("C:") then
  ' Verbindung aufnehmen
  Set Laufwerk = FSO.GetDrive(Laufwerksbezeichnung)
  ' Laufwerk bereit
  if Laufwerk.isReady then
    ' Freier Speicher
    FreierSpeicher = Laufwerk.FreeSpace
    ' Gesamtspeicher
    Speicher=Laufwerk.TotalSize
    ' Belegung berechnen
```

```
      BelegterSpeicher=Speicher-FreierSpeicher
   else
      ' Wenn Laufwerk nicht bereit, Speicher=0
      Speicher=0
   End if
   ' Wenn Speicher größer 0
   if Speicher>0 then
      ' Bytes
      if Speicher<1024 then
         WScript.Echo " Das Laufwerk " & Laufwerksbezeichnung & _
         " enthält :" & vbcrlf & _
         " Gesamtspeicher    : " & BerechneSpeicher(Speicher) & vbcrlf & _
         " Belegten Speicher : " & BerechneSpeicher(BelegterSpeicher) & _
         vbcrlf & " Freien Speicher   : " & _
         BerechneSpeicher(FreierSpeicher)
      End if
      ' Kilobytes
      if Speicher<1024^2 then
         WScript.Echo " Das Laufwerk " & Laufwerksbezeichnung & _
         " enthält :" & vbcrlf & _
         " Gesamtspeicher    : " & BerechneSpeicher(Speicher) & vbcrlf & _
         " Belegten Speicher : " & BerechneSpeicher(BelegterSpeicher) & _
         vbcrlf & " Freien Speicher   : " & _
         BerechneSpeicher(FreierSpeicher)
      end if
      ' Megabytes
      if Speicher<1024^3 then
         WScript.Echo " Das Laufwerk " & Laufwerksbezeichnung & _
         " enthält :" & vbcrlf & _
         " Gesamtspeicher    : " & BerechneSpeicher(Speicher)  & vbcrlf & _
         " Belegten Speicher : " & BerechneSpeicher(BelegterSpeicher) & _
         vbcrlf & " Freien Speicher   : " & _
         BerechneSpeicher(FreierSpeicher) & " Megabytes"
      else
      ' sonst Gigabytes
         WScript.Echo " Das Laufwerk " & Laufwerksbezeichnung & _
         " enthält :" & vbcrlf & _
         " Gesamtspeicher    : " & BerechneSpeicher(Speicher)  & vbcrlf & _
        " Belegten Speicher : " & BerechneSpeicher(BelegterSpeicher) & _
        vbcrlf & " Freien Speicher   : " & BerechneSpeicher(FreierSpeicher)
      end if
   else
      WScript.Echo "Das Laufwerk " & Laufwerk & " ist nicht bereit"
   end if
else
   WScript.Echo "Das Laufwerk " & Laufwerk & " existiert nicht"
end if

Function BerechneSpeicher(RAM)
' Umrechnung von Bytes in andere Größen
```

```
' Zahlen werden mit 4 Nachkommastellen geliefert
if RAM<1024 then BerechneSpeicher=FormatNumber(RAM,4) & " Bytes"
if RAM<1024^2 then BerechneSpeicher=FormatNumber(RAM/1024,4) & _
" Kilobytes"
if RAM<1024^3 then
  BerechneSpeicher=FormatNumber(RAM/1024^2,4) & " Megabytes"
else
  BerechneSpeicher=FormatNumber(RAM/1024^3,4) & " Gigabytes"
end if
End Function
```

*Listing 7.31: /Skripte/Kapitel07/Speicherplatz.vbs*

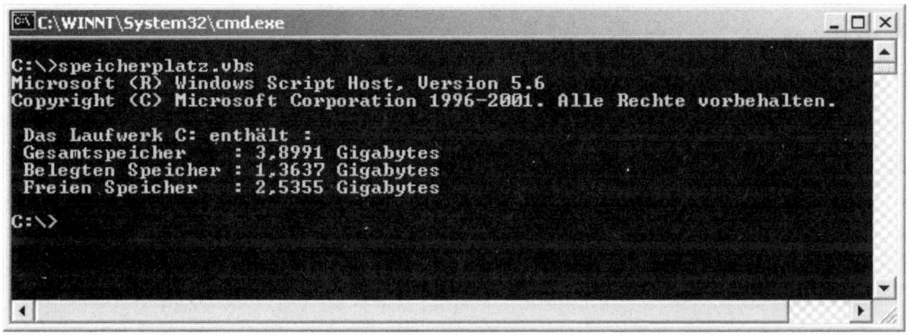

*Bild 7.8: Anzeige des Speicherplatzes eines Laufwerks*

## 7.4.5    Mit einem Netzlaufwerk verbinden

Um auf ein Netzlaufwerk zugreifen zu können, muss das Laufwerk erst mit dem lokalen Computer verbunden werden. Das Beispiel demonstriert die Vorgehensweise anhand eines Skripts.

Nachdem die im Skript verwendeten Variablen deklariert wurden, wird über die Create-Object()-Methode ein WSHNetwork-Objekt (aus der WSH Runtime-Komponente) angelegt und die Referenz auf dieses Objekt der Variablen Network zugewiesen. Dann wird über die MapNetworkDrive()-Methode des WSHNetwork-Objekts eine Verbindung zu einem Netzlaufwerk angelegt:

**MapNet-workDrive()**

```
Network.MapNetworkDrive Laufwerk, Share, True, Benutzer, Kennwort
```

Als Parameter erwartet das Skript die folgenden Werte:

| Parameter | Beschreibung |
| --- | --- |
| Laufwerk | Kennzeichnet den Laufwerksbuchstaben, auf dem die Verbindung abgelegt wird |
| Verbindung | Freigabe, die verbunden werden soll |
| Benutzer | Benutzer, mit dessen Rechten die Verbindung hergestellt wird |
| Kennwort | Kennwort des Benutzers |

*Tabelle 7.3: Parameter für MapNetwork-Drive()*

```
' ErzeugeNetzFreigabe.vbs
' Verbinden eines Netzwerklaufwerks
' verwendet: WSHRun
' ================================
Option Explicit
' Deklaration der Variablen
Dim Network
' Netzwerk-Objekt erstellen
Set Network = WScript.CreateObject("WScript.Network")
' Laufwerk verbinden
Network.MapNetworkDrive "X:", _
"\\Laptop\TestFreigabe",True,"HugoHastig","hugoh"
' Ausgabe
WScript.Echo "Verbindung hergestellt"
```

*Listing 7.32: /Skripte/Kapitel07/ErzeugeNetzFreigabe.vbs*

## 7.4.6 Netzwerkverbindung trennen

**RemoveNet-WorkDrive()** Das Trennen einer bestehenden Netzwerkverbindung erfolgt über die Methode RemoveNet-WorkDrive() des WSHNetwork-Objekts. Als Parameter wird der Laufwerksbuchstabe des zu trennenden Laufwerks angegeben. Das Beispielskript führt diese Aufgaben durch und gibt eine Meldung an der Konsole aus, nachdem die Verbindung getrennt wurde.

```
' LoescheNetzFreigabe.vbs
' Verbindung zu einem Netzwerklaufwerk trennen
' verwendet: WSHNetwork
' ================================
Option Explicit
' Deklaration der Variablen
Dim Network
' Netzwerk-Objekt erstellen
Set Network = WScript.CreateObject("WScript.Network")
' Verbindung trennen
Network.RemoveNetworkDrive "X:"
' Ausgabe
WScript.Echo "Verbindung wurde getrennt"
```

*Listing 7.33: /Skripte/Kapitel07/LoescheNetzFreigabe.vbs*

Sollte das angegebene Laufwerk nicht verbunden sein oder es sich um keine gültige Netzwerkverbindung handeln, wird die Fehlermeldung „Diese Netzwerkverbindung existiert nicht." ausgegeben.

## 7.4.7 Festplattenprüfung (CheckDisk)

Für Datenträgerprüfungen stellt jedes Microsoft-Betriebssystem das Konsolenprogramm *ChkDsk* zur Verfügung. Auch in der Skriptprogrammierung steht eine Methode gleichen Namens in der WMI-Klasse `Win32_LogicalDisk` bereit. Das Beispielskript zeigt den Umgang mit diesem Kommando auf.

Bitte stellen Sie sicher, dass WMI (vgl. Kapitel 5) auf Ihrem Computer installiert ist und läuft.

**Zugriff auf Festplatten**

Nach der obligatorischen Variablendeklaration werden drei Konstanten festgelegt. Anschließend wird durch `GetObject()` ein Verweis auf den *cimv2*-Namensraum des in der Konstanten `Computer` angegebenen Rechners erzeugt. Ergebnis dieser Operation ist ein Objekt vom Typ `SWbemService`. Dieser Verweis wird in der Variablen `WMIService` abgelegt. Anschließend wird durch die `Get()`-Methode ein Verweis auf das angegebene Laufwerk aus der Menge der Instanzen der Klasse `Win32_LogicalDisk` geholt und in der Variablen `Platte` gespeichert. Der Zugriff auf das Laufwerk erfolgt durch die Angabe der `DeviceID`. Der Aufruf der Methode `ChkDsk()` mit der Konstanten `FIX_ERRORS = False` schließt das Skript ab.

Dieses Skript ist nur ab Windows XP lauffähig, weil die WMI-Implementierung in der früheren Version 1.5 die Methode `ChkDsk()` nicht anbietet.

```
' CheckDriveType.vbs
' Festplattenprüfung (ChkDsk) mit WMI ausführen
' verwendet: WMI
' ==========================================
Option Explicit
' Deklaration der Variablen
Dim WMIService, Platte
' Konstanten definieren
Const FIX_ERRORS = False
Const Laufwerk="C:"
Const Computer="Laptop"
' Service-Objekt erstellen
Set WMIService = GetObject("WinMgmts:" & _
  "{impersonationLevel=impersonate}!\\" & Computer & "\root\cimv2")
' Laufwerksobjekt erstellen
Set Platte = WMIService.Get("Win32_LogicalDisk.DeviceID='" & _
  Laufwerk & "'")
' ChkDsk aufrufen und Ergebnis darstellen
WScript.Echo Platte.ChkDsk(FIX_ERRORS)
```

*Listing 7.34: /Skripte/Kapitel07/ChkDsk.vbs*

# 7.5    Freigaben

Ein FileShare-Objekt repräsentiert eine Verzeichnisfreigabe. Der Zugriff auf diese Objekte erfolgt ausschließlich über den Windows-Systemdienst ntlanmanserver. Eine Freigabe ist direkt über einen ADSI-Pfad der Form *WinNT://ComputerName/lanmanserver/Freigabename* erreichbar.

 Die Klasse FileShare wird über die ADSI-Komponente bereitgestellt. Bitte vergewissern Sie sich, dass auf dem Computer, auf dem das Skript laufen soll, ADSI installiert ist (vgl. Kapitel 5).

## 7.5.1    Anlegen von Freigaben

**Einfache Freigaben** Das Anlegen von Freigaben wird im nachfolgenden Beispiel dargestellt. Das Skript erzeugt nach der Variablendeklaration über die GetObject()-Methode einen Verweis auf den Fileservice *LanManServer* und speichert diesen in der Variablen Netzwerk. Nach dem Instanziieren des FileShare-Objekts über die Create()-Methode des Fileservice wird das Attribut Path des Fileshare-Objekts auf das freizugebende Verzeichnis gesetzt. Der explizite Aufruf von SetInfo() schließt die Freigabe ab. Am Schluss erfolgt die Ausgabe einer Meldung.

```
' ErzeugeFreigabe.vbs
' Erzeugen einer Freigabe
' verwendet: ADSI
' ==============================
Option Explicit
' Deklaration der Variablen
Dim Netzwerk, Freigabe
Const Freigabepfad="T:\Websites"
Const Freigabename="Websites"
Const Computer="Laptop"
' Netzwerk-Objekt erstellen
Set Netzwerk = GetObject("WinNT://" & Computer & "/lanmanserver")
' Freigabe erzeugen
Set Freigabe = Netzwerk.create("Fileshare",Freigabename)
' Attribute setzen
' Freizugebendes Verzeichnis
Freigabe.path = Freigabepfad
' Werte festschreiben
Freigabe.Setinfo
' Ausgabe
WScript.Echo "Freigabe wurde erstellt!"
```

*Listing 7.35: /Skripte/Kapitel07/Freigabe_ErzeugenOhneRechte.VBS*

Die neu erstellte Freigabe kann dann auf einem Rechner im Netzwerk mit einem Laufwerksbuchstaben verbunden werden.

```
' ErzeugeNetzFreigabe.vbs
' Verbinden eines Netzwerklaufwerks
' verwendet: WSHRun
' ==============================
Option Explicit
' Deklaration der Variablen
Dim Network
' Netzwerk-Objekt erstellen
Set Network = WScript.CreateObject("WScript.Network")
' Laufwerk verbinden
Network.MapNetworkDrive "X:",
"\\E01\Websites",True,"HolgerSchwichtenberg","geheim-123"
' Ausgabe
WScript.Echo "Verbindung hergestellt"
```

*Listing 7.36: /Skripte/Kapitel07/Netzlaufwerk_Mappen.vbs*

## 7.5.2    Löschen von Freigaben

Ist eine Freigabe erstellt, muss sie auch wieder zu entfernen sein. Dazu wird die `Delete()`-Methode des Windows-Systemdienstes `ntlanmanserver` verwendet. Dieser Methode wird der Name der zu löschenden Freigabe als Parameter übergeben. Das folgende Skript erzeugt einen Verweis auf das `FileService`-Objekt und ruft nun die `Delete()`-Methode auf. Ein Aufruf von `SetInfo()` ist nicht notwendig. **Entfernen**

```
' LoescheFreigabe.vbs
' Löschen einer Freigabe
' verwendet: ADSI
' ==============================
Option Explicit
' Deklaration der Variablen
Dim Netzwerk
Const Freigabename="TempDateien"
Const Computer="Laptop"
' Netzwerk-Objekt erstellen
Set Netzwerk = GetObject("WinNT://" & Computer & "/lanmanserver")
' Freigabe löschen
Netzwerk.Delete "fileshare", Freigabename
' Ausgabe
WScript.Echo "Freigabe wurde gelöscht!"
```

*Listing 7.37: /Skripte/Kapitel07/LoescheFreigabe.vbs*

## 7.5.3    Rechte auf Freigaben

Die Vergabe von Rechten auf Freigaben wird durch die Verwendung von WMI unterstützt. Allerdings ist der Vorgang derart komplex, dass er den Rahmen dieses Buches sprengt. Ein Skript dazu finden Sie auf der CD-ROM (*Freigabe_ErzeugenMitRechten.vbs*). Weitere Skripte und Hintergrundinformationen zur Rechtevergabe gibt es in [SCH07a]. **Rechte über WMI**

# 7.6    Fragen und Aufgaben

1. Wie ist das Überschreiben von Textdateien beim Öffnen möglich?

2. Unter welchen Voraussetzungen und mit welchen Methoden ist das Anhängen von Text an bestehende Textdateien möglich?

3. Ist die Vergabe von Rechten auf Dateiebene möglich? Wenn ja, welche Komponenten werden dazu benötigt?

4. Stellt das `FileSystemObject` Methoden zur Verfügung, welche das Suchen von Datei-inhalten erlauben?

5. Welche der folgenden Methoden erlaubt das Löschen schreibgeschützter Dateien, `Delete()` oder `DeleteFile()`?

6. Auf Laufwerk *C:* soll die Verzeichnisstruktur \\*ErsterOrdner*\\*ZweiterOrdner* erzeugt werden. Ist dies mit der `CreateFolder()`-Methode möglich?

7. Welche Fehlermeldung erzeugt die `CopyFolder()`-Methode, wenn das Zielverzeichnis bereits vorhanden ist?

8. Bietet das `Drive`-Objekt eine Eigenschaft zur Bestimmung des belegten Speicherplatzes? Wenn ja, wie heißt diese Methode?

9. Kann ein Laufwerk mit einer Methode des `FileSystemObject` auf Fehler überprüft werden?

10. Steht die Klasse `FileSystemObject` nach der Installation des WSH automatisch zur Verfügung? Wenn nein, welche Komponenten müssen zusätzlich installiert werden?

# 8 Scripting der Benutzerverwaltung

Dieses Kapitel versetzt den Administrator in die Lage, selbst komplexere Vorgänge in der Benutzerverwaltung durch das Zusammenführen einzelner Vorgänge zu vereinfachen. Benutzerverwaltung soll hier im weiteren Sinne auch Benutzergruppen und Benutzercontainer umfassen.

**Lernziele**

Die Verwaltung von Benutzerkonten in Unternehmensnetzen gewinnt immer mehr an Bedeutung. Während das Verwalten einzelner Benutzer durch den Administrator noch in endlicher Zeit erledigt werden kann, gestaltet sich das Verwalten der Benutzerkonten in komplexen Netzwerken sehr aufwendig. Hier schafft die Skriptprogrammierung dem Administrator die Möglichkeit, lästige Aufgaben durch einfaches Aufrufen von Skripten zu erledigen.

**Vereinfachte Administration**

Aufgrund unterschiedlicher Anforderungen und Vorgehensweisen ist dieses Kapitel getrennt in die Benutzerverwaltung für Windows NT 4.0-Workstations und -Domänen und Active Directory (Windows 2000 und Windows Server 2003). Die Benutzerverwaltung für lokale Benutzer in Windows 2000 Professional, Windows XP Home, Windows XP Professional, Windows Vista und auf Windows 2000 Servern und Windows Server 2003, die nicht Domänencontroller sind, erfolgt auf die gleiche Weise wie bei NT4-Workstations und -Domänen. Die Active Directory-Benutzerverwaltung kann wirklich nur auf das Active Directory angewendet werden.

## ADSI

Die Benutzerverwaltung basiert auf der Komponente ADSI. Es gibt zwar auch einige Klassen in WMI für die Benutzerverwaltung, die Verwaltung mit ADSI ist jedoch einfacher und vollständiger, sodass sie hier verwendet wird.

**ADSI**

Als wichtige Begriffe seien noch einmal wiederholt: Ein Container ist ein Verzeichnisobjekt, das andere Verzeichnisobjekte enthalten darf. Über einen Container kann man mit For Each eine Schleife bilden. Ein Blatt ist ein Verzeichnisobjekt, das keine Unterobjekte enthält; somit ist eine For Each-Schleife nicht möglich.

# 8.1 Benutzerverwaltung für NT 4.0-Domänen und lokale Benutzerkonten

**Flache Strukturen**
Die Frage, ob nicht Active-Directory-basierte Windows-Versionen überhaupt einen Verzeichnisdienst haben, führt gewöhnlich zu hitzigen Diskussionen, da diese Betriebssysteme alle Verzeichnisobjekte in flachen Strukturen verwalten. Es existieren nur einige wenige Container und auch das Anlegen von eigenen Untercontainern wird nicht unterstützt. Aus Gründen der Einfachheit verwenden wir hier jedoch den Begriff Verzeichnisdienst auch für NT4-Domänen.

Ebenfalls aus Gründen der Vereinfachung wird in diesem Kapitel immer von der NT4-Benutzerverwaltung gesprochen.

Die hier vorgestellten Verfahren gelten nicht nur für Windows NT 4.0-Domänen, sondern auch für:

- Windows 2000 Professional
- Windows XP
- Windows Vista
- Windows 2000 Server, die nicht Domänencontroller sind
- Windows Server 2003, die nicht Domänencontroller sind
- Windows Server 2008, die nicht Domänencontroller sind

## 8.1.1 Anlegen eines Benutzerkontos

**Benutzer erzeugen**
Vor dem Anlegen eines neuen NT-Benutzerkontos muss zunächst die Bindung an den übergeordneten `Domain`- oder an einen `Computer`-Container hergestellt werden. Dazu wird bei `GetObject()` ein ADSI-Pfad zu einem Computer oder einer Domäne angegeben. Der Pfad ist sehr einfach:

`WinNT://COMPUTERNAME` oder `WinNT://DOMÄNENNAME`

Auch wenn dies in Kapitel 5 schon mehrfach erwähnt wurde, sei hier dennoch erneut die Warnung ausgesprochen: WinNT müssen Sie mit großen W, N, T und kleinem i, n schreiben. Die häufigste Ursache für nicht funktionierende ADSI-Skripte ist die falsche Schreibweise dieses Begriffs. Dieser Fehler tritt so häufig auf, weil die Relevanz der Groß- und Kleinschreibung in der VBScript-Programmierung sehr selten ist.

Die zusätzliche Angabe des Klassennamens im ADSI-Pfad beschleunigt den Aufruf, weil ADSI dann genau weiß, wonach es suchen soll. Der Klassenname kann am Ende des Pfads durch ein Komma getrennt angegeben werden:

`WinNT://COMPUTERNAME, Computer` oder `WinNT://DOMÄNENNAME, Domain`

Grundsätzlich wird in ADSI ein Objekt mit der Methode `Create()` angelegt. Bei der Methode `Create()` sind der Klassenname `user` und als zweiter Parameter der gewünschte Benutzername anzugeben. Erst mit dem Aufruf von `SetInfo()` wird der Benutzer tatsächlich angelegt. **Create()**

Die `User`-Klasse verlangt keine Pflichtattribute; im Skript werden allerdings die folgenden optionalen Attribute verwendet: **Attribute**

▷ `FullName`: kennzeichnet den Anzeigenamen des Benutzers

▷ `Description`: eine Beschreibung des Benutzers

▷ `HomeDirectory`: der Pfad zu dem Verzeichnis, in dem der Benutzer seine Daten ablegt

▷ `AccountExpirationDate`: Datum, an dem das Konto ungültig wird

▷ `PasswordExpirationDate`: Datum, an dem das Kennwort des Kontos abläuft. `Password-ExpirationDate` kann aber nicht beschrieben werden. Das Ablaufdatum kann nur beeinflusst werden über `MaxPasswordAge` auf Domänen- bzw. Computerebene. Damit der Benutzer nach dem Anmelden sein Kennwort ändern muss, setzt man `Benutzer.PasswordExpired = 1`.

▷ `LoginScript`: das bei der Anmeldung des Benutzers auszuführende Skript

Bitte passen Sie in diesem Skript unbedingt den Namen des Containers an, bevor Sie es testen. Tragen Sie in die Konstante `CONTAINERNAME` den Namen eines Computers oder einer Domäne ein, die bei Ihnen erreichbar ist. Selbstverständlich müssen Sie Administratorrechte auf dem Computer bzw. der Domäne besitzen, um das Skript ausführen zu können.

```
' BenutzerAnlegen.vbs
' Anlegen eines Benutzerkontos unter Windows NT
' verwendet: ADSI
' ================================
Option Explicit
' Variablen deklarieren
Dim Benutzer
Dim Domaene
' Name des Containers, in dem der Benutzer angelegt werden soll
Const CONTAINERNAME = "E01" ' Computername oder Domänenname
Const KLASSE = "Computer" ' oder: Domain
' Zugriff auf Domain-Objekt
Set Domaene = GetObject("WinNT://" & CONTAINERNAME & "," & KLASSE)
' Benutzer anlegen
Set Benutzer= Domaene.Create("user", "WilliWinzig3")
' Setzen von Eigenschaften
' Voller Name
Benutzer.FullName = "Willi Winzig"
```

```
' Beschreibung des Benutzers
Benutzer.Description = "Herr Willi Winzig ist unser neuer Mitarbeiter."
' Home-Verzeichnis des Benutzers
Benutzer.HomeDirectory = "e:\homes\winzig"
' Ablaufdatum des Kontos: 1 Jahr
Benutzer.AccountExpirationDate = Now() + 365
' Verweis auf das Login-Skript
Benutzer.LoginScript = "benutzer.bat"
' Kennwort setzen
Benutzer.SetPassword "SehrGeheim123"
' Kennwortänderung bei erster Anmeldung erzwingen
Benutzer.PasswordExpired = 1
' Festschreiben der Werte
Benutzer.SetInfo
' Meldung ausgeben
WScript.Echo "Benutzer angelegt!"
```

*Listing 8.1: /Skripte/Kapitel08/WinNT/BenutzerAnlegen.vbs*

In den folgenden Bildschirmabbildungen werden bewusst verschiedene neuere Betriebs-systeme verwendet um zu beweisen, dass diese Vorgehensweise auch in modernen Betriebs-systemen und im Zeitalter des Active Directory noch relevant ist. Viele Administratoren glauben fälschlicherweise, die Benutzerkontenverwaltung in einem Netzwerk mit Active Directory würde komplett über LDAP laufen.

*Bild 8.1:*
*Anlegen des*
*Benutzers Willi*
*Winzig als loka-*
*ler Benutzer*
*(hier: Active*
*Directory-Mit-*
*gliedsserver auf*
*Basis von Win-*
*dows Server*
*2003 R2)*

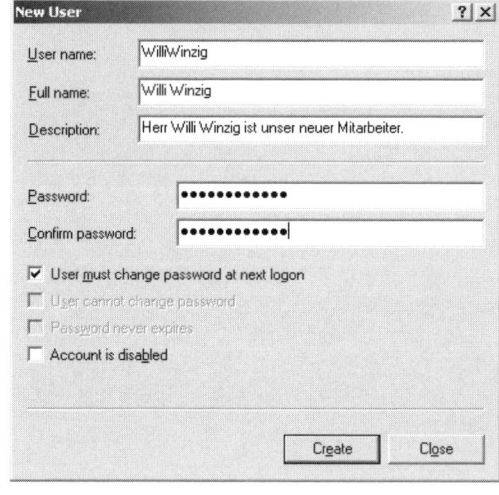

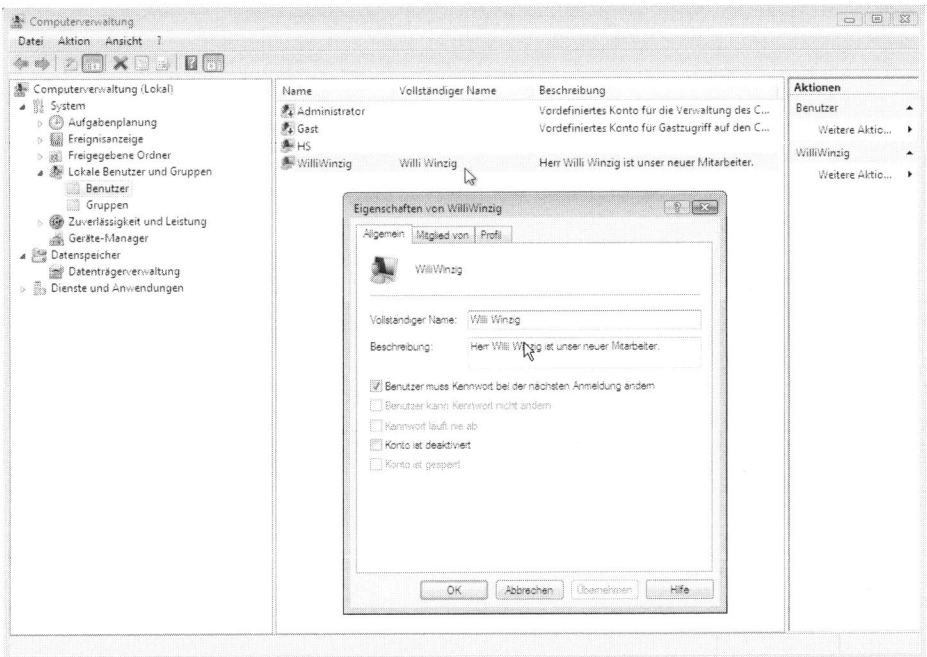

*Bild 8.2:
Anzeige des
neuen Benut-
zerkontos
(hier: Windows
Vista)*

Der neue Benutzer WilliWinzig erscheint aber nicht in der Benutzerkontenverwaltung der Vista-Systemsteuerung, weil er nicht Mitglied der Standardgruppe „Benutzer" ist. Der neu angelegte Benutzer gehört zunächst zu keiner Gruppe und er hat auch noch kein Kennwort. Diese beiden Schritte erfolgen in den nächsten Skripten.

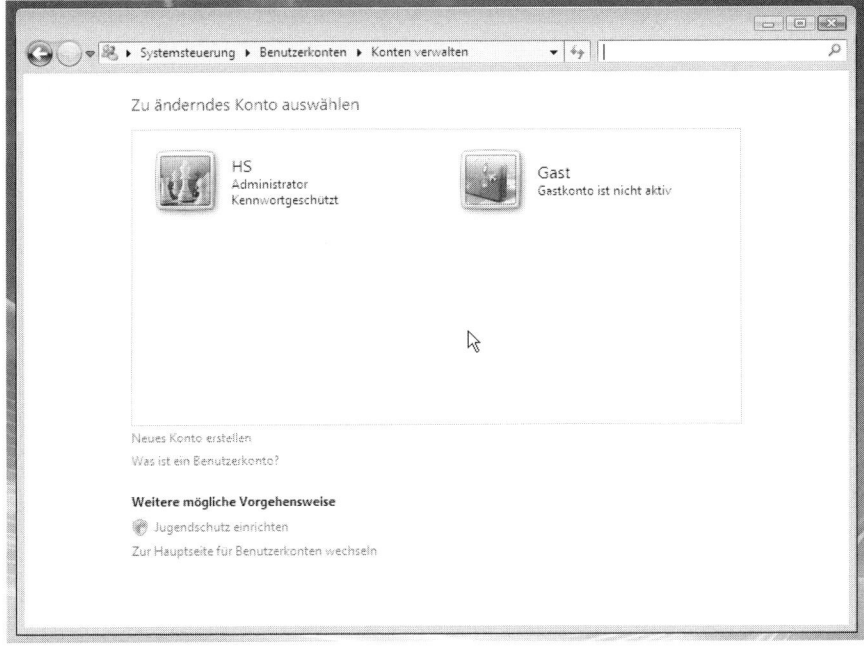

*Bild 8.3:
Benutzerkon-
tenliste in der
Systemsteue-
rung von
Windows Vista*

### 8.1.2 Umbenennen eines Benutzers

**Namens-änderung** Der NT4-Verzeichnisdienst erlaubt die Umbenennung eines Benutzerkontos nach dem Anlegen, da für die eindeutige Identifizierung nicht der Kontoname, sondern der Security Identifier (SID) des Kontos maßgeblich ist. Das Konto verliert also nicht seine Gruppenzuordnungen oder Rechte. Die Methode zur Umbenennung heißt in ADSI `MoveHere()`. Diese Methode wird sowohl von der `Computer`- als auch von der `Domain`-Klasse unterstützt.

> Es ist nicht möglich, ein Benutzerkonto im WinNT-Verzeichnisdienst zu verschieben, weil es nur einen Container für Benutzer geben kann. Eine Verschiebung zwischen Domänen ist ebenfalls nicht möglich.

Das Skript deklariert die benötigten Variablen für die Objekte. Durch den Aufruf von `GetObject()` wird eine Instanz des `Domain`-Objekts erzeugt und der Variablen `Container` zugewiesen. Als Parameter werden der WinNT-Provider und der Name des Computers angegeben, auf dem sich das Benutzerkonto befindet.

**Umbenennen durch Verschieben** Der Aufruf der `MoveHere()`-Methode des `Domain`-Objekts mit dem ADSI-Pfad des Benutzers sowie dem neuen Benutzernamen führt die Umbenennung durch. Die erfolgreiche Umbenennung wird durch eine Meldung angezeigt.

```
' BenutzerUmbenennen.vbs
' Umbenennen eines Benutzerkontos unter Windows NT
' verwendet: ADSI
' ================================
Option Explicit

' Konstanten - bitte anpassen!!!
Const CONTAINERNAME = "ServerE02" ' Computername oder Domänenname
Const ALTERNAME = "WilliWinzig"
Const NEUERNAME = "WilliWichtig"

' Notwendige Variablen deklarieren
Dim Container
' Zugriff auf Domain-Objekt
Set Container = GetObject("WinNT://" & CONTAINERNAME)
' MoveHere ausführen
Container.MoveHere _
"WinNT://" & CONTAINERNAME & "/" & ALTERNAME,NEUERNAME
' Meldung ausgeben
Wscript.Echo "Benutzer umbenannt!"
```

*Listing 8.2: /Skripte/Kapitel08/WinNT/BenutzerUmbenennen.vbs*

Wie Sie in nachfolgender Bildschirmabbildung sehen können, wird durch die `MoveHere()`-Methode nur der Benutzername selbst, nicht aber die anderen Attribute wie `FullName` und `Description` beeinflusst.

Bitte beachten Sie, dass nach Ausführung dieses Skripts das Benutzerkonto „WilliWinzig" nicht mehr existiert. Da die nachfolgenden Skripte „WilliWinzig" verwenden, sollten Sie mit Hilfe des ersten Skripts in diesem Kapitel „WilliWinzig" wieder anlegen.

### 8.1.3    Kennwort eines Benutzers ändern

Grundsätzlich gibt es zwei Möglichkeiten, ein Kennwort mit ADSI zu setzen:

▶  Bei `SetPassword()` ist die Angabe des bisherigen Kennworts nicht nötig.

▶  Bei der Methode `ChangePassword()` muss das bisherige Kennwort angegeben werden.

**Set-Password()**

**Change-Password()**

`ChangePassword()` sollte angewendet werden, wenn sichergestellt werden soll, dass nur der betreffende Benutzer selbst das Kennwort ändert. Die Methode lässt sich nur ausführen, wenn die Kontorichtlinien dies erlauben (wenn Sie das Skript ausgeführt haben, das die minimale Kennwortdauer auf zehn Tage setzt, dann kann `ChangePassword()` erst nach zehn Tagen zum ersten Mal ausgeführt werden!).

Für den Administrator ist die Methode `SetPassword()` gedacht, da das alte Kennwort nicht bekannt sein muss. `SetPassword()` kann nicht nur beim erstmaligen Setzen, sondern zu beliebiger Zeit ausgeführt werden.

In älteren Windows-Versionen (vor Windows Server 2003 und Windows XP mit Service Pack 2) konnte das Kennwort beim Anlegen eines neuen Benutzers erst gesetzt werden, nachdem das Anlegen mit `SetInfo()` vollzogen wurde. Damit ist eine potenzielle Sicherheitslücke geschlossen.
Für den LDAP-Provider gilt jedoch die Aussage "Erst Konto komplett anlegen, dann Kennwort setzen" immer noch. Das potenzielle Risiko kann hier dadurch umgangen werden, dass das Konto, welches im Standard deaktiviert ist, erst nach der Kennwortvergabe aktiviert wird!

```
' KennwortAendern1.vbs
' Setzen eines Kennworts für ein Benutzerkonto
' verwendet: ADSI
' ================================================================
Dim Benutzer
' Bitte ADSI-Pfad anpassen: WinNT://CONTAINER/BENUTZERNAME
Set Benutzer = GetObject("WinNT://ServerE02/WilliWinzig,user")
Benutzer.SetPassword "Helmut"
Msgbox "Kennwort gesetzt!"
```

*Listing 8.3: /Skripte/Kapitel08/WinNT/KennwortAendern1.vbs*

```
' KennwortAendern2.vbs
' Ändern eines Kennworts für ein Benutzerkonto
' verwendet: ADSI
' ================================================================
```

```
Dim Benutzer
' Bitte ADSI-Pfad anpassen: WinNT://CONTAINER/BENUTZERNAME
Set Benutzer = GetObject("WinNT://ServerE02/WilliWinzig,user")
Benutzer.ChangePassword "Helmut", "Gerhard"
Msgbox "Kennwort geändert!"
```

*Listing 8.4: /Skripte/Kapitel08/WinNT/KennwortAendern2.vbs*

Um den Benutzer zu veranlassen, sein Kennwort bei der nächsten Anmeldung zu ändern, wird die Eigenschaft AccountExpirationDate auf das aktuelle Datum und die aktuelle Uhrzeit gesetzt.

## 8.1.4    Anlegen einer Benutzergruppe

**Andere Klasse**  Das Einrichten einer Gruppe erfolgt analog zur Erstellung eines User-Objekts. Beachten Sie aber den bei Create() anzugebenden Klassennamen Group.

**Lokal oder global**  GroupType ist ein Pflichtattribut des WinNT-Verzeichnisdienstes, das aber automatisch auf den Wert 2 (globale Gruppe) gesetzt wird, wenn der ADSI-Client keinen Wert vorgibt. Das Beispielskript allerdings erzeugt eine lokale Gruppe (Wert 4).

```
' GruppeAnlegen.vbs
' Anlegen einer lokalen Gruppe unter Windows NT
' verwendet: ADSI
' ================================================================

Option Explicit
' Variablen deklarieren
Dim Container
Dim Gruppe
' Konstanten definieren
Const GRUPPENNAME = "Finanzbeamte"
' Name des Containers, in dem der Benutzer angelegt werden soll
Const CONTAINERNAME = "ServerE02" ' Computername oder Domänenname

' Zugriff auf Domain-Objekt
Set Container = GetObject("WinNT://" & CONTAINERNAME)
' Erzeugen der Gruppe
Set Gruppe = Container.Create("group", GRUPPENNAME)
' Gruppentyp setzen
' 4 = Lokale Gruppe, 2= Globale Gruppe
Gruppe.Put "Grouptype", 4
' Beschreibungstext setzen
Gruppe.Description = "Gruppe der Finanzbeamten"
' Festschreiben der Änderungen
Gruppe.SetInfo
' Meldung ausgeben
WScript.Echo "Gruppe " & GRUPPENNAME & " wurde angelegt!"
```

*Listing 8.5: /Skripte/Kapitel08/WinNT/GruppeAnlegen.vbs*

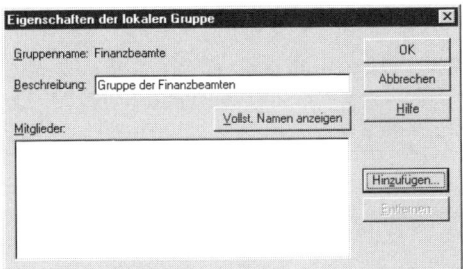

*Bild 8.4:
Neue Gruppe
erstellt*

## 8.1.5 Hinzufügen eines Benutzer zu einer Gruppe

**Gruppieren**

Das folgende Skript ordnet einen bestehenden Benutzer einer existierenden Gruppe zu. Das Skript deklariert die benötigte Variable für das `Group`-Objekt. Durch den Aufruf von `GetObject()` wird eine Instanz des `Group`-Objekts erzeugt und der Variablen `Gruppe` zugewiesen. Durch Aufruf der `Add()`-Methode des `Group`-Objekts wird der als Parameter übergebene Benutzer der Gruppe zugeordnet.

Der Befehl `SetInfo()` ist hier nicht notwendig, die Änderung wird sofort wirksam.

Der Benutzer muss bereits vorhanden sein, ansonsten wird die Fehlermeldung „Ein Mitglied konnte in der lokalen Gruppe nicht hinzugefügt oder entfernt werden, da das Mitglied nicht vorhanden ist." ausgegeben.

```
' BenutzerzuGruppe.vbs
' Hinzufügen eines Benutzers zu einer Gruppe unter Windows NT
' verwendet: ADSI
' ===============================
Option Explicit
' Variablen deklarieren
Dim Gruppe
' Zugriff auf das Gruppen-Objekt
Set Gruppe = GetObject("WinNT://ServerE02/Finanzbeamte,Group")
' Hinzufügen des Benutzer-Objekts zur Gruppe
Gruppe.Add ("WinNT://ServerE02/WilliWinzig")
' Meldung ausgeben
Wscript.Echo "Benutzer WilliWinzig zur Gruppe Finanzbeamte hinzugefügt!"
```

*Listing 8.6: /Skripte/Kapitel08/WinNT/BenutzerzuGruppe.vbs*

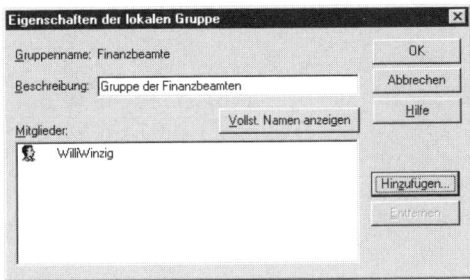

*Bild 8.5:
Benutzer in die
Gruppe eingefügt*

## 8.1.6 Entfernen eines Benutzer aus einer Gruppe

**Benutzer entfernen** Das nachfolgende Skript *LoescheBenutzerausGruppe.vbs* entfernt einen Benutzer aus einer Benutzergruppe. Zentraler Befehl ist die Methode Remove(), die auf einem Group-Objekt ausgeführt wird. Als Parameter erwartet Remove() den ADSI-Pfad des Benutzers, der aus der Gruppe entfernt werden soll.

**Identifikation** Der Variablen Gruppe wird durch GetObject() ein Verweis auf das Group-Objekt der betreffenden Gruppe zugewiesen. Danach wird Remove() ausgeführt. Der Befehl SetInfo() ist hier nicht notwendig, die Änderung wird sofort wirksam.

```
' LoescheBenutzerausGruppe.vbs
' Löschen eines Benutzerkontos aus einer Gruppe unter Windows NT
' verwendet: ADSI
' ================================
Option Explicit
Dim Benutzer
Dim Gruppe
' Zugriff auf das Gruppen-Objekt
Set Gruppe = GetObject("WinNT://ServerE02/Finanzbeamte,group")
' Benutzer-Objekt aus der Gruppe entfernen
Gruppe.Remove("WinNT://ServerE02/WilliWinzig,user")
Wscript.Echo "Der Benutzer WilliWinzig wurde aus der " & _
    "Gruppe Finanzbeamte entfernt."
```

*Listing 8.7: /Skripte/Kapitel08/WinNT/LoescheBenutzerausGruppe.vbs*

*Bild 8.6: Benutzer wieder aus der Gruppe entfernt*

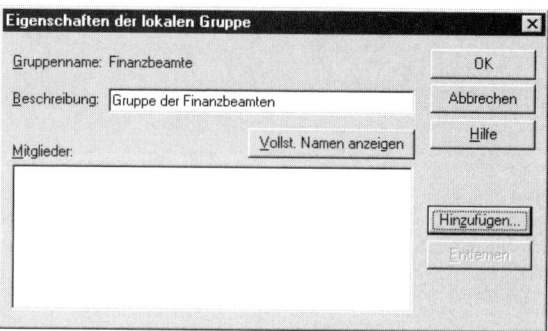

## 8.1.7 Deaktivieren eines Benutzerkontos

**Konto sperren** Soll einem Benutzer der Zugang zum Netzwerk nur kurzfristig entzogen werden, muss das Konto nicht gelöscht werden, sondern es kann deaktiviert werden. Ein Konto kann auch gesperrt werden. Dies hat denselben Effekt wie die Deaktivierung.

Das nachfolgende Beispiel zeigt, wie mit Hilfe des Attributs AccountDisabled ein Benutzer deaktiviert wird, sodass er sich nicht mehr am Netz anmelden kann. Dazu wird mit GetObject() ein Verweis auf das User-Objekt erstellt und in der Variablen Benutzer gespeichert. Durch Setzen der Eigenschaft AccountDisabled auf den Wert True wird das User-Objekt angewiesen, das Konto zu sperren. Die Sperrung erfolgt erst mit dem Aufruf von SetInfo().

Die Umkehrung der Aktion ist mit der Zuweisung des booleschen Wertes False an die Eigenschaft AccountDisabled möglich. **Entsperrung**

```
' DeaktiviereKonto.vbs
' Deaktivieren eines Benutzerkontos unter Windows NT
' verwendet: ADSI
' =========================================================================
Option Explicit
' Variablen deklarieren
Dim Benutzer
' Zugriff auf User-Objekt
Set Benutzer= GetObject("WinNT://ServerE02/WilliWinzig,user")
' Deaktivierung
Benutzer.AccountDisabled = True ' = False zum Reaktivieren!
' Cache schreiben
Benutzer.SetInfo
' Meldung ausgeben
Wscript.Echo "Benutzer WilliWinzig deaktiviert!"
```

*Listing 8.8: /Skripte/Kapitel08/WinNT/DeaktiviereKonto.vbs*

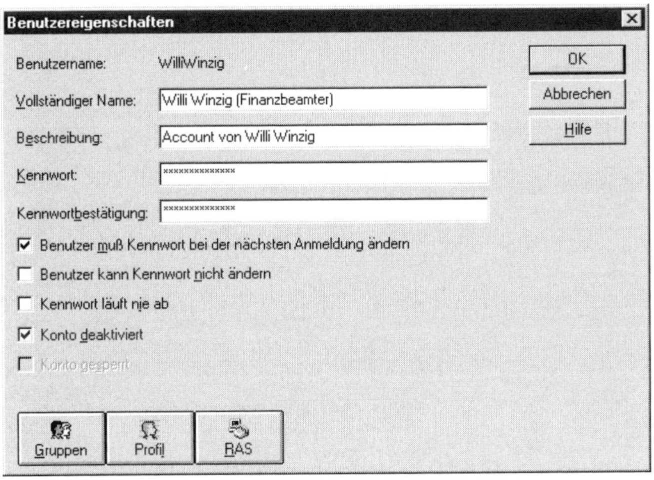

*Bild 8.7:*
*Benutzerkonto*
*ist deaktiviert*

## 8.1.8 Löschen einer Gruppe

Zentraler Befehl beim Löschen eines Objekts ist die Methode Delete(), die nur von Container-Objekten (also den Klassen Domain und Computer) bereitgestellt wird. Delete() erwartet nicht nur den Namen des zu löschenden Objekts, sondern zuvor im ersten Parameter auch den Klassennamen. **Delete()**

Im nächsten Beispiel wird das Löschen einer Gruppe demonstriert. Dazu wird nach der Variablendeklaration der Variablen Container der Verweis auf das durch GetObject() erzeugte Domain- oder Computer-Objekt zugewiesen. Unter Angabe des Klassennamens Group und des Gruppennamens löscht die Delete()-Methode die Gruppe aus dem Container.

Bitte verwechseln Sie nicht die Methoden Remove() und Delete(). Remove() entfernt einen Benutzer aus einer Gruppe. Eine Gruppe gilt nicht als ein Container-Objekt, weil die Gruppe den Benutzer im engeren Sinne nicht enthält, sondern nur einen Verweis auf den Benutzer speichert. Ein Objekt kann immer nur in einem Container sein. Wäre die Gruppe ein Container, könnte der Benutzer nur Mitglied einer einzigen Gruppe sein. Nach einem Remove() ist das Benutzerkonto immer noch vorhanden. Delete() dagegen entfernt einen Benutzer aus einem Container, sodass er permanent gelöscht wird.

**Sofortige Löschung** Ein expliziter Aufruf von SetInfo() ist hier nicht notwendig. Die Löschung wird sofort durchgeführt.

```
' LoescheGruppe.vbs
' Löschen einer Gruppe unter Windows NT
' verwendet: ADSI
' ========================================================
Option Explicit
' Variablen deklarieren
Dim Container
' Konstanten definieren
Const GRUPPENNAME ="Finanzbeamte"
' Zugriff auf Domain-Objekt
Set Container = GetObject("WinNT://ServerE02")
' Löschen der Gruppe
Container.Delete "group", GRUPPENNAME
' Meldung ausgeben
Wscript.Echo "Gruppe " & GRUPPENNAME & " wurde gelöscht!"
```

*Listing 8.9: /Skripte/Kapitel08/WinNT/LoescheGruppe.vbs*

*Bild 8.8: Auch die Gruppe ist wieder weg.*

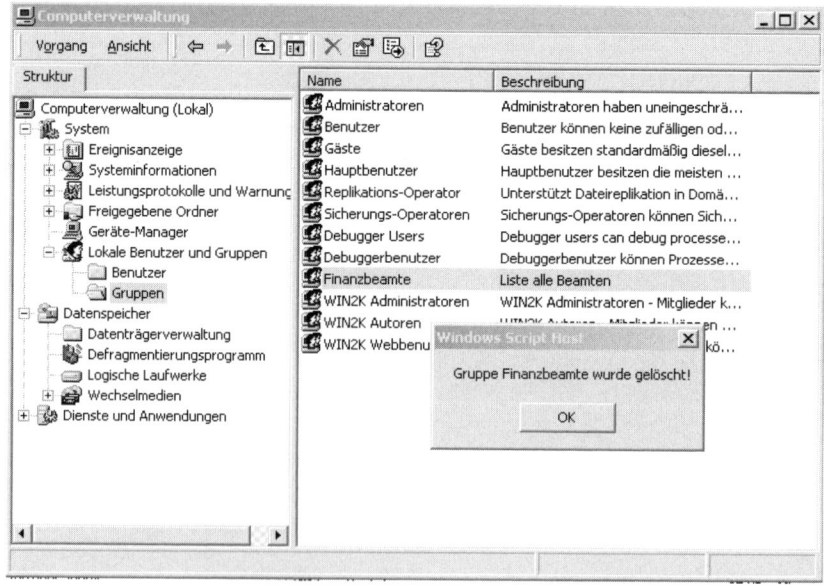

### 8.1.9 Löschen eines Benutzers

Ein Benutzer wird gelöscht durch den Aufruf der Delete()-Methode des Containers, in dem er enthalten ist. Das folgende Beispiel zeigt das Löschen eines Domänenbenutzers. Bei der Delete()-Methode ist – wie beim Erzeugen – der Klassenname User anzugeben, um Verwechslungen mit eventuell gleichnamigen Group-Objekten zu vermeiden. Der Aufruf von SetInfo() ist nicht notwendig; Delete() wird sofort ausgeführt!

**Verwechslungen möglich**

```
' LoescheBenutzer.vbs
' Löschen eines Benutzerkontos unter Windows NT
' verwendet: ADSI
' ==============================
Option Explicit
' Variable deklarieren
Dim Container
' Zugriff auf Domain-Objekt
Set Container = GetObject("WinNT://ServerE02")
' Benutzer löschen
Container.Delete "user", "WilliWinzig"
' Meldung ausgeben
WScript.Echo "Benutzer gelöscht!"
```

*Listing 8.10: /Skripte/Kapitel08/WinNT/LoescheBenutzer.vbs*

## 8.2 Active Directory-Benutzerverwaltung unter Windows Server 2000/2003/2008

Die folgenden Beispiele demonstrieren den Umgang mit der Benutzerverwaltung in einem Active Directory (kurz: AD) unter Windows 2000 Server oder Windows Server 2003. Alle Beispiele setzen die im ersten Unterkapitel erzeugte Organisationseinheit *WSH-Scripting* voraus.

Weil dieser Fehler sehr häufig gemacht wird, seien Sie an dieser Stelle noch einmal gewarnt: Sie können mit den folgenden Skripten wirklich nur die Objekte in einem Active Directory im engeren Sinne verwalten. Benutzer und Gruppen, die lokal auf einem Windows-Client oder Windows Server, der nicht Domänencontroller ist, existieren, gehören nicht zum Active Directory. Diese Objekte werden wie ein NT4-System verwaltet (vgl. vorheriges Unterkapitel). Gleiches gilt für einen Windows 2000 Server oder einen Windows Server 2003, auf dem das Active Directory nicht installiert ist.

Microsoft hat in der Vergangenheit leider viele Benutzer mit einer zu globalen Verwendung des Begriffs Active Directory Service in die Irre geführt. Dies zeigt sich zum Beispiel auch am Namen der Komponente Active Directory Service Interface (ADSI). Wie bereits in Kapitel 5 geschildert, ist diese Komponente keineswegs nur für das Active Directory zuständig.

## 8.2.1 Anlegen einer Organisationseinheit

**Verschach-telte Ein-heiten**

Eine hervorstechende Eigenschaft des Active Directory (gegenüber der NT4-Benutzerverwaltung) besteht darin, beliebige Organisationsstrukturen in Form von Containern abbilden zu können. Ein solcher Container heißt im Active Directory OrganizationalUnit.

**Oberste Ebene**

Das Beispielskript erstellt eine Organisationseinheit im Active Directory. Dazu wird nach der Variablendeklaration ein Verweis auf das RootDSE-Objekt erzeugt und in der Variablen Wurzel abgelegt. RootDSE kennzeichnet das oberste Element in einem Active Directory.

Wichtig ist auch hier, dass Sie LDAP komplett in Großbuchstaben schreiben. Die Schreibweise der nachfolgenden Wörter ist jedoch egal (rootdse, ROOTDSE, rootDSE etc.).

Nun wird der LDAP-Pfad des Wurzelverzeichnisses vom Active Directory durch Abfrage der Eigenschaft defaultNamingContext ermittelt und in der Variablen Domaene gespeichert.

Die Verwendung des RootDSE-Objekts bringt den Vorteil, dass Sie nicht den kompletten LDAP-Pfad zu Ihrem Active Directory wissen müssen. Selbstverständlich können Sie den Pfad aber auch manuell angeben. Dies ist in vielen der folgenden Skripte gezeigt.

Beachten Sie beim Anlegen von Organisationseinheiten den Klassennamen (organizationalUnit) im ersten Parameter und das dem eigentlichen Containernamen vorangestellte OU= im zweiten Parameter bei Create().

**Viele Eigen-schaften**

Die Organisationseinheiten stellen neben vielen Eigenschaften unter anderem die Eigenschaft Description zur Verfügung, welche eine Beschreibung des Objekts zulässt. Erst durch den Aufruf von SetInfo() wird das Objekt im Active Directory abgelegt.

```
' ErzeugeOU.vbs
' Erzeugen einer Organisationseinheit im Active Directory
' verwendet: ADSI
' ===============================
Option Explicit
' Variablen deklarieren
Dim Wurzel, Domaene, OrgEinheit
' Konstanten definieren
Const OUName="WSH-Scripting"
' Oberstes Element des AD holen
Set Wurzel = GetObject("LDAP://RootDSE")
' Wurzelverzeichnis bestimmen
Set Domaene = GetObject("LDAP://" & Wurzel.Get("defaultNamingContext"))
' OU anlegen
Set OrgEinheit = Domaene.Create("organizationalUnit", "OU=" & OUName)
' Beschreibung setzen
OrgEinheit.Description = "Dies ist eine OU für das Scripting-Buch"
' Werte festschreiben
OrgEinheit.SetInfo
' Ausgabe
WScript.Echo "OU wurde angelegt:" & OrgEinheit.AdsPath
```

*Listing 8.11: /Skripte/Kapitel08/LDAP/ErzeugeOU.vbs*

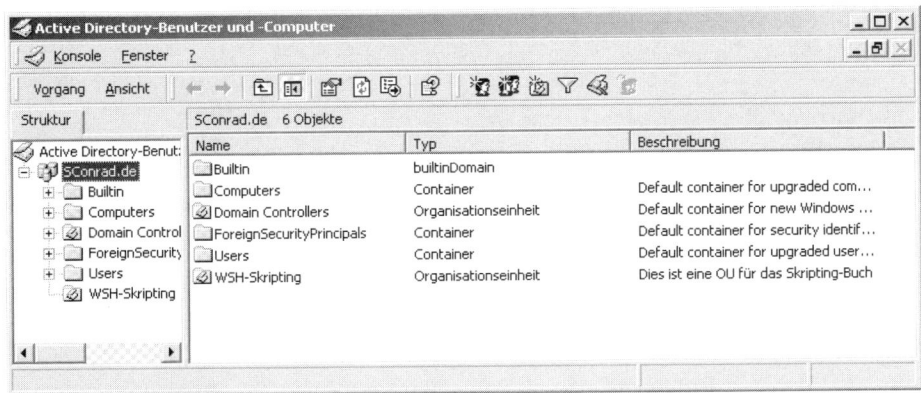

*Bild 8.9:
Die Organisa-
tionseinheit
WSH-Scrip-
ting wurde
erzeugt.*

## 8.2.2 Anlegen eines Organisationseinheitenbaums im Active Directory

Durch den hierarchischen Aufbau ist das Active Directory in der Lage, `Container`-Objekte auf mehreren Ebenen aufzunehmen. Das Beispiel in diesem Abschnitt zeigt, wie man aus einer XML-Datei eine Organisationseinheitenhierarchie anlegt.

**Untergeord-
nete Orga-
nisationsein-
heit anlegen**

Das Finden der richtigen Organisationsstruktur ist oftmals ein Politikum beim Aufbau einer Active Directory-Infrastruktur. Benötigt wird ein Instrument, mit dem man eine umfangreiche Hierarchie von Organisationseinheiten auf einfache Weise definieren und mit dessen Hilfe man die Organisationseinheiten nachher schnell implementieren kann.

Für hierarchische Daten hat sich der XML-Standard inzwischen durchgesetzt. Die folgende Abbildung zeigt, wie man eine Organisationsstruktur in XML-Form definieren könnte. Wenn man eine solche Hierarchie einmal definiert hat, liegt es nahe, ein Skript zu verwenden, das diese Hierarchie automatisch in das Active Directory einfließen lässt.

*Bild 8.10:
Eingabedatei
für das Anle-
gen einer AD-
OU-Struktur*

```
<?xml version="1.0" encoding="utf-8" ?>
- <OUStruktur>
  - <OU Name="www.IT-Visions.de">
      <OU Name="Geschäftsführung" />
    <OU Name="Experten">
        <OU Name="DOTNET" />
        <OU Name="Scripting" />
      - <OU Name="Windows">
          <OU Name="Client" />
          <OU Name="Server" />
        </OU>
    </OU>
      <OU Name="Verwaltung" />
  </OU>
</OUStruktur>
```

### Das Skript

Das Skript ist trotz seiner Mächtigkeit überschaubar. Neben dem Active Directory Service Interface (ADSI) kommt eine weitere Scripting-Komponente, das Microsoft XML Document Object Model (MSXML), zum Einsatz, um die XML-Datei zu lesen. Durch rekursive Programmierung (die Routine `ParseXMLDokument()` ruft sich immer wieder selbst auf, wenn es noch eine Unterebene gibt) kann man das Skript sehr prägnant halten. Das Ergebnis des Skripts ist in der unten stehenden Bildschirmabbildung zu sehen.

```
' -----------------------------------------
' Skriptname: OUs_AusXmlDateiAnlegen.vbs
' Autor: Dr. Holger Schwichtenberg 2006-2007
' -----------------------------------------
' Dieses Skript erstellt eine OU-Struktur aus einer XML-Datei
' -----------------------------------------
' Verwendet FSO, MSXML, ADSI
' -----------------------------------------


Option Explicit

' Parameter
Const WURZEL = "LDAP://E02/dc=it-visions,dc=local"
Const EINGABEDATEI = "OUStruktur.xml"

' Deklaration der Variablen
Dim Datei, WSHShell
Dim XMLDokument
Dim wurzelknoten

' COM-Objekte erstellen
Set WSHShell = CreateObject("Wscript.shell")
Set XMLDokument = CreateObject("Msxml2.DOMDocument")

' Pfad zur Eingabedatei
Datei = WSHShell.CurrentDirectory & "/" & EINGABEDATEI

' Asynchrones Laden ausschalten
XMLDokument.async = False
' Datei laden
XMLDokument.load(DATEI)
WScript.Echo "Dokument geladen"
' Fehler?
If XMLDokument.parseError.reason <> "" Then MsgBox
XMLDokument.parseError.reason, ,"Fehler"
' Wurzel-Knoten auswählen
Set wurzelknoten = XMLDokument.selectSingleNode("OUStruktur")
' Durchlauf starten bei Wurzel
ParseXMLDokument 0, wurzelknoten, WURZEL

' === Alle Kind-Knoten durchlaufen
Sub ParseXMLDokument(ByVal ebene,  ByVal wurzelknoten, ByVal ouwurzel)
Dim OUKnoten, neuou
ebene = ebene + 1
For Each OUKnoten In wurzelknoten.Childnodes
WScript.echo "OU gefunden in XML-Datei: " & Space(ebene) &
OUKnoten.getAttribute("Name")
```

```
neuou = OUAnlegen(ouwurzel,OUKnoten.getAttribute("Name"))
ParseXMLDokument ebene, OUKnoten, neuou ' Rekursion
Next
End Sub


' === OU anlegen
Function OUAnlegen(Vater,OUName)
Dim Domain, OrgEinheit
' Verweis auf die bestehende OU holen
Set Domain = GetObject(Vater)
' Neue OU anlegen
Set OrgEinheit = Domain.Create("organizationalUnit", "OU=" & OUName)
' Beschreibung setzen
OrgEinheit.Description = "Angelegt mit dem Skript von Holger Schwichtenberg!"
' Werte festschreiben
OrgEinheit.SetInfo
' Ausgabe
WScript.Echo "OU wurde angelegt:" & OrgEinheit.ADsPath
OUAnlegen = OrgEinheit.ADsPath
End Function
```

*Listing 8.12: /Skripte/Kapitel08/LDAP/OUs_AusXmlDateiAnlegen.vbs*

Bild 8.11:
Ergebnis der
Skriptaus-
führung

## 8.2.3 Anlegen eines Benutzerkontos

Ähnlich, aber dennoch nicht identisch zu NT4 ist das Anlegen eines Benutzers im Active Directory. Neben dem Verzeichnisnamen benötigt jeder AD-Benutzer als Pflichtattribut einen SAMAccountName. Da bei LDAP anders als bei NT4 der Attributname des Schlüsselattributs (hier „cn“) Teil des Verzeichnisnamens ist, muss dem neuen Benutzernamen in der Create()-Methode getrennt durch ein Gleichheitszeichen der Attributname vorangestellt werden, der der Identifizierung der Instanzen dieser Klasse dient (also: „cn=“). **Andere Attribute**

Das Beispielskript legt einen neuen Benutzer innerhalb der Organisationseinheit *WSH-Scripting* an. Bitte haben Sie Verständnis dafür, dass nicht alle Attribute besprochen werden können, aber das würde den Rahmen dieses Buches sprengen. Die verwendeten Attribute sind: **Benutzer in Container**

▷ SamAccountName: kennzeichnet den Benutzer

▷ AccountDisabled: aktiviert oder deaktiviert das Konto des Benutzers

```
' BenutzerAnlegen.vbs
' Erzeugen eines Benutzerkontos im AD
' verwendet: ADSI
' ================================
```

```
Option Explicit
' Variablen deklarieren
Dim Container
Dim Benutzer
' Konstanten definieren
Const BenutzerName="HugoHastig"
' Bindung an Container
Set Container = _
GetObject("LDAP://ServerE02/OU=WSH-Scripting,DC=IT-Visions,DC=de")
' Erzeugen des neuen Benutzers
Set Benutzer = Container.Create("user", "CN=" & BenutzerName)
' Attribute setzen
Benutzer.Put "samAccountName", BenutzerName
' Festschreiben der Werte
Benutzer.SetInfo
' Konto aktivieren
Benutzer.AccountDisabled = False
' Festschreiben der Werte
Benutzer.SetInfo
' Meldung ausgeben
WScript.Echo "Benutzer " & Benutzer.AdsPath & " angelegt"
```

*Listing 8.13: /Skripte/Kapitel08/LDAP/BenutzerAnlegen.vbs*

Die folgende Darstellung zeigt den Benutzer innerhalb der Organisationseinheit „WSH-Scripting".

*Bild 8.12: Erzeuge den Benutzer „HugoHastig" in „WSH-Scripting".*

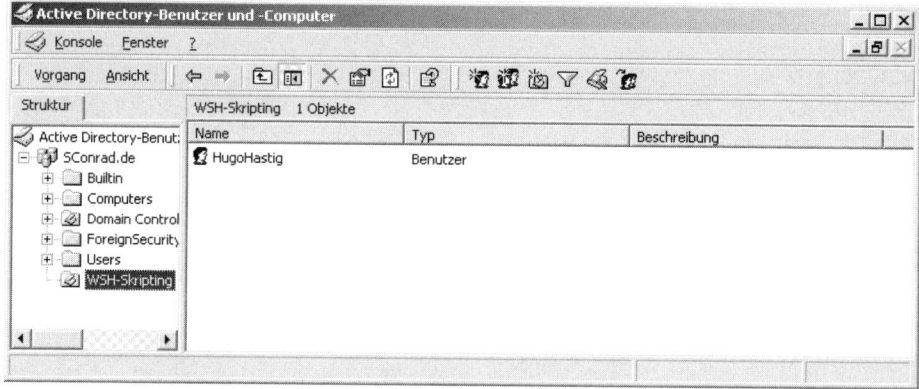

## 8.2.4 Anlegen von Benutzern aus einer Access-Datenbank

**Große Netzwerke**

Das Verwalten einzelner Benutzer kann noch in endlicher Zeit erledigt werden; kritisch wird die Verwaltung der Benutzer in großen Netzwerken. Als Datenbasis für das Anlegen von großen Benutzermengen eignet sich Microsoft Access bestens. Die Daten können über Formulare in einer Access-Anwendung verwaltet werden. Das folgende Skript liest alle in der Tabelle „Benutzer" in der Datenbank *BenutzerDB.mdb* enthaltenen Benutzer aus und legt diese im Active Directory an.

Zum Anlegen der Benutzer wird das Skript aus dem vorherigen Kapitel benutzt. Lediglich die Methode SetPassword() wird hier zusätzlich verwendet. Die Methode erlaubt das Setzen des Kennworts beim Anlegen eines Benutzerkontos (vgl. Kapitel 8.2.2).

**Wiederver-
wendbarer
Code**

Die Verwendung von Access-Tabellen wird in Kapitel 6 beschrieben.

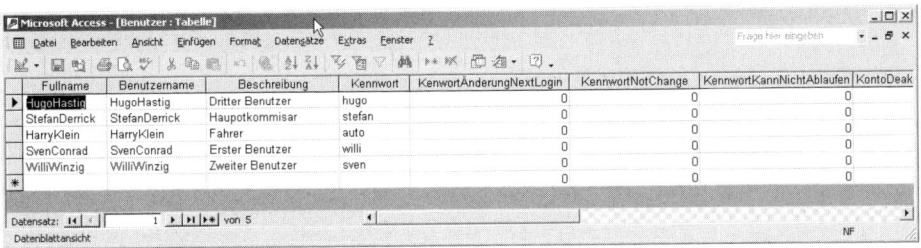

*Bild 8.13:
Die Tabelle
„Benutzer", die
als Datenbasis
dient*

```vbs
' BenutzerAnlegenAusDatenbank.vbs
' Erzeugen von AD-Benutzern aus einer Datenbank
' verwendet: ADSI, ADO
' ===============================
Option Explicit
' Variablendeklaration
Dim DatenQuelle
Dim DBConnection, SqlString, Ergebnismenge
Dim Container, Benutzer
' Konstanten definieren
Const Verbindung="Provider=Microsoft.Jet.OLEDB.4.0; Data Source=BenutzerDB.MDB;"
' Connection-Objekt erzeugen
Set DBConnection = CreateObject("ADODB.Connection")
' Verbindung öffnen
DBConnection.Open Verbindung
' Alle Benutzer verwenden
SqlString="SELECT * FROM Benutzer"
' SQL-Statement ausführen
Set Ergebnismenge = DBConnection.Execute(SqlString)
On Error Resume Next
' An den Anfang des Abfrageergebnisses springen
Ergebnismenge.MoveFirst
' Bindung an Container
Set Container = GetObject("LDAP://ServerE02/OU=WSH-Scripting, _
                DC=IT-Visions,DC=de")
' Durchlaufe gesamte Datenbasis
Do While Not Ergebnismenge.eof
    ' Aufruf der Hilfsroutine
    BenutzerAnlegen Container, Ergebnismenge("Fullname"), _
                    Ergebnismenge("Kennwort")
    ' Nächsten Satz aus der Ergebnismenge holen
    Ergebnismenge.MoveNext
Loop
```

```
' Schließen der Abfrage
Ergebnismenge.Close
' Schließen der Verbindung
DBConnection.Close


Sub BenutzerAnlegen (Container, Benutzername,Passwort)
' Hilfsroutine: Erzeugen eines Benutzerkontos unter Windows 2000
' Variablen deklarieren

Dim Benutzer
' Erzeugung des neuen Benutzers
Set Benutzer = Container.Create("user", "cn=" & Benutzername)
' Attribute setzen
Benutzer.Put "samAccountName", CStr(Benutzername)
' Festschreiben der Werte
Benutzer.SetInfo
' Konto aktivieren
Benutzer.AccountDisabled = false
Benutzer.SetInfo
' Kennwort des Benutzers setzen
Benutzer.SetPassword Passwort
' Meldung ausgeben
WScript.Echo "Benutzer " & Benutzer.AdsPath & " angelegt"
' Freigeben der Objekte
End Sub
```

*Listing 8.14: /Skripte/Kapitel08/LDAP/BenutzerAnlegenAusDatenbank.vbs*


## 8.2.5 Anlegen einer Benutzergruppe

Um Benutzer in Gruppen verwalten zu können, müssen diese erst angelegt werden. Eine Zuweisung von Benutzern an nicht vorhandene Gruppen erzeugt den Laufzeitfehler „Ein solches Objekt ist auf dem Server nicht vorhanden.".

**Kompatibilität** Das nachfolgende Skript generiert nach der Konstantendefinition und Variablendeklaration ein Domain-Objekt durch den Zugriff auf das LDAP-Verzeichnis. Die Create()-Methode erzeugt ein Group-Objekt und legt es in der Variablen Gruppe ab. Dem Namen der Gruppe muss cn= vorangestellt werden.

Im nächsten Schritt werden zwei Eigenschaften des Group-Objekts gesetzt. Die Eigenschaft samAccountName kennzeichnet den Gruppennamen sowohl für die Windows NT 3.51- bzw. 4.0-Welt als auch für das Active Directory.

**GroupType** Die Eigenschaft GroupType gibt den Gruppentyp an. Für die Gruppentypen existieren nachfolgende Werte, die bitweise verknüpft werden können (OR-Operator):

```
Const GLOBAL_GROUP = 2
Const LOCAL_GROUP = 4
Const UNIVERSAL_GROUP = 8
Const SECURITY_ENABLED = -2147483648
```

Beispiele:

▷ 4 ist eine lokale Verteilergruppe.

▷ -2147483644 (=4 or -2147483648) ist eine lokale Sicherheitsgruppe.

Der Aufruf von SetInfo() schreibt die Änderungen im Active Directory fest.

```
' GruppeAnlegen.vbs
' Erzeugen einer Gruppe im Active Directory
' verwendet: ADSI
' ================================================================
Option Explicit
' Konstantendefinition
Const ADS_GROUP_TYPE_DOMAIN_LOCAL_GROUP = &H4
Const ADS_GROUP_TYPE_SECURITY_ENABLED = &H80000000
Const GruppenName="ScriptingGruppe"
' Variablendeklaration
Dim Gruppe
Dim Domaene
' Domain-Objekt erzeugen
Set Domaene = GetObject _
("LDAP://ServerE02/OU=WSH-Scripting,DC=IT-Visions,DC=de")
'Erzeugen des Group-Objekts
Set Gruppe = Domaene.Create("group", "CN=" & GruppenName)
' Name für WinNT 3.51/4.0-Gruppe
Gruppe.Put "samAccountName", GruppenName
' Gruppentyp setzen
Gruppe.Put "groupType", ADS_GROUP_TYPE_DOMAIN_LOCAL_GROUP _
Or ADS_GROUP_TYPE_SECURITY_ENABLED
' Werte festschreiben
Gruppe.SetInfo
' Ausgabe
WScript.echo "Die Gruppe " & Gruppe.AdsPath & " wurde angelegt."
```

*Listing 8.15: /Skripte/Kapitel08/LDAP/GruppeAnlegen.vbs*

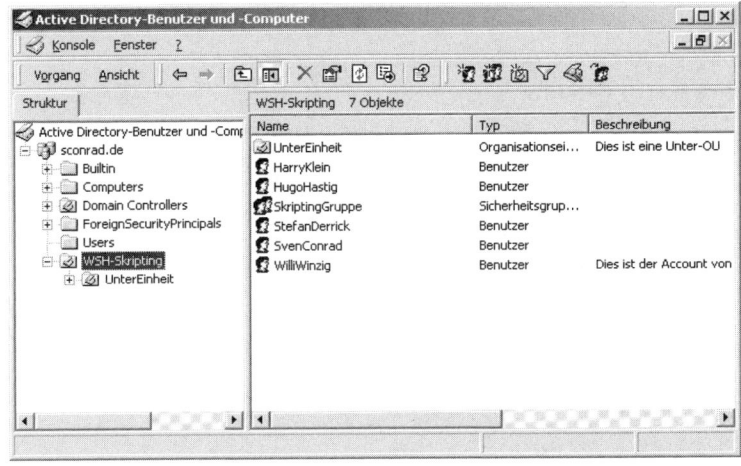

*Bild 8.14:*
*Die Gruppe*
*„Scripting-*
*Gruppe" wurde*
*angelegt.*

Das Attribut samAccountName und der Name der Gruppe müssen nicht gleich sein. Hier sind unterschiedliche Zuweisungen möglich.

## 8.2.6 Hinzufügen eines Benutzer einer Gruppe

**Rechte-zuweisung**

Das Verwalten von Benutzern in Gruppen erleichtert dem Administrator die Zuweisung von Rechten an eine Auswahl von Personen. Ein Benutzer kann einer beliebigen Anzahl von Gruppen zugeordnet werden. Das Beispielskript demonstriert eine solche Zuordnung eines Benutzers zu einer Gruppe.

*Bild 8.15: Benutzer „HugoHastig" zur „Scripting-Gruppe" hinzugefügt*

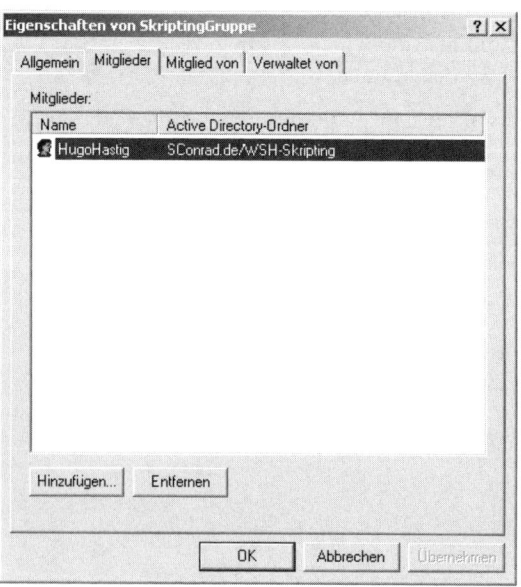

**LDAP-Identi-fikation**

Durch GetObject() wird eine Referenz auf das Group-Objekt der angegebenen Gruppe erzeugt und anschließend wird mittels Add() der Benutzer der Gruppe zugeordnet. Hierbei ist sowohl die Identifikation der Gruppe als auch die des Benutzers über den kompletten LDAP-Pfad notwendig.

```
' BenutzerzuGruppe.vbs
' Hinzufügen eines Benutzerkontos zu einer Gruppe im AD
' verwendet: ADSI
' ================================================================
Option Explicit
' Variablen deklarieren
Dim Gruppe
' Konstanten definieren
Const GruppenName="ScriptingGruppe"
Const BenutzerName="HugoHastig"
' Bindung an Gruppen-Container
Set Gruppe = GetObject("LDAP://ServerE02/CN=" & GruppenName & _
",OU=WSH-Scripting,DC=IT-Visions,DC=de")
```

```
' Hinzufügen eines Benutzers zur Gruppe
Gruppe.Add ("LDAP://ServerE02/CN=" & BenutzerName & _
",OU=WSH-Scripting,DC=IT-Visions,DC=de")
' Ausgabe
WScript.Echo "Der Benutzer " & BenutzerName & " wurde der Gruppe " _
& GruppenName & " hinzugefügt."
```

*Listing 8.16: /Skripte/Kapitel08/LDAP/BenutzerzuGruppe.vbs*

## 8.2.7    Ändern des Kennwortes

Das Ändern von Kennwörtern ist eine der am häufigsten vergessenen Aufgaben eines Benutzers. In diesem Beispiel wird dem Administrator ein Skript an die Hand gegeben, mit dem Kennwörter von Benutzern geändert werden können.

Auch hier werden wie bei der Benutzerverwaltung von Windows NT 4.0 zwei Methoden für den Kennwortwechsel angeboten:      **Wie NT 4.0**

▶  Mit der Methode ChangePassword() kann das Kennwort nur unter Angabe des bisherigen Kennwortes geändert werden.

▶  Bei SetPassword() ist die Angabe des bisherigen Kennwortes nicht erforderlich.

> Bitte beachten Sie auch die Hinweise zur Kennwortänderung bei der NT4-Benutzerverwaltung (Kapitel 8.2.2).

Im Skript wird durch GetObject() ein Verweis auf das Benutzerkonto erzeugt, dessen Kennwort geändert werden soll. Als Parameter ist der komplette LDAP-Pfad auf das User-Objekt anzugeben. Anschließend erfolgt der Aufruf der Methode SetPassword(), die das Kennwort auf den neuen Wert setzt. Diese Änderung wird sofort durchgeführt.      **Sofortige Änderung**

```
' KennwortAendern.vbs
' Ändern eines Benutzerkennwortes im AD
' verwendet: ADSI
' ===============================
Option Explicit
' Variablen deklarieren
Dim Container
Dim Benutzer
' Konstanten definieren
Const BenutzerName="HugoHastig"
Const Kennwort="williw"
' Zugriff auf das Benutzer-Objekt
Set Benutzer = GetObject("LDAP://laptop/CN=" & BenutzerName & _
",OU=WSH-Scripting,DC=IT-Visions,DC=de")
' Kennwort ändern
Benutzer.SetPassword(Kennwort)
' Meldung ausgeben
WScript.Echo "Kennwort für Benutzer " & Benutzer.AdsPath & " wurde geändert"
```

*Listing 8.17: /Skripte/Kapitel08/LDAP/KennwortAendern.vbs*

## 8.2.8 Umbenennen eines Benutzers

**Nicht über Attribute** Die Umbenennung eines Benutzers wird in diesem Beispiel anhand des folgenden Skripts demonstriert. Dazu wird die Methode `MoveHere()` verwendet.

> Eine Umbenennung über die Zuweisung an die im `User`-Objekt vorhandenen Attribute ist nicht möglich. So ist es nicht möglich, den Namen, welcher in der „Active Directory-Benutzer und -Computer"-Konsole angezeigt wird, zu verändern, sondern lediglich die Eigenschaften `givenName`, `samAccountName` und `displayName`. Keines dieser drei Attribute steuert allerdings die Anzeige in besagter Konsole.

**Umbenennen durch Verschieben** Um nun einen Benutzer umzubenennen, wird erst ein Verweis auf ein bestehendes Benutzerkonto erzeugt. Dies geschieht durch die Zuweisung des kompletten LDAP-Pfades und den anschließenden Aufruf von `GetObject()`. Nun werden der `MoveHere()`-Methode der LDAP-Pfad zu dem zu ändernden Benutzerkonto sowie der neue Name des Benutzers übergeben.

```
' BenutzerUmbenennen.vbs
' Umbenennen eines Benutzers im Active Directory
' verwendet: ADSI
' ==============================
Option Explicit
' Variablen deklarieren
Dim Domaene
' Konstanten definieren
Const NeuerName="WilliRiesig"
Const BenutzerName="HugoHastig"
' Bindung an Domain-Container
Set Domaene = GetObject("LDAP://ServerE02/OU=WSH-Scripting,DC=IT-
Visions,DC=de")
' Setzen der Attribute
Domaene.MoveHere "LDAP://ServerE02/CN=" & BenutzerName & _
           ",OU=WSH-Scripting,DC=IT-Visions,DC=de", "CN=" & NeuerName
Wscript.Echo "Benutzer wurde umbenannt"
```

*Listing 8.18: /Skripte/Kapitel08/LDAP/BenutzerUmbenennen.vbs*

> Eine Gesamtübersicht über die Attribute des `User`-Objekts würde den Rahmen dieses Kapitels sprengen. Um einen Überblick über die einzelnen Attribute von Objekten zu erhalten, hat sich der Microsoft Active Directory Service Browser (ADB) als sehr nützlich erwiesen. Sie finden ihn auf der Buch-CD-ROM unter */Werkzeuge.*

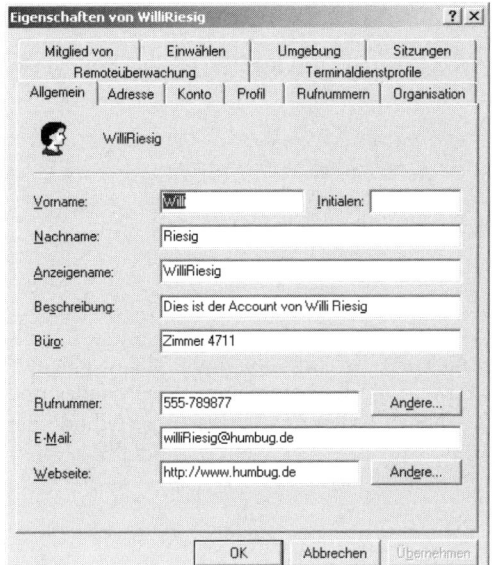

*Bild 8.16:*
*Der Benutzer*
*wurde umbe-*
*nannt.*

## 8.2.9 Ändern der Benutzerdaten

Das folgende Skript zeigt, wie man verschiedene Eigenschaften eines vorhandenen Benutzers ändern kann. Die Attributnamen sind sprechend und daher verständlich.

**Daten-
änderung**

```
' BenutzerdatenAendern.vbs
' Ändern von Benutzerdaten im Active Directory
' verwendet: ADSI
' ===============================
Option Explicit
' Variablen deklarieren
Dim Benutzer
' Bindung an Benutzer-Container
Set Benutzer = GetObject("LDAP://ServerE02/CN=WilliRiesig, _
OU=WSH-Scripting,DC=IT-Visions,DC=de")
' Setzen der Attribute
Benutzer.Put "samAccountName", "WilliRiesig"
Benutzer.Put "givenName", "Willi"
Benutzer.Put "sn", "Riesig"
Benutzer.Put "displayName", "WilliRiesig"
Benutzer.Put "physicalDeliveryOfficeName", "Zimmer 4711"
Benutzer.Put "telephoneNumber", "555-789877"
Benutzer.Put "mail", "williRiesig@IT-Visions.de"
Benutzer.Put "description", "Dies ist der Account von Willi Riesig"
Benutzer.Put "WWWHomePage", "http://www.IT-Visions.de"
' Werte werden festgeschrieben
Benutzer.SetInfo
Wscript.Echo "Benutzer " & Benutzer.AdsPath & " wurde geändert!"
```

*Listing 8.19: /Skripte/Kapitel08/LDAP/BenutzerdatenAendern.vbs*

## 8.2.10 Deaktivieren eines Benutzerkontos

**Sperrung** Soll einem Benutzer der Zugang zum Netzwerk nur kurzfristig entzogen werden, muss man das Konto nicht löschen, sondern kann es kurzfristig deaktivieren.

Das nachfolgende Beispiel zeigt, wie mit Hilfe des Attributs userAccountControl ein Benutzer deaktiviert wird, sodass er sich nicht mehr am Netz anmelden kann. Dazu wird mit Get-Object() ein Verweis auf das User-Objekt erstellt und in der Variablen Benutzer gespeichert. Die Referenz auf den Benutzer erfordert den kompletten LDAP-Pfad zur Identifikation.

**Deakti-vierung** Nun wird in der Variablen UserAccountData der aktuelle Wert der Eigenschaft userAccountControl abgelegt. Durch Verknüpfung des aktuellen Status von userAccountControl mit dem Wert der Konstanten ADS_UF_ACCOUNTDISABLE (2) über den OR-Operator und die Zuweisung des Wertes mittels Put() wird das Konto zur Sperrung vorbereitet. Die eigentliche Sperrung erfolgt erst mit dem Aufruf von SetInfo().

```
' DeaktiviereKonto.vbs
' Deaktivieren eines Benutzerkontos im Active Directory
' verwendet: ADSI
' ================================
Option Explicit
' Variablen deklarieren
Dim Container
Dim Benutzer
Dim UserAccountData
' Konstanten definieren
Const BenutzerName="WilliRiesig"
Const ADS_UF_ACCOUNTDISABLE = 2
' Zugriff auf das Benutzer-Objekt
Set Benutzer = GetObject("LDAP://ServerE02/CN=" & BenutzerName & _
            ",OU=WSH-Scripting,DC=IT-Visions,DC=de")
' Benutzerdaten ermitteln
UserAccountData = Benutzer.Get("userAccountControl")
' Daten ändern
Benutzer.Put "userAccountControl", UserAccountData OR ADS_UF_ACCOUNTDISABLE
' Änderungen festschreiben
Benutzer.SetInfo
' Meldung ausgeben
WScript.Echo "Benutzerkonto " & Benutzer.AdsPath & " wurde deaktiviert"
```

*Listing 8.20: /Skripte/Kapitel08/LDAP/DeaktiviereKonto.vbs*

Das Aktivieren des gesperrten Kontos ist ebenfalls möglich. Allerdings existiert hierfür keine Konstante. Das Konto kann durch die Verknüpfung der Eigenschaft userAccount-Control mit dem Wert 4 durch den AND-Operator wieder aktiviert werden. Auch hier ist der Aufruf von SetInfo() notwendig.

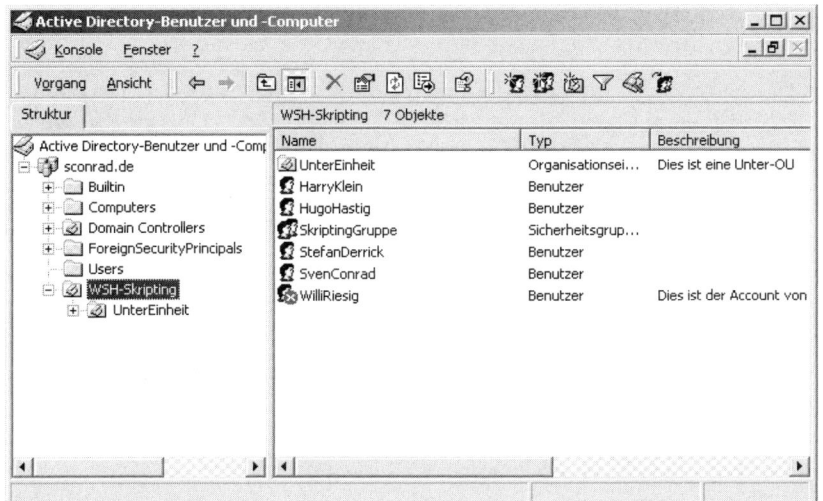

*Bild 8.17:*
*Benutzerkonto*
*für „Willi-*
*Riesig" ist*
*deaktiviert*

## 8.2.11 Entfernen eines Benutzer aus einer Gruppe

Durch Entfernen eines Benutzers aus einer Gruppe können Rechte und Beschränkungen bequem entfernt bzw. hinzugefügt werden. Im Beispiel wird ein Verweis auf das Group-Objekt der angegebenen Gruppe erzeugt und durch die Remove()-Methode des Group-Objekts wird der Benutzer aus der Gruppe entfernt. Sowohl die Identifikation des Group-Objekts als auch die des User-Objekts erfolgt über einen gültigen LDAP-Pfad.

**Rechte-entzug**

```
' LoescheBenutzerausGruppe.vbs
' Löschen eines Benutzerkontos aus einer Gruppe im AD
' verwendet: ADSI
' ===============================
Option Explicit
' Variablen deklarieren
Dim Gruppe
' Konstanten definieren
Const GruppenName="ScriptingGruppe"
Const BenutzerName="HugoHastig"
' Bindung an Gruppen-Container
Set Gruppe = GetObject("LDAP://ServerE02/CN=" & GruppenName & _
",OU=WSH-Scripting,DC=IT-Visions,DC=de")
' Entfernen des Benutzers
Gruppe.Remove ("LDAP://ServerE02/CN=" & BenutzerName & _
",OU=WSH-Scripting,DC=IT-Visions,DC=de")
' Ausgabe
WScript.Echo "Der Benutzer " & BenutzerName & _
" wurde aus der Gruppe " & GruppenName & " entfernt."
Löschen einer Gruppe
```

*Listing 8.21: /Skripte/Kapitel08/LDAP/LoescheBenutzerausGruppe.vbs*

Werden Gruppen nicht mehr benötigt, weil beispielsweise Abteilungen aufgelöst wurden, lassen sich diese Objekte auch wieder aus dem Active Directory entfernen.

**Gruppen-löschung**
Das Beispiel demonstriert das Vorgehen an der aus den vorherigen Kapiteln bekannten Gruppe "ScriptingGruppe". Um diese Gruppe zu löschen, wird durch GetObject() ein Verweis auf das Users-Objekt angelegt. Ein anschließender Aufruf der Delete()-Methode löscht die Gruppe. Als Parameter werden der Klassenname Group sowie der Name des Group-Objekts (mit vorangestelltem CN=) erwartet.

Die Delete()-Methode gibt kein Objekt zurück und ein Aufruf von SetInfo() ist nicht notwendig, da die Aktion sofort ausgeführt wird.

```
' LoescheGruppe.vbs
' Entfernen einer Gruppe im AD
' verwendet: ADSI
' ================================================================
Option Explicit
' Variablendeklaration
Dim Domaene
' Konstanten definieren
Const GruppenName="ScriptingGruppe"
' Domain-Objekt erzeugen
Set Domaene = GetObject _
("LDAP://ServerE02/OU=WSH-Scripting,DC=IT-Visions,DC=de")
' Löschen der Gruppe
Domaene.Delete "group", "CN=" & GruppenName
' Ausgabe
WScript.echo "Die Gruppe " & GruppenName & " wurde entfernt."
```

*Listing 8.22: /Skripte/Kapitel08/LDAP/LoescheGruppe.vbs*

*Bild 8.18:*
*Die Gruppe*
*wurde gelöscht.*

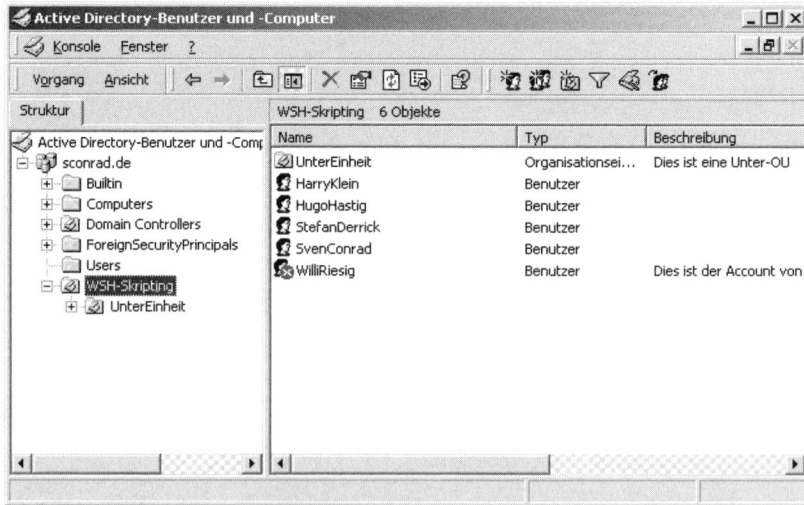

## 8.2.12   Löschen eines Benutzerkontos

Da nicht alle Benutzer im Unternehmen verbleiben, muss gelegentlich auch mal einer **Benutzer**
gelöscht werden. Um nun einen angelegten Benutzer wieder loszuwerden, nutzt das Bei- **loswerden**
spielskript die Delete()-Methode des übergeordneten Containers. Der Verweis auf den
Container, in diesem Fall die Organisationseinheit *WSH-Scripting*, wird über den LDAP-
Pfad referenziert und durch den Aufruf von GetObject() erzeugt. Anschließend wird die
Delete()-Methode mit dem Klassennamen User und dem Namen des Benutzers (mit vor-
angestelltem CN=) aufgerufen. Die Delete()-Methode löscht den Benutzer sofort und ohne
Nachfrage.

```
' LoescheBenutzer.vbs
' Löschen eines Benutzerkontos im AD
' verwendet: ADSI
' ===============================
Option Explicit
' Variablen deklarieren
Dim Container
' Konstanten definieren
Const BenutzerName="HugoHastig"
' Zugriff auf das Container-Objekt
Set Container = GetObject _
("LDAP://ServerE02/OU=WSH-Scripting,DC=IT-Visions,DC=de")
' Benutzer löschen
Container.Delete "User", "CN=" & BenutzerName
' Meldung ausgeben
WScript.Echo "Benutzer " & Benutzername & " wurde gelöscht"
```

*Listing 8.23: /Skripte/Kapitel08/LDAP/LoescheBenutzer.vbs*

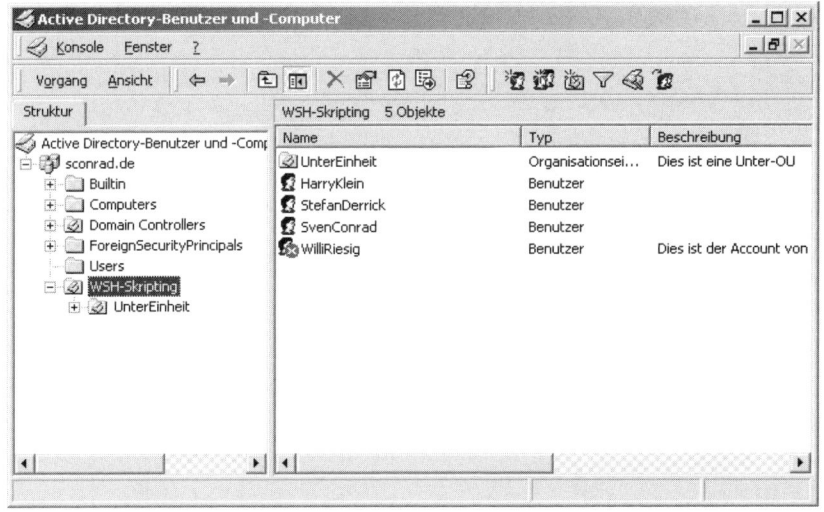

*Bild 8.19:*
*Der Benutzer*
*HugoHastig*
*wurde gelöscht.*

## 8.2.13 Löschen einer Organisationseinheit

**Container löschen** Analog zur Erstellung von Organisationseinheiten lassen sich diese auch wieder aus dem Active Directory entfernen. Die Vorgehensweise ist identisch mit dem Löschen eines Benutzers oder einer Gruppe. Anstelle der Create()-Methode wird zum Löschen die Delete()-Methode aufgerufen.

> Die Organisationseinheit kann nur gelöscht werden, wenn sie keine Unterobjekte mehr enthält.

```
' LoescheOU.vbs
' Löschen einer Organisationseinheit im AD
' verwendet: ADSI
' ===============================
' Variablendeklaration
Dim Root
Dim Domain
' Konstanten definieren
Const OUName="WSH-Scripting"
' Oberstes Element des AD holen
Set Wurzel = GetObject("LDAP://RootDSE")
' Wurzelverzeichnis bestimmen
Set Domaene = GetObject("LDAP://" & Wurzel.Get("defaultNamingContext"))
' OU löschen
Domaene.Delete "organizationalUnit", "OU=" & OUName
' Ausgabe
WScript.Echo "OU " & OUName & " wurde gelöscht"
```

*Listing 8.24: /Skripte/Kapitel08/LDAP/LoescheOU.vbs*

*Bild 8.20:
Nun ist die
OU auch
wieder weg.*

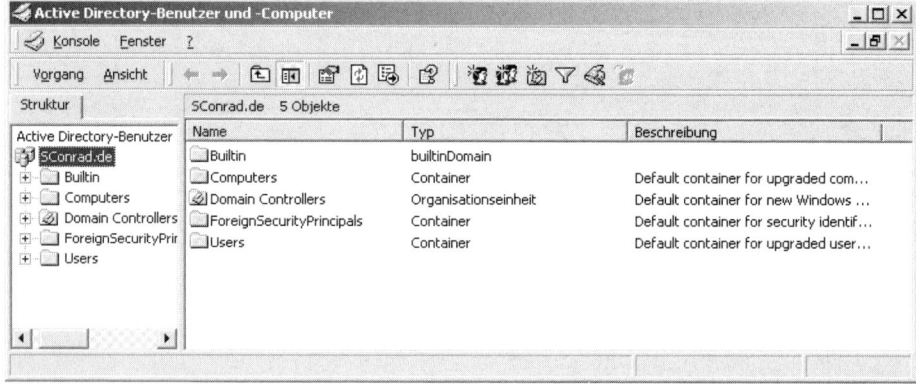

# 8.3 Fragen und Aufgaben

1. Verliert ein Benutzer nach der Umbenennung seines Kontos seine zugewiesenen Berechtigungen?

2. Wird beim Zuordnen eines Benutzers zu einer Gruppe dieser Benutzer automatisch angelegt, wenn er nicht vorhanden ist?

3. Aktiviert eine Zuweisung des Wertes `True` an die Eigenschaft `AccountDisabled` das Konto eines Benutzers oder deaktiviert sie es?

4. Können Benutzer in der NT4-Benutzerdatenbank wie im Active Directory auf andere Ebenen verschoben werden?

5. Wenn eine Gruppe gelöscht wird, werden dann automatisch die darin enthaltenen Benutzer gelöscht?

6. Ist eine Organisationseinheit ein Container oder ein Blatt-Objekt?

7. Kann das Kennwort eines Benutzers ohne Kenntnis des alten Kennwortes geändert werden? Wenn ja, mit welcher Methode?

8. Was kennzeichnet der nachfolgende LDAP-Pfad genau? *LDAP://ServerE02/CN=Chefs, OU=WSH-Scripting,DC=IT-Visions,DC=de*

9. Ist die Verschachtelung von Container-Objekten einer Beschränkung unterworfen?

10. Lassen sich Container-Objekte mit einem einfachen `Delete()` rekursiv löschen?

# 9 Scripting der Computerverwaltung

In diesem Kapitel erfolgt die Betrachtung der Verwaltung eines Rechners in einer Domäne. **Lernziele** Dabei spielt es keine Rolle, ob es sich um eine Windows NT 4.0-Domäne oder um eine Active Directory-basierte Verzeichnisstruktur von Windows 2000 Server und Windows Server 2003 handelt.

Die Domäne bildet die Ausgangsbasis zur Sammlung aller Informationen über Rechner und Benutzer und stellt somit das zentrale Verwaltungselement dar. Alle Skripte in diesem Kapitel setzen voraus, dass sich der zu verwaltende Rechner in einer Domäne befindet.

## 9.1 Computer auflisten

Zur Ermittlung aller Computer einer Domäne bzw. zur Ermittlung von deren Benutzern und weiteren Einstellungen der Rechner können mehrere Ansätze herangezogen werden. Generell wird ein ADSI-Provider verwendet, bei dem es sich um eine Programmierschnittstelle zum einheitlichen Zugriff auf den Verzeichnisdienst – die NT-Domäne oder das Active Directory – handelt.

Die Nutzung des ADSI-Providers für Domänen stellt eine einfache Möglichkeit dar, anhand **Lösung** des Domänennamens auf Rechner und Benutzer Einfluss zu nehmen. Durch das Skript wird zunächst ein ADSI-Objekt erzeugt. Der Provider `WinNT` liefert eine Auflistung aller Domänen, die von dem Rechner, auf dem das Skript ausgeführt wird, erreichbar sind. Von dieser Auflistung ausgehend werden die Rechner in den einzelnen Domänen ermittelt und dort die eingerichteten Benutzer und Gruppen aufgeführt.

```
' EnumerateDomains.vbs
' Listet alle Benutzer, Gruppen, Rechner und Domänen auf; Variante 1
' verwendet: ADSI
' ==========================================================================
Dim Domaenen, Domaene
Dim DomaenenComputer, GruppenBenutzer, Mitglied
Set Domaenen = GetObject("WinNT:")

For Each Domaene In Domaenen
    WScript.Echo Domaene.Name
```

```
        Set DomaenenComputer = GetObject ("WinNT://" & Domaene.Name)
        DomaenenComputer.filter = Array("Computer")

        For Each Computer In DomaenenComputer
            Wscript.Echo "-> " & Computer.Name

            Set GruppenBenutzer = GetObject ("WinNT://" & Computer.Name)
            GruppenBenutzer.Filter = Array("User", "Group")

            For Each Mitglied In GruppenBenutzer
                WScript.Echo "   -> " & Mitglied.Name & _
                " (" & Mitglied.Class & ")"
            Next
        Next
Next
```

*Listing 9.1: /Skripte/Kapitel09/EnumerateDomains.vbs*

Die nachfolgende Active Directory-spezifische Lösung erledigt im Grunde genommen dieselbe Aufgabe wie das vorherige Skript. Allerdings liegt hier der Fokus auf der Nutzung des erweiterten Informationsgehalts des Active Directory.

Zunächst wird der LDAP-Pfad der aktuellen Domäne über das RootDSE-Objekt ermittelt.

In LDAP stellt das RootDSE-Objekt die Wurzel des Active Directory dar und dient dazu, Informationen über die Domäne bereitzustellen. Das Attribut defaultNamingContext des RootDSE-Objekts liefert den ADSI-Pfad zur aktuellen Active Directory-Domäne. Damit entfällt die starre Festlegung des eigenen ADSI-Pfads im Skript.

**ADO** Nachdem der *LDAP-Pfad* der Domäne ermittelt wurde, setzt die Lösung die ActiveX Data Objects (ADO) ein, um einen einfach zu handhabenden Container für die aus dem Active Directory gewonnenen Informationen zu erhalten. Allerdings wird die Verbindung nicht zu einer Datenbank, sondern zu einem Active Directory aufgebaut.

Die beiden Komponenten ADSI und ADO können zusammenarbeiten, da es einen OLEDB-Provider für LDAP gibt. Dieser Provider heißt ADsDSOObject. Der Provider versteht SQL, als Tabellenname im SELECT-Befehl ist jedoch ein ADSI-Pfad anzugeben, z.B.

```
"SELECT Name, Location FROM 'LDAP://" & varDomainNC & "' " & _
    "WHERE objectClass='Computer'"
```

In einer Do Loop-Schleife können diese Datensätze – wie die Einträge in einer Datenbank – durchlaufen und ausgegeben werden.

```
' EnumerateDomainsAD.vbs
' Listet alle Benutzer, Gruppen, Rechner und Domänen auf; Variante 2
' verwendet: ADSI, ADO
' ========================================================
Const ADS_SCOPE_SUBTREE = 2

Set objRootDSE = GetObject("LDAP://rootDSE")
varDomainNC = objRootDSE.Get("defaultNamingContext")

Set objConnection = CreateObject("ADODB.Connection")
Set objCommand =   CreateObject("ADODB.Command")

objConnection.Provider = "ADsDSOObject"
objConnection.Open "Active Directory Provider"

Set objCommand.ActiveConnection = objConnection
objCommand.CommandText = _
    "SELECT Name, Location FROM 'LDAP://" & varDomainNC & "' " & _
        "WHERE objectClass='Computer'"

objCommand.Properties("Page Size") = 1000
objCommand.Properties("Timeout") = 30
objCommand.Properties("Searchscope") = ADS_SCOPE_SUBTREE
objCommand.Properties("Cache Results") = False

Set objRecordSet = objCommand.Execute

objRecordSet.MoveFirst

Do Until objRecordSet.EOF
    Wscript.Echo "Computer Name: " & objRecordSet.Fields("Name").Value
    Wscript.Echo "Standort: " & objRecordSet.Fields("Location").Value
    objRecordSet.MoveNext
Loop
```

*Listing 9.2: /Skripte/Kapitel09/EnumerateDomainsAD.vbs*

# 9.2    Leistung eines Computers ermitteln

Windows Vista enthält in der Systemsteuerung ein Systembewertungswerkzeug (*Windows System Assessment Tool – WinSAT*), das für Prozessor, Speicher, Grafikkarte und Festplatte eine Note vergibt und den Benutzer durch einen Link auf *www.WindowsMarketplace.com* führt, wo er für sein System geeignete Software kaufen kann. Bei schlechten Leistungen liefert das Werkzeug „Zuverlässigkeits- und Leistungsüberwachung" eine detaillierte Systemanalyse.

**Leistung des Computers**

Das WinSAT-Werkzeug führt auf Ihrem Computer eine Reihe von Tests durch und bewertet ihn anschließend auf einer Skala von 1 bis 5 (wobei 1 das schlechteste und 5 das beste Ergebnis ist). Genau genommen bewertet das Werkzeug Komponenten Ihres Computersystems, so z.B. den Prozessor und den Speicher, die primäre Festplatte, die Grafikleistung und die

Qualität von Gaming-Grafiken. Mit diesen Werten und einem speziellen Algorithmus (keine einfache Durchschnittsrechnung) wird dann die Gesamtleistung des Windows-Systems bewertet. Deshalb kann es leicht vorkommen, dass die Gesamtnote niedriger ist als der Durchschnitt der einzelnen Komponentenbewertungen (siehe Abbildung 9.1).

Das WinSAT-Werkzeug wird während der Installation von Windows Vista automatisch ausgeführt und stellt dabei einen Ausgangswert für den Computer auf. Wenn Sie die Hardware-Konfiguration ändern oder einfach die Bewertung überprüfen möchten, können Sie das Systembewertungswerkzeug jederzeit erneut ausführen. Entweder geben Sie an der Eingabeaufforderung *winsat.exe* ein oder Sie rufen die Systemsteuerung auf und klicken unter *System Maintenance* (Systemwartung) auf *Performance Ratings and Tools* (Leistungsbewertungen und Werkzeuge).

*Bild 9.1:*
*Bewertung der*
*Leistung des*
*Computer-*
*systems in*
*Windows Vista*

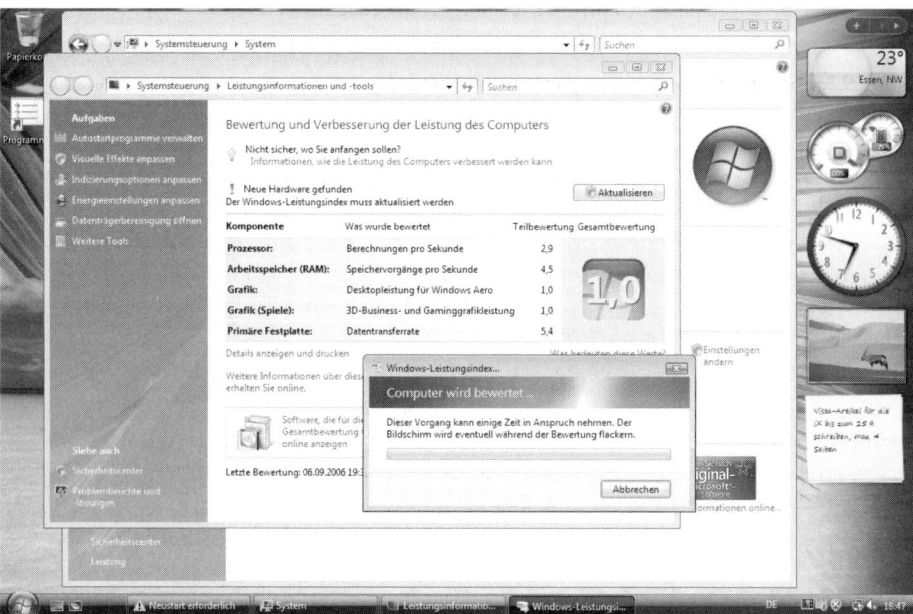

In WMI stehen diese Daten in der Klasse `Win32_WinSAT` zur Verfügung. Es gibt immer nur eine Instanz der Klasse, dennoch verwendet das folgende Skript nicht `ItemIndex()`, sondern die klassische Iterationsmethode, sodass das Skript auch von einem älteren System aus Vista abfragen kann.

```
' Vista_Leitungsdaten.vbs
' Abrufen der Daten des Windows System Assessment Tool - WinSAT '
' Läuft nur auf Vista!
' verwendet: WMI
' =======================================================

' Parameter
Server = "E60"
Username = "hs"
Password = "geheim-123"
NAMESPACE = "root\CIMV2"
```

```
' --- WMI-Zugriff
Set objLoc = CreateObject("WbemScripting.SWbemLocator")
Set objServ = objLoc.ConnectServer(Server, NAMESPACE, Username, Password)
' -- Instanzen einlesen
Set Menge = objServ.InstancesOf("Win32_WinSAT ")
' -- Instanzen auflisten
For Each objWO In Menge
wscript.echo "Bewertung des Prozessors: " & objWO.CPUScore
wscript.echo "Bewertung des Speichers: " & objWO.MemoryScore
wscript.echo "Bewertung der primären Festplatte: " & objWO.DiskScore
wscript.echo "Bewertung der Grafikkarte: " & objWO.GraphicsScore
wscript.echo "Bewertung der Grafikkarte in Bezug auf Spiele: " & objWO.D3DScore
wscript.echo "Gesamtbewertung: " & objWO.WinSPRLevel
Next
```

*Listing 9.3: [/Skripte/Kapitel09/Vista_Leistungsdaten.vbs]*

# 9.3 Computerkonto erstellen

Das Hinzufügen eines Rechners zur Domäne setzt sich genau genommen aus zwei Arbeitsschritten zusammen. Zum einen muss der Client-Rechner mitgeteilt bekommen, dass nun die Rechteprüfung durch die Domäne erfolgt, zum anderen wird für diesen Rechner ein spezielles Computerkonto im Active Directory erstellt.

Den Eintrag zur Nutzung einer Domäne kann jeder lokale Administrator an seinem Rechner vornehmen; das Hinzufügen zum Active Directory bleibt in der Regel den Domänenadministratoren vorbehalten. Die hier besprochene Lösung beschränkt sich auf das Erzeugen des Computerkontos – das Hinzufügen des Rechners zur Domäne muss gesondert erfolgen.

Das folgende Skript ermittelt über ein RootDSE-Objekt den Namen der aktuellen Domäne, **Lösung** mit dem anschließend das Container-Objekt für Rechner im Active Directory ermittelt wird. Durch die Methode Create() des Container-Objekts kann eine neue Instanz eines Rechners erzeugt und mit weiteren Parametern versehen werden. Dabei ist das Setzen des Parameters SAMAccountName obligatorisch.

```
' CreateCompAccount.vbs
' Fügt ein Computerkonto zum Active Directory hinzu
' verwendet: ADSI
' ==============================

Dim Computer
Dim objRootDSE, objContainer, objComputer

Const ADS_UF_PASSWD_NOTREQD          = &h0020
Const ADS_UF_WORKSTATION_TRUST_ACCOUNT = &h1000

Computer = "WORKSTATION"

Set objRootDSE = GetObject("LDAP://rootDSE")
```

```
Set objContainer = GetObject("LDAP://cn=Computers," & _
    objRootDSE.Get("defaultNamingContext"))

Set objComputer = objContainer.Create("Computer", "cn=" & Computer)
objComputer.Put "sAMAccountName", Computer & "$"
objComputer.Put "userAccountControl", _
    ADS_UF_PASSWD_NOTREQD Or ADS_UF_WORKSTATION_TRUST_ACCOUNT
objComputer.SetInfo
```

*Listing 9.4: /Skripte/Kapitel09/CreateCompAccount.vbs*

# 9.4 Computerkonto löschen

Das Löschen eines Computerkontos ist nötig, wenn ein Rechner aus der Domäne entfernt werden soll. Hierbei ist es aus Sicht des Administrators ausreichend, wenn der entsprechende Verweis aus dem Active Directory entfernt wird. Selbst wenn der Client-Rechner noch als Domänenmitglied konfiguriert ist, wird für eine korrekte Mitgliedschaft in der Domäne stets das entsprechende Computerkonto benötigt.

**Lösung** Diese Lösung zum Entfernen des Computerkontos aus dem Active Directory verwendet denselben Ansatz, wie er bereits beim Erzeugen des Computerkontos beschrieben wurde. Zunächst wird über das LDAP-Standardattribut RootDSE die Wurzel des Verzeichnisdienstes ausgelesen, um den Namen der aktuellen Domäne zu ermitteln. Über den Domänennamen wird das mit dem Rechner korrespondierende Computer-Objekt ermittelt. Dieses Computer-Objekt kann über seine Methode DeleteObject() entfernt werden. Der anzugebende Parameter ist für die Verwendung der Methode irrelevant. In diesem Skript wird daher eine 0 als Parameter eingetragen.

```
' DeleteCompAccount.vbs
' Entfernt ein Computerkonto aus dem Active Directory
' verwendet: ADSI
' ==========================================================================

Dim Computer
Dim objRootDSE, objComputer

Computer = "WORKSTATION"

Set objRootDSE = GetObject("LDAP://rootDSE")
Set objComputer = GetObject("LDAP://cn=" & _
    Computer & ",cn=Computers," & _
    objRootDSE.Get("defaultNamingContext"))

objComputer.DeleteObject(0)
```

*Listing 9.5: /Skripte/Kapitel09/DeleteCompAccount.vbs*

# 9.5 Computer zu Domäne hinzufügen

Das Hinzufügen eines Computers zu einer Domäne stellt einen der häufigsten Arbeitsschritte bei der Rechnerverwaltung in der zentral verwalteten Struktur einer Domäne dar. Erst durch die Mitgliedschaft in der Domäne kann ein Rechnersystem von der zentralisierten Benutzerverwaltung Gebrauch machen und Ressourcen auf einfache Weise anderen Nutzern zur Verfügung stellen.

Nachdem bereits in Kapitel 9.3 gezeigt wurde, wie Computerkonten in der Domäne erzeugt werden, steht hier die eigentliche Konfiguration des Clients zur Domänenzugehörigkeit im Vordergrund.

Die Konfiguration des lokalen Rechners erfolgt über das WMI-Objekt Win32_Computer **Lösung**
System. Zunächst ist es notwendig, den Rechnernamen des lokalen Systems zu ermitteln. Zur Namensermittlung wird die Eigenschaft ComputerName des WSHNetwork-Objekts herangezogen.

Durch die Konstruktion eines WMI-Pfads mit dem Computernamen lässt sich die Methode **JoinDomain**
JoinDomainOrWorkgroup() des so ermittelten Computer-Objekts aufrufen. Die JoinDomain- **OrWork-**
OrWorkgroup()-Methode erwartet als Parameter zwingend den Domänennamen sowie ein **group()**
Benutzerkonto und das Kennwort eines Administrators.

```
' JoinDomain.vbs
' Fügt einen Rechner einer Domäne hinzu
' verwendet: WMI, WSHRun
' =========================================================
Const JOIN_DOMAIN             = 1
Const ACCT_CREATE             = 2
Const ACCT_DELETE             = 4
Const WIN9X_UPGRADE           = 16
Const DOMAIN_JOIN_IF_JOINED   = 32
Const JOIN_UNSECURE           = 64
Const MACHINE_PASSWORD_PASSED = 128
Const DEFERRED_SPN_SET        = 256
Const INSTALL_INVOCATION      = 262144

Dim objNetwork, objComputer, Computer, Reboot
Dim Domain, User, Password, Computer

User     = "Administrator"
Password = "password"
Domain   = "WSL"

Set objNetwork = CreateObject("WScript.Network")
Computer = objNetwork.ComputerName

Set objComputer = _
    GetObject("WinMgmts:{impersonationLevel=Impersonate}!\\" & _
        Computer & "\root\cimv2:Win32_ComputerSystem.Name='" & _
        Computer & "'")
```

```
ReturnValue = objComputer.JoinDomainOrWorkGroup(Domain, _
    Password, Domain & "\" & User, _
    NULL, JOIN_DOMAIN + ACCT_CREATE)
```

*Listing 9.6: /Skripte/Kapitel09/JoinDomain.vbs*

# 9.6 Computer umbenennen

Das Umbenennen eines Computers erfordert nahezu dieselben Arbeitsschritte wie das Hinzufügen des Rechners zu einer Domäne. Grundsätzlich ist bei einem Rechner als Domänenmitglied dessen Name an zwei unterschiedlichen Orten zu ändern: auf dem lokalen System und auf dem Domänencontroller.

Die beiden Schritte zum Umbenennen des Computers werden zur Vereinfachung in zwei verschiedenen Skripten untergebracht. Neben dem Skript zur Umbenennung im Active Directory existieren zwei Möglichkeiten, einen lokalen Rechner mit einem neuen Namen zu versehen.

### Schritt 1: Umbenennen im Active Directory

Zum Umbenennen eines Rechners im Active Directory wird die Methode `MoveHere()` verwendet, die das Verschieben von Elementen in der Verzeichnisstruktur erlaubt. Durch Angabe eines neuen Zielnamens entspricht das Verschieben – bei gleichbleibendem Container – einer Umbenennung.

Das Verschieben eines Eintrags erfordert die Angabe von Quelle und Ziel des Computereintrags im Active Directory. Diese Einträge werden auf Basis des aktuellen Namensbezugs `defaultNamingContext` erstellt. Die Angaben von Quelle und Ziel unterscheiden sich nur dadurch, dass bei der Quelle der Name des Rechners mit spezifiziert wird.

**MoveHere()** Die Methode `MoveHere()` des Zielobjekts wird mit zwei Parametern aufgerufen. Zunächst erwartet die Methode das Quellobjekt, das über den Eintrag mit dem Computerkonto verfügt. Der neue Name des Rechners wird in Form einer Zeichenkette als zweiter Parameter übergeben.

```
' RenameWkstAD.vbs
' Umbenennen einer Arbeitsstation im Active Directory
' verwendet: WMI
' ===============================

Dim objNewOU, objMoveComputer
Dim Source, Destination, NewName

Set objNetwork = CreateObject("WScript.Network")
Computer = objNetwork.ComputerName

Set objRootDSE = GetObject("LDAP://rootDSE")

Source = ("LDAP://cn=" & _
    Computer & ",cn=Computers," & _
```

```
     objRootDSE.Get("defaultNamingContext"))
Destination = ("LDAP:// cn=Computers," & _
     objRootDSE.Get("defaultNamingContext"))
NewName = "WORKSTATION"

Set objNewOU = GetObject(Destination)
Set objMoveComputer = objNewOU.MoveHere _
     (Source, NewName)
```

*Listing 9.7: /Skripte/Kapitel09/RenameWkstAD.vbs*

## Schritt 2: Lokales System umbenennen

Nach der Veränderung im Active Directory ist es zusätzlich noch notwendig, das lokale
Rechnersystem umzubenennen. Hierbei gibt es zwei unterschiedliche Ansätze, die allerdings durch die Wahl des Betriebssystems vorgegeben sind.

▷ Bei allen Windows-Versionen vor Windows XP erfolgt die Änderung des Namens in der
Registrierung und erfordert einen Neustart des Systems.

▷ Für die beiden neuesten Betriebssystemversionen ist eine Methode `Rename()` im WMI-Objekt `Win32_ComputerSystem` vorgesehen, die einen Neustart überflüssig macht.

Um den Namen eines Rechners zu ändern, ist es notwendig, zwei Schlüssel **Lösung für NT4, 9x, 2000 und ME**

▷ *HKLM\SYSTEM\CurrentControlSet\Control\ComputerName\ComputerName\ComputerName* und

▷ *HKLM\SYSTEM\CurrentControlSet\Services\Tcpip\Parameters\NV Hostname*

in der Registrierungsdatenbank zu modifizieren. Dazu verwendet die vorgestellte Lösung die
Methode `RegWrite()` aus dem `WScript`-Objekt in der WSHRun-Komponente, deren Eigenschaften in einem späteren Kapitel erläutert werden.

```
' RenameWkst.vbs
' Ändern des lokalen Rechnernamens
' verwendet: WSHRun
' ===============================

Dim Computer, WSHShell

Computer = InputBox("neuer Rechnername: ")
If Computer <> "" Then
    Set WSHShell = CreateObject("WScript.Shell")

    WSHShell.RegWrite "HKLM\SYSTEM\CurrentControlSet\Control\" & _
        "ComputerName\ComputerName\ComputerName", Computer
    WSHShell.RegWrite "HKLM\SYSTEM\CurrentControlSet\Services\" & _
        "Tcpip\Parameters\NV Hostname", Computer
    WScript.Echo "Der Rechner wurde in '" & Computer & "' umbenannt."
    WScript.Echo "Bitte starten Sie jetzt den Rechner neu!"
End If
```

*Listing 9.8: /Skripte/Kapitel09/RenameWkst.vbs*

**Lösung für XP und Windows Server 2003**

Ab Windows XP ist bei der Verwendung von WMI zur Umbenennung eines Rechners die Methode Rename() implementiert, die in einem Parameter den Zielnamen des Rechners enthält. Die Methode selbst kann über das Win32_ComputerSystem-Objekt aufgerufen werden, das durch eine WQL-Abfrage gewonnen wird.

 Die Syntax einer WQL-Anfrage ist im Aufbau einer SQL-Anfrage sehr ähnlich, die an eine Datenbank gestellt wird. Weitere Details zum Aufbau der Anfrage können Kapitel 5 entnommen werden.

```
' RenameWkstXP.vbs
' Umbenennen einer Arbeitsstation (ab Windows XP)
' verwendet: WMI
' =================================

COnst COMPUTERALT = "ServerE02"
Const COMPUTERNEU = "ServerE01"

Set objWMIService = GetObject("WinMgmts:" & _
    "{impersonationLevel=impersonate}!\\" & _
    COMPUTERALT & "\root\cimv2")

Set colComputers = objWMIService.ExecQuery _
    ("SELECT * FROM Win32_ComputerSystem")

For Each objComputer in colComputers
    err = ObjComputer.Rename(COMPUTERNEU)
    Wscript.Echo err
Next
```

*Listing 9.9: /Skripte/Kapitel09/RenameWkstXP.vbs*

## 9.7 Einen Computer herunterfahren/ neu starten

Nach der Installation von Software oder der Konfiguration des Systems kann es notwendig werden, das System neu zu starten. Durch die Verwendung von WMI besteht nun die Möglichkeit, den lokalen oder einen beliebigen entfernten Rechner durch ein Skript gesteuert herunterzufahren bzw. neu zu starten.

**Voraussetzung**

Um einen Rechner herunterzufahren oder neu zu starten, werden Administratorrechte vorausgesetzt. Alternativ kann der Benutzer auch gesondert das Recht zum Herunterfahren des Systems erhalten. Zusätzlich ist es notwendig, dass auf dem zu verwaltenden Rechner WMI installiert ist.

Die skriptbasierte Lösung bedient sich der Methode `Reboot()` bzw. `Shutdown()`, um einen **Lösung** Rechnerneustart auszulösen oder den Rechner herunterzufahren. Zur Verwendung dieser Methoden ist es nötig, mit Hilfe von WMI ein `Win32_OperatingSystem`-Objekt des zu verwaltenden Rechnersystems zu ermitteln. Zunächst wird hierzu ein WMI-Dienstobjekt durch Verwendung des Computernamens und des WMI-Namensraums `\root\cimv2` erzeugt, über das in einem zweiten Schritt das Betriebssystem-Objekt geholt wird.

Durch die Variable `Computer` kann bestimmt werden, welches Rechnersystem bearbeitet wird; die Variable `Reboot` spezifiziert die durchzuführende Aktion: entweder `Reboot()` oder `Shutdown()`.

> Der Ausdruck `"."` bezeichnet in WMI den lokalen Computer, also den Computer, auf dem das Skript läuft.

```
' ShutdownRestart.vbs
' Fährt einen Rechner herunter (und startet ihn neu)
' verwendet: WMI
' ================================

Dim objWMIService, objOperatingSystem, Computer, Reboot

Computer = "."
Reboot = True

Set objWMIService = GetObject("WinMgmts:" _
    & "{impersonationLevel=impersonate,(Shutdown)}!\\" & _
    Computer & "\root\cimv2")

Set colOperatingSystems = objWMIService.ExecQuery _
    ("SELECT * FROM Win32_OperatingSystem")

For Each objOperatingSystem in colOperatingSystems
    If Reboot Then
        objOperatingSystem.Reboot()
    Else
        objOperatingSystem.Shutdown()
    End If
Next
```

*Listing 9.10: /Skripte/Kapitel09/ShutdownRestart.vbs*

# 9.8 Fragen und Aufgaben

1. Bei einem Rechner, der Domänenmitglied ist, wird der Name verändert. Wo muss der neue Name angepasst werden?

2. Wann wird der neue Rechnername auf einem Client-Rechner wirksam?

3. Wo werden Computerkonten erstellt und gelöscht?

4. Worin besteht der Unterschied zwischen dem Erstellen eines Computerkontos und dem Hinzufügen eines Rechners zu einer Domäne?

5. Welches Objekt bietet die Möglichkeit, einen Rechner herunterzufahren oder ihn neu zu starten?

6. Welche Komponenten können zum Auflisten von Benutzern und Gruppen auf einem Rechner verwendet werden?

7. Entwerfen Sie ein Skript, das für den lokalen Rechner ein Computerkonto erzeugt und ihn direkt zur Domäne hinzufügt.

8. Entwerfen Sie ein Skript, das einen Rechner nach dem Umbenennen nach Benutzeraufforderung neu startet.

# 10 Scripting der Ereignisprotokolle

Das Ereignisprotokoll bzw. die Ereignisanzeige ist ein elementarer Bestandteil aller Micro-soft-Betriebssysteme, die auf der Windows NT-Linie aufsetzen. Mit Hilfe der Ereignisanzeige können verschiedene Hardware- und Software-Aktivitäten angezeigt werden. Die Ereignis-anzeige führt die Überprüfung anhand von Protokolldateien durch, in denen die Ereignisse aufgezeichnet werden.

Die Informationen zu den Ereignissen werden in drei Protokolltypen aufgezeichnet:

▷ Anwendungsprotokoll

Das Anwendungsprotokoll enthält Ereignisse, die von Anwendungen oder Programmen aufgezeichnet werden. Beispielsweise könnte von einem Datenbankprogramm ein Datei-fehler im Anwendungsprotokoll vermerkt werden. Der Entwickler entscheidet, welche Ereignisse aufgezeichnet werden.

▷ Systemprotokoll

Das Systemprotokoll enthält alle Ereignisse, die von den Windows-Systemkomponenten aufgezeichnet wurden. So wird beispielsweise im Systemprotokoll aufgezeichnet, wenn das Laden eines Gerätetreibers oder einer anderen Systemkomponente während des Starts fehlschlägt. Die von den Systemkomponenten aufgezeichneten Ereignisarten wer-den im Voraus bestimmt.

▷ Sicherheitsprotokoll

Das Sicherheitsprotokoll enthält Sicherheitsereignisse wie gültige und ungültige Anmel-deversuche und Ereignisse zur Ressourcennutzung, wie beispielsweise das Erstellen, Öffnen oder Löschen von Dateien. Der Administrator kann festlegen, welche Ereignisse im Sicherheitsprotokoll aufgezeichnet werden. Wenn Sie z.B. die Anmeldeüberwachung aktiviert haben, werden alle Anmeldeversuche am System im Sicherheitsprotokoll auf-gezeichnet.

Neben der Möglichkeit, eigene Protokolltypen zu erstellen (die im weiteren Verlauf des Kapitels gezeigt werden) existieren auf einem Domänencontroller, der ein Active Directory verwaltet, weitere Protokolltypen:

▷ Directory Service

▷ DNS-Server

▷ Dateireplikationsdienst

Der Ereignisprotokolldienst wird beim Starten von Windows automatisch ausgeführt. Anwendungs- und Systemprotokolle können von allen Benutzern, Sicherheitsprotokolle nur von Administratoren eingesehen werden.

**Ereignistypen**
Die Meldungen in der Ereignisanzeige werden in fünf unterschiedliche Ereignistypen kategorisiert, die jeweils ganz bestimmte Einsatzgebiete abdecken:

▷ Fehler: Ein schwerwiegendes Problem wie Datenverlust oder Funktionsausfall. Wenn z.B. ein Dienst während des Systemstarts nicht geladen wird, wird ein Fehler aufgezeichnet.

▷ Warnung: Ein Ereignis, das an sich nicht schwerwiegend ist, aber auf künftig auftretende Probleme hindeuten kann. Eine Warnung wird beispielsweise aufgezeichnet, wenn der Speicherplatz auf dem Datenträger knapp wird.

▷ Informationen: Ein Ereignis, das die erfolgreiche Ausführung einer Anwendung, eines Treibers oder eines Dienstes beschreibt. Ein Informationsereignis wird z.B. aufgezeichnet, wenn ein Netzwerktreiber erfolgreich geladen werden konnte.

▷ Erfolgsüberwachung: Ein erfolgreich verlaufener, überwachter Sicherheitszugriff. Die erfolgreiche Anmeldung eines Benutzers am System wird z.B. als Erfolgsüberwachungsereignis aufgezeichnet.

▷ Fehlerüberwachung: Ein fehlgeschlagener, überwachter Sicherheitszugriff. Der vergebliche Versuch eines Benutzers, auf ein Netzlaufwerk zuzugreifen, wird beispielsweise als Fehlerüberwachungsereignis aufgezeichnet.

Diese Unterscheidung in Typen ist besonders zur Filterung von Ereignissen bei der Anzeige geeignet, weil damit der Umfang der angezeigten Meldungen erheblich verringert werden kann.

# 10.1 Protokolleinträge lesen

**Voraussetzung**
Damit das Skript seine Aufgabe (Auslesen der Ereignisprotokolle) erfüllen kann, ist darauf zu achten, dass dem Benutzer, der das Skript ausführt, auch erlaubt ist, die entsprechende Operation durchzuführen. Einem einfachen Benutzer ist es lediglich erlaubt, das Anwendungs- und Systemprotokoll auszulesen. Für das Sicherheitsprotokoll sind Administratorrechte notwendig.

Zur Ausführung des Skripts ist es zusätzlich notwendig, dass auf dem ausführenden Rechner auch die WMI-Komponente installiert ist. Dies ist seit Windows NT 4.0 Service Pack 4 in der Regel der Fall.

**Lösung**
Zur Ermittlung der Ereignisprotokolleinträge wird eine WQL-Anfrage an den Namensraum `\root\cimv2` abgesetzt. Die Anfrage wird durch die `ExecQuery()`-Methode des WMI-Objekts ausgeführt und liefert als Rückgabewert eine Objektmenge aus `Win32_NTLogEvent`-Objekten. Die WMI-Klasse `Win32_NTLogEvent` enthält mehrere Attribute, die über das einzelne Ereignis detailliert Auskunft geben.

Durch eine `For Each`-Schleife werden alle Objekte der Objektmenge durchlaufen und die wichtigsten Charakteristika des `Win32_NTLogEvent`-Objekts ausgegeben.

```
' ReadEventlog.vbs
' Liest alle Ereignisse eines Protokolls aus
' verwendet: WMI
' =============================================================

Dim objWMIService, colLoggedEvents, objEvent
Dim Computer, LogName

Computer = "."
LogName = "Application"

Set objWMIService = GetObject("WinMgmts: " & _
    "{impersonationLevel=impersonate}!\\ " & Computer & _
    "\root\cimv2")

Set colLoggedEvents = objWMIService.ExecQuery _
    ("SELECT * FROM Win32_NTLogEvent WHERE Logfile = '" & _
    LogName & "'")

For Each objEvent in colLoggedEvents
    Wscript.Echo "Kategorie: " & objEvent.Category
    Wscript.Echo "Computername: " & objEvent.ComputerName
    Wscript.Echo "Ereignis-ID: " & objEvent.EventCode
    Wscript.Echo "Beschreibung: " & objEvent.Message
    Wscript.Echo "Datensatznummer: " & objEvent.RecordNumber
    Wscript.Echo "Quelle: " & objEvent.SourceName
    Wscript.Echo "Datum/Uhrzeit: " & objEvent.TimeWritten
    Wscript.Echo "Typ: " & objEvent.Type
    Wscript.Echo "Benutzer: " & objEvent.User
    Wscript.Echo ""
Next
```

*Listing 10.1: /Skripte/Kapitel10/ReadEventlog.vbs*

# 10.2 Protokolleinträge schreiben

Das Schreiben von Einträgen aus Programmen und Skripten heraus erlaubt eine genaue Aufzeichnung der Ereignisse bei deren Ablauf. So kann über die Möglichkeiten der Fernverwaltung der Status einer durchgeführten Operation ermittelt werden, ohne dass hierzu selbst erzeugte Protokolldateien durchlaufen werden müssen.

Die Betriebssysteme Windows 9x/Windows ME besitzen keine Ereignisanzeige, doch ist auch hier eine skriptbasierte Erzeugung von Einträgen möglich. Allerdings werden diese Einträge lediglich in der Textdatei *WSH.log* abgelegt, die sich im %Windows%-Verzeichnis befindet.

Während die WMI-Funktionen zum Auslesen der Ereignisprotokolle sehr umfangreich gestaltet sind, ist zum Schreiben von Ereignissen keine Methode implementiert. Daher wird zur Erzeugung von Meldungen auf das WSHShell -Objekt des Windows Script Host zurückgegriffen.

**Voraussetzung**

**Lösung** Das WSHShell-Objekt bietet mit der Methode LogEvent() die Möglichkeit, einen benutzerdefinierten Eintrag in das Anwendungsprotokoll zu schreiben. Die Methode erwartet mindestens zwei Parameter: Der erste Parameter gibt den Typ der Meldung in Form einer Integer-Zahl an und bestimmt damit auch indirekt das Symbol, das in der Ereignisanzeige verwendet wird. Der zweite obligatorische Parameter bestimmt mit Hilfe einer Zeichenkette die ausführliche Meldung, die im Ereignisprotokoll zu diesem Ereignis hinterlegt werden soll. Durch einen optionalen dritten Parameter kann durch Angabe eines UNC-Pfads ein Eintrag auch auf einem entfernten Rechner erzeugt werden.

**Hinweis** Bei der Verwendung der Methode LogEvent() ist zu beachten, dass lediglich Einträge in dem Anwendungsprotokoll vorgenommen werden können. Für das Sicherheits- und das Systemprotokoll sowie für etwaige selbst definierte Protokolle können keine Einträge erzeugt werden. Weiterhin wird als Quelle der Ereignisse pauschal der Windows Script Host (WSH) angenommen, sodass in der Ereignisanzeige eine Zuordnung von Meldungen und ausgeführten Skripten nicht offensichtlich ist.

```
' AddEvent.vbs
' Schreibt einen Eintrag in das Anwendungsprotokoll
' verwendet: WSHRun
' ===============================

Const EVENT_SUCCESS = 0
Const EVENT_ERROR = 1
Const EVENT_WARNING = 2
Const EVENT_INFORMATION = 4
Const EVENT_SUCCESSAUDIT = 8
Const EVENT_FAILUREAUDIT = 16

Const MessageSeparator = ": "

Dim objShell, Message

Message = "Aktion erfolgreich durchgeführt!"

Set objShell = WScript.CreateObject("WScript.Shell")

objShell.LogEvent EVENT_SUCCESS, WScript.ScriptName & _
    MessageSeparator & Message
```

*Listing 10.2: /Skripte/Kapitel10/AddEvent.vbs*

**Meldungen im Anwendungsprotokoll unterscheiden** Die folgende Abbildung zeigt die beispielhaft erzeugten Meldungen im Anwendungsprotokoll eines Rechners mit der Detailansicht einer Meldung. Hierbei ist zu erkennen, dass durch Hinzufügen des Skriptnamens in der Beschreibung eine Unterscheidung verschiedener ausführender Skripte vorgenommen werden kann. Dieses Verfahren wird auch vom Microsoft Installer (MSI) verwendet.

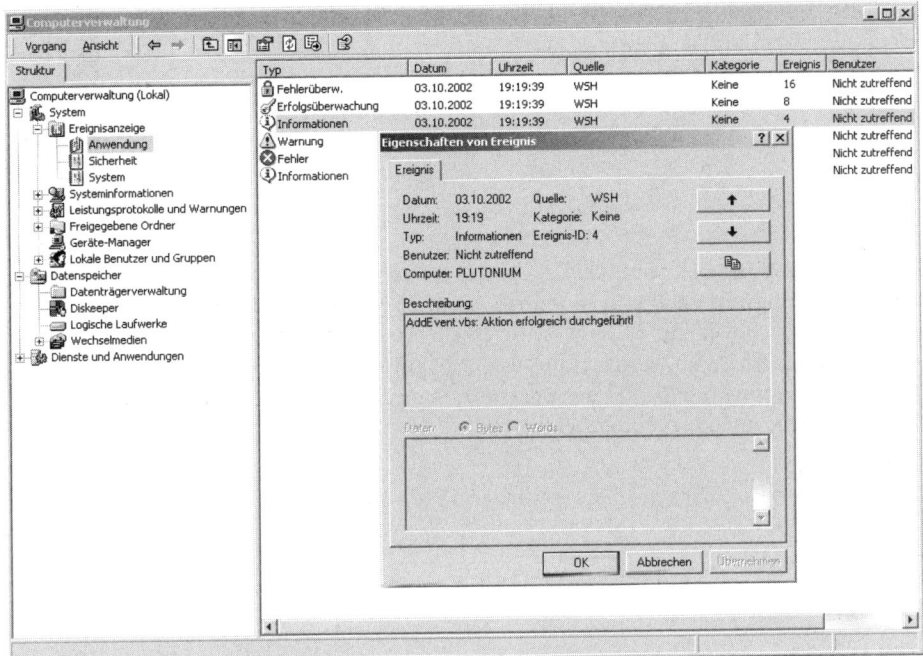

*Bild 10.1:*
*Selbst erzeugte*
*Einträge im*
*Anwendungs-*
*protokoll der*
*Ereignis-*
*anzeige*

**Verbesserung ab Windows XP**  Unter den Betriebssystemen ab Windows XP kann zur Erzeugung eines Ereignisprotokolleintrags das Kommandozeilenwerkzeug *EventCreate.exe* herangezogen werden. Durch die Verwendung dieses Werkzeugs kann in jedem beliebigen Protokoll der Ereignisanzeige ein Eintrag vorgenommen werden.

**Event-Create()**

Um *EventCreate.exe* aus einem WSH-Skript heraus zu nutzen, werden zunächst die benötigten Parameter definiert und zu einem Kommandozeilenbefehl zusammengesetzt. Dieser Kommandozeilenbefehl wird dann durch eine Instanz des WSHShell-Objekts aus der WSH Runtime-Komponente unter Verwendung der Run()-Methode ausgeführt, die das Ausführen eines beliebigen Kommandozeilenbefehls erlaubt.

**Lösung**

```
' AddEventXP.vbs
' Schreibt einen Eintrag in das benutzerdefinierte
' Protokoll "Anwendung"
' verwendet: WSHRun, EventCreate.exe
' ===============================

Dim WSHShell
Dim LogName, Message, Typ, ID, Command

Set WSHShell = WScript.CreateObject("WScript.Shell")

LogName = "Application"
Message = "Aktion erfolgreich durchgeführt!"
Typ = "Error"
ID = "100"
```

```
Command = "eventcreate.exe " & _
    " /T " & Typ & _
    " /ID " & ID & " " & _
    " /L " & LogName & " " & _
    " /SO """ & WScript.ScriptName & """" & _
    " /D """ & Message & """"

WScript.Echo "Führe aus: " & Command

WSHShell.Run Command
```

*Listing 10.3: /Skripte/Kapitel10/AddEventXP.vbs*

*Bild 10.2: Auch das komplexere Ereignisprotokollsystem unter Windows Vista kann die mit EventCreate .exe gesendeten Meldungen richtig verarbeiten und darstellen.*

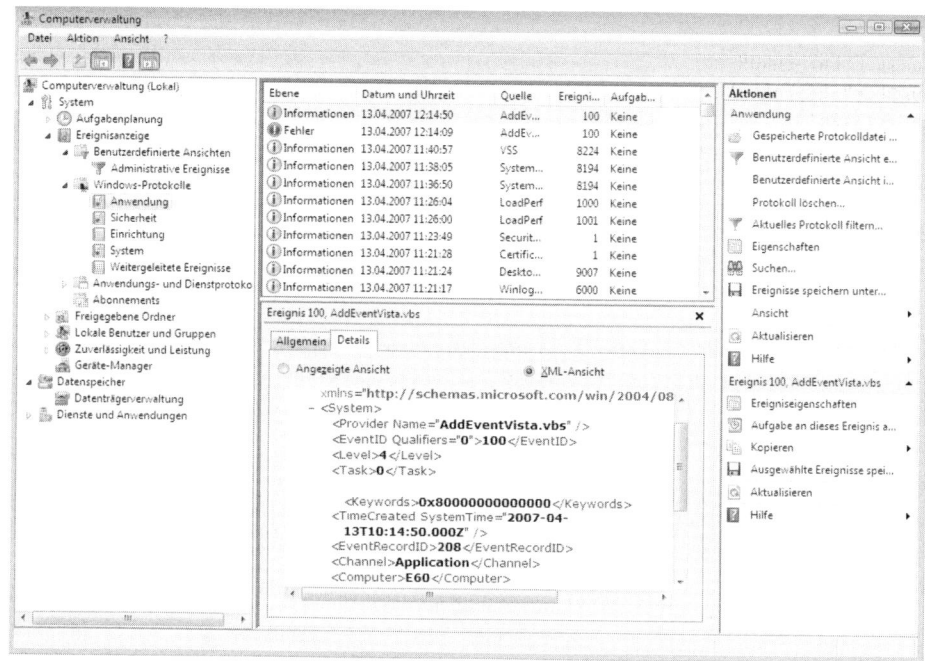

# 10.3 Protokolleinträge auswerten

Die Anzahl der im Anwendungsprotokoll eines Rechners hinterlegten Einträge wird schnell sehr umfangreich, sodass das einfache Auslesen der Einträge selten zum Ziel führt. In der Regel steht die Betrachtung einer bestimmten Anwendung im Vordergrund, sodass eine komprimierte Darstellung der relevanten Ereignisse notwendig wird.

**Voraussetzung**  Neben den allgemeinen Voraussetzungen – WMI und Rechte –, die auch für das Auslesen der Einträge erforderlich sind, ist der Aufbau der Beschreibung der Meldung ausschlaggebend. Die Beschreibung beginnt stets mit dem Skriptnamen und einem Doppelpunkt, an den sich die eigentliche Meldung anschließt. Das Skript *AddEvent.vbs* aus dem vorhergehenden Kapitel erzeugt die entsprechenden Einträge.

Die Lösung für die zusammenfassende Darstellung von Meldungen liegt in der detaillierten **Lösung** Selektion von Ereignissen. Zum einen werden alle WSH-Einträge des Anwendungsprotokolls eines bestimmten Typs ausgewählt. Aus diesen Bedingungen wird eine WQL-Abfrage konstruiert und durch die ExecQuery( )-Methode des WMI-Objekts ausgeführt. Zum anderen wird die durch die ExecQuery( )-Methode zurückgegebene Objektmenge von Win32_NTLogEvent-Objekten durchlaufen. Durch diese Schleife werden nur die Ereignisse bearbeitet, die durch das in der Variablen SourceScriptName angegebene Skript erzeugt wurden.

```
' AnalyseEvents.vbs
' Ermittelt aus dem Anwendungsprotokoll diejenigen Ereignisse,
' die bestimmten Kriterien entsprechen
' verwendet: WMI
' =================================================

Const EVENT_ERROR = 1
Const EVENT_WARNING = 2
Const EVENT_INFORMATION = 3
Const EVENT_SUCCESSAUDIT = 4
Const EVENT_FAILUREAUDIT = 5

Const Source = "WSH"
Const LogName = "Application"
Const MessageSeparator = ": "

Dim objWMIService, colLoggedEvents, objEvent
Dim Computer, SourceScriptName, EventType, SeparatorPosition

Computer = "."
SourceScriptName = "AddEvent.vbs"
EventType = EVENT_ERROR
Set objWMIService = GetObject("WinMgmts:" & _
    "{impersonationLevel=impersonate}!\\" & Computer & _
    "\root\cimv2")

Set colLoggedEvents = objWMIService.ExecQuery _
    ("SELECT * FROM Win32_NTLogEvent WHERE " & _
    "Logfile = '" & LogName & "' AND " & _
    "SourceName='" & Source & "' AND " & _
    "EventType=" & EventType)

Wscript.Echo "Das Skript '" & SourceScriptName & _
    "' lieferte folgende Ereignisse:"

For Each objEvent in colLoggedEvents
    SeparatorPosition = InStr(objEvent.Message, MessageSeparator)
    If LCase(Left(objEvent.Message, _
        SeparatorPosition - 1)) _
        = LCase(SourceScriptName) Then

        Wscript.Echo " Datum/Zeit: " & objEvent.TimeWritten
```

```
        Wscript.Echo "  Meldung:     " & Mid(objEvent.Message, _
            SeparatorPosition + Len(MessageSeparator))
        Wscript.Echo ""
    End If
Next
```

*Listing 10.4: /Skripte/Kapitel10/AnalyseEvents.vbs*

# 10.4 Datensicherung des Ereignisprotokolls

Der zur Speicherung der Ereignisse bereitgestellte Speicher ist in der Regel begrenzt, sodass nicht jedes Ereignis über einen größeren Zeitraum aufbewahrt werden kann. Um trotzdem eine lückenlose Historie aller Ereignisse zu ermöglichen, kann der Inhalt der Protokolle in Dateien gespeichert werden.

 Das erzeugte Dateiformat bei der Sicherung der Protokolldateien ist spezifisch und kann nur korrekt durch die Ereignisanzeige eingesehen werden.

**Voraus-setzung** Zur Speicherung eines Ereignisprotokolls in einer Datei gelten dieselben Voraussetzungen wie beim Auslesen von Einträgen – das Auslesen wird durch die Windows Management Instrumentation (WMI) übernommen. Zusätzlich sind Schreibrechte im Dateisystem erforderlich, um das Backup des Protokolls zu speichern.

**Lösung** Zur Speicherung des gesamten Protokolls wird auf die WMI-Methode `BackupEventLog()` der `Win32_NTEventLogFile`-Klasse zurückgegriffen. Diese Methode erwartet einen Parameter in Form einer Zeichenkette und spezifiziert einen Dateinamen, der zur Aufnahme der Ereigniseinträge verwendet wird. Allerdings schlägt die Methode fehl, wenn der Dateiname bereits existiert. Um dies zu vermeiden, wird aus dem Namen des Protokolls, der aktuellen Uhrzeit und dem Datum ein Dateiname erstellt.

**Rückgabe-wert** Die Methode `BackupEventLog()` liefert einen Rückgabewert in Form einer Integer-Zahl. Ist der Rückgabewert 0, war die Operation erfolgreich. Andere Zahlen bedeuten, dass ein Fehler aufgetreten ist, wobei jede Zahl einen unterschiedlichen Fehler bedeutet (21: Ungültiger Parameter; 183: Der Archivdateiname ist bereits vorhanden. Datei kann nicht erstellt werden; 8: Unbekannter Fehler).

```
' BackupLog.vbs
' Sichert ein Protokoll in eine Datei
' verwendet: WMI
' =================================================
Dim objWMIService, colLogFiles, objLogFile
Dim Computer, LogName, FileName
Dim LogDate, LogTime
Dim errBackupLog

Computer = "."
LogName = "Application"
LogDate = Replace(FormatDateTime(Date, 0), ".", "")
```

```
LogTime = Replace(FormatDateTime(Time, 3), ":", "")
FileName = "C:\" & LogName & "_" & LogDate & "_" & LogTime & ".evt"

Set objWMIService = GetObject("WinMgmts:" _
    & "{impersonationLevel=impersonate,(Backup)}!\\" & _
    Computer & "\root\cimv2")
Set colLogFiles = objWMIService.ExecQuery _
    ("SELECT * FROM Win32_NTEventLogFile WHERE " & _
    "LogFileName='" & LogName & "'")
For Each objLogfile in colLogFiles
    errBackupLog = objLogFile.BackupEventLog(FileName)
    If errBackupLog <> 0 Then
        Wscript.Echo "Das Ereignisprotokoll '" & LogName & "' " & _
            "konnte nicht gesichert werden."
    Else
        Wscript.Echo "Das Ereignisprotokoll '" & LogName & "' " & _
            "wurde in der Datei '" & FileName & "' gesichert."
    End If
Next
```

*Listing 10.5. /Skripte/Kapitel10/BackupLog.vbs*

# 10.5   Ereignisprotokoll anlegen

Ab Windows 2000 ist es möglich, eigene Ereignisprotokolle zu erzeugen, die spezifische Meldungen entgegennehmen können. Dadurch kann eine individuelle Strukturierung selbst erzeugter Ereignisse vorgenommen werden. Allerdings kann lediglich mit der *EventCreate.exe-*Anwendung in diese Protokolle geschrieben werden.

Zur Erzeugung eines benutzerdefinierten Protokolls ist die Erzeugung eines Registrierungsschlüssels ausreichend. Durch die Methode RegWrite() des WSHShell-Objekts wird der entsprechende Schlüssel generiert.    **Lösung**

```
' CreateLog.vbs
' Legt ein benutzerdefiniertes Ereignisprotokoll an
' verwendet: WSHRun
' ===============================

Const NO_VALUE = Empty

Dim LogName, WSHShell

LogName = "Scripts"

Set WSHShell = WScript.CreateObject("WScript.Shell")

WSHShell.RegWrite "HKLM\System\CurrentControlSet\" & _
    "Services\EventLog\" & LogName & "\", NO_VALUE
```

*Listing 10.6: /Skripte/Kapitel10/CreateLog.vbs*

Das Hinzufügen eines einzigen Schlüssels in der Registrierungsdatenbank ist ausreichend, um ein benutzerdefiniertes Ereignisprotokoll zu erzeugen. Die nachfolgende Abbildung zeigt beispielhaft, wie das Ergebnis des Skripts aussehen könnte.

*Bild 10.3: Ein benutzerdefiniertes Ereignisprotokoll wurde angelegt.*

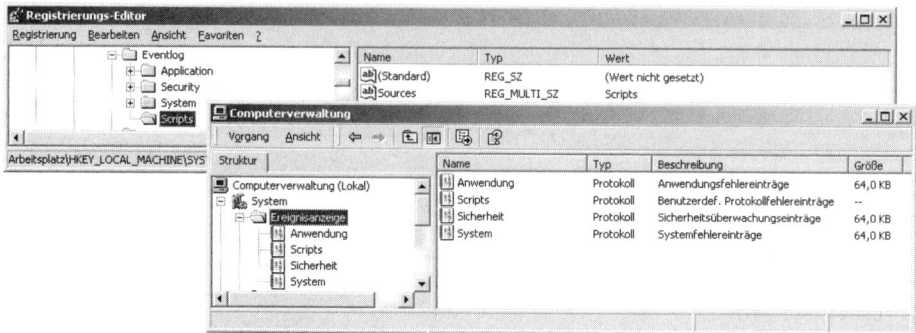

## 10.6 Ereignisprotokoll löschen

Werden die benutzerdefinierten Protokolle, die durch das Skript *CreateLog.vbs* erzeugt wurden, nicht mehr benötigt, so können sie auch skriptbasiert wieder entfernt werden.

**Lösung** Das Entfernen von Protokolldateien erfolgt – analog zur Erzeugung – durch Bearbeitung der Registrierungsdatenbank. Mit Hilfe der Methode `RegDelete()` des `WshShell`-Objekts kann ein beliebiger Schlüssel aus der Registrierungsdatenbank entfernt werden.

**Hinweis** Es ist darauf zu achten, dass die Anwendungs-, Sicherheits- und Systemprotokolle nicht entfernt werden, da dies zu Fehlfunktionen des Systems führen kann, weil auch der Verweis auf diese Protokolle durch Schlüssel in der Registrierungsdatenbank erfolgt.

```
' DeleteLog.vbs
' Löscht ein Ereignisprotokoll
' verwendet: WSHRun
' ===============================

Dim LogName, WSHShell

LogName = "Scripts"

Set WSHShell = WScript.CreateObject("WScript.Shell")

WSHShell.RegDelete "HKLM\System\CurrentControlSet\" & _
    "Services\EventLog\" & LogName & "\"
```

*Listing 10.7: /Skripte/Kapitel10/DeleteLog.vbs*

# 10.7 Ereignisprotokoll leeren

Das Leeren eines Ereignisprotokolls stellt eine Erweiterung zur Sicherung der Einträge dar und darf nicht mit dem Löschen des Protokolls verwechselt werden. Bei einem Leeren des Protokolls werden lediglich die vorhandenen Einträge entfernt, der Verweis und die Einstellungen in der Registrierungsdatenbank bleiben erhalten.

Wie bei allen Lesezugriffen auf die Ereignisprotokolle wird eine Installation der Windows Management Instrumentation (WMI) vorausgesetzt. **Lösung**

Das WMI-Objekt `Win32_NTEventLogFile` besetzt die Methode `ClearEventLog()`, die die Einträge eines bestimmten Ereignisprotokolls ohne Erstellung einer Sicherheitskopie leert.

```
' ClearLog.vbs
' Leert den Inhalt eines Ereignisprotokolls
' verwendet: WMI
' ========================================================

Dim objWMIService, colLogFiles, objLogFile
Dim Computer, LogName

Computer = "."
LogName = "Application"

Set objWMIService = GetObject("WinMgmts:" _
    & "{impersonationLevel=impersonate,(Backup)}!\\" & _
    Computer & "\root\cimv2")

Set colLogFiles = objWMIService.ExecQuery _
    ("SELECT * FROM Win32_NTEventLogFile WHERE " & _
    "LogFileName=""" & LogName & """")

For Each objLogfile in colLogFiles
    objLogFile.ClearEventLog()
Next
```

*Listing 10.8: /Skripte/Kapitel10/ClearLog.vbs*

# 10.8 Überwachung von Einträgen

Bei der Systemverwaltung wird es häufig notwendig, auf bestimmte Ereignisse in einem Rechnersystem zu reagieren und dadurch vordefinierte Aktionsschritte zu initiieren, um die Funktionalität des Systems zu gewährleisten.

Durch die Verwendung der Methode `ExecNotificationQuery()` des WMI-Objekts wird eine Anfrage zum Empfang von Ereignissen abgesetzt. Dazu wird die Klasse `__Instance CreationEvent` abgefragt, die anzeigt, ob ein neues WMI-Objekt erzeugt wurde. Zusätzlich ist es notwendig, den Typ des neu erzeugten Objekts festzulegen. Zur Überwachung von Einträgen im Ereignisprotokoll ist dies die Klasse `Win32_NTLogEvent`. Abschließend wird, um nicht bei jedem Neueintrag im Ereignisprotokoll eine Nachricht zu erhalten, die Liste der Einträge durch `TargetInstance.EventCode` gefiltert. **Lösung**

**NextEvent()** Die Ausgabe erfolgt in einer Endlosschleife, die durch `Do...Loop` ohne Abbruchbedingung realisiert wird. Diese Form der Schleife ist notwendig, weil nicht im Voraus bekannt ist, wann ein Ereignis eintreten wird. Durch die Methode `NextEvent()` wird das nächste Ereignis, das der Beschreibung in der WQL-Anfrage entspricht, ermittelt und ausgegeben.

```
' LogEvent.vbs
' Überwachen von Einträgen im Ereignisprotokoll
' verwendet: WMI
' ===============================

strCOMPUTERConst strCOMPUTER = "."
Set objWMIService = GetObject("WinMgmts:" & _
    "{impersonationLevel=impersonate, (Security)}!\\" & _
    strCOMPUTER & "\root\cimv2")

Set colMonitoredEvents = objWMIService.ExecNotificationQuery _
    ("SELECT * FROM __InstanceCreationEvent WHERE TargetInstance ISA" & _
    "'Win32_NTLogEvent' AND TargetInstance.EventCode = '11707' ")

Do
    Set objLatestEvent = colMonitoredEvents.NextEvent
        strAlertToSend = "Die Installation mit dem" & _
            " MSI-Installer war erfolreich. " & vbCrLf
        strAlertToSend = objLatestEvent.TargetInstance.Message
        Wscript.Echo strAlertToSend
Loop
```

*Listing 10.9: /Skripte/Kapitel10/LogEvent.vbs*

# 10.9  Fragen und Aufgaben

1. In welches Ereignisprotokoll können Sie mit der WSHRun-Komponente neue Ereignisse eintragen?

2. Wo werden die Einträge im Anwendungsprotokoll auf einem Windows 9x/ME-Rechner abgelegt?

3. Welche unterschiedlichen Formen von Ereignissen gibt es?

4. Wie lautet das WMI-Objekt zum Zugriff auf die Ereignisprotokolle?

5. Wo können neue Ereignisprotokolle angelegt werden?

6. Wodurch können Ereignisse, die vom WSH angelegt wurden, unterschieden werden?

7. Wie erfolgen Einträge in selbst erzeugte Ereignisprotokolle?

8. Mit welchem Programm können in eine Datei gesicherte Ereignisprotokolle sinnvoll betrachtet werden?

# 11 Scripting der Systemdienste

In diesem Kapitel steht die Verwaltung von Diensten im Vordergrund. Bei Diensten handelt es sich um Prozesse und Programme, die im Hintergrund – d.h. ohne Benutzerschnittstelle – ausgeführt werden. Hieraus ergeben sich Vorteile: Diese Anwendungen sind bereits ab dem Start des Betriebssystems verfügbar und müssen nicht manuell gestartet werden. Zusätzlich laufen Dienste gänzlich unabhängig von einem eventuell am System angemeldeten Benutzer.

**Lernziele**

Die Verwaltung von Diensten stellt bei NT-basierten Rechnersystemen ein wesentliches Mittel zu deren Administration dar. Daher umfasst dieses Kapitel die Anzeige, die Statusüberprüfung und das Starten bzw. Beenden von Diensten.

Die skriptbasierte Verwaltung der Dienste setzt eine Installation der Windows Management Instrumentation (WMI) voraus, da erst mit WMI ein Zugriff auf die Eigenschaften eines Dienstes möglich wird.

**Voraussetzungen**

## 11.1 Auflisten aller Dienste

Eine Übersicht über die Dienste bildet die Ausgangsbasis zu deren Verwaltung, da nicht jeder Dienst auf jedem beliebigen Rechnersystem verfügbar sein muss. Die Lösung besteht in der Formulierung einer WQL-Abfrage, die an jedes beliebige Rechnersystem gerichtet werden kann.

**Lösung**    Zur Auflistung aller Dienste wird die WQL-basierte Anfrage so formuliert, dass sie aus der Tabelle Win32_Service sämtliche Einträge auswählt.

Durch die Methode ExecQuery(), die vom WMI-Objekt bereitgestellt wird, wird die WQL-Abfrage ausgeführt. Der Rückgabewert stellt eine Sammlung (Collection) aus Win32_Service-Objekten dar, deren Eigenschaft DisplayName im Folgenden aufgelistet wird.

**ExecQuery()**

```
' ListServices.vbs
' Liste aller Dienste eines Rechners ermitteln und ausgeben
' verwendet: WMI
' =============================

Dim objWMIService, objService, colListOfServices, Computer

Computer = "."
Set objWMIService = GetObject("WinMgmts:" & _
```

```
"{impersonationLevel=impersonate}!\\" & Computer & _
"\root\cimv2")

Set colListOfServices = objWMIService.ExecQuery _
    ("SELECT * FROM Win32_Service")

For Each objService in colListOfServices
    WScript.Echo objService.DisplayName
Next
```

*Listing 11.1: /Skripte/Kapitel11/ListServices.vbs*

**Win32_Service -Objekt** Das Objekt Win32_Service bietet zahlreiche Attribute, die über den Zustand der Dienste Auskunft geben und zur Verwaltung eines Rechners herangezogen werden können.

*Bild 11.1: Eigenschaften des Win32_ Service-Objekts*

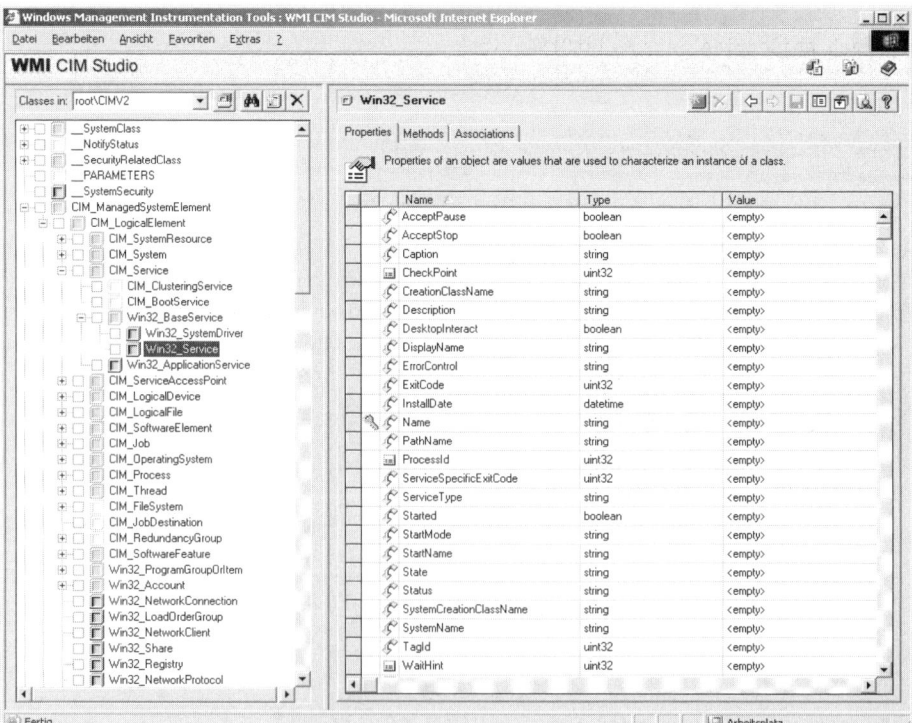

# 11.2 Auflisten aller laufenden Dienste

Die Verwaltung der Dienste wird in der Regel nicht alle in einem System installierten Dienste betreffen, sondern sich hauptsächlich auf die gerade laufenden Dienste beschränken.

**Lösung** Um aus der Liste aller Dienste die laufenden herauszufiltern, muss die WQL-Anfrage aus dem vorherigen Unterkapitel um eine Bedingung ergänzt werden. Die Selektion erfolgt gemäß der SQL-Syntax durch die WHERE-Klausel, mit der alle Datensätze ausgewählt werden, bei denen der Zustand des Dienstes laufend – also Running – ist.

```
' ListRunningServices.vbs
' Liste aller laufenden Dienste eines Rechners ermitteln und ausgeben
' verwendet: WMI
' ===================================================================

Dim objWMIService, objService, colListOfServices, Computer

Computer = "."
Set objWMIService = GetObject("WinMgmts:" & _
    "{impersonationLevel=impersonate}!\\" & Computer & _
    "\root\cimv2")

Set colListOfServices = objWMIService.ExecQuery _
    ("SELECT * FROM Win32_Service WHERE State=""Running""")

For Each objService in colListOfServices
    WScript.Echo objService.DisplayName
Next
```

*Listing 11.2: /Skripte/Kapitel11/ListRunningServices.vbs*

# 11.3   Status ermitteln

Der Status eines Dienstes beschreibt seinen Zustand, also ob der Dienst noch arbeitsfähig ist und seine Aufgabe erfüllen kann. Dabei spielt die Eigenschaft, dass der Dienst läuft, nur eine untergeordnete Rolle – ein beendeter Dienst hat stets den Zustand *OK*.

Die Anzeige eines Dienstzustands wird durch Verwendung des entsprechenden Status- **Lösung**
Attributs des Objekts Win32_Service realisiert.

```
' ListRunningSvcStatus.vbs
' Liste aller laufenden Dienste eines Rechners ermitteln und Status ausgeben
' verwendet: WMI
' ===================================================================
Dim objWMIService, objService, colListOfServices, Computer

Computer = "."
Set objWMIService = GetObject("WinMgmts:" & _
    "{impersonationLevel=impersonate}!\\" & Computer & _
    "\root\cimv2")
Set colListOfServices = objWMIService.ExecQuery _
    ("SELECT * FROM Win32_Service WHERE State=""Running""")
For Each objService in colListOfServices
    WScript.Echo objService.Status & vbTab & objService.DisplayName
Next
```

*Listing 11.3: /Skripte/Kapitel11/ListRunningSvcStatus.vbs*

# 11.4   Starten

Die Möglichkeit zum manuellen Starten eines Dienstes stellt eine wesentliche Anforderung an die skriptbasierte Administration der Dienste dar. Hiermit kann einerseits erreicht werden, dass für bestimmte Anwendungszwecke die benötigten Dienste stets verfügbar sind und dass andererseits ein durch einen Fehler beendeter Dienst erneut gestartet werden kann.

**Lösung**  Das Starten eines Dienstes erfolgt über die `StartService()`-Methode des `Win32_Service`-Objekts. Um das Dienst-Objekt eines konkreten Dienstes zu ermitteln, ist es notwendig, eine entsprechende WQL-Anfrage zu konstruieren, die durch die Variable `ServiceName` parametrisiert wird. Diese Variable nimmt den Namen des zu startenden Dienstes auf. Hierbei ist zu beachten, dass es sich um den Namen des Dienstes handelt – in der Regel eine Kurzform – und nicht um den ausführlichen Anzeigenamen. Der Vorteil in der Verwendung des Dienstnamens besteht darin, dass diese Bezeichnung auf Windows-Systemen nicht sprachabhängig andere Ausprägungen haben kann.

**On Error Resume Next**  Durch die Anweisung `On Error Resume Next` wird die Ausführung des Skripts im Fehlerfall beim nachfolgenden Befehl fortgesetzt. Bezogen auf das Skript zum Starten eines Dienstes geht es bei der Verwendung der Anweisung darum, nach Abschluss der Operation herauszufinden, ob diese auch erfolgreich war, da die WMI-Methoden keine Rückgabewerte liefern.

> Beim Starten eines Dienstes muss auch dessen Startmodus (z.B. automatisch, manuell oder deaktiviert) beachtet werden. Ohne der Diskussion der Starttypen im Unterkapitel 11.9 vorzugreifen, ist es wichtig hervorzuheben, dass ein deaktivierter Dienst ohne eine Änderung des Starttyps nicht gestartet werden kann.

```
' StartService.vbs
' Einen Dienst starten
' verwendet: WMI
' ================================
On Error Resume Next

Dim objWMIService, colListOfServices, objService, ServiceName, Computer

Computer = "."
Set objWMIService = GetObject("WinMgmts:" & _
    "{impersonationLevel=impersonate}!\\" & Computer & _
    "\root\cimv2")

ServiceName = "netlogon"

Set colListOfServices = objWMIService.ExecQuery _
    ("SELECT * FROM Win32_Service WHERE Name=""" & ServiceName & """")

For Each objService in colListOfServices
    objService.StartService()
Next

If  Err.Number <> 0 Then
```

```
    WScript.Echo "Beim Starten des Dienstes ist ein Fehler" & _
        "aufgetreten: " & Err.Number
Else
    WScript.Echo "Das Starten des Dienstes war erfolgreich."
End If
```

*Listing 11.4: /Skripte/Kapitel11/StartService.vbs*

# 11.5 Beenden eines Dienstes

Das Beenden eines Dienstes verfolgt den Ansatz, dass Situationen denkbar sind, in denen bestimmte Dienste nicht benötigt werden, um z.B. Systemressourcen zu sparen oder um skriptbasierte Konfigurationen am System vorzunehmen, die erst bei einem Neustart des Dienstes verwendet werden.

**Lösung**

Der verfolgte Lösungsansatz in diesem Kapitel entspricht im Aufbau dem aus dem vorhergehenden Kapitel zum Starten der Dienste. Durch die Methode StopService() des Win32_Service-Objekts aus dem WMI-Namensraum \root\cimv2 wird der entsprechende Dienst beendet, der durch die Variable ServiceName spezifiziert wurde.

Allerdings ist hierbei zu beachten, dass nicht jeder Dienst beendet werden kann. So finden zahlreiche Dienste unter Windows Verwendung, die für die Systemintegrität zuständig sind. Diese können auf keinen Fall beendet werden. Daher wird bei der Ermittlung des Win32_Service-Objekts bereits die Eigenschaft AcceptStop überprüft, die darüber Auskunft gibt, ob sich der Dienst überhaupt beenden lässt.

```
' StopService.vbs
' Einen Dienst beenden
' verwendet: WMI
' ===========================================
On Error Resume Next

Dim objWMIService, colListOfServices, objService, ServiceName, Computer

Computer = "."
Set objWMIService = GetObject("WinMgmts:" & _
    "{impersonationLevel=impersonate}!\\" & Computer & _
    "\root\cimv2")

ServiceName = "netlogon"

Set colListOfServices = objWMIService.ExecQuery _
    ("SELECT * FROM Win32_Service WHERE Name=""" & ServiceName & _
    """AND AcceptStop=True")
```

```
For Each objService in colListOfServices
    objService.StopService()
Next

If Err.Number <> 0 Then
    WScript.Echo "Beim Beenden des Dienstes ist ein Fehler" & _
        "aufgetreten: " & Err.Number
Else
    WScript.Echo "Das Beenden des Dienstes war erfolgreich."
End If
```

*Listing 11.5: /Skripte/Kapitel11/StopService.vbs*

# 11.6 Neustart eines Dienstes auf mehreren Computern gemäß einer Textdatei

Bei der Konfiguration mehrerer Rechnersysteme in einem lokalen Netz ist es sinnvoll, diese von einem zentralen Arbeitsplatz aus zu verwalten. Im Rahmen der Dienste kann es sich daher als nützlich erweisen, auf mehreren Rechnern unterschiedliche Dienste neu zu starten.

**Lösung** Der in diesem Kapitel gewählte Lösungsansatz baut auf den Skripten der beiden vorhergehenden Kapitel zum Starten und Beenden der Dienste auf. Ergänzt wird die Verwaltung der Dienste durch eine Textdatei, die Rechnernamen und Dienstnamen des Dienstes enthält, der neu gestartet werden soll.

Zunächst wird mit Hilfe der Klasse `FileSystemObject` aus der SCRRun-Komponente die Textdatei geöffnet, bevor diese dann zeilenweise in der `Do-Until`-Schleife durchlaufen wird. Jede Zeile der Datei ist eine Textzeile und enthält zwei durch Semikola getrennte Werte, die mit Hilfe der `Split()`-Funktion in ein Array umgewandelt werden. Aus diesem Array werden dann Rechnername und Dienstname entnommen und durch `Trim()` eventuelle Leerzeichen vor und hinter dem Namen entfernt.

Der weitere Ablauf des Skripts wurde bereits in den vorherigen Kapiteln erläutert. Allerdings ist beim Beenden des Dienstes zu beachten, dass dieser nicht sofort beendet und neu gestartet werden kann. Diesem Umstand trägt die Methode `Sleep()` aus dem `WScript`-Objekt Rechnung, die es erlaubt, ein Skript für einen bestimmten Zeitraum anzuhalten – in diesem Fall für 3000 Millisekunden.

```
' RestartServices.vbs
' Dienste anhand einer Textdatei neu starten
' verwendet: WMI, SCRRun
' ================================================================
On Error Resume Next

Dim objWMIService, colListOfServices, objService, ServiceName, Computer
Dim arrFile()
```

```
Set objFSO = CreateObject("Scripting.FileSystemObject")
Set objFile = objFSO.OpenTextFile("AdminService.txt", 1)

Do Until objFile.AtEndOfStream
    arrLine = Split(objFile.ReadLine, ";")
    Computer = Trim(arrLine(0))
    ServiceName = Trim(arrLine(1))

    WScript.Echo "Der Dienst " & ServiceName & _
        " auf Rechner " & Computer & _
        " wird neu gestartet"
        Set objWMIService = GetObject("WinMgmts:" & _
        "{impersonationLevel=impersonate}!\\" & _
        Computer & "\root\cimv2")
    Set colListOfServices = objWMIService.ExecQuery _
        ("SELECT * FROM Win32_Service " & _
        "WHERE Name=""" & ServiceName & _
        """AND AcceptStop=True")
    For Each objService in colListOfServices
        objService.StopService()
        WScript.Sleep 3000
        objService.StartService()
    Next
Loop
objFile.Close

If  Err.Number <> 0 Then
    WScript.Echo "Beim Neustart eines Dienstes ist ein Fehler" & _
    "aufgetreten: " & Err.Number
Else
    WScript.Echo "Der Neustart aller Dienste war erfolgreich."
End If
```

*Listing 11.6: /Skripte/Kapitel11/RestartServices.vbs*

Der Aufbau der Steuerdatei für das Skript ist sehr einfach gehalten. In jeder Zeile steht der NetBIOS-Name des Rechners und durch ein Semikolon getrennt der Name des Dienstes, der bearbeitet werden soll.

```
PLUTONIUM; Browser
PLUTONIUM; DHCP
KRYPTON; W32Time
XENON; DHCP
```

*Listing 11.7: /Skripte/Kapitel11/AdminService.txt*

# 11.7   Anhalten eines Dienstes

Das Anhalten eines Dienstes entspricht in den Grundzügen etwa seinem Beenden. Der Dienst wird grundsätzlich keine Dienstleistung mehr erbringen. Allerdings befindet er sich in einem pausierten Zustand, sodass er im Bedarfsfall wesentlich schneller wieder fortgesetzt werden kann.

**Lösung**   Das Anhalten eines Dienstes erfolgt über die `PauseService()`-Methode des WMI-Objekts `Win32_Service`. Zu beachten ist hierbei, dass nur die wenigsten Dienste angehalten und wieder fortgesetzt werden können. Daher ist eine Überprüfung der Eigenschaft `AcceptPause` notwendig.

```
' PauseService.vbs
' Einen Dienst anhalten
' verwendet: WMI
' ========================================
On Error Resume Next
Dim objWMIService, colListOfServices, objService, ServiceName, Computer
Computer = "."
Set objWMIService = GetObject("WinMgmts:" & _
    "{impersonationLevel=impersonate}!\\" & Computer & _
    "\root\cimv2")
ServiceName = "netlogon"

Set colListOfServices = objWMIService.ExecQuery _
    ("SELECT * FROM Win32_Service WHERE Name=""" & ServiceName & _
    """AND AcceptPause=True")
For Each objService in colListOfServices
    objService.PauseService()
Next
If  Err.Number <> 0 Then
    WScript.Echo "Beim Anhalten des Dienstes ist ein Fehler" & _
    "aufgetreten: " & Err.Number
Else
    WScript.Echo "Das Anhalten des Dienstes war erfolgreich."
End If
```

*Listing 11.8: /Skripte/Kapitel11/PauseService.vbs*

Die nachfolgende Abbildung zeigt einen Ausschnitt aus dem WMI Object Browser, der sich mit der Auflistung der Dienste in Form von `Win32_Service`-Objekten beschäftigt. Hierbei ist deutlich zu erkennen, dass nicht alle Dienste beendet bzw. angehalten werden können.

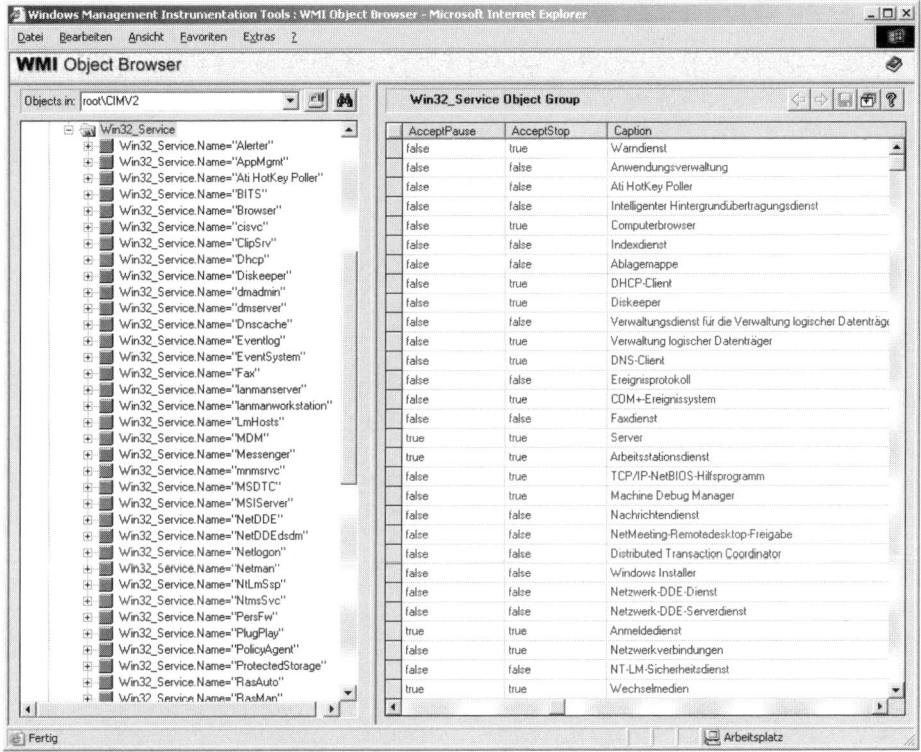

*Bild 11.2:*
*Vergleich der*
*Dienstmerk-*
*male zum*
*Beenden und*
*Anhalten von*
*Diensten*

# 11.8 Fortsetzen eines Dienstes

Das Skript *ResumeService.vbs* bildet das Gegenstück zum Skript aus dem vorhergehenden Kapitel, das zum Anhalten der Dienste verwendet wird.

Der Aufbau ist ähnlich dem Starten bzw. Beenden eines Dienstes. Der Unterschied besteht in der Formulierung der Anfrage, da ein angehaltener Dienst nicht unbedingt wieder fortgesetzt werden kann. Daher ist die Überprüfung des Attributs AcceptResume des Win32_Service-Objekts notwendig. Anschließend kann die Methode ResumeService() des WMI-Objekts Win32_Service aufgerufen werden.

**Lösung**

```
' ResumeService.vbs
' Einen Dienst fortsetzen
' verwendet: WMI
' ================================
On Error Resume Next
Dim objWMIService, colListOfServices, objService, ServiceName

Computer = "."
Set objWMIService = GetObject("WinMgmts:" & _
    "{impersonationLevel=impersonate}!\\" & Computer & _
    "\root\cimv2")
```

```
ServiceName = "netlogon"

Set colListOfServices = objWMIService.ExecQuery _
    ("SELECT * FROM Win32_Service WHERE Name=""" & ServiceName & _
    """AND AcceptResume=True")


For Each objService in colListOfServices
    objService.ResumeService()
Next

If  Err.Number <> 0 Then
    WScript.Echo "Beim Fortsetzen des Dienstes ist ein Fehler" & _
    "aufgetreten: " & Err.Number
Else
    WScript.Echo "Das Fortsetzen des Dienstes war erfolgreich."
End If
```

*Listing 11.9: /Skripte/Kapitel11/ResumeService.vbs*

# 11.9 Daten ändern

Neben der grundlegenden Funktionalität zum Starten und Beenden können bei Diensten auch verschiedene Eigenschaften skriptbasiert angepasst werden. Dazu gehören neben vielen sehr dienstspezifischen Eigenschaften unter anderem auch die Einstellungen zu Fehlertyp, Startmodus und Anzeigenamen.

**Lösung** Die Konfiguration der Dienstparameter erfolgt wiederum über das Win32_Service-Objekt des WMI-Namensraums \root\cimv2. Durch die Methode Change() des Objekts, das bis zu elf Parameter erwartet, wird auf die Eigenschaften des Dienst-Objekts zugegriffen.

Die wichtigsten Eigenschaften betreffen den Startzeitpunkt eines Dienstes bezogen auf den Systemstart. Die folgende Tabelle gibt Auskunft über die unterschiedlichen Startmodi. Zur Veränderung des Startzeitpunkts eines Dienstes übergeben Sie den in der Spalte „Wert" angegebenen Befehl als Zeichenkette in die Variable StartMode.

*Tabelle 11.1: Startmodi eines Dienstes*

| Wert | Bedeutung |
|---|---|
| Boot | Gerätetreiber, die durch den Loader des Betriebssystems geladen werden |
| System | Gerätetreiber, die durch die Methode IoInitSystem() gestartet werden. Dieser Wert ist nur für Treiberdienste gültig. |
| Automatic | Dienste, die automatisch durch den Dienstkontrollmanager beim Systemstart ausgeführt werden |
| Manual | Dienste, die erst durch Ausführen der Methode StartService() des Dienstkontrollmanagers gestartet werden |
| Disabled | Dienste, die nicht gestartet werden können |

Beachten Sie bitte, dass nicht jeder Dienst zum `Boot`- oder `System`-Zeitpunkt geladen werden kann. Sollten Sie sich unsicher sein, so verwenden Sie stets `Automatic`, um einen Dienst automatisch zu starten.

Ein deaktivierter Dienst kann niemals gestartet werden.

Ein Dienst besitzt keine Benutzerschnittstelle und hat somit nur rudimentäre Möglichkeiten, seine Fehlfunktion mitzuteilen. Die meisten Dienste verwenden die Einstellung „Normal", mit der der Benutzer bei einer Fehlfunktion eine Meldung des Dienstmanagers erhält. Genauere Informationen können dann in der Ereignisanzeige nachgeschlagen werden.

| Wert | Bedeutung |
|------|-----------|
| 0 | Ignorieren: Der Benutzer wird nicht benachrichtigt. |
| 1 | Normal: Der Benutzer wird benachrichtigt. |
| 2 | Severe: Das System wird mit der letzten als gut bekannten Konfiguration gestartet. |
| 3 | Critical: Das System wird mit einer guten Konfiguration neu gestartet. |

*Tabelle 11.2: Überblick über die Fehlerprotokollmöglichkeiten eines Dienstes*

Beachten Sie, dass das Verändern der Fehlerkontrolle das Gesamtsystem im Fehlerfall erheblich beeinträchtigen kann.

```
' ModifyService.vbs
' Bei einem Dienst bestimmte Eigenschaften ändern
' verwendet: WMI
' ===============================

On Error Resume Next
Dim objWMIService, colListOfServices, objService, ServiceName, Computer

Computer = "."
Set objWMIService = GetObject("WinMgmts:" & _
    "{impersonationLevel=impersonate}!\\" & Computer & _
    "\root\cimv2")

ServiceName = "W32Time"
StartMode = "Manual"

Set colListOfServices = objWMIService.ExecQuery _
    ("SELECT * FROM Win32_Service WHERE Name=""" & ServiceName & """")

For Each objService In colListOfServices
WScript.echo "Ändere Starttyp für: " & objService.Name
    objService.ChangeStartMode(Starttyp)
Next
```

```
If  Err.Number <> 0 Then
    WScript.Echo "Bei der Änderung des Starttyps ist ein Fehler" & _
    "aufgetreten: " & Err.Number
Else
    WScript.Echo "Die Änderung des Starttyps war erfolgreich."
End If
```

*Listing 11.10: /Skripte/Kapitel11/ModifyService.vbs*

# 11.10 Dienste überwachen

Die Dienste unter Windows arbeiten im Hintergrund und stets ohne Benutzerschnittstelle. Daher ist es oftmals schwierig zu erkennen, ob ein Dienst noch funktionsfähig ist oder ob er aufgrund eines Fehlers beendet wurde. Deshalb erweist es sich als sinnvoll, den Zustand von Diensten zu überwachen und bei Veränderungen den Administrator zu benachrichtigen.

**Lösung** Das Skript zur Zustandsüberwachung von Diensten erzeugt durch Verwendung der Methode ExecNotificationQuery() eine Objektmenge von WMI-Ereignisobjekten, deren Auswahl in der WQL-Abfrage genauer spezifiziert wird. Überwacht werden alle Ereignisse, die die Veränderung einer Instanz (__InstanceModificationEvent) bewirken und einen Win32_Service betreffen. Durch die Angabe von WITHIN wird die Granularität der Ereignissammlung zeitlich festgelegt. WITHIN 10 bedeutet, dass alle zehn Sekunden auf eine Veränderung der Dienstzustände hin geprüft wird.

**NextEvent()** Durch die Endlosschleife Do...Loop wird jeweils mit NextEvent() ein neues Ereignis aus der mit ExecNotificationQuery() ermittelten Objektmenge ausgelesen. Sofern es sich bei dem neu eingetretenen Ereignis um eine Veränderung des Dienstzustands handelt, wird eine Meldung über die Art des Zustandswechsels ausgegeben.

```
' MonitorServices.vbs
' Den Zustand von Diensten überwachen
' verwendet: WMI
' ===============================

strCOMPUTERConst strCOMPUTER = "."

Set objWMIService = GetObject("WinMgmts:" _
    & "{impersonationLevel=impersonate}!\\" & _
    strCOMPUTER & "\root\cimv2")

Set colServices = objWMIService. _
    ExecNotificationQuery("SELECT * FROM __InstanceModificationEvent " _
        & "WITHIN 10 WHERE TargetInstance ISA 'Win32_Service'")

Do
    Set objService = colServices.NextEvent
    If objService.TargetInstance.State <> _
        objService.PreviousInstance.State Then
            Wscript.Echo objService.TargetInstance.Name _
```

```
               &  " is " & objService.TargetInstance.State _
               & ". The service previously was " & _
               objService.PreviousInstance.State & "."
      End If
Loop
```

*Listing 11.11: /Skripte/Kapitel11/MonitorServices.vbs*

# 11.11 Fragen und Aufgaben

1. Welches WMI-Objekt erlaubt den Zugriff auf die Dienste eines Rechnersystems?

2. Wie wird ein Dienst neu gestartet?

3. Was ist bei einem Neustart des Dienstes zu beachten?

4. Worin besteht der Unterschied zwischen dem Anhalten eines Dienstes und einem Neustart?

5. Was ist zu beachten, wenn ein Dienst angehalten werden soll?

6. Warum ist es bei der Überwachung von Diensten sinnvoll, die Ereignisse über einen gewissen Zeitraum (z.B. 10 Sekunden) zu sammeln?

7. Kann jeder Dienst beendet werden?

8. Welche unterschiedlichen Startzeitpunkte für Dienste gibt es?

# 12 Scripting des Desktops

Bei der Verwaltung des Desktops sind sehr viele Ansatzpunkte denkbar. Hauptsächlich wird die skriptbasierte Verwaltung eines benutzerdefinierten Desktops zur Umsetzung einer Corporate Identity verwendet werden. Durch einfache Skripte ist es möglich, Einstellungen auf unterschiedliche Rechnersysteme eines Netzwerks anzuwenden. **Lernziele**

Das Ziel dieses Kapitels ist es, eine Auswahl an Aufgaben aufzuzeigen, die bei der Verwaltung des Desktops skriptbasiert gelöst werden können.

## 12.1 Desktop verändern

Das Ändern des Hintergrundbildes ist eine der visuell offensichtlichsten Veränderungen am Aussehen des Desktops eines Benutzers. **Hintergrund-bild ändern**

Die hier gewählte Lösung erlaubt es, ein beliebiges Hintergrundbild, das als Bitmap-Datei (*.bmp*) gespeichert wurde, für den aktuell angemeldeten Benutzer zu verwenden. Dazu werden zwei Registrierungsschlüssel angepasst. **Lösung**

> Allerdings kann der Desktop per Skript nicht dynamisch aktualisiert werden, sodass der Benutzer erst nach der nächsten Neuanmeldung das neue Hintergrundbild zu sehen bekommt.

```
' Wallpaper.vbs
' Ändert/setzt das Hintergrundbild für den angemeldeten Benutzer
' verwendet: WSHRun
' =============================================================

Dim Computer, WSHShell

Wallpaper = "C:\Winnt\Seifenblase.bmp"

Set WSHShell = CreateObject("WScript.Shell")
WSHShell.RegWrite "HKEY_CURRENT_USER\Control Panel\" & _
    "Desktop\Wallpaper", Wallpaper
WSHShell.RegWrite "HKEY_CURRENT_USER\Control Panel\" & _
    "Desktop\TileWallpaper", 1

WScript.Echo "Das Hintergrundbild wurde eingerichtet."
WScript.Echo "Bitte melden Sie sich neu an!"
```

*Listing 12.1: /Skripte/Kapitel12/Wallpaper.vbs*

# 12.2 Startmenü verändern

**Ordner im Startmenü anlegen**

Das Startmenü eines Benutzers kann individuell angepasst werden. Es handelt sich um eine Sammlung von Unterverzeichnissen mit Verweisen auf Programme. Diese Ordner können auch skriptbasiert erzeugt werden.

**Lösung**

Die Lösung verwendet das WSHShell-Objekt, um mit der Eigenschaft SpecialFolders den Verzeichnispfad zu dem allgemeinen Programmverzeichnis aller Benutzer eines Rechners zu ermitteln. Bei Betriebssystemen, bei denen diese Pfadangabe nicht existiert (z.B. Windows 95), wird das benutzerspezifische Programmverzeichnis verwendet.

Zu diesem Verzeichnis wird durch Verwendung der FileSystemObject-Klasse ein Unterverzeichnis erstellt, dessen Bezeichnung aus der Variablen FolderName kommt.

```
' CreateStartMenuFolder.vbs
' Erzeugt ein Verzeichnis im Startmenü des Benutzers
' verwendet: WSHRun, SCRRun
' =============================================================================

Dim WSHShell, objFSO
Dim strProgramsMenu, FolderName

FolderName = "WSL - Windows Scripting Lernen"

Set WSHShell = WScript.CreateObject("WScript.Shell")

strProgramsMenu = WSHShell.SpecialFolders("AllUsersPrograms")
If strProgramsMenu = "" Then
    strProgramsMenu = WSHShell.SpecialFolders("Programs")
End If

Set objFSO = CreateObject("Scripting.FileSystemObject")

If objFSO.CreateFolder(strProgramsMenu & "\" & FolderName) <> "" Then
    WScript.Echo "Das Verzeichnis wurde erfolgreich erzeugt."
End If
```

*Listing 12.2: /Skripte/Kapitel12/CreateStartMenuFolder.vbs*

**Verknüpfung anlegen**

Neben der Möglichkeit, die Verzeichnisstruktur im Startmenü zu erweitern, stellt die skriptbasierte Erzeugung von Verweisen ein wesentliches Element bei der Erweiterung des Menüs dar.

**Lösung**

Die nachfolgende Lösung generiert für jede Datei, die sich im selben Verzeichnis befindet und auf *.vbs* endet, einen Verweis im Startmenü.

Dazu wird zunächst durch Verwendung der Methode FolderExists() in der Klasse FileSystemObject festgestellt, ob das Zielverzeichnis bereits existiert. Ist dies der Fall, dann wird aus dem Verzeichnisnamen durch die Methode GetFolder() ein Verzeichnisobjekt erzeugt, über das in einer For Each-Schleife über alle Dateien iteriert wird. Da nur für Dateien mit der Dateierweiterung *.vbs* eine Verknüpfung erstellt werden soll, wird zunächst mit den Zeichenkettenfunktionen Right() und InStrRev() die Erweiterung des Dateinamens extrahiert.

Stimmt die ermittelte Dateierweiterung mit der Zeichenkette „.vbs" überein, wird mit der WSHShell-Objektmethode CreateShortcut() ein Verknüpfungsobjekt erzeugt. Die Eigenschaften dieses Verknüpfungsobjekts werden nachfolgend mit Informationen gefüllt, bevor das Objekt gespeichert wird.

```
' CreateLinks.vbs
' Erzeugt Verknüpfungen im Startmenü des Benutzers
' verwendet: WSHRun, SCRRun
' =====================================================================

Dim WSHShell, objFSO
Dim strProgramsMenu, FolderName

Set WSHShell = WScript.CreateObject("WScript.Shell")
Set objFSO = CreateObject("Scripting.FileSystemObject")

FolderName = WSHShell.SpecialFolders("AllUsersPrograms") & _
    "\WSL - Windows Scripting Lernen"

If objFSO.FolderExists(FolderName) Then

    Set ScriptFile = objFSO.GetFile (WScript.ScriptFullName)
    Pathname = Replace(Scriptfile.Path, Scriptfile.Name, "")

    Set objFolder = objFSO.GetFolder(Pathname)

    For Each objFile In objFolder.Files
        FileExtension = Right(objFile.Name, Len(objFile.Name) - _
            InStrRev(objFile.Name, "."))
        If LCase("vbs") = LCase(FileExtension) Then
            set oShellLink = WSHShell.CreateShortcut(FolderName & _
                "\" & objFile.Name & ".lnk")
            oShellLink.TargetPath = objFile.Path
            oShellLink.WindowStyle = 1
            oShellLink.Hotkey = ""
            oShellLink.IconLocation = "notepad.exe, 0"
            oShellLink.Description = objFile.Name
            oShellLink.WorkingDirectory = objFolder.Path
            oShellLink.Save

            WScript.Echo "Verweis zur Datei: '" & _
                objFile.Name & "' wurde erzeugt."
        End If
    Next
Else
    WScript.Echo "Bitte führen Sie zuerst das Skript " & _
        "'CreateStartMenuFolder.vbs' aus"
End If
```

*Listing 12.3: /Skripte/Kapitel12/CreateLinks.vbs*

# 12.3 Fragen und Aufgaben

1. Wie wird die Dateierweiterung von Dokumenten ermittelt?
2. Wo sind die Einstellungen des Benutzer-Desktops abgelegt?
3. Wie kann man skriptbasiert die besonderen Verzeichnisse von Windows, wie Desktop oder Startmenü, ansprechen?
4. Warum muss sich der Benutzer nach einer skriptbasierten Änderung des Hintergrundbildes neu anmelden?

# 13 Scripting der Registrierungsdatenbank

Die Registrierungsdatenbank (alias: Registry) unter Windows stellt die zentrale Datenbank zur Ablage von Informationen zum Betriebssystem und einzelnen Anwendungen dar. Historisch gesehen bildet sie den Nachfolger der dezentralen Datenhaltung durch *.ini*-Dateien.

**Lernziele**

Durch die Tatsache, dass nahezu die komplette Konfiguration eines Windows-Betriebssystems über die Registrierungsdatenbank erfolgt, erlaubt deren skriptbasierte Bearbeitung eine umfassende und automatisierte Steuerung der Systemeigenschaften. Manipulationen an den Betriebssystemeigenschaften oder an Einstellungen für Anwendungen können so einfach auf andere Rechnersysteme übertragen werden und führen zu deren einheitlicher Konfiguration.

Grundsätzlich besteht die Bearbeitung der Registrierungsdatenbank aus drei Aufgabenbereichen:

- Erzeugen von Schlüsseln und Einträgen
- Auslesen von Schlüsseln und Einträgen
- Löschen von Schlüsseln und Einträgen

Zur Bearbeitung der Registrierungsdatenbank wird die `WSHShell`-Klasse verwendet, die eine bunte Sammlung verschiedenster Funktionen darstellt, die neben der Bearbeitung der Registrierungsdatenbank hauptsächlich im Zusammenhang mit der Benutzeroberfläche, den Umgebungsvariablen und dem Ereignisprotokoll verwendet wird. Die Klasse `WSHShell` ist Grundbestandteil des Windows Script Host (WSH).

**Lösung**

Alternativ zur Benutzung der `WSHShell`-Klasse kann die Bearbeitung der Registrierungsdatenbank auch durch die Verwendung der WMI-Klasse `StdRegProv` aus dem Namensraum `\root\default` erfolgen. Hierbei sind die verfügbaren Methoden wesentlich umfangreicher als bei der Nutzung der `WSHShell`-Klasse.

Bei der Beschreibung der Aufgaben werden, sofern diese mit beiden Klassen erledigt werden können, auch Beispiele für deren Verwendung gezeigt.

*Bild 13.1:*
*Übersicht über*
*die Methoden*
*der WMI-*
*StdRegProv-*
*Klasse*

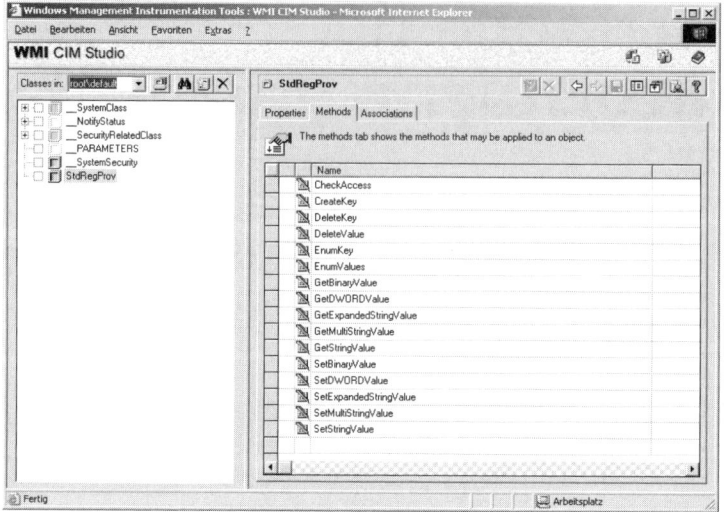

**Aufteilung**
**der Registrie-**
**rungsdaten-**
**bank**

Bevor zur Bearbeitung der Registrierungsdatenbank übergegangen werden kann, ist es zunächst notwendig, kurz über die Struktur dieser Datenbank zu sprechen: Die Registrierungsdatenbank besteht aus einer Liste von Registrierungsschlüsseln, die wiederum andere Schlüssel enthalten können. Ein Schlüssel kann auch Werte enthalten. Die Registrierungsdatenbank arbeitet mit benannten Werten, bei denen jeder Wert einen Namen besitzt, um ihn von anderen Werten innerhalb desselben Schlüssels unterscheiden zu können.

*Bild 13.2:*
*Einblick in die*
*Registrierungs-*
*datenbank*

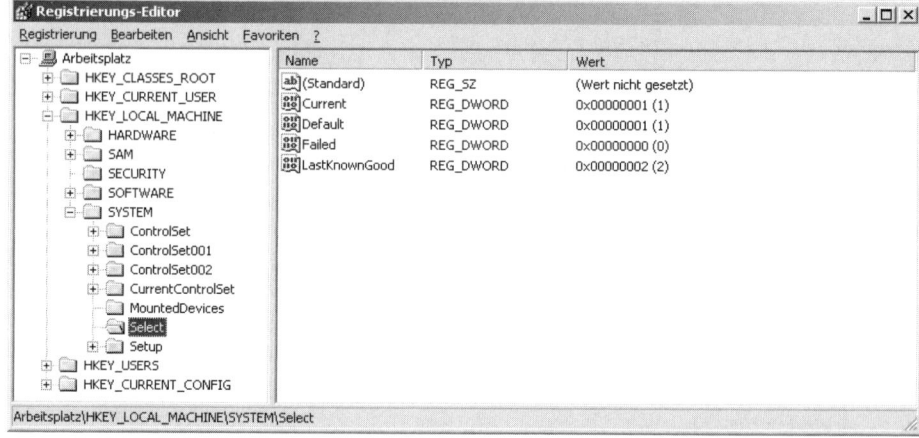

**Wurzel-**
**schlüssel**

Die oberste Ebene der Registrierungsschlüssel wird durch die Wurzelschlüssel (Hives) gebildet, wobei es für einige dieser Schlüssel Abkürzungen gibt, die in den nachfolgenden Skripten verwendet werden.

| Kürzel | Schlüssel |
|--------|-----------|
| HKCR | HKEY_CLASSES_ROOT |
| HKCU | HKEY_CURRENT_USER |
| HKLM | HKEY_LOCAL_MACHINE |

*Tabelle 13.1: Abkürzungen für die Registrierungsdatenbank-Wurzelschlüssel*

Darüber hinaus werden in der Registrierungsdatenbank noch die nachfolgenden Datentypen unterschieden, die die einzelnen Werte charakterisieren, wobei der Typ REG_EXPAND_SZ lediglich von Betriebssystemen unterstützt wird, die auf der NT-Plattform aufsetzen.

**Datentypen**

- REG_SZ
- REG_DWORD
- REG_BINARY
- REG_EXPAND_SZ
- REG_MULTI_SZ

# 13.1  Eintrag lesen

Die einfachste Form des Zugriffs auf die Registrierungsdatenbank besteht im lesenden Zugriff auf Einträge. Generell sind hier keine Probleme zu erwarten, allerdings ist es möglich, dass auf Betriebssystemen der NT-Familie die entsprechenden Zugriffsrechte gesetzt sein müssen.

**Voraussetzungen**

Es gibt zwei Möglichkeiten, einen einzelnen Wert aus der Registrierungsdatenbank zu lesen:

- mit der WSHRun-Komponente oder
- mit der WMI-Komponente.

### Zugriff mit WSHRun

Für den lesenden Zugriff auf die Registrierungsdatenbank mit der WSHRun-Komponente wird eine Instanz der WScript.Shell-Klasse benötigt. Dieses Objekt bietet eine Methode RegRead() an, die einen lesenden Zugriff erlaubt.

**Lösung**

Die Methode RegRead() benötigt einen Parameter, der aus einer einfachen Zeichenkette besteht und den exakten Pfad zu einem Eintrag in der Registrierungsdatenbank definiert. Beim Zusammensetzen der Pfadangaben müssen folgende Hinweise beachtet werden:

**RegRead()**

- Die Pfadangabe muss stets mit einem der fünf Wurzelschlüssel begonnen werden.
- Die einzelnen Schlüssel werden durch Backslashs ⧵ voneinander getrennt.
- Auf den Wertnamen darf kein Backslash folgen.

Die Methode RegRead() liefert den Wert des Eintrags zurück, der durch den Parameter Path angegeben wurde. Ist der Wertname nicht vorhanden oder handelt es sich um einen Schlüssel, so wird eine Fehlermeldung erzeugt.

**Rückgabewert**

```
' RegRead.vbs,
' Registrierungsschlüssel auslesen
' verwendet: WSHRun
' =================================================
Dim WSHShell, Path, Value

Set WSHShell = CreateObject("WScript.Shell")
Path = "HKLM\SOFTWARE\Microsoft\Windows NT\CurrentVersion\ProductName"

Value = WSHShell.RegRead(Path)
MsgBox Value
```

*Listing 13.1: /Skripte/Kapitel13/RegRead.vbs*

## Zugriff mit WMI

**Nutzung von WMI**
Mit der Unterstützung von WMI kann ebenfalls auf die Registrierungsdatenbank zugegriffen werden. Zunächst gestaltet sich diese Form des Zugriffs aufwendiger, bietet aber zusätzlich die Möglichkeit, auf die Datenbank eines entfernten Rechners zuzugreifen. Darüber hinaus muss bereits beim lesenden Zugriff bestimmt werden, welcher Datentyp erwartet wird.

Die Klasse `StdRegProv` im Namensraum `\root\default` bietet für jeden Datentyp eine spezielle Methode für den Lesezugriff.

> `GetStringValue()`
> `GetDWORDValue()`
> `GetBinaryValue()`
> `GetExpandedStringValue()`
> `GetMultiStringValue()`

**Rückgabewert**
Bei der Lösung mit Hilfe der WMI ist zu beachten, dass die oben genannten Methoden keine Rückgabewerte liefern. Der Wert des Registrierungsdatenbankeintrags wird stattdessen als Referenzparameter im Methodenaufruf zurückgegeben. Zusätzlich ist es notwendig, die Wurzelschlüssel nicht über ihren Namen (wie beim WSH-Beispiel geschehen) zu identifizieren, sondern über eine Konstante im `Long`-Format.

> `GetMultiStringValue()` liefert ein Array zurück. Das Array kann mit `For Each` ausgegeben werden. Mehr über Arrays haben Sie in Kapitel 11 erfahren.

```
' RegReadWMI.vbs
' Registrierungsschlüssel mit Hilfe von WMI auslesen
' verwendet: WMI
' =============================
Const HKEY_CLASSES_ROOT = &H80000000
Const HKEY_CURRENT_USER = &H80000001
Const HKEY_LOCAL_MACHINE = &H80000002
Const HKEY_USERS = &H80000003
Const HKEY_CURRENT_CONFIG = &H80000005
Const HKEY_DYN_DATA = &H80000006
```

```
Const COMPUTER = "."

Dim KeyPath, ValueName, Value, ValueArray
Dim objReg

Set objReg = _
    GetObject("WinMgmts:\\" & _
    COMPUTER & "\root\default:StdRegProv")

KeyPath = "SOFTWARE\Microsoft\Windows Script Host\Settings"
ValueName = "DisplayLogo"
objReg.GetStringValue HKEY_LOCAL_MACHINE, KeyPath, _
    ValueName, Value
WScript.Echo "Anzeige des Logos: " & Value


KeyPath = "Console"
ValueName = "HistoryBufferSize"
objReg.GetDWORDValue HKEY_CURRENT_USER, KeyPath, _
    ValueName, Value
WScript.Echo "Befehlsspeicher: " & Value


KeyPath = "SOFTWARE\Microsoft\Windows NT\CurrentVersion"
ValueName = "DigitalProductId"
objReg.GetBinaryValue HKEY_LOCAL_MACHINE, KeyPath, _
    ValueName, Value

For i = lBound(Value) to uBound(Value)
    WScript.Echo Value(i)
Next
KeyPath = "SOFTWARE\Microsoft\Windows NT\CurrentVersion\ProfileList"
ValueName = "ProfilesDirectory"
objReg.GetExpandedStringValue HKEY_LOCAL_MACHINE, KeyPath, _
    ValueName, Value
WScript.Echo "Profilverzeichnis: " & Value


KeyPath = "SYSTEM\CurrentControlSet\Services\Eventlog\System"
ValueName = "Sources"
objReg.GetMultiStringValue HKEY_LOCAL_MACHINE, KeyPath, _
    ValueName, ValueArray

For Each Value In ValueArray
    WScript.Echo Value
Next
```

*Listing 13.2: /Skripte/Kapitel13/RegReadWMI.vbs*

# 13.2 Wert schreiben

Neben dem Auslesen von Werten aus der Registrierungsdatenbank gehört das Schreiben von Werten in Einträge zu den Hauptaufgaben bei der skriptgestützten Administration.

**Voraussetzungen** Wie beim Auslesen von Werten aus der Registrierungsdatenbank ist sowohl eine Lösung mit dem WScript-Objekt als auch eine mit Hilfe von WMI denkbar. Zunächst wird mit Hilfe der WSH Runtime Library das Schreiben von Werten in der Registrierungsdatenbank gezeigt.

Neben dem Vorhandensein des Windows Script Host auf dem Rechner, der für die Ausführung des Skripts zuständig ist, ist bei Betriebssystemen, die auf der NT-Plattform basieren, zu beachten, dass auch für die Registrierungsdatenbank Zugriffsrechte definiert sein können. So ist es sehr häufig „normalen" Benutzern untersagt, schreibend auf den Schlüssel HKEY_LOCAL_ MACHINE zuzugreifen.

**Zugriffsrechte** Die Überprüfung der entsprechenden Rechte kann allerdings nicht durch den Windows Script Host erfolgen. Eine Diskussion der Rechtevergabe und -überprüfung erfolgt in Kapitel 13.8.

**RegWrite()** Das Shell-Objekt der WSH Runtime Library enthält eine Methode RegWrite(), die das Schreiben beliebiger Werte übernimmt. Die Methode RegWrite() erwartet drei Parameter, die den Eintrag in der Registrierungsdatenbank, den Wert und optional den Werttyp enthalten. Beim Schreiben eines Wertes ist darauf zu achten, dass der Pfadname mit einem Backslash \ endet, damit auch der entsprechende Wertname angesprochen wird. Nicht vorhandene Wertnamen sowie Schlüssel bzw. Unterschlüssel werden automatisch erzeugt.

Bei der Angabe des Datentyps ist darauf zu achten, dass es sich bei dessen Beschreibung nicht um vordefinierte Konstanten handelt, sondern um Zeichenketten, deren Ausprägung bereits in der Einleitung beschrieben ist.

```
' RegWrite.vbs
' Wert in die Registrierungsdatenbank schreiben
' verwendet: WSHRun
' ===============================
On Error Resume Next
Dim WSHShell, Path, Value, Type

Set WSHShell = CreateObject("WScript.Shell")

Path = "HKCU\Software\Microsoft\Internet Explorer\Main\Start Page"
Value = "http://www.it-visions.de"
Type = "REG_SZ"

WSHShell.RegWrite Path, Value, Type

If  Err.Number <> 0 Then
    WScript.Echo "Beim Bearbeiten der Registrierungsdatenbank ist ein " & _
    "Fehler aufgetreten: " & Err.Number
Else
    WScript.Echo "Die Registrierungsdatenbank wurde erfolgreich bearbeitet"
End If
```

*Listing 13.3: /Skripte/Kapitel13/RegWrite.vbs*

## Alternative: WMI

Neben der Möglichkeit, durch das WScript-Objekt Registrierungsschlüssel zu erzeugen, kann diese Arbeit durch WMI erfolgen. Analog zum Auslesen von Werten werden in der Klasse StdRegProv verschiedene Methoden unterschieden, mit denen Werte aufgrund ihres Datentyps geschrieben werden.

**Lösung mit WMI**

Die Klasse StdRegProv bietet die folgenden Methoden für den Schreibzugriff:

- SetStringValue()
- SetDWORDValue()
- SetBinaryValue()
- SetExpandedStringValue()
- SetMultiStringValue()

Zu beachten ist bei der Verwendung der WMI-Methoden zum Schreiben von Werten, dass abweichend von den Eigenschaften des WSHShell-Objekts keine Schlüssel automatisch erzeugt werden.

```
' RegWriteWMI.vbs
' Registrierungsschlüssel mit Hilfe von WMI schreiben
' verwendet: WMI
' ===============================
Const HKEY_CLASSES_ROOT = &H80000000
Const HKEY_CURRENT_USER = &H80000001
Const HKEY_LOCAL_MACHINE = &H80000002
Const HKEY_USERS = &H80000003
Const HKEY_CURRENT_CONFIG = &H80000005
Const HKEY_DYN_DATA = &H80000006

Const COMPUTER = "."

Dim KeyPath, ValueName, Value
Dim objReg, objAdapter

Set objReg = _
GetObject("WinMgmts:\\" & _
COMPUTER & "\root\default:StdRegProv")

KeyPath = "Software\Microsoft\Internet Explorer\Main\"
ValueName = "Start Page"
Value = "http://www.it-visions.de"

objReg.SetStringValue HKEY_CURRENT_USER, KeyPath, _
ValueName, Value
```

*Listing 13.4: /Skripte/Kapitel13/RegWriteWMI.vbs*

**Mehrwertige Registrierungsschlüssel**

Mit Hilfe von WMI besteht die Möglichkeit, mehrwertige Registrierungsschlüssel zu bearbeiten und zu schreiben. Damit mehrwertige Attribute mit einem Methodenaufruf geschrieben werden können, ist es wie beim Auslesen der Werte notwendig, diese in Form eines Arrays anzuordnen (zu Arrays siehe Kapitel 11).

```
' RegWriteMultiStringWMI.vbs
' Mehrwertige Registrierungsschlüssel mit Hilfe von WMI schreiben
' verwendet: WMI
' ===============================
Const HKEY_CLASSES_ROOT = &H80000000
Const HKEY_CURRENT_USER = &H80000001
Const HKEY_LOCAL_MACHINE = &H80000002
Const HKEY_USERS = &H80000003
Const HKEY_CURRENT_CONFIG = &H80000005
Const HKEY_DYN_DATA = &H80000006

Const COMPUTER = "."

Dim KeyPath, ValueName, ValueArray, ReturnVal
Dim objReg, objAdapter

Set objReg = _
GetObject("WinMgmts:\\" & _
COMPUTER & "\root\default:StdRegProv")

KeyPath = ""
ValueName = "SetMultiString"
ValueArray = Array("Bearbeiten", "der", "Registrierung", "mit", "WMI")

objReg.SetMultiStringValue HKEY_LOCAL_MACHINE, KeyPath, _
    ValueName, ValueArray
```

*Listing 13.5: /Skripte/Kapitel13/RegWriteMultiStringWMI.vbs*

*Bild 13.3:*
*Mehrwertige*
*Registrierungs-*
*schlüssel*

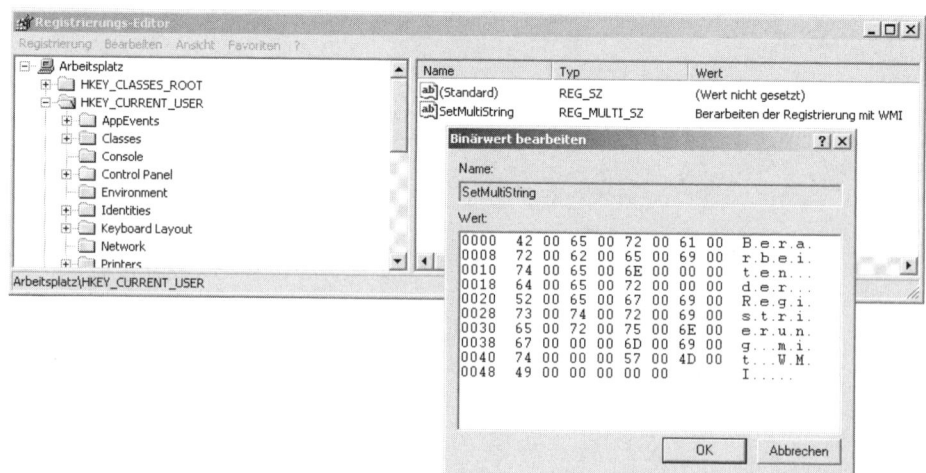

# 13.3 Eintrag anlegen

Das Anlegen eines Eintrag entspricht von der Herangehensweise an die Problemstellung exakt dem Schreiben von Werten in der Registrierungsdatenbank. Durch die Methoden der WMI-Klasse StdRegProv und der Klasse WScript.Shell, die im vorangegangenen Kapitel vorgestellt wurden, wird stets ein eventuell fehlender Wertname automatisch erzeugt.

# 13.4 Eintrag löschen

Jeder Wert in der Registrierungsdatenbank kann nicht nur erstellt oder geändert werden; es besteht darüber hinaus die Möglichkeit, einzelne Werte zu löschen. Beim Löschen eines Wertes werden die anderen Wertnamen eines Schlüssels nicht verändert. Die Aufgabe des Löschens kann sowohl vom WScript.Shell-Objekt als auch von der WMI-Klasse StdReg-Prov übernommen werden.

### Alternative 1: Löschen mit der WSHRun-Komponente

Zunächst wird die Löschung eines Registrierungsdatenbankeintrags mit Hilfe der Klasse **RegDelete()** WScript.Shell betrachtet. Hierbei wird die Methode RegDelete() verwendet, die den zu löschenden Wertnamen als Parameter erwartet. Zu beachten ist, dass der Pfad, der den Wertnamen beschreibt, nicht mit einem Backslash ⟨\⟩ enden darf.

```
' RegDelete.vbs
' Registrierungsschlüssel löschen
' verwendet: WSHRun
' =============================
On Error Resume Next
Dim WSHShell, Path, Value

Set WSHShell = CreateObject("WScript.Shell")

Path = "HKCU\Software\Microsoft\Internet Explorer\Main\Start Page"

WSHShell.RegWrite Path

If  Err.Number <> 0 Then
    WScript.Echo "Beim Bearbeiten der Registrierungsdatenbank ist ein " & _
    "Fehler aufgetreten: " & Err.Number
Else
    WScript.Echo "Die Registrierungsdatenbank wurde erfolgreich bearbeitet"
End If
```

*Listing 13.6: /Skripte/Kapitel13/RegDelete.vbs*

**Alternative 2: Löschen mit der WMI-Komponente**

**Delete-Value()**  Unter WMI steht in der Klasse `StdRegProv` die Methode `DeleteValue()` zur Verfügung, die drei Parameter erwartet. Der erste Parameter gibt in Form eines hexadezimalen Werts den zu bearbeitenden Wurzelschlüssel an. Die zwei nachfolgenden Parameter definieren als Zeichenketten den Pfad bzw. den Wertnamen selbst.

Zu beachten ist an dieser Stelle, dass die Methoden zur Bearbeitung der Registrierungsdatenbank keine Auskunft über den Erfolg liefern. Das Ergebnis wird weder durch einen Rückgabewert noch durch einen Laufzeitfehler angezeigt.

```
' RegDeleteWMI.vbs
' Registrierungsschlüssel mit WMI löschen
' verwendet: WMI
' ================================
Const HKEY_CLASSES_ROOT = &H80000000
Const HKEY_CURRENT_USER = &H80000001
Const HKEY_LOCAL_MACHINE = &H80000002
Const HKEY_USERS = &H80000003
Const HKEY_CURRENT_CONFIG = &H80000005
Const HKEY_DYN_DATA = &H80000006

Const COMPUTER = "."

Dim KeyPath, ValueName
Dim objReg

Set objReg = _
GetObject("WinMgmts:\\" & _
COMPUTER & "\root\default:StdRegProv")

KeyPath = "Software\Microsoft\Internet Explorer\Main"
ValueName = "Start Page"

objReg.DeleteValue HKEY_LOCAL_MACHINE, KeyPath, ValueName
```

*Listing 13.7: /Skripte/Kapitel13/RegDeleteWMI.vbs*

# 13.5  Unterschlüssel auflisten

Es sind viele Fälle denkbar, in denen der komplette Pfad zu einem Registrierungsschlüssel nicht von vornherein bekannt ist. In solchen Situationen ist es hilfreich, skriptbasiert alle relevanten Unterschlüssel aufzulisten.

**Voraus-setzungen**  Die Möglichkeiten der `WScript`-Klasse sind nur auf das Auslesen eines exakt spezifizierten Wertes aus der Registrierungsdatenbank beschränkt. Eine Lösung stellt nur die Verwendung von WMI dar. Zur Nutzung wird eine Installation der Windows Management Instrumentation (WMI) auf dem Rechner, der das Skript ausführen soll, vorausgesetzt.

WMI bietet in der Klasse StdRegProv die Methode EnumerateSubkeys(), die als Rückgabewert ein Array mit allen zu einem Schlüssel existierenden Unterschlüsseln liefert. Wie bei allen WMI-Methoden zur Bearbeitung der Registrierungsdatenbank werden die Rückgabewerte als Referenzparameter übergeben.

**Lösung und Rückgabewert**

```
' RegReadSubkeysWMI.vbs
' Registrierungsschlüssel mit Hilfe von WMI auslesen
' verwendet: WMI
' =============================
Const HKEY_CLASSES_ROOT = &H80000000
Const HKEY_CURRENT_USER = &H80000001
Const HKEY_LOCAL_MACHINE = &H80000002
Const HKEY_USERS = &H80000003
Const HKEY_CURRENT_CONFIG = &H80000005
Const HKEY_DYN_DATA = &H80000006

Const COMPUTER = "."

Dim KeyPath, ValueName, ValueArray, Value
Dim objReg

Set objReg = _
GetObject("WinMgmts:\\" & _
COMPUTER & "\root\default:StdRegProv")

KeyPath = "System\CurrentControlSet\Services"
objReg.EnumKey HKEY_LOCAL_MACHINE, KeyPath, ValueArray

For Each Value In ValueArray
    WScript.Echo Value
Next
```

*Listing 13.8: /Skripte/Kapitel13/RegReadSubkeysWMI.vbs*

# 13.6 Schlüssel anlegen

Neben dem Anlegen und Verändern von Werten stellt das Anlegen von Schlüsseln eine weitere wichtige Eigenschaft der Bearbeitung der Registrierungsdatenbank dar. Die Schlüssel dienen der Strukturierung der Einträge, ähnlich wie Verzeichnisse eine Strukturierung von Dateien auf Datenträgern erlauben.

Für diese Aufgabe stehen wieder zwei unterschiedliche Lösungswege bereit. Zunächst wird die Shell-Methode RegWrite() zur Erstellung von Schlüsseln herangezogen.

Die Methode RegWrite() des WSHShell-Objekts (aus der WSH Runtime Library) kam bereits in einem vorangegangenen Kapitel zum Anlegen von Werten zum Einsatz. Die Besonderheit dieser Methode ist, dass bei der Belegung von Wertnamen mit Werten die entsprechenden Unterschlüssel automatisch erzeugt werden. Darüber hinaus kann an jeder beliebigen Stelle – selbst wenn der übergeordnete Schlüssel nicht existiert – ein neuer Schlüssel angelegt werden. Der entsprechende Pfad wird automatisch erzeugt.

**RegWrite()**

**Lösung** Von der Methode RegWrite() werden drei Parameter erwartet, wobei der erste Parameter den Pfad des zu erzeugenden Schlüssels angibt. Hierbei ist darauf zu achten, dass die Pfadbezeichnung mit einem Backslash ⌈\⌉ endet, da ansonsten ein Wertname erzeugt wird. Die beiden weiteren Parameter der Methode definieren einen Wert bzw. den Datentyp des Werts. Für einen korrekten Methodenaufruf sind diese notwendig, können aber durch beliebige Werte, sofern diese gültig sind, belegt werden. Sehr häufig werden leere Zeichenketten verwendet.

```
' RegCreateKey.vbs
' Schlüssel in der Registrierungsdatenbank erzeugen, mit WSH Runtime
' verwendet: WSHRun
' ===============================
On Error Resume Next
Dim WSHShell, Path, Value, Type

Set WSHShell = CreateObject("WScript.Shell")

Path = "HKCU\Software\Windows Scripting Lernen\"
Value = ""
Type = "REG_SZ"

WSHShell.RegWrite Path, Value, Type

If  Err.Number <> 0 Then
    WScript.Echo "Beim Bearbeiten der Registrierungsdatenbank ist ein " & _
    "Fehler aufgetreten: " & Err.Number
Else
    WScript.Echo "Die Registrierungsdatenbank wurde erfolgreich bearbeitet"
End If
```

*Listing 13.9: /Skripte/Kapitel13/RegCreateKey.vbs*

## Alternative: WMI

**CreateKey()** Mit Hilfe der Methode CreateKey() aus der WMI-Klasse StdRegProv ist es ebenfalls möglich, Schlüssel in der Registrierungsdatenbank zu erzeugen. Diese Methode erwartet zwei Parameter: Der Wurzelschlüssel wird – wie bei allen WMI-Methoden – durch einen Long-Wert definiert; der zu erzeugende Schlüssel wird durch eine Zeichenkette, die den Pfad beschreibt, bestimmt.

```
' RegCreateKeyWMI.vbs
' Registrierungsschlüssel mit Hilfe von WMI erzeugen
' verwendet: WMI
' ===============================
Const HKEY_CLASSES_ROOT = &H80000000
Const HKEY_CURRENT_USER = &H80000001
Const HKEY_LOCAL_MACHINE = &H80000002
Const HKEY_USERS = &H80000003
Const HKEY_CURRENT_CONFIG = &H80000005
Const HKEY_DYN_DATA = &H80000006
```

```
Const COMPUTER = "."

Dim KeyPath
Dim objReg

Set objReg = _
GetObject("WinMgmts:\\" & _
COMPUTER & "\root\default:StdRegProv")

KeyPath = "Software\Windows Scripting Lernen"
objReg.CreateKey HKEY_CURRENT_USER, KeyPath
```

*Listing 13.10: /Skripte/Kapitel13/RegCreateKeyWMI.vbs*

# 13.7   Schlüssel löschen

Das Löschen von Registrierungsschlüsseln kann ebenfalls wieder auf zwei unterschiedliche Arten erfolgen. Zunächst bietet die Methode RegDelete() des WSHShell-Objekts nicht nur die Möglichkeit, Wertnamen zu entfernen, sondern diese Methode erlaubt es auch, Schlüssel zu entfernen.

Die Methode RegDelete() erwartet einen Parameter, der den zu löschenden Schlüssel **RegDelete()** angibt. Hierbei ist darauf zu achten, dass die Zeichenkette, die den Pfad zum Registrierungsschlüssel beschreibt, stets mit einem Backslash ⬚\⬚ endet. Erst so wird der Methode mitgeteilt, dass es sich um einen Schlüssel und nicht um einen Wertnamen handelt.

```
' RegDeleteKey.vbs
' Schlüssel in der Registrierungsdatenbank löschen
' verwendet: WSHRun
' ================================
On Error Resume Next
Dim WSHShell, Path, Value, Type

Set WSHShell = CreateObject("WScript.Shell")

Path = "HKCU\Software\Windows Scripting Lernen\"

WSHShell.RegDelete Path

If  Err.Number <> 0 Then
    WScript.Echo "Beim Bearbeiten der Registrierungsdatenbank ist ein " & _
    "Fehler aufgetreten: " & Err.Number
Else
    WScript.Echo "Die Registrierungsdatenbank wurde erfolgreich bearbeitet"
End If
```

*Listing 13.11: /Skripte/Kapitel13/RegDeleteKey.vbs*

Weiterhin ist es notwendig zu erwähnen, dass durch diese Methode nur Schlüssel entfernt werden können, die keine Unterschlüssel mehr besitzen. Die Existenz von Wertnamen spielt für das Entfernen des Schlüssels keine Rolle. Um einen Schlüssel mit Unterschlüsseln zu löschen, existieren im `WSHShell`-Objekt keine geeigneten Methoden. Hier müssen Sie auf WMI ausweichen (siehe unten).

### Alternative: Löschen mit der WSHRun-Komponente

**DeleteKey()** Dieselbe Aufgabe kann auch durch Verwendung der Methode `DeleteKey()` der WMI-Klasse `StdRegProv` erledigt werden. Hierbei gelten die gleichen Beschränkungen wie bei der `WSHShell`-Methode `RegDelete()`: Es können keine Registrierungsschlüssel gelöscht werden, die noch Unterschlüssel enthalten.

```
' RegDeleteKeyWMI.vbs
' Registrierungsschlüssel mit Hilfe von WMI löschen
' verwendet: WMI
' ===============================
Const HKEY_CLASSES_ROOT = &H80000000
Const HKEY_CURRENT_USER = &H80000001
Const HKEY_LOCAL_MACHINE = &H80000002
Const HKEY_USERS = &H80000003
Const HKEY_CURRENT_CONFIG = &H80000005
Const HKEY_DYN_DATA = &H80000006

Const COMPUTER = "."

Dim KeyPath
Dim objReg

Set objReg = _
GetObject("WinMgmts:\\" & _
COMPUTER & "\root\default:StdRegProv")

KeyPath = "Software\Windows Scripting Lernen"
objReg.DeleteKey HKEY_CURRENT_USER, KeyPath
```

*Listing 13.12: /Skripte/Kapitel13/RegDeleteKeyWMI.vbs*

## 13.8 Berechtigungen vergeben

Auch die Vergabe von Rechten auf Registrierungsdatenbank-Einträge ist ein sehr komplexer Vorgang, der daher nicht in diesem Buch, sondern in dem weiterführenden Werk [SCH07a] besprochen wird.

# 13.9   Fragen und Aufgaben

1. Welche beiden Komponenten können für einen Zugriff auf die Registrierungsdatenbank herangezogen werden?

2. Welche Werttypen werden in der Registrierungsdatenbank unterschieden?

3. Welcher Werttyp von Schlüssel kann durch die WSHRun-Komponente nicht erzeugt werden?

4. Wie wird bei einem Zugriff auf die Registrierungsdatenbank mit der WSHRun-Komponente zwischen Werten und Schlüsseln unterschieden?

5. Welcher Namensraum wird bei einem WMI-Zugriff auf die Registrierungsdatenbank verwendet?

6. Was sind Registrierungsdatenbank-Hives?

7. Wie adressiert man Wurzelschlüssel mit WMI und der WSHRun-Komponente?

8. Wie viele Wurzelschlüssel kann es geben?

9. Wofür steht HKCU und was bedeutet es?

# 14 Scripting der Netzwerkkonfiguration

Das Einrichten der Netzwerkkonfiguration betrifft einen zentralen Aspekt in der Verwaltung von Rechnersystemen in verteilten Umgebungen. In diesem Kapitel steht die Manipulation der Einstellungen des einzusetzenden Netzwerkprotokolls im Vordergrund. Es existieren zwar Netzwerkprotokolle, die keiner Konfiguration bedürfen, doch stellt heute selbst in einfachen Netzstrukturen das Protokoll TCP/IP die erste Wahl dar.

Aufgrund des erhöhten Konfigurationsbedarfs von TCP/IP existieren mit dem Dynamic Host Configuration Protocol (DHCP) bzw. der automatischen Adressvergabe privater IP-Adressen von Windows zwei Mittel, um den administrativen Eingriff an einem Rechner zu minimieren, doch sind diese Dienste unter Umständen nicht an jedem Standort verfügbar. Oft wird in Unternehmensnetzen auf den Einsatz von DHCP verzichtet, um aus Sicherheitsgründen nicht jedem beliebigen angeschlossenen Rechnersystem automatisch eine gültige IP-Adresse zuzuweisen. Daher stellt die skriptbasierte Konfiguration der Netzwerkkarte eine berechtigte Alternative dar.

Sehr hilfreich kann sich diese Form der Konfiguration für Nutzer eines Notebooks erweisen, die zwischen verschiedenen Netzen pendeln, weil die zahlreichen Parameter des Netzwerkprotokolls auf Tastendruck verfügbar sind, ohne sich unterschiedliche Zahlenkombinationen merken zu müssen.

Die folgenden Aufgabenfelder gilt es bei der Konfiguration von TCP/IP abzudecken: **Lernziele**

▷ Festlegen einer statischen IP-Adresse

▷ Festlegung eines Standard-Gateways

▷ Festlegung von DNS-Servern

▷ Festlegung von WINS-Servern

▷ Nutzung von DHCP

Darüber hinaus kann im Zusammenhang mit der Konfiguration des Netzwerkprotokolls ab Windows 2000 noch Einfluss auf die Einträge in der Netzwerkumgebung genommen werden. Zusätzlich ist an dieser Stelle zu beachten, dass in einem Rechnersystem durchaus mehr als eine Netzwerkkarte installiert sein kann, sodass es unter Umständen notwendig ist, zunächst die richtige zu ermitteln.

Durch die unterschiedlichen Möglichkeiten der Manipulation der Registrierungsdatenbank, die Sie bereits in Kapitel 13 kennengelernt haben, wäre es denkbar, auch die Eigenschaften des Netzwerkprotokolls zu modifizieren. Dies stellt zwar einen gangbaren Weg zur Einrichtung dar, eleganter ist hier allerdings die Nutzung von WMI, weil hierbei die Einstellungen sofort und ohne Neustart verfügbar sind.

# 14.1 Festlegen einer statischen IP-Adresse

Wenn kein DHCP verwendet wird, müssen die IP-Adressen auf den einzelnen Computern statisch gesetzt werden. Neben der eigentlichen IP-Adresse ist stets auch die Verwendung einer Subnetz-Maske zur Trennung zwischen Rechner- und Netzadresse notwendig. Erst über diese beiden obligatorischen Informationen kann ein Rechnersystem in einem Netzwerk korrekt adressiert werden. Ergänzt wird die Konfiguration schließlich durch die Verwendung eines Standard-Gateways zur Weiterleitung von Datenpaketen an andere Rechnersysteme.

**Voraussetzungen** Damit das Skript seine Aufgabe der Netzwerkkartenkonfiguration erfüllen kann, sind in den Microsoft-Betriebssystemen, denen die NT-Architektur zugrunde liegt, auf jeden Fall lokale Administrationsrechte notwendig. Einem einfachen Benutzer ist es nicht erlaubt, die Einstellungen der Netzwerkkonfiguration zu verändern.

Zusätzlich ist es erforderlich, dass auf dem Computer, auf dem das Skript ausgeführt werden soll, auch die WMI-Komponente installiert ist.

**Lösung** WMI bietet die Klasse `Win32_NetworkAdapterConfiguration`, von der es mehrere Instanzen geben kann, die durchnummeriert sind. Schlüsselattribut ist `Index`. In dem Beispiel wird der erste Netzwerkadapter gebunden. Dies können Sie über die Konstante `ADAPTERINDEX` ändern. Auf welchem Rechner die Aktion ausgeführt werden soll, bestimmen Sie durch die Konstante `COMPUTER`.

**EnableStatic()** Danach wird die Methode `EnableStatic()` aufgerufen, die im ersten Parameter ein Zeichenketten-Array der IP-Adressen und im zweiten Parameter ein Zeichenketten-Array für die zugehörigen Subnetz-Masken enthält.

Wichtig ist, dass

▷ immer ein Zeichenketten-Array übergeben werden muss, auch wenn nur eine IP-Adresse zu setzen ist;

▷ die Anzahl der Elemente in beiden Arrays immer gleich sein muss.

**Rückgabewerte** Wenn `EnableStatic()` den Wert 0 zurückliefert, war die Operation erfolgreich. Andere Zahlen bedeuten, dass ein Fehler aufgetreten ist (z.B. 70 = fehlerhafte IP-Adresse; 90 = ungleiche Anzahl von Elementen in den beiden Arrays).

```
' WMI_IP_lokal.vbs
' IP-Adresse einstellen
' verwendet: WMI
' ==============================

Dim IP, SubNetMask, Ergebnis
Dim objServ, objAdapter
```

```
' Parameter
Const COMPUTER = "ServerE02"
Const ADAPTERINDEX = "1"

wscript.echo "IP-Adresse einstellen:"

IP = Array("192.168.123.2", "192.168.123.40", "192.168.123.41")
SubNetMask = Array("255.255.255.0", "255.255.255.0", "255.255.255.0")

Set objServ = _
GetObject("WinMgmts://" & COMPUTER)
Set objAdapter = objServ.Get _
    ("Win32_NetworkAdapterConfiguration.index=" & ADAPTERINDEX)

Ergebnis = objAdapter.EnableStatic(IP, SubNetMask)

If Ergebnis = 0 Then
    MsgBox "IP-Adresse(n) erfolgreich eingestellt."
Else
    MsgBox "Fehler: " & Ergebnis
End If
```

*Listing 14.1: /Skripte/Kapitel14/WMI_IP.vbs*

Jede Instanz von `Win32_NetworkAdapterConfiguration` ist einer Instanz von `Win32_NetworkAdapter` zugeordnet, die im Schlüsselattribut `DeviceID` eine Zahl besitzt, die `Win32_NetworkAdapterConfiguration` im Attribut Index hat.

**Weitergehende Informationen**

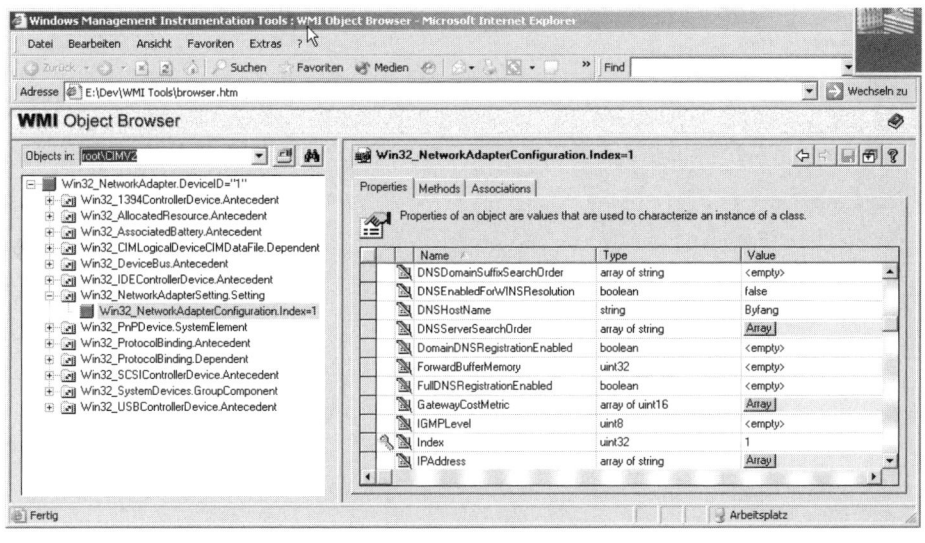

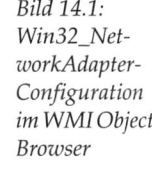

*Bild 14.1: Win32_NetworkAdapterConfiguration im WMI Object Browser*

## Besonderheiten

Im Fall der Änderung der IP-Adresse eines entfernten Systems kommt es beim Aufruf von `EnableStatic()` immer zu einer Fehlermeldung. Dies ist das korrekte Verhalten, weil das Skript von dem entfernten Rechner keine Rückmeldung mehr erhalten kann, da durch das Ändern der IP-Adresse die DCOM-Verbindung zwischen beiden Rechnern sofort verloren geht. Hier muss man mit einem `on error resume next` die Fehlerbehandlung ausschalten.

```
' WMI_IP_Remote.vbs
' Statische IP-Adresse einstellen auf einem ENTFERNTEN Computer
' verwendet: WMI
' ===============================

Dim IP, SubNetMask, Ergebnis
Dim objServ, objAdapter

' Parameter
Const COMPUTER = "ServerE02"
Const ADAPTERINDEX = "1"

MsgBox "IP-Adresse einstellen:"
IP = Array("192.168.123.2", "192.168.123.40", "192.168.123.41")
SubNetMask = Array("255.255.255.0", "255.255.255.0", "255.255.255.0")

Set objServ = GetObject ("WinMgmts://" & COMPUTER)
Set objAdapter = objServ.Get _
        ("Win32_NetworkAdapterConfiguration.index=" & ADAPTERINDEX)
on error resume next
objAdapter.EnableStatic IP, SubNetMask
' Leider kann man den Erfolg in diesem Fall nicht direkt ermitteln
msgBox "Befehl übermittelt, Erfolg kann nicht automatisch festgestellt werden!"
```

*Listing 14.2: Statische IP-Adresse einstellen auf einem entfernten (!) Computer*

Bei der skriptbasierten Konfiguration einer statischen IP-Adresse kann der Einrichtungsvorgang unter Umständen bis zu eine Minute in Anspruch nehmen. Ist das Rechnersystem auf den dynamischen Bezug einer IP-Adresse eingestellt, ist es notwendig, dass der Vorgang zur Anforderung einer IP-Adresse abgeschlossen wird, selbst wenn kein DHCP-Server vorhanden ist.

# 14.2 Standard-Gateway festlegen

**Notwendigkeit des Standard-Gateways** Bei TCP/IP handelt es sich um ein routingfähiges Netzwerkprotokoll, das auch in Weitverkehrsnetzen wie dem Internet Anwendung findet. Damit ein Rechner die Entscheidung treffen kann, ob sich ein Ziel-Host im selben Subnetz befindet, wird die Subnetzmaske des Rechners auf die IP-Adresse des Ziel-Hosts angewendet. Die so ermittelten Netzadressen werden verglichen, wobei der Rechner bei Ungleichheit daraus schließt, dass es sich um einen weiter entfernten Rechner handelt. In der Regel wird der Rechner nicht selbst in der

Lage sein, die Datenpakete an den Empfänger zuzustellen, sondern wird diese zur Vermittlung an einen Router weiterreichen. Ein Router in einem Netzwerk wird daher zu einem Standard-Gateway „ernannt", das alle Pakete erhält, die nicht für das lokale Netz bestimmt sind.

Aus diesem kurzen Exkurs in die Paketvermittlung wird die Notwendigkeit zur Konfiguration eines Standard-Gateways bei der Nutzung statischer IP-Adressen ersichtlich. Die Lösung erfolgt über die Methode `SetGateways()` der WMI-Klasse `Win32_NetworkAdapterConfiguration`, mit deren Hilfe eine Reihe von Gateways festgelegt werden können. **Lösung**

Die Methode `SetGateways()` erwartet zwei Zeichenketten-Arrays, wobei das erste die IP-Adressen der Router definiert und der zweite Parameter die Entfernungskosten angibt. Zur Verwendung eines Standard-Gateways sind die Kosten auf 1 zu setzen. Bei dem zweiten Parameter handelt es sich um einen optionalen Parameter, der lediglich in Windows 2000, Windows XP, Windows Server 2003/2008 und Vista verfügbar ist, weil nur diese Betriebssysteme eine Konfiguration mit mehreren Gateways erlauben. **SetGateways()**

Bei diesen ist es wichtig, dass

▷ immer ein Zeichenketten-Array übergeben werden muss, auch wenn nur ein Router zu setzen ist;

▷ die Anzahl der Elemente in beiden Arrays immer gleich sein muss.

Die Rückgabewerte der `SetGateway()`-Methode geben über die erfolgreiche Konfiguration Auskunft. Durch einen von 0 verschiedenen Wert wird angezeigt, dass ein Fehler aufgetreten ist (z.B. 71 = fehlerhafte Gateway-Adresse; 90 = ungleiche Anzahl von Elementen in den beiden Arrays). **Rückgabewerte**

Das nachfolgende Skript basiert auf Listing 13.1 und konfiguriert den lokalen Rechner mit einer IP-Adresse, einer Subnetz-Maske und einem Standard-Gateway.

```
' WMI_IPGW.vbs
' IP-Adresse und Gateway einstellen
' verwendet: WMI
' ===============================

Dim IP, SubNetMask, Gateway, Metric, Ergebnis
Dim objServ, objAdapter


' Parameter
Const COMPUTER = "."
Const ADAPTERINDEX = "1"

Set objServ = _
GetObject("WinMgmts://" & COMPUTER)
Set objAdapter = objServ.Get _
    ("Win32_NetworkAdapterConfiguration.index=" & ADAPTERINDEX)
IP = Array("192.168.0.1")
SubNetMask = Array("255.255.255.0")
```

```
Ergebnis = objAdapter.EnableStatic(IP, SubNetMask)

If Ergebnis = 0 Then
    Gateway = Array("192.168.0.254")
    Metric = Array("1")
    Ergebnis = objAdapter.SetGateway(Gateway, Metric)
    If Ergebnis = 0 Then
        MsgBox "IP-Adresse(n) und Gateway(s) erfolgreich eingestellt."
    Else
        MsgBox "Fehler bei der Einstellung des Gateways: " & Ergebnis
    End If
Else
    MsgBox "Fehler bei der Einstellung der IP-Adresse: " & Ergebnis
End If
```

*Listing 14.3: /Skripte/Kapitel14/WMI_IPGW.vbs*

## 14.3   DNS-Server festlegen

**Aufgabe eines DNS-Servers**

Die Nutzung von DNS-Servern stellt ein wesentliches Merkmal bei der Kommunikation von Weitverkehrsnetzen wie dem Internet dar. Die Aufgabe eines DNS-Servers besteht in der Umwandlung von vollqualifizierten Domänennamen (FQDN), wie z.B. *www.it-visions.de*, in die dazugehörige IP-Adresse. Erst mit dieser Adresse kann eine Verbindung zum Host aufgebaut werden.

**Lösung**

Zur Einrichtung eines oder mehrerer DNS-Server wird ebenfalls wieder WMI herangezogen. Durch die Methode EnableDNS() können umfassende Einstellungen an der DNS-Konfiguration eines Rechners vorgenommen werden. Allerdings ist es nicht immer notwendig, den Host-Namen oder die DNS-Domäne zu setzen. Die Konfiguration der Netzwerkkarte beschränkt sich daher auf das Setzen der Suchreihenfolge der DNS-Server mit Hilfe der Methode DNSServerSearchOrder().

**DNSServer-SearchOrder()**

Die Methode DNSServerSearchOrder() erwartet einen Parameter, der ein Zeichenketten-Array darstellt und die Liste der IP-Adressen der DNS-Server enthält. Wie bereits aus der Konfiguration der IP-Adresse und des Standard-Gateways bekannt ist, ist die Konstruktion eines aus Zeichenketten bestehenden Arrays selbst dann notwendig, wenn nur ein einziger DNS-Server gesetzt werden soll.

**Rückgabewerte**

Ist der von der Methode DNSServerSearchOrder() zurückgelieferte Rückgabewert von 0 verschieden, so ist dies ein Hinweis darauf, dass bei der Konfiguration der Liste der DNS-Server ein Fehler aufgetreten ist.

```
' WMI_DNS.vbs
' DNS-Server einstellen
' verwendet: WMI
' =========================================
Dim DNSServer, Ergebnis
Dim objServ, objAdapter
```

```
' Parameter
Const COMPUTER = "."
Const ADAPTERINDEX = "1"

Set objServ = _
GetObject("WinMgmts://" & COMPUTER)
Set objAdapter = objServ.Get _
    ("Win32_NetworkAdapterConfiguration.index=" & ADAPTERINDEX)

DNSServer = Array("192.168.0.250", "192.168.0.254")

Ergebnis = objAdapter.SetDNSServerSearchOrder(DNSServer)

If Ergebnis = 0 Then
    MsgBox "DNS-Server erfolgreich eingestellt."
Else
    MsgBox "Fehler: " & Ergebnis
End If
```

*Listing 14.4: /Skripte/Kapitel14/WMI_DNS.vbs*

# 14.4  WINS-Server festlegen

Während ein DNS-Server für die Umwandlung von FQDN in IP-Adressen zuständig ist und somit als Verzeichnis in IP-basierten Weitverkehrsnetzen fungiert, übernimmt ein WINS-Server die Umwandlung von NetBIOS-Namen in IP-Adressen. Diese NetBIOS-Namen werden von Windows für die Netzwerkumgebung verwendet und erlauben die Nutzung von Freigaben auf entfernten Systemen. Allerdings werden diese Namen mit Hilfe von Broadcasts propagiert, sodass diese in gerouteten Netzwerken nicht verwendet werden können. Dieser Nachteil wird durch die Verwendung eines WINS-Servers dahingehend gelöst, indem dieser jedem Rechner ein NetBIOS-Namensverzeichnis zur Verfügung stellt. **Aufgabe eines WINS-Servers**

Zur Konfiguration der WINS-Server wird ebenfalls wieder eine Methode der WMI-Klasse Win32_NetworkAdapterConfiguration verwendet. Neben der Möglichkeit, über WMI verschiedene Parameter bezüglich der Nutzung von WINS zu bestimmen, bietet die Methode SetWINSServer() die Möglichkeit, im Rahmen der skriptbasierten TCP/IP-Konfiguration die WINS-Server zu setzen. **Lösung**

Über die Methode SetWINSServer(), die zwei Parameter vom Typ Zeichenkette erwartet, können für TCP/IP bis zu zwei WINS-Server eingerichtet werden. Entgegen der bisher besprochenen Methoden zum Konfigurieren des Netzwerkprotokolls werden hier keine Zeichenketten-Arrays zur Wertübergabe verwendet. Als Besonderheit ist hierbei noch anzumerken, dass ab Windows 2000 und Windows XP mehr als zwei WINS-Server eingestellt werden können. **SetWINS-Server()**

Ist der von der Methode SetWINSServer() zurückgelieferte Rückgabewert von 0 verschieden, so ist das ein Hinweis darauf, dass bei der Konfiguration der WINS-Server ein Fehler aufgetreten ist. **Rückgabewert**

```
' WMI_WINS.vbs
' WINS-Server einstellen
' verwendet: WMI
' ===============================

Dim WINSServer1, WINSServer2, Ergebnis
Dim objServ, objAdapter

' Parameter
Const COMPUTER = "."
Const ADAPTERINDEX = "1"

Set objServ = _
GetObject("WinMgmts://" & COMPUTER)
Set objAdapter = objServ.Get _
    ("Win32_NetworkAdapterConfiguration.index=" & ADAPTERINDEX)
WINSServer1 = "192.168.0.220"
WINSServer2 = ""
Ergebnis = objAdapter.SetWINSServer(WINSServer1, WINSServer2)

If Ergebnis = 0 Then
    MsgBox "WINS-Server erfolgreich eingestellt."
Else
    MsgBox "Fehler: " & Ergebnis
End If
```

*Listing 14.5: /Skripte/Kapitel14/WMI_WINS.vbs*

# 14.5   Auf DHCP umstellen

Die Konfiguration eines Rechners wird durch die Verwendung des DHCP-Protokolls zur automatischen Einrichtung des TCP/IP-Protokolls erheblich vereinfacht, da hierbei lediglich eine Option – zur Nutzung von DHCP – gesetzt werden muss.

**Lösung** Ebenso wie in dem vorangegangenen Skript zur Einrichtung einer statischen IP-Adresse wird bei der Nutzung von DHCP wieder auf die WMI-Klasse Win32_NetworkAdapterConfiguration zurückgegriffen. Hierbei ist ebenfalls wieder zu beachten, dass in einem Rechner verschiedene Netzwerkkarten installiert sein können, sodass es notwendig ist, durch die Konstante ADAPTER-INDEX die gewünschte Karte zu selektieren.

**Enable-DHCP()** Durch den Aufruf der Methode EnableDHCP() wird der Rechner angewiesen, eine IP-Adresse von einem DHCP-Server anzufordern. Diese Methode erwartet keine Parameter. Der Erfolg der Methode wird ebenfalls wieder durch Rückgabewerte signalisiert, wobei die Ausprägung der Werte exakt der der EnableStatic()-Methode entspricht.

**Weitergehende Informationen** Bei der Verwendung ist zu beachten, dass durch DHCP nicht nur die IP-Adresse, sondern auch weitere Einstellungen von TCP/IP wie Standard-Gateway, DNS- und WINS-Server vorgenommen werden können. Allerdings muss dies nicht der Fall sein. So ist durchaus ein Szenario denkbar, in dem die IP-Adresse von einem DHCP-Server bezogen wird, andere

Einstellungen allerdings statisch erfolgen. Der skriptbasierte Wechsel von einer statischen zu einer dynamischen IP-Adresse durch die `EnableDHCP()`-Methode liefert das eben geschilderte Szenario, weil durch die verwendete Methode `EnableDHCP()` keine weiteren Einstellungen an der TCP/IP-Protokoll-Suite modifiziert werden.

> Daher ist es notwendig, die Einstellungen an Gateway, DNS- und WINS-Servern vor einem Aufruf von `EnableDHCP()` zu entfernen, um eine umfassende automatische Konfiguration zu erreichen.

```
' WMI_DHCP.vbs
' IP-Adresse über DHCP beziehen
' verwendet: WMI
' ================================

Dim DNSServer, WINSServer, Gateway, Ergebnis
Dim objServ, objAdapter


' Parameter
Const COMPUTER = "."
Const ADAPTERINDEX = "1"

Set objServ = GetObject("WinMgmts://" & COMPUTER)
Set objAdapter = objServ.Get _
    ("Win32_NetworkAdapterConfiguration.index=" & ADAPTERINDEX)

Gateway = Array("")
Ergebnis = objAdapter.SetGateway(Gateway)

DNSServer = Array("")
Ergebnis = objAdapter.SetDNSServerSearchOrder(DNSServer)

WINSServer = ""
Ergebnis = objAdapter.SetWINSServer (WINSServer, WINSServer)

Ergebnis = objAdapter.EnableDHCP()
If Ergebnis = 0 Then
    MsgBox "DHCP erfolgreich eingestellt."
Else
    MsgBox "Fehler: " & Ergebnis
End If
```

*Listing 14.6: /Skripte/Kapitel14/WMI_DHCP.vbs*

# 14.6 Fragen und Aufgaben

1. Welche TCP/IP-Einstellungen werden zwingend für eine Kommunikation in einem lokalen Netz benötigt?

2. Welches WMI-Objekt erlaubt den Zugriff auf die TCP/IP-Konfiguration?

3. Wie viele WINS-Server können skriptbasiert konfiguriert werden?

4. Was ist bei der skriptbasierten Konfiguration von DHCP zu beachten?

5. Bei wie vielen Netzwerkkarten kann TCP/IP konfiguriert werden?

6. Wie werden verschiedene, in einem Rechner installierte Netzwerkkarten unterschieden?

7. Welche Parameter erwartet die Methode `EnableDHCP()`?

# 15 Scripting der Softwareverwaltung

In diesem Kapitel steht die Verwaltung der Softwareeigenschaften eines Rechnersystems im Vordergrund. Sehr häufig wird in Unternehmensnetzwerken die Möglichkeit gesucht, sich auf einfache Weise einen Überblick über die eingesetzten Softwareprodukte zu verschaffen. Auf diese Art kann gewährleistet werden, dass stets die korrekte Anzahl an Softwarelizenzen vorhanden ist.

**Lernziel**

Auch die Möglichkeit, auf entfernten Rechnersystemen Software zu installieren bzw. zu deinstallieren, ist eine Funktion, die in großen Netzwerken den Administrationsaufwand vereinfacht. Hier ist es nicht mehr notwendig, sich von einem Rechnersystem zum anderen zu bewegen, um ein neues Softwareprodukt zu installieren.

Damit die Installation von Software auf einem Rechner erfolgreich durchgeführt werden kann, sind auf dem Zielrechner Administratorrechte notwendig. Ebenso setzt die Verwendung von WMI zur Verwaltung der Software Administratorrechte voraus.

**Voraussetzung**

## 15.1 Installierte Software auflisten (inventarisieren)

Um sich zunächst einen Überblick über die installierte Software auf einem Rechner zu verschaffen, exportiert das nachfolgende Skript umfassende Informationen der einzelnen Softwareprodukte in eine Textdatei.

Zur Auflistung der installierten Softwareprodukte eines Rechners wird mittels einer WQL-definierten WMI-Anfrage eine Auflistung von `Win32_Product`-Objekten erzeugt, deren Eigenschaften in eine Datei geschrieben werden.

**Lösung**

Zunächst ermittelt das Skript mit Hilfe der Klasse `FileSystemObject` den Pfadnamen des Verzeichnisses, in dem das Skript ausgeführt wird. Dieses Verzeichnis wird zur Ablage der gesammelten Softwareinformationen verwendet. Hierzu wird zunächst durch die Methode `GetFile()` aus dem Skriptnamen, der durch das `WScript`-Objekt verfügbar ist, ein Objekt erzeugt. Über die `Replace()`-Methode wird dann aus der Zeichenkette mit der vollständigen Pfadbeschreibung des Skripts der Skriptname entfernt, sodass der Variablen `Pathname` lediglich der Pfad zugewiesen wird. Hieraus wird der Name der Software-Inventarisierungsdatei erzeugt.

**Aktuelles Verzeichnis ermitteln**

**Erzeugen der Textdatei**

Die Protokolldatei wird durch die Methode `CreateTextFile()` des `FileSystemObject` generiert. Die einzelnen Einträge werden im weiteren Verlauf des Skripts durch Tabulatoren getrennt in diese Datei geschrieben. Zur späteren Ansicht der Datei empfiehlt sich allerdings ein Import in Excel, um den großen Umfang an Informationen zu den einzelnen Softwareprodukten in gegliederter Weise darzustellen.

**Ermittlung der Softwareprodukte**

Die installierten Softwareprodukte werden durch die Verwaltungsschnittstelle WMI aufgelistet. Hierzu werden alle Einträge aus der Tabelle `Win32_Product` ausgewählt und anschließend durch Iteration in einer `For Each`-Schleife bestimmte Eigenschaften, wie Name, Installationsdatum und Version, in die Textdatei geschrieben.

```
' Skriptname: Software_inventar1.vbs
' Dieses Skript erstellt eine Liste der installierten Software
' Verwendet: ScrRun, WMI
' ----------------------------------------

Dim objFSO, objTextFile, colSoftware
Dim Computer, Filename

Set objFSO = CreateObject("Scripting.FileSystemObject")

Set ScriptFile = objFSO.GetFile (WScript.ScriptFullName)
Pathname = Replace(Scriptfile.Path, Scriptfile.Name, "")
Filename = Pathname & "software.csv"

WScript.Echo "Die Auflistung erfolgt in der Datei: " & _
    vbCrLf & Filename &vbCrLf

Set objTextFile = objFSO.CreateTextFile(Filename, True)

Computer = "."
Set objWMIService = GetObject("WinMgmts:" & _
    "{impersonationLevel=impersonate}!\\" & Computer & _
    "\root\cimv2")

Set colSoftware = objWMIService.ExecQuery _
    ("SELECT * FROM Win32_Product")
WScript.Echo "Der Inventarisierungsvorgang beginnt."
objTextFile.WriteLine "Überschrift" & vbTab & _
    "Beschreibung" & vbTab & _
    "Identifikationsnummer" & vbTab & _
    "Installationsdatum" & vbTab & _
    "Installationsverzeichnis" & vbTab & _
    "Zustand der Installation" & vbTab & _
    "Name" & vbTab & _
    "Paketzwischenspeicher" & vbTab & _
    "SKU Nummer" & vbTab & _
    "Hersteller" & vbTab & _
    "Version"
```

```
For Each objSoftware in colSoftware
    objTextFile.WriteLine objSoftware.Caption & vbTab & _
    objSoftware.Description & vbTab & _
    objSoftware.IdentifyingNumber & vbTab & _
    objSoftware.InstallDate & vbTab & _
    objSoftware.InstallLocation & vbTab & _
    objSoftware.InstallState & vbTab & _
    objSoftware.Name & vbTab & _
    objSoftware.PackageCache & vbTab & _
    objSoftware.SKUNumber & vbTab & _
    objSoftware.Vendor & vbTab & _
    objSoftware.Version
Next

objTextFile.Close

WScript.Echo "Der Inventarisierungsvorgang ist beendet."
```

*Listing 15.1: /Skripte/Kapitel15/ Software Inventar1.vbs*

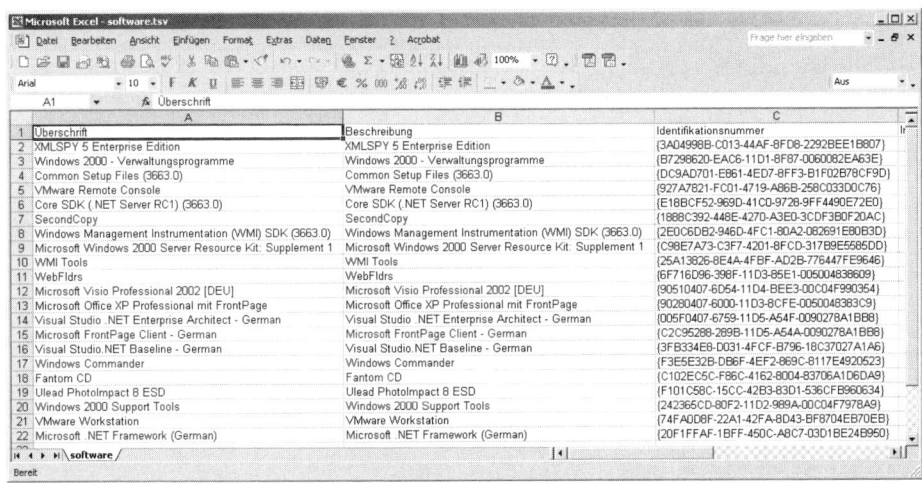

*Bild 15.1: Software-Inventar nach dem Import in Excel*

Das obige Beispiel kann man noch in einigen Punkten erweitern:

▷ Es wird nicht nur ein einzelner Computer abgefragt, sondern man hinterlegt in einer Textdatei eine Liste von Computernamen (oder IP-Adressen), die nacheinander abgefragt werden sollen.

▷ Man prüft vor dem Zugriff auf den Computer mit einem Ping, ob der Computer überhaupt erreichbar ist, um die lange Timeout-Zeit von WMI zu vermeiden.

Beide Erweiterungen sind zusammen mit einer stärkeren Strukturierung des Codes in Unterroutinen in dem folgenden Listing enthalten.

```
' Skriptname: Software_inventar2.vbs
' Dieses Skript erstellt eine Liste der installierten Software
' Verwendet: WMI
' -------------------------------------------
Option Explicit

' --- Vorgabewerte
Const Trennzeichen = ";" ' Trennzeichen für Spalten in der Ausgabedatei
Const Eingabedateiname = "computernamen.txt"
Const Ausgabedateiname = "softwareinventar.csv"
Const Bedingung = "SELECT * FROM Win32_Product where not Vendor like '%Microsoft%'"

Dim objFSO' Dateisystem-Objekt
Dim objTX    ' Textdatei-Objekt für die Liste der zu durchsuchenden Computer
Dim i  ' Zähler für Computer
Dim computer ' Name des aktuellen Computers
Dim Eingabedatei' Name und Pfad der Eingabedatei
Dim Ausgabedatei' Name und Pfad der Ausgabedatei

' --- Startmeldung
WScript.Echo "Softwareinventar.vbs"
WScript.Echo "(C) Dr. Holger Schwichtenberg, http://www.Windows-Scripting.de"

' --- Global benötigtes Objekt
Set objFSO = CreateObject("Scripting.FileSystemObject")

' --- Ermittlung der Pfade
Eingabedatei = GetCurrentPfad & "\" & Eingabedateiname
Ausgabedatei = GetCurrentPfad & "\" & Ausgabedateiname

' --- Auslesen der Computerliste
Set objTX = objFSO.OpenTextFile(Eingabedatei)

' --- Meldungen
WScript.Echo "Eingabedatei: " & Eingabedatei
WScript.Echo "Ausgabedatei: " & Ausgabedatei

' --- Überschriften einfügen
Ausgabe _
"computer" & Trennzeichen & _
"Name" & Trennzeichen & _
    "Beschreibung" & Trennzeichen & _
    "Identifikationsnummer" & Trennzeichen & _
    "Installationsdatum" & Trennzeichen & _
    "Installationsverzeichnis" & Trennzeichen & _
    "Zustand der Installation" & Trennzeichen & _
    "Paketzwischenspeicher" & Trennzeichen & _
    "SKU Nummer" & Trennzeichen & _
    "Hersteller" & Trennzeichen & _
    "Version"
```

```
' --- Schleife über alle Computer
Do While Not objTX.AtEndOfStream
    computer = objTX.ReadLine
    i = i + 1
    WScript.Echo "=== Computer #" & i & ": " & computer
    If Not Ping(computer) Then
WScript.echo "Computer " & computer & " nicht erreichbar!"
Else
GetInventar computer
End If
Loop

' --- Eingabedatei schließen
objTX.Close
' --- Abschlussmeldung
WScript.echo "Softwareinventarisierung beendet!"

' === Softwareliste für einen Computer erstellen
Sub GetInventar(computer)

Dim objProduktMenge
Dim objProdukt
Dim objWMIDienst

' --- Zugriff auf WMI
Set objWMIDienst = GetObject("WinMgmts:" &_
    "{impersonationLevel=impersonate}!\\" & computer &_
    "\root\cimv2")
' --- Liste anfordern
Set objProduktMenge = objWMIDienst.ExecQuery _
    (Bedingung)
' --- Liste ausgeben
WScript.echo "Auf " & computer & " sind " & _
objProduktMenge.Count & " Produkte installiert."
For Each objProdukt In objProduktMenge
    Ausgabe _
    computer & Trennzeichen & _
    objProdukt.Name & Trennzeichen & _
    objProdukt.Description & Trennzeichen & _
    objProdukt.IdentifyingNumber & Trennzeichen & _
    objProdukt.InstallDate & Trennzeichen & _
    objProdukt.InstallLocation & Trennzeichen & _
    objProdukt.InstallState & Trennzeichen & _
    objProdukt.PackageCache & Trennzeichen & _
    objProdukt.SKUNumber & Trennzeichen & _
    objProdukt.Vendor & Trennzeichen & _
    objProdukt.Version
WScript.Echo     objProdukt.Name
Next
```

```
End Sub

' === Ausgabe
Sub Ausgabe(s)
Dim objTextFile
' Ausgabedatei öffnen
Set objTextFile = objFSO.OpenTextFile(Ausgabedatei, 8, True)
objTextFile.WriteLine s
objTextFile.Close
'WScript.Echo s
End Sub

' === Ping ausführen
Function Ping(computer)
Dim objPing
Set objPing = GetObject("WinMgmts:Win32_PingStatus.address='" & computer & "'")
Ping = (objPing.StatusCode = 0)
End Function

' === Pfad ermitteln, in dem das Skript liegt
Function GetCurrentPfad
GetCurrentPfad = objFSO.GetFile (WScript.ScriptFullName).ParentFolder
End Function
```

*Listing 15.2: /Skripte/Kapitel15/ Software_Inventar2.vbs*

# 15.2   Software (entfernt) installieren

Die entfernte Installation von Software stellt ein einfaches und effizientes Mittel zur Softwareverteilung dar. Auf diese Weise ist eine Aktualisierung von Software möglich, so z.B. die Verteilung von Service Packs.

**Lösung**  Das Skript zur Installation von Software verwendet wieder die Möglichkeiten der Windows Management Instrumentation. Im Unterschied zum Auslesen der installierten Software eines Rechners wird hier das Objekt WbemLocator aus der WMI-Komponente verwendet, um zunächst eine Verbindung zum Zielrechner aufzubauen. Über dieses Verbindungsobjekt wird auf dem entfernten Rechner eine Instanz des Win32_Product-Objekts ermittelt.

**Install()**  Das Win32_Product-Objekt besitzt die Methode Install(), die drei Parameter erwartet. Der erste Parameter spezifiziert in einer Zeichenkette das zu installierende Softwareprodukt. Durch eine weitere Zeichenkette können der Installationsroutine Parameter in Form von Attribut=Wert-Paaren übergeben werden. Der dritte Parameter gibt an, ob das zu installierende Softwareprodukt für alle Benutzer des Rechners verfügbar sein soll.

**Rückgabe-wert**  Der Erfolg der Softwareinstallation wird durch einen Rückgabewert signalisiert, sofern dieser den Wert 0 hat. Alle davon verschiedenen Werte zeigen einen Fehler an (z.B. 2 = Installationsdatei ist nicht vorhanden).

```
' Install_Software.vbs
' Installiert Software auf einem entfernten Rechner
' verwendet: WMI
' ==============================

Dim objWBemLocator, objConnection, objSoftware
Dim User, Password, Computer, Software, Error

User = "Administrator"
Password = "password"
Computer = "Webserver"
Software = "C:\Temp\q320206_w2k_sp4_x86_de.exe"

Set objWbemLocator = CreateObject("WbemScripting.SWbemLocator")
Set objConnection = objwbemLocator.ConnectServer _
    (Computer, "root\cimv2", User, _
     Password)

Set objSoftware = objConnection.Get("Win32_Product")

Error = objSoftware.Install(Software,,True)

If Error = 0 Then
    WScript.Echo "Die Installation war erfolgreich."
Else
    WScript.Echo "Bei der Installation ist " & _
    "folgender Fehler aufgetreten: " & Error
End If
```

*Listing 15.3: /Skripte/Kapitel15/Install_Software.vbs*

## 15.3 Software auf mehreren Computern installieren (gemäß einer XML-Datei)

Um mehrere Softwareprodukte auf demselben oder auf unterschiedlichen Rechnern zu installieren, ist das Skript aus dem vorhergehenden Kapitel zu starr. Durch die Parametrisierung des Skripts mittels einer XML-Datei kann der Installationsprozess flexibler gestaltet werden.

Das Skript basiert im Kern sehr stark auf der im vorhergehenden Kapitel entwickelten **Lösung** Struktur zur Installation von Software. Durch die For...Next-Schleife wird dieser Teil der Installationsroutine mit Rechnernamen und Software versorgt.

Der Rechnername und die Installationsdatei des Softwareprodukts werden in Anlehnung an die in Kapitel 5 besprochene Vorgehensweise (Komponente MSXML) zum Auslesen der XML-Dateien gewonnen.

```
' Install_Software_XML.vbs
' Installiert Software auf einem entfernten Rechner anhand einer XML-Datei
' verwendet: MSXML, SCRRun, WMI
' ===============================

Dim XMLDoc
Dim SoftInstallNode
Dim objWBemLocator, objConnection, objSoftware
Dim User, Password, Computer, Software, Error

User = "Administrator"
Password = "password"

' Erzeugen des Verweises
Set xmlDoc = CreateObject("Msxml2.DOMDocument")

' Asynchrones Laden ausschalten
xmlDoc.async = False

' Datei laden
Set objFSO = CreateObject("Scripting.FileSystemObject")
Set ScriptFile = objFSO.GetFile (WScript.ScriptFullName)

Pathname = Replace(Scriptfile.Path, Scriptfile.Name, "")
Filename = Pathname & "SoftInstall.xml"
xmlDoc.load(Filename)

' Knoten-Auflistung auswählen
Set SoftInstallNode = xmlDoc.selectNodes("*/*")

' Alle Knoten durchlaufen
For i=0 To SoftInstallNode.length-1
    ' Software installieren
    Computer = SoftInstallNode.item(i).childNodes.item(0).Text
    Software = SoftInstallNode.item(i).childNodes.item(1).Text

    Set objWbemLocator = CreateObject("WbemScripting.SWbemLocator")
    Set objConnection = objwbemLocator.ConnectServer _
        (Computer, "root\cimv2", User, _
         Password)

    Set objSoftware = objConnection.Get("Win32_Product")

    Error = objSoftware.Install(Software,,True)

    If Error = 0 Then
        WScript.Echo "Die Installation war erfolgreich."
    Else
        WScript.Echo "Bei der Installation ist " & _
```

```
          "folgender Fehler aufgetreten: " & Error
    End If
Next

Set SoftInstallNode=Nothing
Set xmlDoc=Nothing
```

*Listing 15.4: /Skripte/Kapitel15/Install_Software_XML.vbs*

Das XML-Dokument, das von dem Skript zur Installation der Software auf den unter- **XML-Datei**
schiedlichen Rechnersystemen verwendet wird, hat einen sehr einfachen Aufbau. In den
Elementen mit Namen ‹SoftwareInstallation› sind die beiden Elemente ‹Computer› und
‹Software› definiert, die über das auf einem Rechnersystem zu installierende Softwareprodukt Auskunft geben.

```
<?xml version="1.0" encoding="UTF-8"?>
<Installation xmlns:xsi="http://www.w3.org/2001/XMLSchema-instance" xsi:
   noNamespaceSchemaLocation="SoftInstall.xsd">
   <SoftwareInstallation>
       <Computer>Webserver</Computer>
       <Software>C:\Temp\q320206_w2k_sp4_x86_de.exe</Software>
   </SoftwareInstallation>
   <SoftwareInstallation>
       <Computer>Server</Computer>
       <Software>C:\Temp\q320206_w2k_sp4_x86_de.exe</Software>
   </SoftwareInstallation>
   <SoftwareInstallation>
       <Computer>Server</Computer>
       <Software>C:\Temp\Q321599_W2K_SP4_X86_de.exe</Software>
   </SoftwareInstallation>
   <SoftwareInstallation>
       <Computer>Workstation</Computer>
       <Software>C:\Temp\q320206_w2k_sp4_x86_de.exe</Software>
   </SoftwareInstallation>
</Installation>
```

*Listing 15.5: /Skripte/Kapitel15/SoftInstall.xml*

# 15.4  Software deinstallieren

Neben der Installation von Software, die in den beiden vorangegangenen Kapiteln ausführ-
lich erläutert wurde, hat sehr häufig die Deinstallation einen ebenso hohen Stellenwert.

Diese Lösung setzt, wie auch die letzten beiden Skripte, das SWbemServices-Objekt ein, um **Lösung**
mit Hilfe von Anmeldeinformationen eine Verbindung zu einem entfernten Rechner aufzubauen. Durch die Methode ConnectServer() wird eine Verbindung zum Zielrechner geöffnet, die im Objekt objConnection gespeichert wird. Auf Basis dieser Verbindung kann dann
die WQL-basierte Abfrage zur Ermittlung des zu deinstallierenden Softwareprodukts ausgeführt werden.

Zur Deinstallation eines Softwareprodukts wird die Uninstall()-Methode des Win32_ Product-Objekts verwendet.

```
' Deinstall_Software.vbs
' Deinstalliert Software auf einem entfernten Rechner
' verwendet: WMI
' ================================

Dim objWMIService, colSoftware, objSoftware
Dim Computer, ProductName

User = "Administrator"
Password = "password"
Computer = "."
ProductName = "Windows 2000 - Verwaltungsprogramme"

Set objWbemLocator = CreateObject("WbemScripting.SWbemLocator")
Set objConnection = objwbemLocator.ConnectServer _
    (Computer, "root\cimv2", User, _
     Password)

Set colSoftware = objConnection.ExecQuery ("SELECT * FROM" & _
    Win32_Product WHERE Name = """ & ProductName & """")

For Each objSoftware in colSoftware
    objSoftware.Uninstall()
Next
```

*Listing 15.6: /Skripte/Kapitel15/Deinstall_Software.vbs*

# 15.5   Fragen und Aufgaben

1. Welches Objekt wird zum Zugriff auf Softwareprodukte eines Rechners verwendet?

2. Welche Methode wird verwendet, um mit einem anderen als dem aktuellen Benutzerkonto eine Verbindung zu einem entfernten Rechner über WMI aufzubauen?

3. Erweitern Sie das Skript zum Verteilen von Software auf mehreren Systemen so, dass auch Benutzername und Kennwort aus der XML-Datei gewonnen werden.

# 16 Scripting der Prozessverwaltung

Die Prozessverwaltung umfasst das Auflisten der auf einem System laufenden Prozesse, das Starten eines neuen Prozesses und das Beenden ausgewählter Prozesse.

Das Auflisten der Prozesse ist sinnvoll, um zu beobachten, welche Anwendungen auf einem System aktiv sind und wie viel Speicher sie verbrauchen.

Das Starten von Windows-Prozessen gehört zu den häufigen Aufgaben im Rahmen des Scripting, weil einige Aufgaben nicht oder nicht einfach per Skript gelöst werden können und man in diesen Fällen besser ein vorhandenes Kommandozeilenwerkzeug oder Windows-Programm startet.

Das Beenden von Windows-Prozessen per Skript wird oft eingesetzt, um zahlreiche Instanzen einer Anwendung auf einem oder mehreren Systemen auf einfache Weise beenden zu können.

Für die Prozessverwaltung sind nur teilweise Administratorrechte erforderlich. Über das `WScript.Shell`-Objekt können auch normale Benutzer Prozesse starten und beenden.

## 16.1 Prozesse auflisten

Zum Auflisten der laufenden Prozesse auf einem System verwendet man die WMI-Klasse `Win32_Process`.

Mit der Abfrage

```
Select * from Win32_Process
```

in der WMI Query Language (WQL) kann man eine Liste der laufenden Prozesse auf dem Computer erhalten. Dabei kann man sich auch mit dem WMI-Dienst eines entfernten Systems verbinden. Ein Blick in den WMI Object Browser (siehe Bildschirmabbildung) verrät, dass ein `Win32_Process`-Objekt zahlreiche sinnvolle Informationen über einen Prozess offenbart.

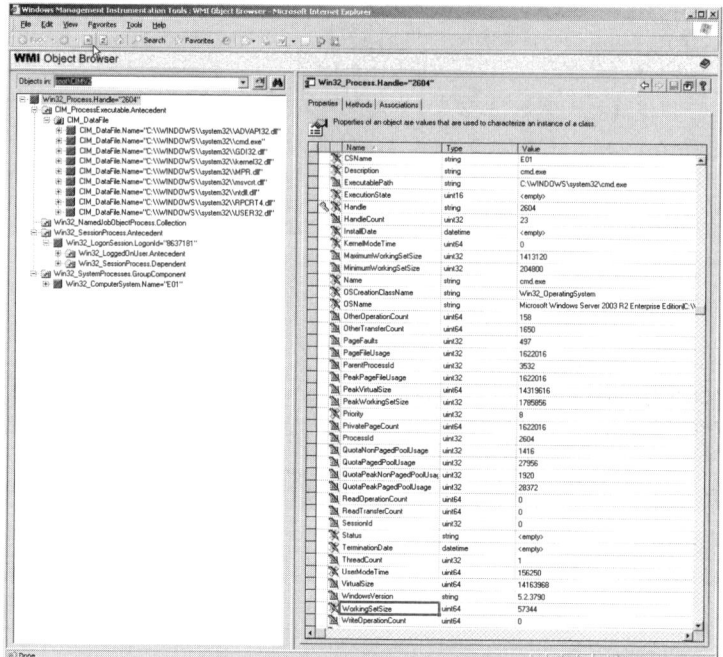

Das folgende Skript zeigt, wie man auf einfache Weise alle Prozesse auflisten kann. Die Auflistung erfolgt durch eine WQL-Abfrage, deren Ergebnis in einer `For Each`-Schleife durchlaufen wird. Durch die Konstante `COMPUTER` am Skriptanfang kann das Skript auch andere Systeme abfragen.

Durch eine Abänderung der WQL-Abfrage kann man die Liste auch auf Instanzen bestimmter Anwendungen beschränken, z.B. alle Instanzen des Internet Explorers:

```
Const WQL = "Select * from Win32_Process where name = 'iexplore.exe'"
```

```
' Prozessliste.vbs
' Prozesse auflisten
' verwendet: WMI
' ==============================
Option Explicit

' Parameter
Const COMPUTER = "E01"
Const WQL = "Select * from Win32_Process"
'Const WQL = "Select * from Win32_Process where name = 'iexplore.exe'"

' Variablen
Dim process, Menge

' --- WMI-Anfrage: Alle Prozesse
Set Menge = WMI_query(WQL,COMPUTER,"/root/cimv2")
```

```
If Err.number <> 0 Then ' Fehler?
MsgBox Err.Description,vbOKOnly + vbError, "Fehler bei der Abfrage"
HoleProzessListe = Err.Description
On Error Goto 0
WScript.Quit
End If

For Each process In Menge
WScript.Echo(process.name & ";" & process.handle & ";" &
process.workingsetsize)
Next

' ### Ausführen einer WQL-Abfrage
Function WMI_query(Query, COMPUTER, NAMESPACE)
Dim objServ ' As WbemScripting.SWbemServices
Dim Menge ' As WbemScripting.SWbemObjectSet
Set objServ = GetObject("WinMgmts:\\" & COMPUTER & NAMESPACE)
Set Menge = objServ.ExecQuery(Query)
Set WMI_query = Menge
End Function
```

*Listing 16.1: /Skripte/Kapitel16/Prozessliste.vbs*

# 16.2 Prozesse (entfernt) starten

Zum Starten von Prozessen gibt es drei Möglichkeiten:

▷ Methode `Run()` in der Klasse `WScript.Shell`

▷ Methode `Exec()` in der Klasse `WScript.Shell`

▷ Methode `Create()` in der WMI-Klasse `Win32_Process`

Da `Exec()` in allen Punkten `Run()` überlegen ist, wird hier auf die Darstellung von `Run()` ganz verzichtet. Eine Beschreibung von `Run()` finden Sie in [Sch07a].

Beim Starten eines neuen Prozesses ist der Umstand zu beachten, dass eine Interaktion mit dem lokal angemeldeten Benutzer lediglich dann erfolgt, wenn dieses Benutzerkonto auch zum Starten des Prozesses verwendet wird. Ansonsten wird der Prozess ohne Benutzerschnittstelle ausgeführt. Beim Fernstart einer Anwendung durch einen anderen Benutzer ist diese Voraussetzung nicht erfüllt. Die Anwendung läuft dann zwar, ist aber nicht sichtbar!

## 16.2.1 Prozesse starten mit WScript.Shell

In der Klasse `WScript.Shell` bietet die Methode `Exec()` im Gegensatz zu `Run()` die Möglichkeit, den Status des erzeugten Prozesses („läuft noch" oder „ist beendet") abzufragen. Außerdem kann der Entwickler auf die Standardein- und -ausgabe des Kindprozesses zugreifen. Der Vaterprozess darf in die Standardeingabe des Kindprozesses schreiben und die Standardeingabe des Kindprozesses lesen. Der Vaterprozess darf den Kindprozess auch vorzeitig beenden. `Exec()` liefert zu diesem Zweck ein Objekt vom Typ WSHExec zurück. Das WSHExec beinhaltet die Attribute `ProcessID`, `Status`, `StdErr`, `StdIn`, `StdOut` und `ExitCode` sowie die Methode `Terminate()`. Sowohl mit `Run()` als auch mit `Exec()` können nur lokale Programme gestartet werden. Um entfernte Programme zu starten, muss man WMI einsetzen.

Im folgenden Beispiel wird das Kommandozeilenprogramm *Ping.exe* aufgerufen. Die Ausgaben werden über das WSHExec-Objekt abgefangen und ausgewertet. Das Skript zählt die Anzahl der korrekten bzw. fehlerhaften Antworten. Zur Auswertung der Ergebnisse von *Ping.exe* können nur die Bildschirmausgaben herangezogen werden. Dabei ist darauf zu achten, ob man sich auf einem deutschen („Antwort von") oder englischen System („Reply from") befindet.

Die Auswertung der Ausgaben einer Kommandozeilenanwendung wird auch als „Screen Scraping" bezeichnet. Die gleiche Bezeichnung wird auch verwendet, wenn Computeranwendungen den Inhalt von HTML-basierten Webseiten analysieren. Die Gefahr beim Screen Scraping ist, dass die aufgerufene Anwendung bzw. Webseite das Ausgabeformat ändern und das Screen Scraping dann zu unerwarteten Ereignissen führen kann. Dieses Problem ergibt sich gerade in multinationalen Unternehmen, bei denen die Betriebssystemsprache nicht eindeutig ist. Wenn Sie dann auf die oben dokumentierte Weise die Ausgaben einer Kommandozeilenanwendung auslesen, muss man jede Sprachversion, die vorkommen kann, einzeln behandeln.

```vbs
' ProzessStarten_WScript.vbs
' Prozess starten: Ausführen eines Ping und zählen, wie viele Pings einen
Fehler lieferten!
' verwendet: WMI
' ================================

' Parameter
Const ZIELHOST = "www.windows-scripting.de"
Const ANTWORTTEXT = "Reply from" ' "Antwort von"
Const ZEITTEXT = "time" ' "Zeit"

' Variablen
Dim WSHShell
Dim WSHExec
Dim Counter
Dim CountOK
Dim CountFehler
Dim CountAnzahl

CountOK = 0
CountFehler = 0

Set WSHShell = WScript.CreateObject("WScript.Shell")

' -- Ping-Prozess starten...
```

```
Set WSHExec = WSHShell.Exec("ping " & ZIELHOST)

WScript.Echo "------- Ausgabe von Ping.exe:"
' -- Schleife über Ausgaben
While Not WSHExec.StdOut.AtEndOfStream
    ' --- Ausgabe des Kindprozesses einlesen
    Output= WSHExec.StdOut.Readline()
    ' --- Ausgabe auswerten
    If InStr(Output,ANTWORTTEXT) > 0 Then ' nur Antworten zählen!
    If InStr(Output,ZEITTEXT) = 0 Then
    CountFehler = CountFehler +1
     Else
    CountOK = CountOK +1
     End If
     End If
     ' --- Ausgabe weiterreichen
    WScript.Echo Output
Wend

CountAnzahl = CountOK + CountFehler

WScript.Echo "------- Auswertung:"
WScript.Echo CountFehler & " von " & CountAnzahl & _
 " Pings waren fehlerhaft!"
```

*Listing 16.2: /Skripte/Kapitel16/ProzessStarten_WScript.vbs*

## 16.2.2  Prozesse starten mit Win32_Process

Ein Prozess kann in WMI durch die Create()-Methode der Klasse Win32_Process gestartet werden. Als ersten Parameter erwartet die Methode Create() eine Zeichenkette, die das auszuführende Programm auf dem Zielrechner beschreibt. Zwei weitere Parameter geben das Startverzeichnis und Startinformationen an; beide Angaben sind nicht zwingend vorgeschrieben und können auf „Nothing" gesetzt werden. Der vierte Parameter ist ein Referenzparameter und liefert beim Erfolg der Create()-Methode die Prozess-ID des neu erzeugten Prozesses. Der Erfolg der Methode kann durch einen Rückgabewert in Form einer Ganzzahl beurteilt werden. Sollte dieser Wert von 0 verschieden sein, so deutet das stets darauf hin, dass bei der Ausführung der Methode ein Fehler aufgetreten ist.

Der Umfang dieses Buches bietet leider nicht ausreichend Platz, um alle WMI-Fehlercodes aufzuführen. Sie können die verschiedenen Fehlercodes im WMI Object Browser nachschlagen, eine beliebige Instanz der Klasse Win32_Process heraussuchen (schwarzes Fernglas-Symbol) und dann die Hilfe aufrufen (gelbes ?-Symbol).

*Bild 16.2:*
*Ausführliche*
*Hilfetexte mit*
*Fehlercodes im*
*WMI Object*
*Browser*

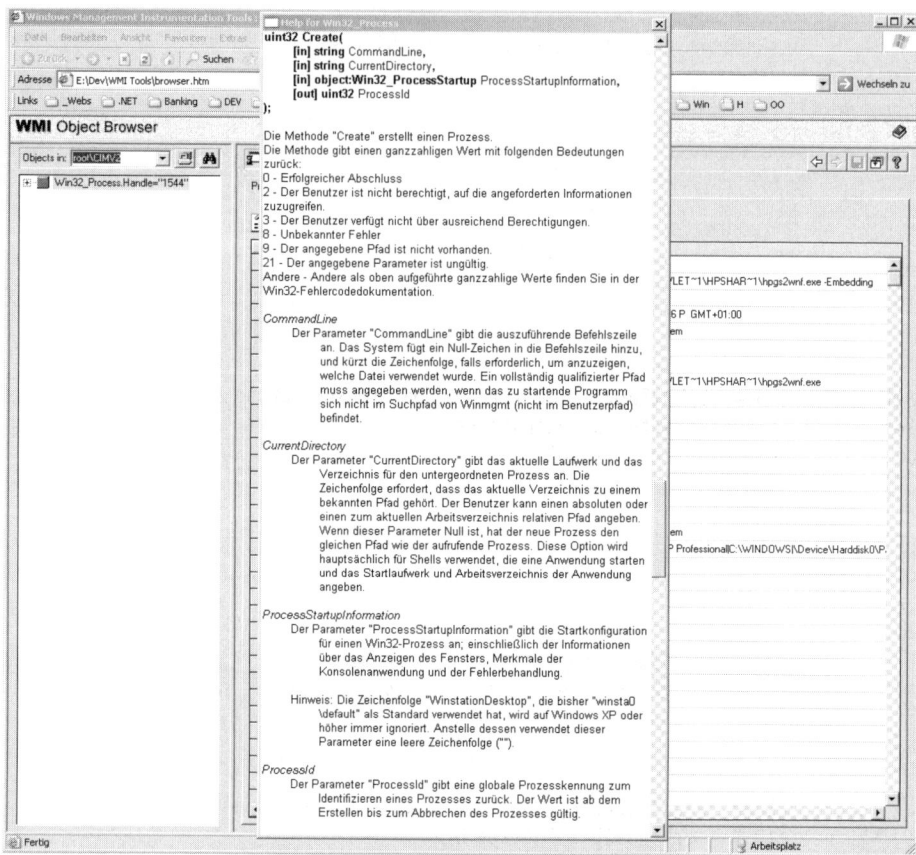

*Bild 16.2:*
*Ausführliche*
*Hilfetexte mit*
*Fehlercodes im*
*WMI Object*
*Browser*

Der Vorteil gegenüber der Lösung mit der WSH Runtime Library besteht darin, dass die Klasse `Win32_Process` auf einem entfernten Computer instanziiert werden kann, dass also ein Prozess auch auf einem anderen Computer gestartet werden kann. Der Computername (oder die IP-Adresse) ist im WMI-Pfad bei `GetObject()` anzugeben. Ein Punkt (".") steht für den lokalen Computer. Außerdem kann man durch ein zusätzliches Objekt vom `Win32_ProcessStartup`, welches man bei `Create()` als dritten Parameter angibt, bestimmen, wie das Prozessfenster aussehen soll.

Der Nachteil der WMI-Lösung gegenüber dem Einsatz der Klasse `WScript.Shell` liegt darin, dass diese Lösung dem Administrator vorbehalten ist. `Exec()` in der Klasse `WScript.Shell` kann auch ein normaler Benutzer verwenden.

```
' Prozessstart_WMI.vbs
' Prozess mit WMI starten
' Autor: hs@IT-Visions.de
' verwendet: WMI
' ==============================
Option Explicit

' Parameter
```

```
Const Computer = "E01"
Const ProcessName = "explorer.exe http://www.Windows-scripting.de"

' Variablen
Dim objWMIService, colProcessList, objProcess
Dim Error, ProcessID, objStartup, objConfig, strComputer, strCommand

' WMI-Objekt erzeugen
Set objWMIService = GetObject("WinMgmts:" &_
    "{impersonationLevel=impersonate}!\\" &_
    Computer & "\root\cimv2")

' Prozessstart konfigurieren
Set objStartup = objWMIService.Get("Win32_ProcessStartup")
Set objConfig = objStartup.SpawnInstance_
objConfig.ShowWindow = 0 'SW_NORMAL
objConfig.X = 0
objConfig.Y = 0
objConfig.XSize = 200
objConfig.YSize = 200

' Prozess starten
Set objProcess = objWMIService.Get("Win32_Process")
Error = objProcess.Create(ProcessName, Nothing, objConfig, ProcessID)

' Ergebnis auswerten
If Error = 0 Then
    WScript.Echo "Die Anwendung " & ProcessName & " wurde mit einer " &_
    "ProzessID " & ProcessID & " gestartet."
Else
    WScript.Echo "Die Anwendung " & ProcessName & " konnte aufgrund " &_
    " eines Fehlers nicht gestartet werden. Fehlercode: " & Error & "."
End If
```

*Listing 16.3: /Skripte/Kapitel16/Prozessstart_WMI.vbs*

# 16.3   Prozesse (entfernt) beenden

Das Beenden von Prozessen stellt das skriptbasierte Gegenstück zu der im vorherigen Kapitel besprochenen Methode zum Starten von Prozessen dar. Es ist nicht nur möglich, selbst erzeugte Prozesse zu beenden; es ist auch denkbar, dass jeder beliebige Prozess beendet werden kann.

Allerdings ist darauf zu achten, dass sich unter den Einträgen mit Prozess-ID, wie sie im Windows-Taskmanager zu sehen sind, auch Dienste befinden, die nicht wie ein Prozess terminiert werden können bzw. deren Beendigung zum Herunterfahren des Systems führt.

Zum Beenden von Prozessen gibt es zwei Möglichkeiten:

▷ `Terminate()` in `WScript.Shell`

▷ `Terminate()` in `Win32_Process`

Der Unterschied ist der gleiche wie beim Prozessanlegen: `WScript.Shell` kann nur auf dem lokalen System angewendet werden, steht aber auch normalen Benutzern zur Verfügung. `Win32_Process` ermöglicht auch den Fernzugriff, ist jedoch Administratoren vorbehalten.

## 16.3.1 Prozesse beenden mit WScript.Shell

Das folgende Beispiel ist eine Modifikation des Beispiels zu *Ping.exe* aus dem Unterkapitel „Prozesse starten". Das Skript enthält eine Unterroutine `Ping()`, die mit Hilfe eines Aufrufs von *Ping.exe* prüft, ob ein Host durch genau zehn Pings mindestens einmal erreicht werden kann. Sofern der Host erreicht wird, wird *Ping.exe* sofort beendet. Dabei kommt die Methode `Terminate()` der Klasse `WSHExec` zum Einsatz. *Ping.exe* führt im Standard nur vier Pings aus. Mit der Option "-t" werden die Pings endlos ausgeführt. Ohne den Einsatz von `Terminate()` würde das Skript erst enden, wenn die Timeout-Zeit des WSH erreicht ist.

Das Attribut `Status` in dem Rückgabeobjekt vom Type `WSHExec` zeigt an, ob der Kindprozess noch läuft. 0 bedeutet, der Prozess läuft. 1 bedeutet, der Prozess ist beendet.

```
' ProzessStarten_WScript_mitTerminate.vbs
' Prozess starten: Prüfen, ob ein Rechner erreichbar ist
' Autor: hs@IT-Visions.de
' verwendet: WMI
' ================================

' Parameter
Const ZIELHOST = "www.windows-scripting.de"
Const ANTWORTTEXT = "Reply from" ' "Antwort von"
Const ZEITTEXT = "time" ' "Zeit"


' Variablen
Dim ergebnis

ergebnis = ping(ZIELHOST)

If ergebnis Then
    WScript.echo "Zielhost " & ZIELHOST & " gefunden!"
Else
    WScript.echo "Zielhost " & ZIELHOST & " nicht erreichbar!"
End If

' ### Liefert True/False, ob Host mindestens 1x erreicht werden kann!
Function ping(host)
Dim WSHShell
Dim WSHExec
Dim Fehler
Dim Count
```

```
Dim Output

ping = False
Count = 0

Set WSHShell = WScript.CreateObject("WScript.Shell")

' -- Ping-Prozess starten...
Set WSHExec = WSHShell.Exec("ping " & host)

' -- Schleife über Ausgaben
Do While Not WSHExec.StdOut.AtEndOfStream
    ' --- Ausgabe des Kindprozesses einlesen (Screen Scraping)
    Output= WSHExec.StdOut.Readline()
    ' Antwort?
    If InStr(Output,ANTWORTTEXT) >= 0 Then
        ' nur Antworten auswerten
        Count = Count + 1
         ' gefunden?
        If InStr(Output,ZEITTEXT) > 0 Then
          ping = True
        End If
    End If

    ' Abbruch?
    If Count = 10 Or ping = True Then
        WSHExec.Terminate ' sofort beenden
        Exit Do
    End If

Loop
End Function
```

*Listing 16.4: /Skripte/Kapitel16/ProzessStarten_WScript_mitTerminate.vbs*

## 16.3.2   Prozesse beenden mit Win32_Process

In diesem Skript wird durch die Formulierung einer WQL-Anfrage, die auf dem Zielrechner ausgeführt wird, eine Auflistung aller Prozesse mit dem in der Variablen ProcessName spezifizierten Namen erzeugt. Die Auflistung wird durch eine For Each-Schleife durchlaufen und mit Hilfe der Terminate()-Methode des Win32_Process-Objekts beendet.

Ein Rückgabewert ungleich 0 gibt an, dass die Methode Terminate() nicht erfolgreich war.   **Rückgabewert**

In dem folgenden Beispiel werden alle Instanzen des Internet Explorers auf einem Computer beendet.

```
' Prozesse_Beenden_WMI.vbs
' Prozess mit WMI beenden
' Autor: hs@IT-Visions.de
' verwendet: WMI
' ===============================
Option Explicit

' Parameter
Const Computer = "E01"
Const ProcessName = "iexplore.exe"

' Variablen
Dim objWMIService, colProcessList, objProcess
Dim Error

' WMI-Objekt
Set objWMIService = GetObject("WinMgmts:" & _
    "{impersonationLevel=impersonate}!\\" & _
    Computer & "\root\cimv2")

' WQL-Suchabfrage
Set colProcessList = objWMIService.ExecQuery _
    ("SELECT * FROM Win32_Process WHERE Name = """ &_
    ProcessName & """")

' Schleife über alle Instanzen dieser Anwendung
For Each objProcess In colProcessList
    WScript.Echo "Die Anwendung " & ProcessName & " mit einer " & _
    "ProzessID " & objProcess.ProcessId & " wird beendet."
    Error = objProcess.Terminate()
    If Error = 0 Then
        WScript.Echo "Die Anwendung wurde erfolgreich beendet."
    Else
        WScript.Echo "Beim Beenden der Anwendung ist der Fehler " & _
        Error & " aufgetreten."
    End If
    WScript.Echo ""
Next
```

*Listing 16.5: /Skripte/Kapitel16/Prozesse_Beenden_WMI.vbs*

# 16.4 Fragen und Aufgaben

1. Wann bekommt ein Benutzer eine Anwendung zu sehen, die von einem anderen System ferngestartet wurde?

2. Was ist der Unterschied zwischen dem Einsatz der WMI-Klasse `Win32_Process` und der Klasse `WScript.Shell` zur Prozessverwaltung?

# 17 Scripting der Gruppenrichtlinien

In Großunternehmen kann sich durch eine Vielzahl unterschiedlicher Gruppenrichtlinien der Bedarf ergeben, die Zuweisung der Gruppenrichtlinien zu automatisieren oder per Skript zu dokumentieren. Häufig sind auch Szenarien anzutreffen, in denen Gruppenrichtlinien zeitbedingt oder fallweise geändert werden sollen. Die als Erweiterung ab Windows XP erhältliche GPMC-Komponente (vgl. Kapitel 5.5) unterstützt die Erstellung entsprechender Skripte.

Die nachfolgenden Skripte laufen nur ab Windows XP, da Microsoft für die GPMC-Komponente keine Installation auf älteren Windows-Versionen anbietet. Ein Windows 2000 Server-basiertes Active Directory kann aber durch diese Skripte fernverwaltet werden.

## 17.1 Informationen über ein einzelnes Gruppenrichtlinienobjekt

Das erste Skript in diesem Kapitel liefert Basisinformationen zu einem einzelnen Gruppenrichtlinienobjekt (GPO). Das Skript instanziiert zunächst das Wurzelobjekt mit `Create-Object("GPMgmt.GPM")`. Von dort kann mit `GetDomain()` eine einzelne Domäne angesprochen werden, die durch eine Instanz der Klasse `GPMDomain` repräsentiert wird.

### Suche nach einem GPO

Einzelne GPOs können nur über ihre GUIDs angesprochen werden, mit Hilfe der Methode `GetGPO()` in einem `GPMDomain`-Objekt. Wenn man eine Gruppenrichtlinie über ihren Namen ansprechen will, muss man leider eine Suche starten. Dazu erzeugt die in dem folgenden Listing-Fragment dokumentierte Hilfsroutine `GetGPOByName()` ein `GPMSearchCriteria`-Objekt. Die Definition der Bedingung ist leider gewöhnungsbedürftig, weil keine Zeichenkette der Form „DisplayName = xy" übergeben werden darf, sondern sowohl das zu durchsuchende Attribut (`gpm.GetConstants().SearchPropertyGPODisplayName`) als auch das Gleichheitszeichen (`gpm.GetConstants().SearchOpEquals`) durch eine Konstante zu spezifizieren sind.

**GetGPOBy-Name()**

```
' === Suche ein GPO anhand seines Namens
Function GetGPOByName(Name)
Dim objGPMSearchCriteria
Dim Liste
' Suchkriterium erzeugen
Set objGPMSearchCriteria = gpm.CreateSearchCriteria()
' Suche nach allen verlinkten SOMs
objGPMSearchCriteria.Add gpm.GetConstants().SearchPropertyGPODisplayName, _
  gpm.GetConstants().SearchOpEquals, Name
' Suche ausführen
Set Liste = objDOMAIN.SearchGPOs(objGPMSearchCriteria)
Set GetGPOByName = Liste.item(1)
End Function
```

### Informationen über ein GPO

**GPOInfo()**  Die Basisdaten eines GPO ermittelt die Hilfsroutine `GPOInfo()`. Jedes GPMGPO-Objekt besitzt die Eigenschaften `Name`, `ID` (ein GUID), `Path` (ein LDAP-Pfad), `IsUserEnabled` und `IsComputerEnabled` (zwei Ja-Nein-Attribute) sowie Datumsangaben wie `CreationTime` und `ModificationTime`.

```
' === Ausgabe von Informationen zu einem GPO
Sub GPOInfo(GPO)
WScript.echo "-----------------------------------"
WScript.Echo "Name:" & GPO.DisplayName
WScript.Echo "ID:" & GPO.ID
WScript.Echo "Path:" & GPO.Path
WScript.Echo "ID:" & GPO.ID
WScript.Echo "Einstellungen für Benutzer:" & GPO.IsUserEnabled
WScript.Echo "Einstellungen für Computer:" & GPO.IsComputerEnabled
WScript.Echo "Erstellungsdatum:"& GPO.CreationTime
WScript.Echo "Letztes Änderungsdatum:" & GPO.ModificationTime
GPOLinks(GPO)
End Sub
```

### Verknüpfungen auflisten

**GPOLinks()**  Die Ausgabe der verknüpften Container ist in eine OU gekapselt. `GPOLinks()` in dem unten stehenden Skript liefert für ein übergebenes GPO die Liste der SOMs, mit denen das GPO verknüpft ist. Dazu muss zunächst ein Suchkriterium (eine Instanz des Typs `GPMSearchCriteria`) definiert werden. In diesem Fall werden alle GPOs gesucht, die das übergebene GPO als Verknüpfungen zu einem SOM besitzen.

```
Set objGPMSearchCriteria = GPM.CreateSearchCriteria()
objGPMSearchCriteria.Add Constants.SearchPropertySOMLinks, _
  Constants.SearchOpContains, GPMGPO
set SOMList = GPMDomain.SearchSOMs(objGPMSearchCriteria)
```

Danach kann die Suche ausgeführt und eine Liste der Suchergebnisse ausgegeben werden. Zu einem SOM besonders interessant sind der LDAP-Pfad (`path`) und der SOM-Typ (`Type`).

## Das komplette Skript

Das folgende Listing zeigt das komplette Skript.

```
' GPMC_ZugriffAufEinzelnesGPO.VBS
' Auflisten aller GPOs und ihrer Verknüpfungen in einer Domain
' verwendet: GPMC Objects
' ==========================================================

Option Explicit

Dim gpm
Dim objDOMAIN
Dim GPO

' Parameter setzen
Const DOMAIN = "IT-Visions.net"
Const GPOGUID = "{6AC1786C-016F-11D2-945F-00C04fB984F9}"
' Default Domain Controllers Policy
Const GPOName = "Default Domain Controllers Policy"

WScript.Echo "Zugriff auf Domain " & DOMAIN

' Zugriff auf das Wurzelobjekt
Set gpm = CreateObject("GPMgmt.GPM")

' Zugriff auf Domäne
Set objDOMAIN = gpm.GetDomain(DOMAIN, "", gpm.GetConstants().UseAnyDC)

' Zugriff auf GPO über GUID
Set GPO = objDOMAIN.GetGPO(GPOGUID)
GPOInfo(GPO)

' Zugriff auf GPO über Name
Set GPO = GetGPOByName(GPOName)
GPOInfo(GPO)

' === Suche ein GPO anhand seines Namens
Function GetGPOByName(Name)
Dim objGPMSearchCriteria
Dim Liste
' Suchkriterium erzeugen
Set objGPMSearchCriteria = gpm.CreateSearchCriteria()
' Suche nach allen verlinkten SOMs
objGPMSearchCriteria.Add gpm.GetConstants().SearchPropertyGPODisplayName, _
  gpm.GetConstants().SearchOpEquals, Name
' Suche ausführen
Set Liste = objDOMAIN.SearchGPOs(objGPMSearchCriteria)
Set GetGPOByName = Liste.item(1)
End Function
```

```
' === Ausgabe von Informationen zu einem GPO
Sub GPOInfo(GPO)
WScript.echo "-----------------------------------"
WScript.Echo "Name:" & GPO.DisplayName
WScript.Echo "ID:" & GPO.ID
WScript.Echo "Path:" & GPO.Path
WScript.Echo "ID:" & GPO.ID
WScript.Echo "Einstellungen für Benutzer:" & GPO.IsUserEnabled
WScript.Echo "Einstellungen für Computer:" & GPO.IsUserEnabled
WScript.Echo "Erstellungsdatum:"& GPO.CreationTime
WScript.Echo "Letztes Änderungsdatum:" & GPO.ModificationTime
GPOLinks(GPO)
End Sub


' === Ausgabe aller SOMs für ein GPO
Sub GPOLinks(GPO)
Dim objGPMSearchCriteria
Dim SOMList
Dim SOM
Dim strSOMType
WScript.Echo "Diese Gruppenrichtlinie wird benutzt in:"
' Suchkriterium erzeugen
Set objGPMSearchCriteria = gpm.CreateSearchCriteria()

' Suche nach allen verlinkten SOMs
objGPMSearchCriteria.Add gpm.GetConstants().SearchPropertySOMLinks, _
  gpm.GetConstants().SearchOpContains, GPO
' Suche starten
Set SOMList = objDOMAIN.SearchSOMs(objGPMSearchCriteria)

If SOMList.Count = 0 Then
  WScript.Echo "keine"
Else

' Schleife für alle SOM-Objekte in den Suchergebnissen
  For Each SOM In SOMList
    Select Case SOM.Type
      Case gpm.GetConstants().SOMSite
        strSOMType = "Site"
      Case gpm.GetConstants().SOMDomain
        strSOMType = "Domain"
      Case gpm.GetConstants().SOMOU
        strSOMType = "OU"
    End Select
    WScript.Echo "- " & SOM.Path & " (" & strSOMType & ") "
  Next
End If
End Sub
```

*Listing 17.1: /Skripte/Kapitel17/GPMC_ZugriffAufEinzelnesGPO.VBS*

# 17.2 Alle Gruppenrichtlinien und ihre Verknüpfungen auflisten

Das zweite Skript in diesem Kapitel listet alle Gruppenrichtlinienobjekte (GP-Objekte oder GPOs) in einer Active Directory-Domäne auf. Außerdem zeigt das Skript an, mit welchen Containern im Active Directory die jeweilige Richtlinie verbunden („verknüpft" oder „verlinkt") ist.

Das Skript instanziiert zunächst das Wurzelobjekt mit `CreateObject("GPMgmt.GPM")`. Von dort kann mit `GetDomain()` eine einzelne Domäne angesprochen werden. Innerhalb der Domäne kann durch die Methode `SearchGPOs()` eine Liste der GPOs gewonnen werden. Bei `SearchGPOs()` bedeutet die Übergabe von `nothing` als Parameter, dass keine Einschränkung bei der Suche erfolgen soll und alle GPOs zurückgegeben werden sollen.

**Search-GPOs()**

Ergebnis von `SearchGPOs()` ist eine `GPMGPOCollection` mit einzelnen `GPMGPO`-Objekten, die Eigenschaften wie `Name`, `ID` (ein GUID), `Path` (ein LDAP-Pfad), `IsUserEnabled` und `IsComputerEnabled` (zwei Ja-Nein-Attribute) sowie Datumsangaben wie `CreationTime` und `ModificationTime` besitzen.

```
' GPMC_GPOListe.VBS
' Auflisten aller GPOs und ihrer Verknüpfungen in einer Domain
' verwendet: GPMC Objects
' ============================================================


Option Explicit

Dim GPM
Dim Constants
Dim GPMDomain
Dim GPOList
Dim GPMSearchCriteria
Dim GPO

' Zu untersuchende AD-Domain
Const DOMAIN = "IT-Visions.net"

WScript.Echo "Zugriff auf Domain " & DOMAIN

' Zugriff auf das Wurzelobjekt
Set GPM = CreateObject("GPMgmt.GPM")

' Zugriff auf Konstanten
Set Constants = GPM.GetConstants()

' Zugriff auf Domain
Set GPMDomain = GPM.GetDomain(DOMAIN,"", Constants.UseAnyDC)

' Liste aller GPOs (GPMGPOCollection) holen
Set GPOList = GPMDomain.SearchGPOs(Nothing)

WScript.Echo "Anzahl GPO-Objekte: " & GPOList.Count
```

```
' Schleife für die GPOs
For Each GPO In GPOList
  WScript.echo "-------------------------------------"
  WScript.Echo "Name:" & GPO.DisplayName
  WScript.Echo "ID:" & GPO.ID
  WScript.Echo "Path:" & GPO.Path
  WScript.Echo "ID:" & GPO.ID
  WScript.Echo "Einstellungen für Benutzer:" & GPO.IsUserEnabled
  WScript.Echo "Einstellungen für Computer:" & GPO.IsUserEnabled
  WScript.Echo "Erstellungsdatum:"& GPO.CreationTime
  WScript.Echo "Letztes Änderungsdatum:" & GPO.ModificationTime
  GPOLinks(GPO)
Next
' === Ausgabe aller SOMs für ein GPO
Function GPOLinks(GPMGPO)
  Dim objGPMSearchCriteria
  Dim SOMList
  Dim SOM
  Dim strSOMType

  WScript.Echo "Links:"

' Suchkriterium erzeugen
Set objGPMSearchCriteria = GPM.CreateSearchCriteria()
' Suche nach allen verlinkten SOMs
objGPMSearchCriteria.Add Constants.SearchPropertySOMLinks, _
  Constants.SearchOpContains, GPMGPO
' Suche starten
Set SOMList = GPMDomain.SearchSOMs(objGPMSearchCriteria)

If SOMList.Count = 0 Then
  WScript.Echo "keine"
Else

' Schleife für alle SOM-Objekte in den Suchergebnissen
  For Each SOM In SOMList
    Select Case SOM.Type
      Case Constants.SOMSite
        strSOMType = "Site"
      Case Constants.SOMDomain
        strSOMType = "Domain"
      Case Constants.SOMOU
        strSOMType = "OU"
    End Select
    WScript.Echo "- " & SOM.Path & " (" & strSOMType & ") "
  Next
End If
End Function
```

*Listing 17.2: /Skripte/Kapitel17/GPMC_GPOListe.VBS*

Das Skript liefert die nachfolgende Ausgabe für den Fall, dass neben den Standardricht-linien „Default Domain Policy" und „Default Domain Controllers Policy" drei weitere Gruppenrichtlinien definiert wurden. Von den neuen Gruppenrichtlinien besitzt ein GPO vier Links und die anderen beiden zwei Links.

**Ausgabe**

*Bild 17.1: Ausgabe des Skripts GPMC_GPO-Liste.vbs*

# 17.3 Eine Gruppenrichtlinie für einen Container auflisten

Sie können zur Auflistung der aktuellen Gruppenrichtlinien auch die Sichtweise eines einzelnen Active Directory-Containers wählen und sich per Skript alle Gruppenrichtlinienobjekte auflisten lassen, die einer Domain, einer Site oder einer OU zugeordnet sind.

**GPMGPO-LinkCollection**

Das folgende Skript bezieht zunächst ein `GPOSOM`-Objekt über den in der Konstante `CONTAINER` festgelegten LDAP-Pfad. Durch `GetGPOLinks()` erhält man von dort eine `GPMGPOLinksCollection` mit einzelnen `GPMGPOLink`-Objekten, die jeweils eine Verknüpfung des Containers mit einer Gruppenrichtlinie repräsentieren. Ein `GPMGPOLink`-Objekt enthält die Attribute `GPMDomain` und `GPOID` zur Bezeichnung der verknüpften Gruppenrichtlinie. `GPMDomain` enthält den voll qualifizierten Domänennamen als Zeichenkette, `GPOID` den `GUID` des Gruppenrichtlinienobjekts. Diese Informationen reichen jedoch aus, um das zugehörige `GPMGPO`-Objekt durch `GetDomain()` und `GetGPO()`zu ermitteln.

> Wenn Sie `GetSOM()` eine leere Zeichenkette übergeben, indem Sie die Konstante `CONTAINER` auf "" setzen, dann erhalten Sie das SOM-Objekt für die ganze Domäne.

Neben den Ausgaben des vorherigen Skripts zeigt dieses Skript als erste Information zu jeder Gruppenrichtlinie auch die relative Position des GPO innerhalb des SOM an. Diese kann über das Attribut `SOMLinkOrder` in einem `GPMGPOLink`-Objekt ermittelt werden.

```
' GPMC_GPOListe.VBS
' Auflisten aller GPOs zu einem AD-Container
' verwendet: GPMC Objects
' ===========================================================

Option Explicit

Dim GPM
Dim GPMDomain
Dim GPO
Dim Links, Link
Dim objContainer

' Zu untersuchende AD-Domain
Const DOMAIN = "IT-Visions.net"
Const CONTAINER = "OU=Softwareentwicklung,DC=IT-Visions,DC=net"

WScript.Echo "Zugriff auf Domain: " & DOMAIN

' Zugriff auf das Wurzelobjekt
Set GPM = CreateObject("GPMgmt.GPM")

' Zugriff auf Domain
Set GPMDomain = GPM.GetDomain(DOMAIN,"", GPM.GetConstants().UseAnyDC)
```

```
' Zugriff auf den Container
Set objContainer = GPMDomain.GetSOM(CONTAINER)

WScript.Echo "Zugriff auf Container: " & objContainer.Path

' Zugriff auf GPOLinks
Set Links = objContainer.GetGPOLinks()

WScript.Echo "Anzahl GPO-Objekte: " & Links.Count

' Schleife über alle Links in dem Container
For Each Link In Links
Set GPO = GPMDomain.GetGPO(Link.GPOID)
WScript.echo "------------------------------------"
WScript.Echo "GPO-Position: " & Link.SOMLinkOrder
WScript.Echo "Name:" & GPO.DisplayName
WScript.Echo "ID:" & GPO.ID
WScript.Echo "Path:" & GPO.Path
WScript.Echo "ID:" & GPO.ID
WScript.Echo "Einstellungen für Benutzer:" & GPO.IsUserEnabled
WScript.Echo "Einstellungen für Computer:" & GPO.IsUserEnabled
WScript.Echo "Erstellungsdatum:"& GPO.CreationTime
WScript.Echo "Letztes Änderungsdatum:" & GPO.ModificationTime
GPOLinks(GPO)
Next


' === Ausgabe aller SOMs für ein GPO
Function GPOLinks(GPMGPO)

Dim objGPMSearchCriteria
Dim SOMList
Dim SOM
Dim strSOMType

WScript.Echo "Dieses GPO ist verknüpft mit:"

' Suchkriterium erzeugen
Set objGPMSearchCriteria = GPM.CreateSearchCriteria()
' Suche nach allen verlinkten SOMs
objGPMSearchCriteria.Add GPM.GetConstants().SearchPropertySOMLinks, _
  GPM.GetConstants().SearchOpContains, GPMGPO
' Suche starten
Set SOMList = GPMDomain.SearchSOMs(objGPMSearchCriteria)

If SOMList.Count = 0 Then
  WScript.Echo "keine"

Else
```

```
' Schleife für alle SOM-Objekte in den Suchergebnissen
  For Each SOM In SOMList
    Select Case SOM.Type
      Case GPM.GetConstants().SOMSite
        strSOMType = "Site"
      Case GPM.GetConstants().SOMDomain
        strSOMType = "Domain"
      Case GPM.GetConstants().SOMOU
        strSOMType = "OU"
    End Select
    WScript.Echo "- " & SOM.Path & " (" & strSOMType & ") "
  Next
End If
End Function
```

*Listing 17.3: /Skripte/Kapitel17/GPMC_GPOListe.VBS*

Da die Ausgabe dieses Skripts sich nicht wesentlich von der Ausgabe des vorherigen unterscheidet, sei hier auf die platzraubende Bildschirmabbildung verzichtet.

# 17.4 Eine Gruppenrichtlinie mit einem AD-Container verknüpfen

**Create-GPOLink()** Um eine neue Verknüpfung einer Gruppenrichtlinie zu einem AD-Container herzustellen, brauchen Sie im Vergleich zu den beiden vorherigen Skripten nur einen neuen Befehl: CreateGPOLink(-1, GPO).

Dabei ist es wichtig, die Parameter zu verstehen: Der erste Parameter gibt an, an welcher Position das neue Objekt in die Liste der Gruppenrichtlinienobjekte eingefügt werden soll. Die Positionszählung beginnt bei 1. Eine -1 bedeutet, dass das neue Objekt am Ende angefügt werden soll. Der zweite Parameter ist die einzufügende Gruppenrichtlinie.

> Viele andere Objektmengen beim Windows Scripting beginnen die Zählung bei 0. Die GPMC-Komponente bildet hier eine Ausnahme!

Das folgende Skript hängt das GPO mit dem GUID {152B91EC-72A3-4FD0-B988-046DCA578D17} an die Organisationseinheit "OU=Softwareentwicklung,DC=IT-Visions, DC=net" an.

```
' GPMC_LinkGPO.vbs
' Verknüpfen eines GPO mit einem AD-Container
' verwendet: GPMC Objects
' ============================================================
Option Explicit

Dim gpm
Dim gpmDomain
Dim GPO
```

```
Dim Links, Link
Dim objContainer

' Zu untersuchende AD-Domain
Const DOMAIN = "IT-Visions.net"
Const CONTAINER = "OU=Softwareentwicklung,DC=IT-Visions,DC=net"
Const GPOGUID = "" ' oder z.B. {152B91EC-72A3-4FD0-B988-046DCA578D17}"
Const GPONAME = "RichtlinieFuerSoftwareentwickler"

WScript.Echo "Zugriff auf Domain: " & DOMAIN

' Zugriff auf das Wurzelobjekt
Set gpm = CreateObject("GPMgmt.GPM")

' Zugriff auf Domain
Set gpmDomain = gpm.GetDomain(DOMAIN,"", gpm.GetConstants().UseAnyDC)

' Zugriff auf den Container
Set objContainer = gpmDomain.GetSOM(CONTAINER)

' Zugriff auf das GPO
If GPOGUID <> "" Then
  Set GPO = gpmDomain.GetGPO (GPOGUID)
Else
  Set GPO = GetGPOByName(GPONAME)
End If

' Verknüpfung herstellen
Set Link = objContainer.CreateGPOLink(-1, GPO)
WScript.echo "Die GPO " & GPO.DisplayName & " wurde dem Container " & _
  objContainer.Path & " zugewiesen!"

' === Suche ein GPO anhand seines Namens
Function GetGPOByName(Name)
Dim objGPMSearchCriteria
Dim Liste
' Suchkriterium erzeugen
Set objGPMSearchCriteria = gpm.CreateSearchCriteria()

' Suche nach allen verlinkten SOMs
objGPMSearchCriteria.Add gpm.GetConstants().SearchPropertyGPODisplayName, _
  gpm.GetConstants().SearchOpEquals, Name
' Suche ausführen
Set Liste = gpmDomain.SearchGPOs(objGPMSearchCriteria)
Set GetGPOByName = Liste.item(1)
End Function
```

*Listing 17.4: /Skripte/Kapitel17/GPMC_LinkGPO.vbs*

**Ausgabe** Die folgende Abbildung zeigt die Ausgabe des Skripts nach zweimaligem (!) Starten. Die erste Ausführung ist erfolgreich. Durch die zweite Ausführung wird versucht, eine bereits vorhandene Verknüpfung erneut zu setzen. Dies führt zu der Fehlermeldung „Cannot create a file when that file already exists.". Diese Fehlermeldung erklärt sich dadurch, dass jedes Gruppenrichtlinienobjekt und jede Gruppenrichtlinienverknüpfung intern durch eine Datei im */SYSVOL*-Verzeichnis repräsentiert werden.

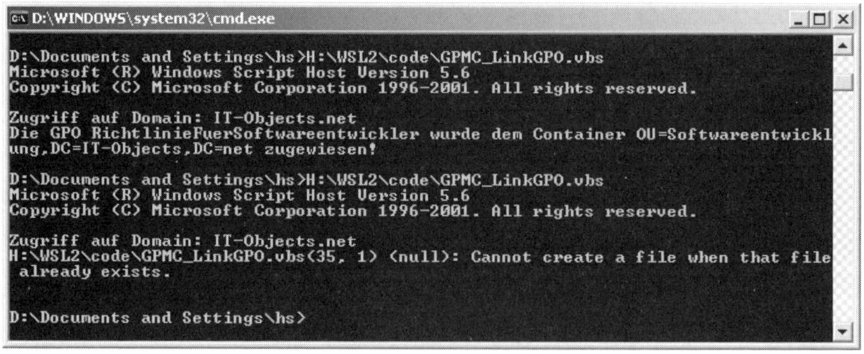

*Bild 17.2:*
*Ausgabe des*
*Skripts*
*GPMC_LinkG*
*PO.vbs*

## 17.5 Eine Gruppenrichtlinienverknüpfung löschen

Gruppenrichtlinien muss man auch wieder von einem Container lösen können. Das folgende Skript entfernt ein durch einen GUID oder einen Namen bezeichnetes Gruppenrichtlinienobjekt aus der Verknüpfungsliste eines Containers. Das Gruppenrichtlinienobjekt selbst bleibt dabei im System auf jeden Fall erhalten, auch wenn es mit keinem anderen Container mehr verknüpft ist.

**Delete()** Eine Verknüpfung wird gelöscht durch den Aufruf der Methode Delete() in dem entsprechenden GPMGPOLink-Objekt. Das heißt, man muss aus der Menge der einem Container zugeordneten GPMGPOLink-Objekte zunächst das richtige Objekt herausfiltern. Da eine Suche nur über die relative Position (über Item() in der GPMGPOLinksCollection), nicht aber über Name oder GUID des GPO möglich ist, bleibt lediglich die Variante einer Schleife über alle Elemente der GPMGPOLinksCollection und eines Vergleichs von GPOID bzw. DisplayName.

```
' GPMC_RemoveLinkGPO.vbs
' Entfernen einer Verknüpfung eines GPO mit einem AD-Container
' verwendet: GPMC Objects
' =============================================================

Option Explicit

Dim gpm
Dim gpmDomain
Dim GPO
Dim Links, Link
```

```
Dim objContainer

' Zu untersuchende AD-Domain
Const DOMAIN = "IT-Visions.net"
Const CONTAINER = "OU=Softwareentwicklung,DC=IT-Visions,DC=net"
Const GPOGUID = "{152B91EC-72A3-4FD0-B988-046DCA578D17}"
Const GPOName = "RichtlinieFuerSoftwareentwickler"

WScript.Echo "Zugriff auf Domain: " & DOMAIN

' Zugriff auf das Wurzelobjekt
Set gpm = CreateObject("GPMgmt.GPM")

' Zugriff auf Domain
Set gpmDomain = gpm.GetDomain(DOMAIN,"", gpm.GetConstants().UseAnyDC)

' Zugriff auf den Container
Set objContainer = gpmDomain.GetSOM(CONTAINER)

WScript.Echo "Zugriff auf Container: " & CONTAINER

' Zugriff auf GPOLinks
Set Links = objContainer.GetGPOLinks()

WScript.echo "GPOs vor dem Löschen:"
' Schleife über alle Links in dem Container
For Each Link In Links
  Set GPO = gpmDomain.GetGPO(Link.GPOID)
  WScript.Echo "Name:" & GPO.DisplayName
Next

WScript.echo vbCrLf

' Suche des zu entfernenden GPO
For Each Link In Links
  Set GPO = gpmDomain.GetGPO(Link.GPOID)
  If Link.GPOID = GPOGUID OR GPO.DisplayName = GPOName Then _
  ' Link gefunden -> löschen!
    Link.Delete()
    WScript.Echo "GPO-Verknüpfung " & GPO.DisplayName & " wurde entfernt!"
    Exit For
  End If
Next

WScript.echo vbCrLf

' Zugriff auf GPOLinks
Set Links = objContainer.GetGPOLinks()
```

```
WScript.echo "GPOs nach dem Löschen:"
' Schleife über alle Links in dem Container
For Each Link In Links
  Set GPO = gpmDomain.GetGPO(Link.GPOID)
  WScript.Echo "Name:" & GPO.DisplayName
Next
```

*Listing 17.5: /Skripte/Kapitel17/GPMC_RemoveLinkGPO.vbs*

**Ausgabe**  Die folgende Bildschirmabbildung zeigt die Ausgabe des obigen Skripts.

*Bild 17.3:*
*Ausgabe von*
*GPMC_Remov*
*eLinkGPO.vbs*

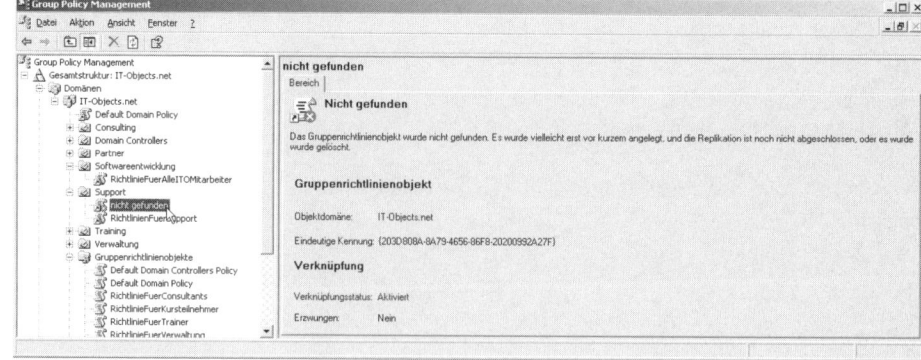

## 17.6   Eine Gruppenrichtlinie löschen

**Delete()**  Sie können eine Gruppenrichtlinie endgültig aus dem System entfernen. Die Klasse GPMGPO bietet dazu die Methode Delete(), um die Gruppenrichtlinie, die durch das aktuelle GPO repräsentiert wird, zu löschen. Allerdings ist diese Aufgabe nicht so trivial, wie es scheint: Delete() entfernt die Gruppenrichtlinie, nicht die Verknüpfungen der Gruppenrichtlinie zum Container. In der Folge könnte es zu verwaisten Verknüpfungen kommen (siehe folgende Abbildung).

*Bild 17.4:*
*Eine verwaiste*
*Gruppenricht-*
*linienverknüp-*
*fung in der*
*GPMC*

**Verknüpfun-**
**gen vorher**
**löschen**
Aus dem vorgenannten Grund ist es sehr wichtig, alle Verknüpfungen herauszusuchen und zu entfernen, bevor man ein GPO löscht. Leider kann man zu einem GPO nicht direkt die GPMGPOLink-Objekte ermitteln; diese erhält man nur von den GPMSOM-Objekten.

Daher sind zwei Schleifen notwendig:

▷ Für die zu löschende Gruppenrichtlinie sind zunächst über eine Suchanfrage alle GPMSOM-Objekte zu ermitteln, mit denen das GPMGPO-Objekt verknüpft ist.

▷ Innerhalb der SOMs sind alle Objekte des Typs GPMGPOLink nach dem korrekten GUID des GPMGPO-Objekts zu durchsuchen.

In dem folgenden Skript ist aus Gründen der Übersichtlichkeit die erste Schleife in der Unterroutine GPORemoveLinks(GPO) gekapselt und die zweite in der Unterroutine RemoveLink(SOM, GPO). Die Funktion von RemoveLink(SOM, GPO) entspricht dabei im Kern dem Skript *GPMC_RemoveLinkGPO.vbs* aus dem vorherigen Unterkapitel.

```
' GPMC_DeleteGPO.VBS
' Löschen eines GPO und seiner Verknüpfungen in einer Domain
' verwendet: GPMC Objects
' =============================================================

Option Explicit

Dim gpm
Dim gpmDomain
Dim GPO
' Zu untersuchende AD-Domain
Const DOMAIN = "IT-Visions.net"
Const GPOGUID = "{8D8383F7-79F3-4B5E-B2F2-B7858C4DA323}"

WScript.Echo "Zugriff auf Domain " & DOMAIN

' Zugriff auf das Wurzelobjekt
Set gpm = CreateObject("GPMgmt.GPM")
' Zugriff auf Domain
Set gpmDomain = gpm.GetDomain(DOMAIN, "", gpm.GetConstants().UseAnyDC)
' Zugriff auf GPO
Set GPO = gpmDomain.GetGPO(GPOGUID)

WScript.Echo "GPO " & GPO.DisplayName & " wird endgültig gelöscht..."
GPORemoveLinks(GPO)
GPO.Delete()
WScript.echo "Skript erfolgreich beendet!"

' === Entfernen aller Verknüpfungen für ein GPO
Function GPORemoveLinks(GPO)

Dim objGPMSearchCriteria
Dim SOMs, SOM

WScript.Echo "Links:"

' Suchkriterium erzeugen
Set objGPMSearchCriteria = gpm.CreateSearchCriteria()
```

```
' Suche nach allen verlinkten SOMs
objGPMSearchCriteria.Add gpm.GetConstants().SearchPropertySOMLinks, _
  gpm.GetConstants().SearchOpContains, GPO
' Suche starten
Set SOMs = gpmDomain.SearchSOMs(objGPMSearchCriteria)

' Schleife für alle SOM-Objekte in den Suchergebnissen
For Each SOM In SOMs
  WScript.Echo "- Entfernte GPO aus: " & SOM.Path
  RemoveLink SOM, GPO
Next

End Function
' === Entferne eine Verknüpfung eines GPO aus einem SOM
Function RemoveLink(SOM, GPO)

Dim Links, Link
' Zugriff auf GPOLinks
Set Links = SOM.GetGPOLinks()

' Suche des zu entfernenden GPO
For Each Link In Links
  If Link.GPOID = GPOGUID Then ' Link gefunden -> löschen!
    Link.Delete()
    WScript.Echo "  GPO-Verknüpfung " & GPO.DisplayName & " wurde entfernt!"
    Exit For
  End If
Next

End Function
```

*Listing 17.6: /Skripte/Kapitel17/GPMC_DeleteGPO.vbs*

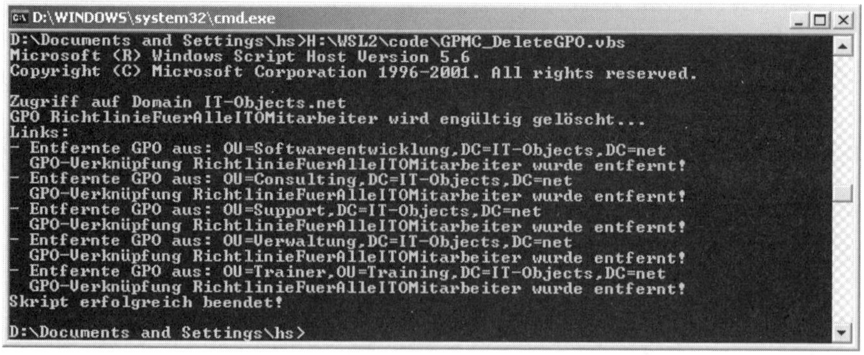

*Bild 17.5:*
*Korrektes*
*Löschen eines*
*GPO mit*
*GPMC_Delete*
*GPO.vbs*

# 17.7 Sicherungskopien von Gruppenrichtlinien anlegen

Die GPMC erlaubt das Anlegen von Sicherungskopien („Backups") von Gruppenricht- **Backup()**
linien im Dateisystem. Diese Funktion wird auch durch die Scripting-Klasse GPMGPO in
Form der Methode Backup() unterstützt. Anzugeben ist lediglich ein Pfad im Dateisystem.
An jede Sicherungskopie wird automatisch ein GUID vergeben.

> In der Sicherungskopie wird nur die Gruppenrichtlinie selbst abgelegt, nicht deren Verknüpfungen zu AD-Containern.

```
' GPMC_BackupErstellen.VBS
' Erstellen einer Sicherungskopie eines GPO
' verwendet: GPMC Objects
' =========================================================

Option Explicit

Dim gpm
Dim objDOMAIN
Dim GPO

' Parameter setzen
Const DOMAIN = "IT-Visions.net"
Const GPOName = "Default Domain Controllers Policy"
Const DIR = "g:\ gpmcbackup"

WScript.Echo "Zugriff auf Domain " & DOMAIN

' Zugriff auf das Wurzelobjekt
Set GPM = CreateObject("GPMgmt.GPM")

' Zugriff auf Domäne
Set objDOMAIN = GPM.GetDomain(DOMAIN, "", GPM.GetConstants().UseAnyDC)

' Zugriff auf GPO über Name
Set GPO = GetGPOByName(GPOName)

WScript.echo "Sicherung " & GPO.DisplayName & " " & GPO.ID & " startet..."
GPO.Backup DIR, "Sicherung " & Now
WScript.echo "Sicherung beendet!"

' === Suche ein GPO anhand seines Namens
Function GetGPOByName(Name)
Dim objGPMSearchCriteria
Dim Liste
' Suchkriterium erzeugen
```

```
Set objGPMSearchCriteria = GPM.CreateSearchCriteria()
' Suche nach allen verlinkten SOMs
objGPMSearchCriteria.Add GPM.GetConstants().SearchPropertyGPODisplayName, _
   GPM.GetConstants().SearchOpEquals, Name
' Suche ausführen
Set Liste = objDOMAIN.SearchGPOs(objGPMSearchCriteria)
Set GetGPOByName = Liste.item(1)
End Function
```

*Listing 17.7: /Skripte/Kapitel17/GPMC_BackupErstellen.vbs*

## 17.8 Sicherungskopien einer Gruppenrichtlinie auflisten

**GPMBackup-Dir** Über die GPMC-Komponente kann man alle Sicherungskopien zu einer bestimmten Gruppenrichtlinie auflisten, die sich in einem Dateisystemverzeichnis befinden. Dazu sind folgende Schritte notwendig:

 ▷ Erzeugung eines GPMBackupDir-Objekts mit Hilfe der Methode GetBackup Dir(DIR) aus einer Instanz der Klasse GPM

 ▷ Erstellung eines GPMSearchCriteria-Objekts, durch das festgelegt wird, welche Gruppenrichtlinien-Sicherungskopien aufgelistet werden sollen. Es kann festgelegt werden, ob alle oder nur die aktuellste Sicherungskopie gelistet werden soll.

 ▷ Ausführung der Suche durch SearchBackups(SearchCriteria) auf dem GPMBackupDir-Objekt. Ergebnis ist eine GPMBackupCollection.

 ▷ Iteration in einer For Each-Schleife über die GPMBackupCollection, die einzelne GPM-Backup-Objekte liefert

Das nachfolgende Skript listet zunächst alle und danach die letzte Sicherung einer anhand des Namens spezifizierten Gruppenrichtlinie auf.

```
' GPMC_BackupsAuflisten.VBS
' Auflisten aller Backups eines GPO in einem bestimmten Verzeichnis
' verwendet: GPMC Objects
' ============================================================

Option Explicit

Dim gpm
Dim objDOMAIN
Dim GPO

' Parameter setzen
Const DOMAIN = "IT-Visions.net"
Const GPOName = "Default Domain Controllers Policy"
Const DIR = "g:\gpmcbackup"

WScript.Echo "Zugriff auf Domain " & DOMAIN
```

```
' Zugriff auf das Wurzelobjekt
Set gpm = CreateObject("GPMgmt.GPM")

Dim BackupDir ' GPMBackupDir
Dim Backupliste ' GPMBackupCollection
Dim Backup
Dim SearchCriteria

Set BackupDir = gpm.GetBackupDir(DIR)

WScript.echo vbCr & "Alle Backups von " & GPOName

Set SearchCriteria = gpm.CreateSearchCriteria()
SearchCriteria.Add gpm.GetConstants().SearchPropertyGPODisplayName, _
  gpm.GetConstants().SearchOpEquals, GPOName
Set Backupliste = BackupDir.SearchBackups(SearchCriteria)

For Each Backup In Backupliste
  WScript.echo Backup.GPOID & ";" & Backup.Comment & ";" & Backup.TimeStamp
Next

WScript.echo vbCr & "Das aktuellste Backup von " & GPOName

Set SearchCriteria = gpm.CreateSearchCriteria()
SearchCriteria.Add gpm.GetConstants().SearchPropertyBackupMostRecent, _
  gpm.GetConstants().SearchOpEquals, True
SearchCriteria.Add gpm.GetConstants().SearchPropertyGPODisplayName, _
  gpm.GetConstants().SearchOpEquals, GPOName
Set Backupliste = BackupDir.SearchBackups(SearchCriteria)

For Each Backup In Backupliste
  WScript.echo Backup.GPOID & ";" & Backup.Comment & ";" & Backup.TimeStamp
Next
```

*Listing 17.8: /Skripte/Kapitel17/GPMC_BackupsAuflisten.vbs*

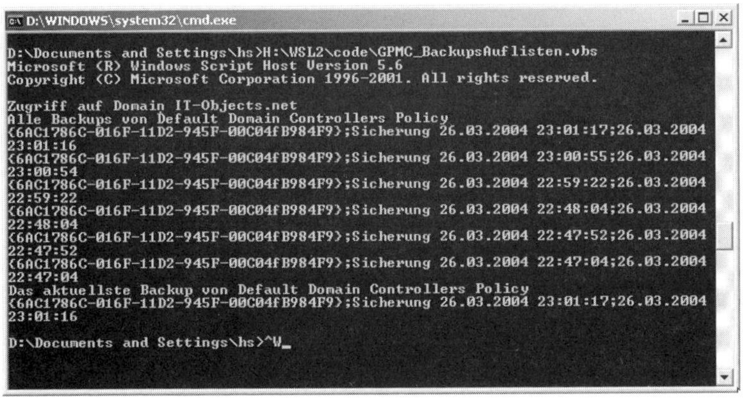

*Bild 17.6: Die Ausgabe zeigt sechs verschiedene Sicherungskopien der Gruppenrichtlinie „Default Domain Controllers Policy".*

# 17.9 Wiederherstellung von Gruppenrichtlinien

**Restore-
GPO()**

Zum Wiederherstellen von Gruppenrichtlinien muss man zunächst ein `GPMBackup`-Objekt erzeugen, wie in dem vorherigen Skript dargestellt. Das nachfolgende Skript ermittelt die letzte Sicherung für eine anhand des Namens identifizierbare Gruppenrichtlinie. Zur Wiederherstellung muss das `GPMBackup`-Objekt an die Methode `RestoreGPO()` übergeben werden, die die Klasse `GPMDomain` bereitstellt. Dadurch werden vorher vorhandene Einstellungen der Gruppenrichtlinie überschrieben.

```
' GPMC_LetzteVersionWiederherstellen.vbs
' Wiederherstellen der letzten gesicherten Version einer Gruppenrichtlinie
' verwendet: GPMC Objects
' =========================================================

Option Explicit

Dim GPM ' GPM
Dim DOMAIN ' GPMDomain
Dim GPO ' GPMGPO
Dim BackupDir ' GPMBackupDir
Dim Backupliste ' GPMBackupCollection
Dim Backup ' GPMBackup
Dim SearchCriteria ' GPMSearchCriteria

' Parameter setzen
Const DOMAINSTRING = "IT-Visions.net"
Const GPOName = "Default Domain Controllers Policy"
Const DIR = "g:\gpmcbackup"

WScript.Echo "Zugriff auf Domain " & DOMAINSTRING

' Zugriff auf das Wurzelobjekt
Set GPM = CreateObject("GPMgmt.GPM")

Set BackupDir = GPM.GetBackupDir(DIR)

WScript.echo vbCr & "Das aktuellste Backup von '" & GPOName &_
"' wird gesucht..."

Set SearchCriteria = GPM.CreateSearchCriteria()
SearchCriteria.Add GPM.GetConstants().SearchPropertyBackupMostRecent, _
  GPM.GetConstants().SearchOpEquals, True
SearchCriteria.Add GPM.GetConstants().SearchPropertyGPODisplayName, _
  GPM.GetConstants().SearchOpEquals, GPOName
Set Backupliste = BackupDir.SearchBackups(SearchCriteria)

For Each Backup In Backupliste
  WScript.echo "Gefunden: " & Backup.GPOID & ";" & Backup.Comment & ";" & _
```

```
    Backup.TimeStamp
  ' Zugriff auf Domäne
  Set DOMAIN = GPM.GetDomain(DOMAINSTRING, "", GPM.GetConstants().UseAnyDC)
  ' Wiederherstellung
  DOMAIN.RestoreGPO Backup,0
  WScript.echo "GPO wurde wiederhergestellt!"
Next
```

*Listing 17.9: /Skripte/Kapitel17/GPMC_LetzteVersionWiederherstellen.vbs*

# 17.10 Weitere Möglichkeiten

Die GPMC-Komponente bietet auch die Möglichkeit, Zugriffsrechte auf Gruppenricht-  **Ausblick**
linien zu vergeben, Gruppenrichtlinien zwischen Domänen zu kopieren und die Option,
Pfad und Benutzerrechte während der Wiederherstellung einer Gruppenrichtlinie zu verän-
dern und damit eine im Dateisystem abgelegte Gruppenrichtlinie an anderer Stelle als dem
Ursprungsort einzusetzen. Dies wird möglich durch eine XML-basierte Migrationstabelle.
Leider bleibt in diesem Einsteigerwerk nicht der Raum für diese umfangreicheren und zum
Teil sehr komplexen Themen.

# 17.11 Fragen und Aufgaben

1. Welche Aufgaben in Zusammenhang mit Gruppenrichtlinien kann man per Skript steuern?

2. Welche Voraussetzungen muss ein System erfüllen, damit man Gruppenrichtlinien-
   Skripte ausführen kann?

3. Wie werden Gruppenrichtlinienobjekte eindeutig identifiziert?

4. Wie ermittelt man, welchen Organisationseinheiten eine Gruppenrichtlinie zugewiesen
   ist?

# 18 Scripting-Sicherheit

Der Love-Letter-Wurm war im Jahr 2000 der erste prominente Vertreter der Gattung der WSH-Viren. Dieser in VBScript geschriebene Wurm hat der Welt gezeigt, wie mächtig das Windows Scripting ist und wie einfach es missbraucht werden kann. Dieses Kapitel thematisiert die möglichen Bedrohungen durch WSH-Skripte und die vorhandenen Schutzmaßnahmen gegen diese Bedrohungen.

**Love-Letter-Wurm**

## 18.1 Bedrohungen durch WSH-Skripte

Im Hinblick auf WSH-Skripte sind zwei zentrale Bedrohungen zu betrachten:

1. Ein WSH-Skript kann durch seine Ausführung Schaden im System anrichten.
2. Ein WSH-Skript kann Informationen enthalten, die nicht sichtbar sein sollten.

### Schäden durch die Ausführung von WSH-Skripten

Ausgeführt wird ein Skript immer unter den Rechten des Benutzers, der das Skript startet. Wenn derjenige, der ein Skript startet, ein Systemadministrator ist, kann ein Skript fast jede beliebige Aktion ausführen. Der Love-Letter-Wurm hat jedoch bewiesen, dass auch im Kontext eines normalen Benutzers viel Schaden angerichtet werden kann. Insbesondere hat ein Benutzer ja Zugriffsrechte auf das Dateisystem. Benötigt wird also eine Beschränkung der Nutzung des WSH auf bestimmte Benutzer – besser noch: eine Beschränkung der Ausführung einzelner Skripte auf bestimmte Benutzer.

**Gefährliche Skripte**

### Schäden durch Einblick in Skripte

Die zweite Bedrohung geht von der einfachen Lesbarkeit der Skripte aus. Zur Erinnerung: Ein WSH-Skript ist eine mit jedem Texteditor lesbare Textdatei. Daraus ergibt sich eine Bedrohung von innen: Nicht jeder, der ein Skript ausführen kann, sollte den Quellcode auch lesen oder gar ändern können. Beispielsweise sollte ein Benutzer kein Anmeldeskript lesen können, das bestimmte Einstellungen im System unter Ausnutzung eines im Skript vollzogenen Identitätswechsels ausführt.

**Spionage**

# 18.2 Schutz vor bösen Skripten

Für den Schutz vor bösen Viren gibt es zwei Ansätze: globale Deaktivierung des WSH oder Sperrung auf Skriptdateiebene.

## 18.2.1 Globale WSH-Deaktivierung

**Löschen der WSH-Executables**
Der radikalste Schutzmechanismus gegen unerwünschte WSH-Skripte ist die Entfernung des WSH von einem System. Während man unter Windows 98 den WSH noch über das Software-Symbol in der Systemsteuerung entfernen konnte, gibt es diese Möglichkeit in neueren Windows-Versionen nicht mehr. Auf allen Systemen hilft aber das Löschen der Dateien *wscript.exe* und *cscript.exe*, die beide im Verzeichnis */WinNT/System32* bzw. */Windows/System32* liegen. Danach kann kein WSH-Skript mehr gestartet werden.

**Entfernen der Dateinamenerweiterungsverknüpfungen**
Weniger wirkungsvoll ist das Entfernen der Dateisystemextensionen *.vbs*, *.js* und *.wsf* aus der Registrierungsdatenbank. Skripte mit diesen Dateinamenerweiterungen werden zwar danach nicht mehr gestartet, aber ein Angreifer könnte noch *wscript.exe* oder *cscript.exe* explizit vor dem Skriptnamen aufrufen und damit das Skript zur Ausführung bringen.

**Deaktivieren per Registrierungsdatenbank**
Ab dem WSH 5.6 besteht die Option, den WSH durch eine Registrierungsdatenbankeinstellung systemweit oder benutzerspezifisch zu deaktivieren.

▶ Um den WSH für alle Benutzer zu deaktivieren, setzen Sie den Eintrag *HKEY_LOCAL_MACHINE\Software\Microsoft\Windows Script Host\Settings\Enabled* auf den Wert 0.

▶ Um den WSH für einzelne Benutzer zu deaktivieren, setzen Sie für die jeweiligen Benutzer *HKEY_CURRENT_USER\Software\Microsoft\Windows Script Host\Settings\Enabled* auf den Wert 0.

Unterhalb des Windows-Schlüssels existieren verschiedene Unterschlüssel, die mit „Windows Script" beginnen. Achten Sie darauf, dass Sie genau den oben genannten Schlüssel verändern. Der Eintrag „Settings" existiert normalerweise nicht und muss von Ihnen als DWORD-Wert angelegt werden. Um den WSH wieder zu aktivieren, wählen Sie einen Wert größer als 0.

Wenn der WSH auf o.g. Weise deaktiviert wurde, erhalten die betroffenen Benutzer nachstehende Fehlermeldung.

*Bild 18.1: Fehlermeldung beim Start eines Skripts, wenn der WSH deaktiviert wurde*

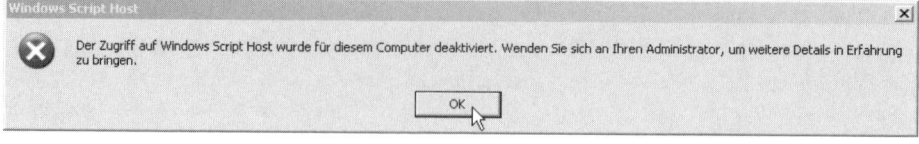

**NTFS-Rechte**
Die gleiche Wirkung hat die Reglementierung der Dateisystemzugriffsrechte auf die Dateien *wscript.exe* oder *cscript.exe*. Dies ist natürlich nur möglich, wenn Sie NTFS als Dateisystem einsetzen. In diesem Fall müssen Sie die Startberechtigung über das Recht „Datei ausführen" steuern. Wenn Sie WSH-Skripte für alle Benutzer (auch lokale Administratoren) verbieten wollen, können Sie diese beiden Dateien auch einfach löschen.

## 18.2.2 Sperrung auf Skriptdateiebene

Alle bisherigen Lösungsvorschläge schalten den WSH entweder für alle Benutzer oder für einzelne Benutzer aus. Es ist mit den obigen Lösungen nicht möglich, dass Benutzer bestimmte Skripte (die von der Netzwerkadministration bereitgestellt werden) ausführen, während eingeschleppte Skripte blockiert werden.

Um einem Benutzer die Berechtigung zu entziehen, eine bestimmte WSH-Datei zu starten, können Sie auch die NTFS-Dateisystemrechte verwenden. Sie müssen dazu dem Benutzer das Recht „Datei lesen" nehmen, nicht das Recht „Datei ausführen". Die NTFS-Rechtesteuerung auf Skriptebene wirkt dann aber nur für die vorhandenen Skripte. Das Einschleppen eines neuen Skripts via Diskette oder E-Mail (vgl. Love-Letter-Wurm) ist dadurch nicht zu verhindern.

**NTFS-Rechte auf Skriptdateien**

Aus diesem Grund hat Microsoft mit dem Windows Script Host Version 5.6 digitale Signaturen für Skripte eingeführt, mit denen die Authentizität und die Integrität von Skripten geprüft werden können. Ein Administrator oder Skriptautor kann Skripte digital signieren und die Ausführung auf digital signierte Skripte beschränken. In allen Windows-Versionen vor Windows XP ist die Steuerung der erlaubten Signaturen jedoch nur sehr grob möglich über die Registrierung vertrauenswürdiger Zertifizierungsstellen. Ab Windows XP steht mit den Software Restriction Policies (SRP) ein geeignetes Instrument zur Verfügung, um auf Ebene einzelner Signaturen oder sogar von Hash-Werten einzelner Zertifikate die Zugriffsrechte zu steuern.

**Digitale Signaturen für Skripte**

## 18.2.3 WSH-Skripte signieren

Um ein Skript digital signieren zu können, benötigt der Skriptautor ein Schlüsselpaar und ein Zertifikat für den öffentlichen Schlüssel aus diesem Schlüsselpaar. Um Schlüssel und Zertifikat auf ein Skript anzuwenden, ist nicht nur die Installation des WSH 5.6 notwendig, sondern auch das Tool *signcode.exe*, das zu den Microsoft CryptoAPI-Tools gehört. Die CryptoAPI-Tools sind Teil des Internet Explorer Authenticode Add-ons (siehe auf der CD-ROM *\Install\Werkzeuge\WSH-Sicherheit\Authenticode50*) oder Teil des .NET Framework SDK. Zu den Authenticode Tools gehört auch das Werkzeug *makecert.exe*, mit dem man zu Testzwecken Schlüssel und Zertifikate erzeugen kann.

**CryptoAPI-Tools**

Die CryptoAPI-Tools bestehen aus sieben Kommandozeilenwerkzeugen und einem GUI-Werkzeug; die wichtigsten unter ihnen sind:

- *signcode.exe* zum Signieren eines Skripts
- *pvk2pfx.exe* zum Verpacken von Zertifikat und privatem Schlüssel in eine *.pfx*-Datei
- *makecert.exe* zum Erstellen eines Zertifikats
- *chktrust.exe* zum Prüfen einer Signatur
- *certmgr.exe* zum Verwalten der Zertifikate
- *setreg.exe* zum Erstellen von Einstellungen für die Testzertifizierungsstelle

Um das Buch im Rahmen des vorgegebenen Seitenumfangs zu halten, finden Sie an dieser Stelle keine grundlegende Einführung in das Thema der Digitalen Signaturen. Allgemeine Informationen über Digitale Signaturen können Sie in zahlreichen Grundlagenwerken zum Thema Sicherheit nachlesen.

### Zertifikat erstellen

Um ein Skript digital signieren zu können, benötigt der Skriptautor ein Schlüsselpaar und ein Zertifikat für den öffentlichen Schlüssel aus diesem Schlüsselpaar. Ein solches Zertifikat bekommt er von einem Windows Server mit installiertem Zertifikatsdienst, von einem externen Zertifikatsanbieter im WWW oder er erstellt sich selbst eins mit *makecert.exe*. Beim Einsatz von *makecert.exe* hat man noch die Option, eine eigene Zertifizierungsstelle anzulegen oder aber eine eingebaute Testzertifizierungsstelle zu verwenden. Hier werden beide Wege beschrieben.

Das Zertifikat muss explizit für die Codesignatur freigeschaltet sein. Bei den mit *makecert.exe* erstellten Testzertifikaten ist dies immer der Fall.

**Erstellen eines Zertifikats mit eigener Zertifizierungsstelle**   Zum Erstellen der eigenen Zertifizierungsstelle ist der folgende Kommandozeilenbefehl auszuführen (*ErstelleEigene-ZertStelle.bat* auf der CD-ROM):

```
makecert -n "CN=IT-Visions Certificate DEMO Root" -a sha1 -eku
1.3.6.1.5.5.7.3.3 -r -sv itv_root.pvk itv_root.cer -ss Root -sr localMachine
```

Nach der Abfrage eines Kennwortes zur Verschlüsselung des privaten Schlüssels der neuen Zertifizierungsstelle erscheint in der MMC-Konsole „Zertifikate" eine neue „Trusted Root Certification Authority" (siehe Bildschirmabbildung). Dieses Zertifikat hat die Zertifizierungsstelle sich selbst signiert („Self Signed"). Im Dateisystem liegen im aktuellen Verzeichnis nun das Zertifikat (*itv_root.cer*) und der private Schlüssel (*itv_root.pvk*) der Zertifizierungsstelle.

*Bild 18.2: Ansicht des Zertifikats der neuen Zertifizierungsstelle*

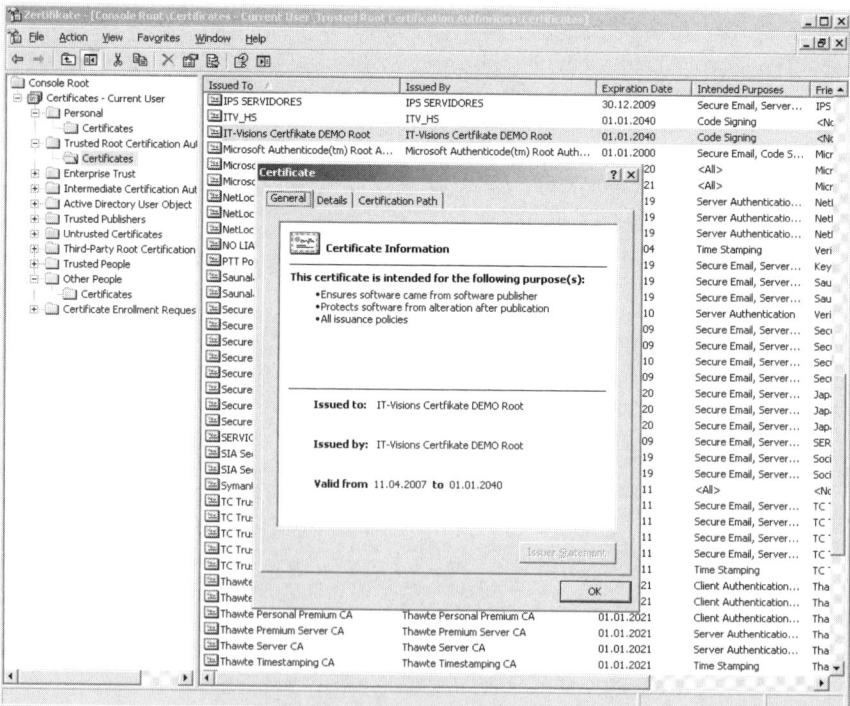

Das Zertifikat und der private Schlüssel der Zertifizierungsstelle werden nun verwendet, um ein neues Zertifikat für den Skriptautor zu erstellen (*ErstelleTestZertifikat_store.bat*):

```
makecert -pe -n „CN=HSchwichtenberg DEMO" -ss MY -a sha1 -eku 1.3.6.1.5.5.7.3.3
-iv itv_root.pvk -ic itv_root.cer
```

Danach erscheint das neue Zertifikat unter den eigenen Zertifikaten im Zertifikatsspeicher.

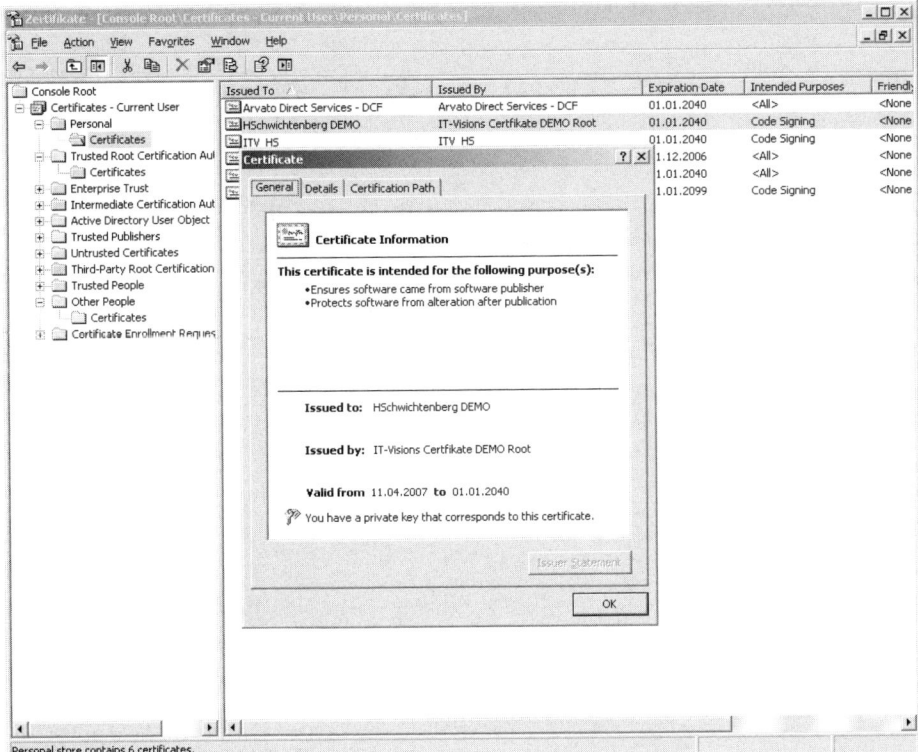

*Bild 18.3:
Ansicht des
eigenen Zertifikats*

Nun ist diesem Zertifikat noch zu vertrauen, indem man eine Kopie davon in „Trusted Publishers" (Vertraute Herausgeber) ablegt. Eine Kopie erstellt man in der MMC-Konsole „Zertifikate", indem man das eigene Zertifikat mit der Maus markiert und dann per Ziehen&Fallenlassen (Ziehen&Fallenlassen (Drag&Drop)) bei gedrückter ⟨STRG⟩-Taste (!) nach „Trusted Publishers/Certificates" zieht.

Bild 18.4:
Erstellen einer
Kopie des
Zertifikats
unter den
„vertrauten
Herausgebern"

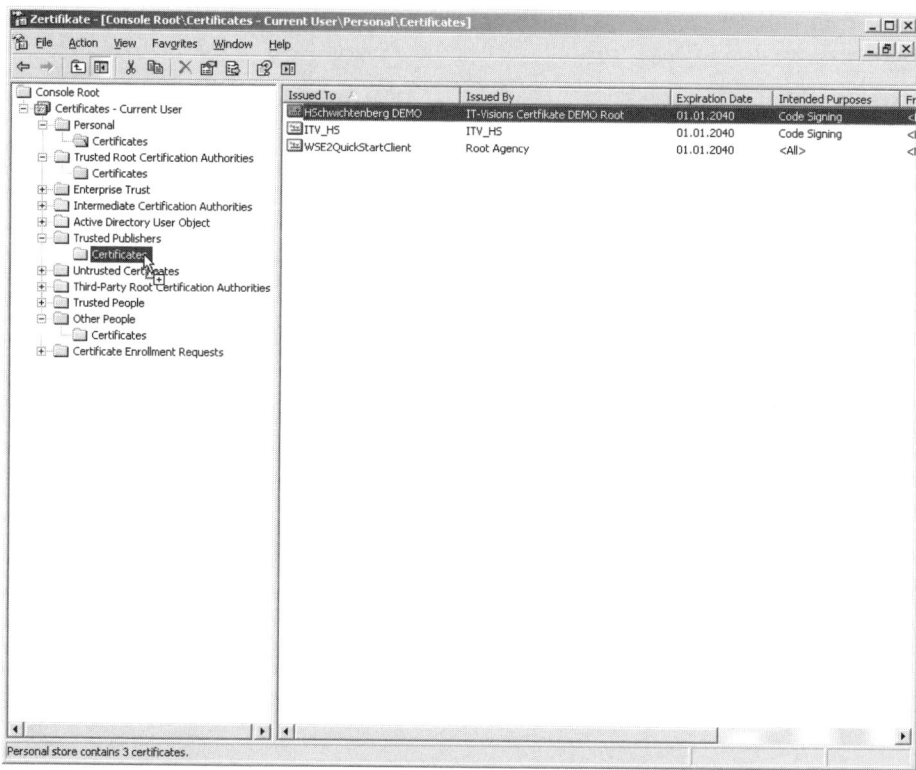

**Erstellen eines Zertifikats mit der Test-Zertifizierungsstelle**  Um mit einem Testzertifikat arbeiten zu können, muss man auch das Vertrauen in die Testzertifizierungsstelle aktivieren:

```
setreg 1 TRUE
```

Mit dem folgenden Befehl erzeugt man dann ein Schlüsselpaar und ein Zertifikat von dieser Testzertifizierungsstelle. *HSchwichtenberg.cer* enthält dann das Zertifikat mit dem öffentlichen Schlüssel und *HSchwichtenberg.pvk* als dem privaten Schlüssel.

```
makecert HSchwichtenberg.cer -n "CN=Dr. Holger Schwichtenberg"
-sv HSchwichtenberg.pvk
```

**Transport von Zertifikaten**  Zertifikate können durch PFX-Dateien auf andere Systeme weitergegeben werden, wobei wahlweise der private Schlüssel dort enthalten oder nicht enthalten ist. Die Weitergabe des privaten Schlüssels bedeutet, dass dort mit diesem Zertifikat signiert werden kann. Wird nur das Zertifikat selbst weitergegeben, kann es dort lediglich zur Überprüfung von Signaturen eingesetzt werden.

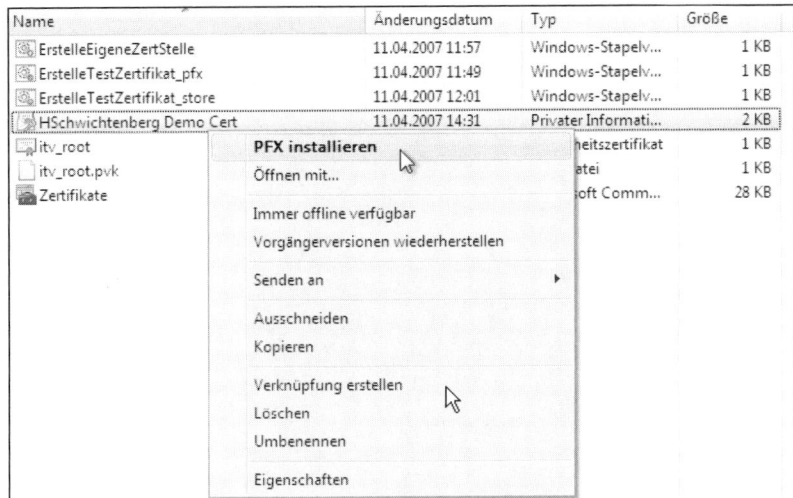

*Bild 18.5:
Installieren
eines Zertifi-
kats (hier in
Windows
Vista)*

PFX-Dateien erstellt man durch den Export eines Zertifikats in der MMC-Konsole „Zertifikate" oder durch das Kommandozeilenwerkzeug *pvk2pfx.exe*. PFX-Dateien können dann
durch einen Doppelklick auf dem Zielsystem im dortigen Zertifikatsspeicher abgelegt werden. Dies zeigt die folgende Bildschirmabbildung am Beispiel von Windows Vista; möglich
ist dies aber auch auf früheren Betriebssystemen.

*Bild 18.6:
Der Assistent
informiert über
seine Möglich-
keiten (hier in
Windows
Vista).*

Zertifikatimport-Assistent

**Zertifikatspeicher**

Zertifikatspeicher sind Systembereiche, in denen Zertifikate gespeichert werden.

Windows kann automatisch einen Zertifikatspeicher auswählen, oder Sie können einen Speicherort für die Zertifikate angeben.

○ Zertifikatspeicher automatisch auswählen (auf dem Zertifikattyp basierend)

◉ Alle Zertifikate in folgendem Speicher speichern

Zertifikatspeicher:

[ Durchsuchen... ]

Weitere Informationen über Zertifikatspei

Zertifikatspeicher auswählen

Wählen Sie den Zertifikatspeicher, der verwendet werden soll.

- Eigene Zertifikate
- Vertrauenswürdige Stammzertifizierungs:
- Organisationsvertrauen
- Zwischenzertifizierungsstellen
- Vertrauenswürdige Herausgeber
- Nicht vertrauenswürdige Zertifikate

☐ Physikalischen Speicher anzeigen

[ OK ]  [ Abbrechen ]

### Signcode-Wizard

**Signcode.exe**    *Signcode.exe* kann als Kommandozeilenwerkzeug arbeiten; es bietet für Benutzer, die die zahlreichen Optionen nicht kennen, aber auch eine ansprechende grafische Benutzerschnittstelle in Form eines Wizard („Assistent für digitale Signaturen"). Der Wizard fragt zunächst nach der zu signierenden Datei. Das Auswahlfenster bietet zwar nur die Optionen, die binären Dateitypen *.exe*, *.dll*, *.ocx* und *.cab* sowie Zertifikatsvertrauenslisten (*.slt*) und Katalogdateien (*.cat*) zu signieren. Wenn der WSH 5.6 installiert ist, funktioniert aber auch die Auswahl sämtlicher Skriptdateitypen (*.vbs*, *.vbe*, *.js*, *.jse*, *.wsf*).

Digital Signature Wizard

**Welcome to the Digital Signature Wizard**

This wizard helps you attach a digital signature to a file.

A digital signature verifies that no changes have been made to the file.

To continue, click Next.

[ < Zurück ]  [ Weiter > ]  [ Abbrechen ]

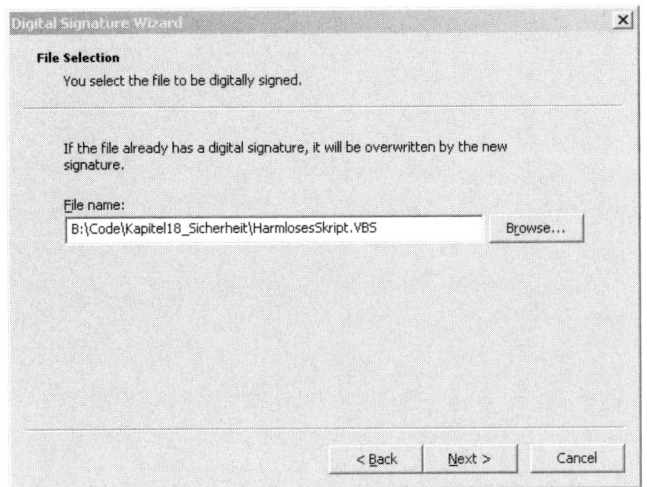

Nach der Auswahl des Skripts muss der signierende Benutzer aus dem Zertifikatsspeicher ein für ihn dort abgelegtes Zertifikat auswählen oder den Pfad zu einer Zertifikatsdatei angeben.

Der Wizard hängt nach Abschluss aller Einstellungen die Signatur an die Skriptdatei an. Das folgende Listing zeigt ein einfaches *.vbs*-Skript, das durch das Werkzeug *signcode.exe* digital signiert wurde. Die Signatur ist in Kommentarzeilen verborgen, sodass der Skriptsprachen-interpreter sich nicht beschwert, wenn das Skript ausgeführt wird.

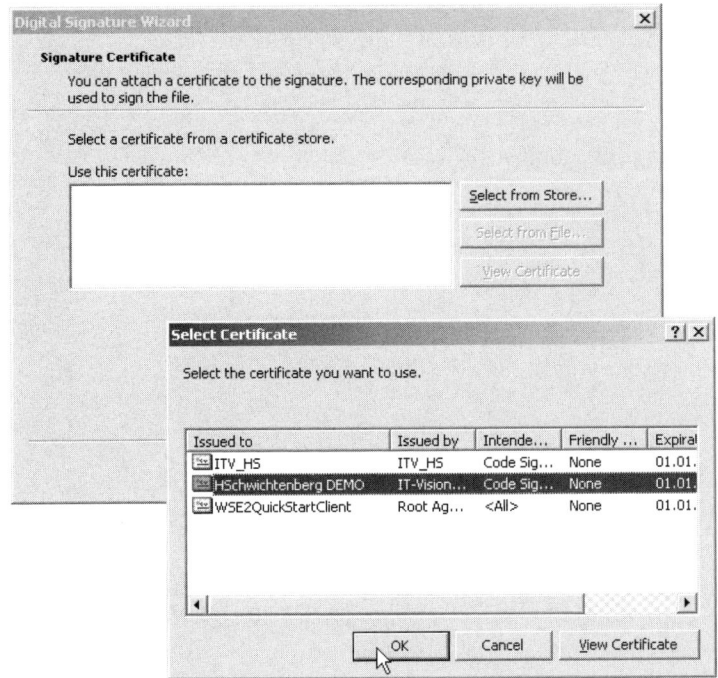

Bild 18.11:
Zertifikats-
anzeige nach
der Auswahl

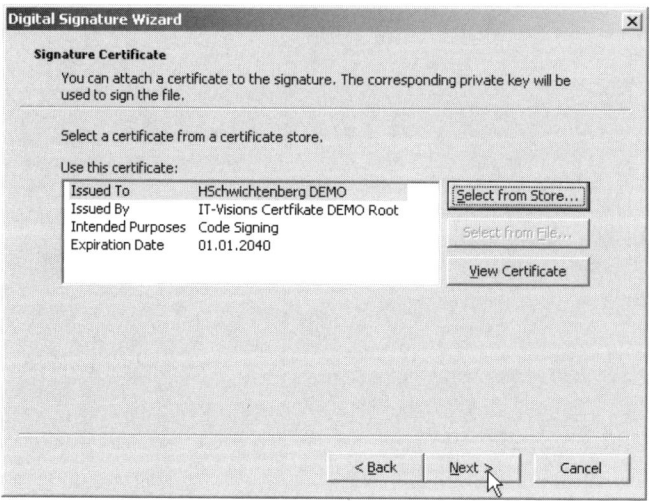

```
' SigniertesSkript.vbs
' Beispiel für die Signierung einer .vbs-Datei
' Autor: Dr. Holger Schwichtenberg
' ============================================================

MsgBox "Ich bin ein harmloses Skript!"

'' SIG '' Begin signature block
'' SIG '' MIIEVgYJKoZIhvcNAQcCoIIERzCCBEMCAQExCzAJBgUr
'' SIG '' DgMCGgUAMGcGCisGAQQBgjcCAQSgWTBXMDIGCisGAQQB
'' SIG '' gjcCAR4wJAIBAQQQTvApFpkntU2P5azhDxfrqwIBAAIB
'' SIG '' AAIBAAIBAAIBADAhMAkGBSsOAwIaBQAEFAOjz04iSRoo
'' SIG '' 4c+vDEDPYriQNaTMoIICHjCCAhowggGDoAMCAQICEF5E
'' SIG '' uvQZTTaNSLHZIgwkpQQwDQYJKoZIhvcNAQEEBQAwGTEX
'' SIG '' MBUGA1UEAxMOSG9sZ2VyVGVzdEN1cnQwHhcNMDQwNDE5
'' SIG '' MjMyNzMzWhcNMzkxMjMxMjM1OTU5WjAZMRcwFQYDVQQD
'' SIG '' Ew5Ib2xnZXJUZXN0Q2VydDCBnzANBgkqhkiG9w0BAQEF
'' SIG '' AAOBjQAwgYkCgYEAuUIjpCIufyH1QyjCc8Mb72BdfY5Z
'' SIG '' BI9ZtbqXTBeSW87uO8oECM/sBtiAD50EbMXK54hzlhWf
'' SIG '' WRcEoEY5QCvvnyeuzkFcn6vB91sxYV/ZqpPztchRLaRa
'' SIG '' Pg17bdJCpVWMyAzAssC9CTx8VcNfj2aukWbqJ223pmVo
'' SIG '' MrDLZOyn01MCAwEAAaNjMGEwEwYDVR01BAwwCgYIKwYB
'' SIG '' BQUHAwMwSgYDVR0BBEMwQYAQohM11UO1EWQraNWhFpE9
'' SIG '' 8KEbMBkxFzAVBgNVBAMTDkhvbGdlclRlc3RDZXJ0ghBe
'' SIG '' RLr0GU02jUix2SIMJKUEMA0GCSqGSIb3DQEBBAUAA4GB
'' SIG '' ALC2tNYSED21cELwzaVCT2YrkkUJ+fbtHU/ST921kFbe
'' SIG '' UsAR9/ijC+cjQPmf0tDXsN+2vuCIE00P9heLFbCmQQQR
'' SIG '' hhOR8AsM2Ixh4shRK8luseT7tYjN0XOIvy/fvj5978jY
'' SIG '' Akf5X07dK/FJnYdWWaeeVI9UUEdVzzL1mVm1WGRZMYIB
'' SIG '' pDCCAaACAQEwLTAZMRcwFQYDVQQDEw5Ib2xnZXJUZXN0
'' SIG '' Q2VydAIQXkS69BlNNo1IsdkiDCS1BDAJBgUrDgMCGgUA
```

```
'' SIG '' oIHOMBkGCSqGSIb3DQEJAzEMBgorBgEEAYI3AgEEMBwG
'' SIG '' CisGAQQBgjcCAQsxDjAMBgorBgEEAYI3AgEVMCMGCSqG
'' SIG '' SIb3DQEJBDEWBBTG9TSOJgoLKlQlLQOis8pXtsiuHzBu
'' SIG '' BgorBgEEAYI3AgEMMWAwXqA6gDgAcwBpAGcAbgBlAGQA
'' SIG '' IABiAHkAIABTAHkAcwB0AGUAbQBTAGMAcgBpAHAAdABl
'' SIG '' AHIAIAA1AC4AMKEggB5odHRwOi8vd3d3LnNjml wdGlu
'' SIG '' dGVybmFscy5kZSAwDQYJKoZIhvcNAQEBBQAEgYCjkKqn
'' SIG '' VZfR6bLR2jZ6nLv9+oZArqSSOlU06mapai2rU8IZLPQT
'' SIG '' +4Ybl9yIWA1s3vlkahOXs3Wz9zo5VdWnadZDps3U2H9M
'' SIG '' uXVrdY3OIHDMvt9nlaZmyC1IDSmvWaVrwLX5dpSRbIIC
'' SIG '' dJAP9+VY1Lk34ZVeXiH6ryBou9uTDoNEMw==
'' SIG '' End signature block
```

*Listing 18.1: /Skripte/Kapitel18/HarmlosesSkript.vbs*

## Prüfung der Integrität und der Signatur

Der Start eines derart signierten Skripts bringt aber erst einmal eine Enttäuschung: Windows führt das Skript aus, egal wer es signiert hat. In der Standardeinstellung werden auch nach der Installation des WSH 5.6 unsignierte Skripte weiterhin ohne Nachfrage ausgeführt. Und sogar bei Skripten, deren Quelltext nach der Signierung verändert wurde, beschwert sich Windows nicht.

**ChkTrust.exe**

Dass sich das Betriebssystem aber sehr wohl im Klaren über die Integritätsverletzung ist, beweist der Einsatz des Tools *ChkTrust.exe* aus den oben bereits erwähnten CryptoAPI-Tools.

Die Ausführung des Kommandozeilenbefehls

```
ChkTrust.exe SigniertesSkript.vbs
```

testet die angegebene Skriptdatei *SigniertesSkript.vbs*. Nur wenn die Integrität der Skriptdatei bestätigt wird, meldet *ChkTrust.exe* „Signiertes Skript.vbs: Succeeded" zurück. Ein Fehler wird erzeugt und dem Benutzer angezeigt, wenn jemand das Skript nachträglich verändert hat.

Leider hat der Benutzer in der Standardeinstellung auch im Fehlerfall die Möglichkeit, das Skript dennoch zu akzeptieren und damit ein „Succeeded" zu erzeugen. Nur wenn der Benutzer die Warnung des Systems nicht ignoriert, wird das Skript blockiert.

## Registrierungsoptionen

Um ein wirkungsvolles Sicherheitssystem für WSH-Skripte einzurichten, muss *ChkTrust.exe* bei jedem Skriptstart automatisch gestartet werden. Der entscheidende Registrierungsschlüssel dafür ist *HKEY_LOCAL_MACHINE\Software\Microsoft\Windows Script Host\Settings*. In diesem Schlüssel muss *TrustPolicy* als REG_DWORD-Wert auf 0, 1 oder 2 gesetzt werden:

- ▷ Der Wert 0 ist die Standardeinstellung und bedeutet, dass alle Skripte (wie bisher) laufen.
- ▷ Um dem Benutzer bei unsignierten Skripten die Wahl zu lassen, gehört eine 1 in den Eintrag *TrustPolicy*.
- ▷ Um grundsätzlich die Ausführung aller Skripte zu unterbinden, die unsigniert sind, deren Integrität verletzt ist oder bei denen es Unzulänglichkeiten hinsichtlich der Zertifizierungsstellen oder der Vertrauenskette gibt, ist 2 der richtige Wert.

Zum Setzen dieser Einstellungen finden Sie auf der CD-ROM zu diesem Buch im Verzeichnis *\Install\Werkzeuge\WSH-Sicherheit\TrustPolicyEditor* ein kleines, einfaches Werkzeug, um diese Einstellungen zu verändern. Dies ist zu Testzwecken sehr hilfreich.

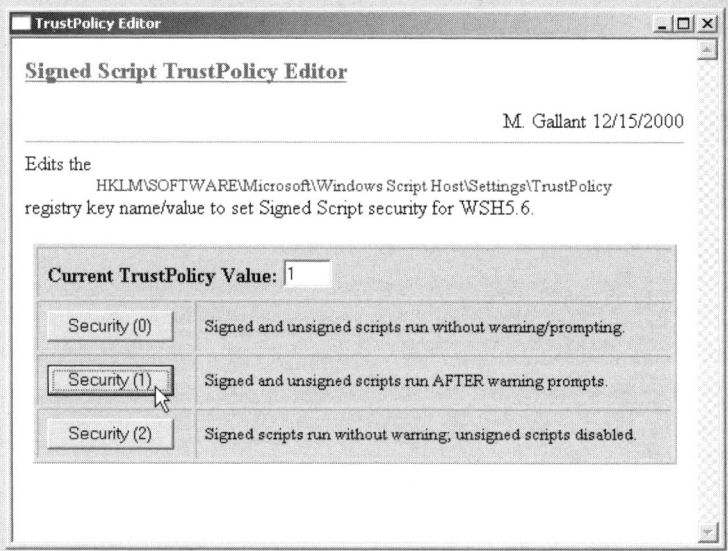

*Bild 18.12: Der Signed Script TrustPolicy Editor von Michel Gallant*

**certmgr.exe** Die letzte Einstellung („2") bedeutet, dass der Benutzer sich der Vertrauenswürdigkeit der Zertifizierungsstellen ausliefert. Welche Zertifizierungsstelle man in die Liste der vertrauenswürdigen Zwischen- und Stammzertifizierungsstellen aufnimmt, sollte also wohlüberlegt sein. Den Zertifikatsmanager erreicht man über *certmgr.exe* oder über den Internet Explorer über *Extras/Internetoptionen* und die Schaltfläche *Zertifikate* in der Registerkarte *Inhalte*. Zertifikatsdateien (z.B. *.cer*, *.crt*, *.spc*, *.p7b*) lassen sich von dort oder auch direkt über ihr Kontextmenü importieren. Wichtig ist in jedem Fall die Festlegung des Zertifikatszwecks im Zertifikatsmanager. Dazu müssen Sie ein Zertifikat auswählen und dann auf *Erweitert* klicken.

**Schwach-stelle bleibt** Auch nach der Aktivierung der *TrustPolicy* bleibt eine Schwachstelle: Im Standard enthält die Liste der vertrauenswürdigen Zwischen- und Stammzertifizierungsstellen bereits eine Reihe von Zertifizierungsstellen, die für den Zweck „Codesignatur" freigegeben sind. Dabei ist natürlich nicht kontrollierbar, wer ein solches Zertifikat bekommen kann. Diese Zertifizierungsstellen müssten deaktiviert werden, was aber die Ausführung von Anwendungen und ActiveX-Komponenten verhindert, die mit Zertifikaten dieser öffentlichen Zertifizierungsstellen signiert wurden.

Im nächsten Unterkapitel erfahren Sie, welche Verbesserungen Microsoft in dieser Hinsicht ab Windows XP vorgenommen hat, um besser steuern zu können, welche Zertifikate zugelassen sind und welche nicht.

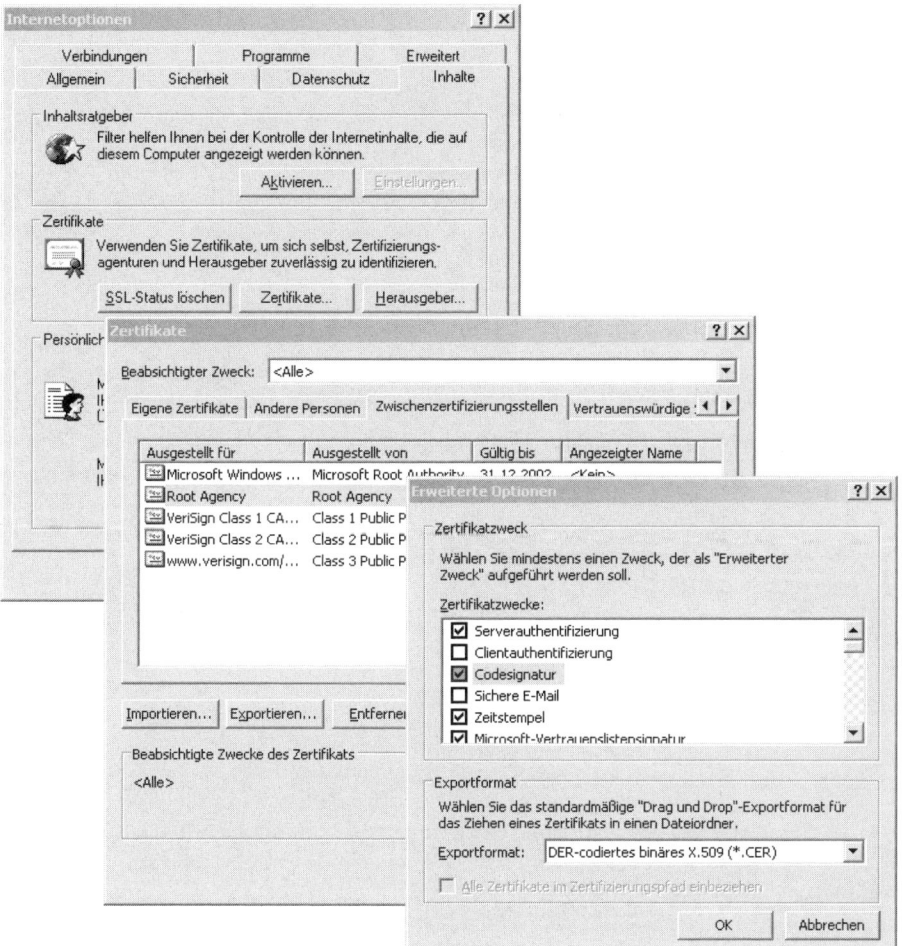

## 18.2.4 Skriptkontrolle durch Richtlinien für Softwareeinschränkungen

Eine Alternative zu der Kontrolle von Skripten über Zertifikate stellt eine Technik mit dem Namen „Richtlinien für Softwareeinschränkungen" (Software Restriction Policies (SRP)), alias: WinSafer) dar. SRP wird ab Windows XP unterstützt und erlaubt die Beschränkung der Ausführung von Anwendungen und Skripten auf Basis zahlreicher Kriterien.

**Software Restriction Policies (SRP)**

Kriterien für die Beschränkung der Softwareausführung sind folgende Kriterien der ausführbaren Datei (Skript oder *.exe*):

▷ der Hash-Wert der Datei,

▷ ein in der digitalen Signatur der Datei enthaltenes Zertifikat gemäß dem Microsoft Authenticode-Verfahren,

▷ die Internet Explorer-Zone, von der die Datei geladen wurde,

▶ der Dateisystempfad, in dem die Datei liegt,

▶ die Dateinamenerweiterung der Datei.

**Wirkung der Beschränkung der Softwareausführung**

Die SRP-Richtlinien wirken additiv zum Sicherheitssystem von Windows, nicht alternativ. Dies bedeutet, dass ein Skript oder eine Anwendung erst durch die Beschränkung der Softwareausführung genehmigt werden muss. Wenn diese Prüfung erfolgreich war, wirken bei der Ausführung der Software zusätzlich noch die Rechte des Benutzers, der die Software gestartet hat.

### Setzen von Richtlinien für Softwareeinschränkungen

Eine SRP wird über eine lokale Windows-Richtlinie oder Active Directory-Gruppenrichtlinie gesetzt bzw. verbreitet. Üblicherweise setzt man die SRP-Grundeinstellung auf „Alles verbieten" und erlaubt dann einzelnen Skripten oder einzelnen Zertifikaten den Zugriff.

*Bild 18.14: Definition der SRP-Grund-regel*

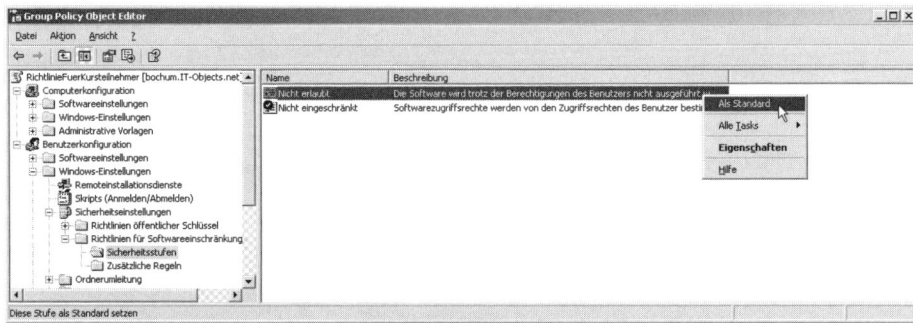

*Bild 18.15: Definition einer SRP-Ausnahme für von einem bestimmten Autor signierte Skripte und Anwendungen*

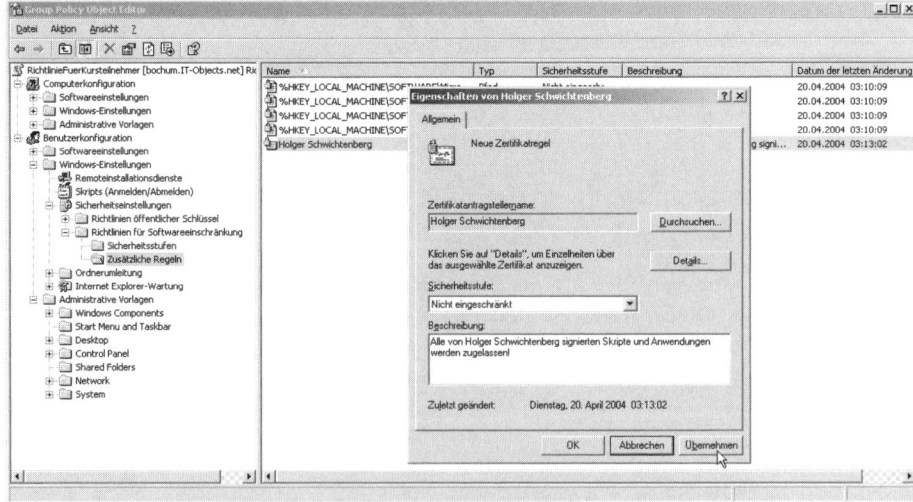

**Alles oder nichts**

Entweder gestattet eine SRP-Richtlinie einem Skript oder einer Anwendung den Start oder sie verbietet ihn. Einem Skript oder einer Anwendung den Start zu erlauben, es bzw. sie dann aber hinsichtlich seiner bzw. ihrer Fähigkeiten einzuschränken (z.B. Zugriff auf Dateisystem, aber nicht auf das Active Directory), ist mit WSH-Skripten nicht möglich. Es gibt komplexere Programmierumgebungen (Java und alle .NET-basierten Sprachen wie C# und Visual Basic .NET), die Einstellungen auf dieser Ebene erlauben.

# 18.3 Schutz vor dem Einblick in den Quellcode

Nicht alle Personen, die Skripte ausführen können sollen, sollten auch den Inhalt der Skripte lesen können. Das trifft zum Beispiel auf Anmeldeskripte zu, die im Benutzerkontext des sich anmeldenden Endbenutzers ausgeführt werden. Aber auch unter den Administratoren gibt es in großen Windows-Netzwerken Abstufungen, die einen Schutz vor dem Einblick in den Quellcode sinnvoll machen. Schließlich erfordert auch der Wunsch nach dem Schutz des geistigen Eigentums den Quellcodeschutz.

Da ein Skript zum Ausführen gelesen werden muss, wirkt die Unterscheidung der NTFS-Rechte „Lesen" und „Ausführen" nicht, d.h., man kann auf diese Weise nicht erreichen, dass ein Benutzer von einem Skript, das er ausführen soll, nicht auch dessen Quelltext lesen darf. Microsoft bietet dafür als Lösung die Skriptkodierung (Script Encoding) an.

**NTFS-Rechte**

Der Microsoft Script Encoder ist ein Werkzeug, das den Quelltext der WSH-Skripte so kodiert (verwandelt), dass man den Quelltext nicht mehr einsehen kann; dabei können die Skripte aber so einfach wie bisher ausgeführt werden.

**Skriptkodierung mit dem Script Encoder**

Der Script Encoder ist ein kostenloses Werkzeug, das Sie auf der Buch-CD unter *\Install\Werkzeuge\WSH-Sicherheit\Script Encoder\* in einer deutschen und einer englischen Version finden.

WSH-Dateien können komplett oder in Teilen kodiert werden. Zur Kennzeichnung der erfolgten Kodierung müssen WSH-Dateien eine neue Dateinamenerweiterung erhalten, damit der WSH weiß, dass diese Dateien vor der Ausführung zu dekodieren (zurückzuwandeln) sind. Die Dateinamenerweiterung für kodierte *.vbs*-Dateien lautet *.vbe*.

Der Microsoft Script Encoder kann auf zwei verschiedene Arten verwendet werden:

▶ über das Kommandozeilen-Tool *screnc.exe* oder

▶ über die Klasse `Scripting.Encoder` aus der Scripting Runtime-Komponente (ab Version 5.0).

### Beispiel

Das folgende Beispiel zeigt ein teilweise zu kodierendes Skript. Der Bereich, der kodiert werden soll, muss mit '**Start Encode** eingeleitet werden.

```
MsgBox "Hier stehen keine Geheimnisse!"
'**Start Encode**
MsgBox "Das ist geheim!"
```

*Listing 18.2: /Skripte/Kapitel17/GeheimnisvollesSkript.vbs*

Das obige Skript kann mit folgendem Kommandozeilenbefehl kodiert werden:

```
screnc.exe GeheimnisvollesSkript.vbs GeheimnisvollesSkript.vbe
```

Nach der Kodierung steht in der kodierten Datei *GeheimnisvollesSkript.vbe* Folgendes:

```
MsgBox "Hier stehen keine Geheimnisse!"
'**Start Encode**#@~^IAAAAA==@#@&HdTAK6PrfmdPb/OPT+4nb:"r@#@&GggAAA==^#~@
```

Die Skriptdatei *GeheimnisvollesSkript.vbe* kann wie die Ursprungsdatei durch einen Doppelklick oder an der Kommandozeile gestartet werden. Die Ursprungsdatei muss an einem sicheren Ort aufbewahrt werden.

### Dekodierung möglich!

Es handelt sich beim Script Encoder um eine einfache Austauschkodierung, die durch versierte Benutzer unter Einsatz externer Tools umkehrbar ist. Auf der CD finden Sie ein solches Werkzeug von David Hammel \Install\Werkzeuge\WSH-Sicherheit\Script Encoder\Script Decoding\decode.exe.

## 18.4 Ein Skript unter einem anderen Benutzerkontext starten

Ein WSH-Skript, das von einem Benutzer manuell gestartet wird, läuft automatisch komplett unter dessen Benutzerkontext. Der WSH als solcher unterstützt keinen Benutzerkontextwechsel (Impersonifizierung).

### Impersonifizierung

Das Wort *Impersonifizierung* (engl.: impersonification) sucht man in Wörterbüchern (noch) vergeblich. In Fachkreisen (so auch in Microsoft-Dokumentationen) wird dieser Begriff für einen Wechsel des Benutzerkontexts zur Laufzeit des Programms verwendet. Ein Benutzer kann also in die Rolle eines anderen Benutzers wechseln, ohne sich neu am System anmelden zu müssen. Diese Funktion ist besonders wichtig für Administratoren, die nur gelegentlich bestimmte administrative Aufgaben ausführen müssen.

Es gibt aber grundsätzliche Möglichkeiten in Windows, eine Anwendung unter einem anderen Benutzerkontext zu starten. Einige Scripting-Komponenten bieten zudem Optionen, einzelne Methodenaufrufe unter einem anderen Benutzerkonto auszuführen.

Grundsätzlich ist zu beachten, dass ein Kennwort nicht im Skript hinterlegt, sondern nach Möglichkeit erst zur Laufzeit eingegeben werden sollte. Ungeeignet ist die Kennworteingabe natürlich dann, wenn das Skript entweder unbeaufsichtigt laufen oder aber im Kontext eines normalen Benutzers gestartet werden soll. In diesem Fall hilft es nur, das Skript unter einem Windows-Dienst (z.B. Zeitplandienst) zu starten, der eine Impersonifizierung mit sicherer Kennwortablage erlaubt.

## 18.4.1   Benutzerwechsel für ein komplettes Skript

Das mit Windows 2000, XP und 2003 mitgelieferte Werkzeug *runas.exe* erlaubt den Benutzerkontextwechsel für eine beliebige aufzurufende Anwendung. Unter Windows NT 4.0 gibt es dazu im Resource Kit das Werkzeug *su.exe*.

**runas.exe und su.exe**

*Runas.exe* können Sie von der Kommandozeile starten. Als auszuführende Anwendung darf nicht direkt das Skript angegeben werden, sondern es muss Bezug auf *cscript.exe* oder *wscript.exe* genommen werden.

```
D:\WINDOWS\system32\cmd.exe                                          _ □ x

D:\Documents and Settings\hs>runas /user:ito\hs "cscript.exe H:\WSL2\17_Sicherhe
it\Code\ZuImpersonifizierendesSkript.vbs"
Geben Sie das Kennwort für "ito\hs" ein:
Es wird versucht, cscript.exe H:\WSL2\17_Sicherheit\Code\ZuImpersonifizierendesS
kript.vbs als Benutzer "ito\hs" zu starten...

D:\Documents and Settings\hs>
```

*Bild 18.16: Start eines Skripts mit runas.exe von der Kommandozeile*

Die grafische Version von *runas.exe* können Sie über eine Dateisystemverknüpfung aufrufen. Dazu müssen Sie in den erweiterten Eigenschaften der Verknüpfung eine Option anwählen, wie es in der nachfolgenden Abbildung gezeigt wird.

Die Verknüpfung darf nicht direkt auf das Skript verweisen, sondern muss über den expliziten Aufruf von *cscript.exe* oder *wscript.exe* gestartet werden, da sonst die Option nicht zur Verfügung steht.

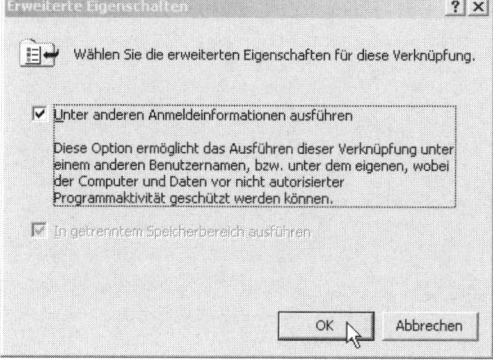

*Bild 18.17: Aktivieren von runas.exe für eine Dateisystemverknüpfung*

**Grafische Version von runas.exe**

Vor jedem Start des Skripts über eine so angelegte Dateisystemverknüpfung fragt Windows nach, unter welchem Benutzerkonto das Skript ausgeführt werden soll.

*Bild 18.18: Benutzerwechsel vor dem Start des Skripts*

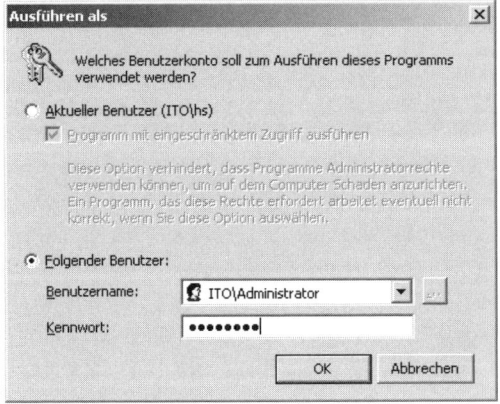

## 18.4.2   Benutzerwechsel im Skriptablauf

Einige Scripting-Komponenten, z.B. das Active Directory Service Interface (ADSI, siehe Kapitel 5.4) und die Windows Management Instrumentation (WMI, siehe Kapitel 5.6), unterstützen die Impersonifizierung für einzelne Operationen auf diesen Komponenten. Diese Impersonifizierung gilt dann aber wirklich nur für alle Methodenaufrufe in diesen Komponenten, nicht für Aufrufe anderer Komponenten in dem gleichen Skript. Alle anderen Operationen laufen weiterhin unter dem Benutzerkontext, unter dem das Skript gestartet wurde. Diese Form des Benutzerkontextwechsels erfordert im Grundsatz, dass Benutzername und Kennwort im Quelltext des Skripts stehen.

Auf keinen Fall sollten Sie aber ein Kennwort im Klartext in eine Skriptdatei schreiben. Das Skript sollte zumindest kodiert werden. Wenn möglich, sollte das Kennwort erst zur Laufzeit von dem Benutzer erfragt werden (z.B. über die Funktion InputBox()). Noch besser als InputBox() ist der Einsatz der Klasse ScriptPW.Password.

### Einlesen von Kennwörtern während des Skriptablaufs

**InputBox()**

Eine einfache Möglichkeit zum Einlesen von Kennwörtern ist der Einsatz der in VBScript integrierten Funktion InputBox() (siehe auch Kapitel 3.11.1). Dies zeigt das nachfolgende Beispiel.

```
' Kennworteingabe_InputBox.vbs
' Beispiel für die Signierung einer .vbs-Datei
' Autor: Dr. Holger Schwichtenberg
' =========================================================

Dim objPW, kennwort
Set objPW = CreateObject("ScriptPW.Password")
WScript.echo  "Bitte geben Sie das Kennwort ein: (Die eingegebenen Tasten _
   werden nicht angezeigt. Beenden Sie die Eingabe mit RETURN)"
```

```
kennwort = objPW.GetPassword()
WScript.echo Chr(13)
If kennwort = "Cemile" Then
  WScript.echo "Das Kennwort ist richtig!"
Else
  WScript.echo "Das Kennwort ist falsch!"
End If
```

*Listing 18.3: /Skripte/Kapitel18/Kennworteingabe_InputBox.vbs*

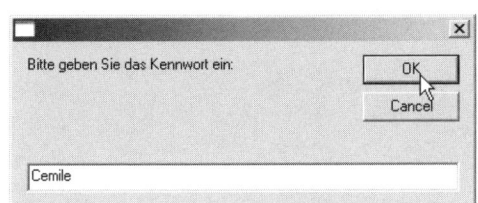

*Bild 18.19:
Eingabe eines
Kennworts mit
InputBox()*

Es ist geboten, Kennwörter bei der Eingabe unsichtbar zu machen. Dies ist bei der in **ScriptPW-** VBScript eingebauten Funktion InputBox() nicht möglich. Für WSH-Skripte kann man **Komponente** aber die Klasse ScriptPW.Password verwenden, die eine versteckte Kennworteingabe im Kommandozeilenfenster ermöglicht. Die Klasse bietet nur genau eine Methode: GetPassword(). GetPassword() liest eine Zeile (die mit dem Drücken der ⏎ -Taste beendet werden muss) von der Standardeingabe ein. Die gedrückten Tasten werden dabei (anders als bei WScript.StdIn.Readline()) aber nicht ausgegeben.

```
' Kennworteingabe_Kommandozeile.vbs
' Einlesen eines Kennworts aus der Kommandozeile
' Autor: Dr. Holger Schwichtenberg
' verwendet: ScriptPW-Komponente
' =========================================================

Dim objPW, kennwort
Set objPW = CreateObject("ScriptPW.Password")
WScript.echo "Bitte geben Sie das Kennwort ein: (Die eingegebenen Tasten
  werden nicht angezeigt. Beenden Sie die Eingabe mit RETURN)"
kennwort = objPW.GetPassword()
WScript.echo Chr(13)
If kennwort = "geheim" Then
  WScript.echo "Das Kennwort ist richtig!"
Else
  WScript.echo "Das Kennwort ist falsch!"
End If
```

*Listing 18.4: /Skripte/Kapitel18/Kennworteingabe_Kommandozeile.vbs*

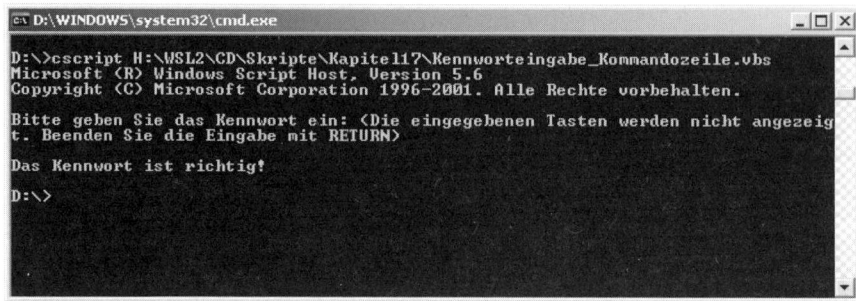

*Bild 18.20:*
*Eingabe eines*
*Kennworts mit*
*GetPassword()*

Das obige Skript kann nur funktionieren, wenn es mit der kommandozeilenbasierten Version des WSH (*cscript.exe*) gestartet wurde.

### Benutzerwechsel für ADSI-Befehle

**GetObject ("LDAP:")** Um ADSI-Befehle unter einem anderen Benutzerkontext auszuführen, muss man lediglich den GetObject()-Befehl am Anfang des Skripts ersetzen. Leider bietet GetObject() selbst nicht die Möglichkeit, den Benutzernamen und das Kennwort eines Administrators anzugeben – sonst könnten viele Scripting-Komponenten impersonifizieren. Die Schöpfer von ADSI haben sich daher einen kleinen Umweg ausgedacht: Man instanziiert zunächst ein sogenanntes LDAP-Objekt durch den Befehl:

```
Set LDAP = GetObject("LDAP:")
```

Hierbei ist es korrekt, dass in den Anführungszeichen nichts anderes außer LDAP: steht. Bitte beachten Sie, dass LDAP komplett in Großbuchstaben geschrieben sein muss.

**OpenDS-Object()** Dieses LDAP-Objekt bietet dann eine Methode OpenDSObject() an, die grundsätzlich die gleiche Aufgabe erfüllt wie GetObject(), welche allerdings zusätzlich drei Parameter besitzt: den Benutzernamen des zu impersonifizierenden Benutzers, sein Kennwort und sogenannte Flags, die die zu treffenden Sicherheitsvorkehrungen festlegen. Der Standardwert für die Flags ist 1 (ADS_SECURE_AUTHENTICATION).

```
' Container binden
Set Container = LDAP.OpenDSObject(ContainerPfad, NameDesAdmins, _
    KennwortDesAdmins, Flags)
```

Danach kann das Skript mit diesem Container genauso weiterarbeiten wie mit einem von GetObject() direkt erzeugten Objekt.

**Beispiel** Das nachfolgende Beispiel zum Anlegen eines Benutzers entspricht hinsichtlich seiner Wirkung dem Beispiel aus Kapitel 8.2.2 – allerdings wird hier eine Impersonifizierung auf den Benutzer „ito\administrator" vorgenommen.

```
' BenutzerAnlegen_Impersonifiziert.vbs
' Erzeugen eines Benutzerkontos im Active Directory
' unter Nutzung des Impersonifizierungsmodus von ADSI
```

```
' Autor: Dr. Holger Schwichtenberg
' verwendet: ADSI
' ==============================
Option Explicit
' Variablen deklarieren
Dim Container
Dim Benutzer

' Konstanten definieren
Const NameDesAdmins = "itv\administrator"
Const KennwortDesAdmins = "geheim"
Const NameDesNeuenBenutzers="HarryHirsch"
Const ContainerPfad = "LDAP://Bochum/OU=Teilnehmer,ou=Training, _
  DC=it-visions,DC=net"
Const Flags = 1 ' ADS_SECURE_AUTHENTICATION

' %%% Bindung an Container mit Impersonifizierung
' Unspezifisches LDAP-Objekt erzeugen
Dim LDAP
Set LDAP = GetObject("LDAP:") ' Namespace
' Container binden
Set Container = LDAP.OpenDSObject(ContainerPfad, NameDesAdmins, _
  KennwortDesAdmins, Flags)

' %%% Bindung an Container ohne Impersonifizierung
' Set Container = GetObject(ContainerPfad)

' Erzeugung des neuen Benutzers
Set Benutzer = Container.Create("user", "CN=" & NameDesNeuenBenutzers)
' Attribute setzen
Benutzer.Put "samAccountName", NameDesNeuenBenutzers
' Festschreiben der Werte
Benutzer.SetInfo
' Konto aktivieren
Benutzer.AccountDisabled = False
' Festschreiben der Werte
Benutzer.SetInfo
' Meldung ausgeben
WScript.Echo "Benutzer " & Benutzer.AdsPath & " angelegt"
```

*Listing 18.5: /Skripte/Kapitel18/BenutzerAnlegen_Impersonifiziert.vbs*

In diesem Skript ist das Kennwort direkt im Quelltext hinterlegt. Daher folgt nun auch noch ein Beispiel, bei dem das Skript von der Kommandozeile gestartet und das Kennwort über die Klasse ScriptPW.Password eingelesen wird.

**Verbessertes Beispiel**

```
' BenutzerAnlegen_Impersonifiziert_KennwortEinlesen.vbs
' Erzeugen eines Benutzerkontos im Active Directory
' unter Nutzung des Impersonifizierungsmodus von ADSI
' und Einlesen des Kennworts für den zu
```

```
' impersonifizierenden Nutzer von der Kommandozeile
' Autor: Dr. Holger Schwichtenberg
' verwendet: ADSI, ScriptPW-Komponente
' ===============================

Option Explicit
' Variablen deklarieren
Dim Container
Dim Benutzer
Dim KennwortDesAdmins

' Konstanten definieren
Const NameDesAdmins = "itv\administrator"
Const NameDesNeuenBenutzers="HugoHastig"
Const ContainerPfad = "LDAP://E02/OU=Teilnehmer,ou=Training, _
  DC=it-visions,DC=net"
Const Flags = 1 ' ADS_SECURE_AUTHENTICATION

WScript.echo "Skript zum Anlegen eines Benutzers"

' Kennwort einlesen
Dim objPW
Set objPW = CreateObject("ScriptPW.Password")
WScript.echo  "Bitte geben Sie das Kennwort ein: (Die eingegebenen Tasten
  werden nicht angezeigt. Beenden Sie die Eingabe mit RETURN)"
KennwortDesAdmins = objPW.GetPassword()
WScript.echo Chr(13)

' %%% Bindung an Container mit Impersonifizierung
' Unspezifisches LDAP-Objekt erzeugen
Dim LDAP
Set LDAP = GetObject("LDAP:") ' Namespace
' Container binden
Set Container = LDAP.OpenDSObject(ContainerPfad, NameDesAdmins, _
  KennwortDesAdmins, Flags)

' %%% Bindung an Container ohne Impersonifizierung
' Set Container = GetObject(ContainerPfad)

' Erzeugung des neuen Benutzers
Set Benutzer = Container.Create("user", "CN=" & NameDesNeuenBenutzers)
' Attribute setzen
Benutzer.Put "samAccountName", NameDesNeuenBenutzers
' Festschreiben der Werte
Benutzer.SetInfo
' Konto aktivieren
Benutzer.AccountDisabled = False
' Festschreiben der Werte
Benutzer.SetInfo
```

```
' Meldung ausgeben
WScript.Echo "Benutzer " & Benutzer.AdsPath & " angelegt"
```

*Listing 18.6: /Skripte/Kapitel18/BenutzerAnlegen_Impersonifiziert_KennwortEinlesen.vbs*

## Benutzerwechsel für WMI-Befehle

Die Vorgehensweise für die Impersonifizierung bei WMI ist ähnlich wie die Vorgehensweise bei ADSI: GetObject() wird durch zwei andere Befehle ersetzt. Die konkreten Befehle sind jedoch etwas anders. Aus dem WMI-Befehl

```
Set objWMIService = GetObject("WinMgmts:" & _
  "{impersonationLevel=impersonate}!\\" & Computer & Namespace)
```

wird bei Verwendung der Impersonifizierung:

```
Set WMILocator = CreateObject("WbemScripting.SWbemLocator")
Set WMIService = WMILocator.ConnectServer(Computer, namespace, _
  NameDesAdmins, KennwortDesAdmins)
```

Wenn Sie dies mit dem obigen ADSI-Beispiel vergleichen, sehen Sie wieder einmal ein schönes Beispiel für die inkonsistente Verwendung der Befehle GetObject() und CreateObject().

Das folgende Beispiel ist die Erweiterung des Beispiels „Dienst starten" aus Kapitel 11.4 um die Impersonifizierung. Diesmal wird direkt die korrekte Lösung verwendet, bei der das Kennwort nicht im Quelltext steht, sondern von der Kommandozeile eingelesen wird. Dieses Skript muss daher mit *cscript.exe* gestartet werden.

**Beispiel**

```
' DienstStarten_Impersonifiziert_KennwortEinlesen.vbs
' Start eines Dienstes unter Nutzung des Impersonifizierungsmodus
' von WMIund Einlesen des Kennworts für den zu
' impersonifizierenden Nutzer von der Kommandozeile
' Autor: Dr. Holger Schwichtenberg
' verwendet: WMI, ScriptPW-Komponente
' ==============================

Option Explicit

' Variablen deklarieren
Dim objPW, WMIService, WMILocator
Dim KennwortDesAdmins
Dim DienstListe, Dienst

' Konstanten definieren
Const NameDesAdmins = "itv\administrator"
Const Computer = "Essen"
Const Namespace = "root\CIMV2"
Const ServiceName = "wuauserv" ' Windows Update-Dienst

WScript.echo "Skript zum Start eines Dienstes"
' Kennwort einlesen
Set objPW = CreateObject("ScriptPW.Password")
```

```
WScript.echo  "Bitte geben Sie das Kennwort ein: (Die eingegebenen Tasten
   werden nicht angezeigt. Beenden Sie die Eingabe mit RETURN)"
KennwortDesAdmins = objPW.GetPassword()
WScript.echo Chr(13)


' %%% Bindung an Container mit Impersonifizierung
' Unspezifisches WMI-Objekt erzeugen
Set WMILocator = CreateObject("WbemScripting.SWbemLocator")
Set WMIService = WMILocator.ConnectServer(Computer, namespace, _
   NameDesAdmins, KennwortDesAdmins)


' %%% Bindung an Container ohne Impersonifizierung
' Set objWMIService = GetObject("WinMgmts:" & _
'     "{impersonationLevel=impersonate}!\\" & Computer & _
'     Namespace)

Set DienstListe = WMIService.ExecQuery _
    ("SELECT * FROM Win32_Service WHERE Name=""" & ServiceName & """")

For Each Dienst In DienstListe
    Dienst.StartService()
Next

If  Err.Number <> 0 Then
    WScript.Echo "Beim Starten des Dienstes ist ein Fehler" & _
        "aufgetreten: " & Err.Number
Else
    WScript.Echo "Das Starten des Dienstes war erfolgreich."
End If
```

*Listing 18.7: /Skripte/Kapitel18/DienstStarten_Impersonifiziert_KennwortEinlesen.vbs*

 Im Gegensatz zu ADSI ist bei WMI die Impersonifizierung nur beim Zugriff auf entfernte Systeme erlaubt. Ein Versuch, das lokale System mit einem anderen Benutzerkontext anzusprechen, führt zum Fehler „Benutzeranmeldeinformationen können für lokale Verbindungen nicht verwendet werden.".

# 18.5   Fragen und Aufgaben

1.  Wie deaktiviert man den WSH für alle Benutzer außer für die Administratoren?

2.  Wie kann man feststellen, wer ein Skript entwickelt hat?

3.  Wie kann man erreichen, dass nur Skripte ausgeführt werden können, die bestimmte Skriptentwickler geschrieben haben?

4.  Wie kann ich die von mir entwickelten Anmeldeskripte davor schützen, dass die Nutzer in meinem Netzwerk den Quellcode dieser Skripte betrachten?

5.  Wie kann ich während des Programmablaufs ein Kennwort sicher einlesen?

# 19 Scripting in Windows Vista

Fünf Jahre nach Windows XP ist im November 2006 endlich das neue Windows-Client-Betriebssystem mit Namen „Windows Vista" erschienen, das vorher den Codenamen „Longhorn Client" trug.

Dieses Kapitel beschreibt die Veränderungen, die sich für das Scripting in Windows Vista ergeben haben. Die wesentliche Herausforderung für das Scripting unter Vista sind die erhöhten Sicherheitsstandards (Stichwort Benutzerkontensteuerung alias User Account Control), die die Ausführung von Skripten einschränken. Dementsprechend ist der Hauptteil dieses Kapitels diesen Sicherheitsfragen gewidmet.

## 19.1 Überblick über die Scripting-Neuerungen

Windows Vista im engeren Sinne bringt für das Scripting nur wenige Neuerungen. Die ursprünglich im Zuge von Vista entwickelte Windows PowerShell ist kein integraler Bestandteil von Vista, sondern ein Zusatzprodukt zu allen Windows-Betriebssystemen ab Windows XP. Die PowerShell wird daher in einem eigenen Kapitel besprochen.

### 19.1.1 Skriptumgebungen

Der **Windows Script Host** (WSH) trägt in Windows Vista die Versionsnummer 5.7 (gegen-über 5.6 in Windows XP und Windows Server 2003). Neue Funktionen für den Benutzer sind aber nicht dokumentiert und laut einer schriftlichen Auskunft des Windows-Entwicklungsteams in Redmond an den Autor dieses Buches auch nicht enthalten. Es hat lediglich eine interne Anpassung an Veränderungen in Vista stattgefunden. **WSH**

Als neue Active Scripting-basierte Scripting-Umgebung sind die **Microsoft Gadgets** hinzu-gekommen. Gadgets sind skriptbasierte Mini-Anwendungen für den Desktop und die neue Sidebar. Gadgets basieren aber auf Browser-Scripting, nicht auf dem WSH. **Gadgets**

Die neue Scripting-Umgebung **Windows PowerShell**, die einmal als ein Teil von Windows Vista geplant wurde, ist weder im Installationsumfang von Vista noch auf der CD-ROM enthalten, sondern muss separat aus dem Internet heruntergeladen (siehe [WPS06]) und installiert werden. **PowerShell**

## 19.1.2 Skriptsprachen

Die Skriptsprachen VBScript und JScript haben in Vista analog die Versionsnummern 5.7 erhalten. Neuerungen sind hier aber ebenfalls nicht hinzugekommen.

## 19.1.3 Skriptbibliotheken

**Bibliotheken**  Windows Vista enthält zahlreiche neue Programmierschnittstellen. Interessanterweise sind darunter nicht nur moderne .NET-basierte Schnittstellen, sondern auch viele, die auf alten Techniken wie C++ und COM basieren. Im Folgenden werden nur die Neuerungen genannt, die für das Thema Scripting relevant sind.

Der Funktionsumfang der meisten Scripting-Komponenten, die in diesem Buch beschrieben wurden (z.B. ADSI, Scripting Runtime, ADO, MSXML) hat sich in Vista nicht verändert. Zuwachs gibt es lediglich bei den WMI-Klassen.

### COM-basierte Schnittstellen

**WMI** ▷  Erweiterungen in der **Windows Management Instrumentation** (**WMI**) sowohl beim Metaobjektmodell als auch bei den WMI-Klassen. Neue Klassen bzw. Klassenmitglieder gibt es für Computerinformationen, das Windows System Assessment Tool (WinSAT), Offline-Dateien, Internet Information Server 7.0, Network Access Protection (NAP), Distributed File System Replication (DFSR) und installierte Spiele. In diesem Buch wird in Kapitel 9 das Windows System Assessment Tool behandelt.

**WinRM** ▷  **Windows Remote Management** (**WinRM**) zum entfernten Zugriff auf WMI-Objekte über Webservices (XML/HTTP) (auch verfügbar für Windows Server 2003 Release 2). WinRM ist ein weiterführendes Thema, das in [Sch07a] behandelt wird.

▷  **Windows RSS Platform** („Microsoft Feeds, Version 1.0") zum Zugriff auf Nachrichtenkanäle, die Really Simple Syndication (RSS) (auch für Windows XP und Windows Server 2003, wenn Internet Explorer 7.0 installiert wird)

▷  **Task Scheduler 2.0 Scripting Objects** zum Zugriff auf den neuen Zeitplandienst in Vista

▷  **OLEDB Provider for Windows Search** (**MSIDXS**) zur Suche im Vista-Dateisystem

**.NET**  **.NET-basierte Schnittstellen**  Die .NET-basierten Schnittstellen in Windows Vista sind im **.NET Framework 3.0** zusammengefasst. Gegenüber dem .NET Framework 2.0 bietet die Version 3.0 folgende neue Bibliotheken:

▷  Die **Windows Presentation Foundation** (**WPF**) für grafische Benutzerschnittstellen (Codename Avalon)

▷  Die **Windows Communication Foundation** (**WCF**) für Fernaufruf und Anwendungskopplung (Codename Indigo)

▷  Mit der **Windows Workflow Foundation** (**WF**) können Entwickler eigene Anwendungen um rechnergesteuerte Arbeitsabläufe erweitern.

▷  **Windows Cardspaces** (**WCS**) ist eine Bibliothek zur Verwaltung digitaler Identitäten.

 Das .NET Framework ist kein Thema dieses Einsteigerbuches. WPF, WCF und WF werden in [Sch07b] besprochen.

# 19.2 Scripting und die Vista-Sicherheit

Microsoft hat die Sicherheitseinstellungen in Windows Vista erhöht, was auch den Start von administrativen Skripten einschränkt.

## 19.2.1 Sicherheitswarnung beim Start von Skripten von einem Netzlaufwerk

Windows Vista warnt beim Starten und Bearbeiten von Skripten (bei WSH-Skripten ebenso wie bei Skripten in HTML-Anwendungen) von einem Netzlaufwerk und fordert zur expliziten Bestätigung des Skriptstarts auf. Die Warnung erscheint sowohl beim Start an der Windows-Oberfläche als auch beim Start von der Kommandozeile; sie erscheint jedoch nicht bei Skripten, die im lokalen Dateisystem liegen.

**Entfernte Skripte**

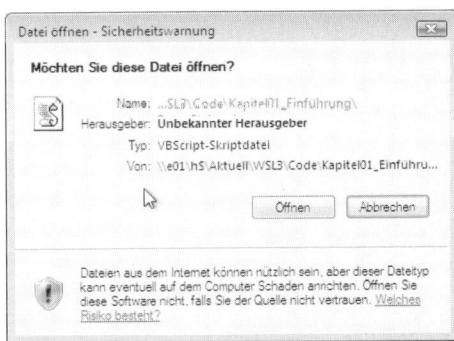

*Bild 19.1:*
*Warnung beim*
*Start von*
*Skripten in*
*Vista*

Windows Vista warnt auch, wenn das Skript von einem vertrauenswürdigen Autor digital signiert wurde (vgl. Kapitel 18). Der Herausgeber wird leider immer als „unbekannt" angezeigt.

## 19.2.2 Scripting und die Benutzerkontensteuerung

Dem Problem, dass ein fortgeschrittener Benutzer, Administrator oder Entwickler in bisherigen Windows-Versionen nur reibungslos arbeiten konnte, wenn er immer als Administrator an seinem Rechner angemeldet war, begegnet Microsoft mit einer neuen Funktion, die „Benutzerkontensteuerung" heißt (engl. User Account Control, UAC, vorher auch User Account Protection, UAP, genannt).

### Benutzerkontensteuerung

Benutzerkontensteuerung (User Account Control, UAC) bedeutet, dass alle Anwendungen in Vista immer unter normalen Benutzerrechten laufen, auch wenn ein Administrator angemeldet ist. Wenn eine Anwendung höhere Rechte benötigt (z.B. administrative Aktionen, die zu Veränderungen am System führen), fragt Windows Vista explizit in Form eines sogenannten Consent Interface beim Benutzer nach, ob der Anwendung diese Rechte gewährt werden sollen.

**UAC**

Bei Administratoren reicht zur Bestätigung ein Mausklick („Consent Prompt"), normale Benutzer müssen Name und Kennwort eines administrativen Kontos eingeben („Credential Prompt"). Erst nach der Bestätigung wird die Anwendung mit administrativen Rechten ausgestattet (engl. „elevated"). Das Verhalten (Nachfrage mit oder ohne Kennworteingabe) kann durch die Systemrichtlinien (*Lokale Richtlinien/Sicherheitsoptionen*) gesteuert werden.

Der einfache Wechsel aus dem normalen Benutzerkontext heraus soll Administratoren und Entwickler dazu motivieren, im Standardfall immer als Normalbenutzer zu arbeiten mit der Gewissheit, doch schnell zu mehr Macht zu kommen. Während der Anzeige des sogenannten „Consent Interface" graut der Rest von Windows aus und steht aus Sicherheitsgründen nicht zur Verfügung.

*Bild 19.2: UAC-Bestätigungsanforderung bei normalen Benutzern*

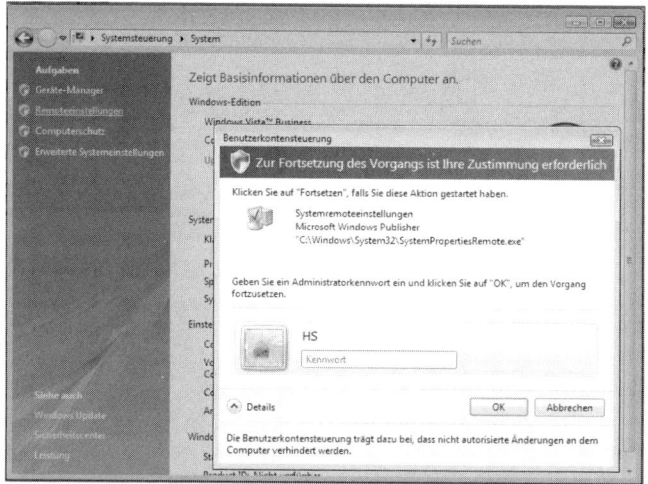

*Bild 19.3: UAC-Bestätigungsanforderung bei Administratoren*

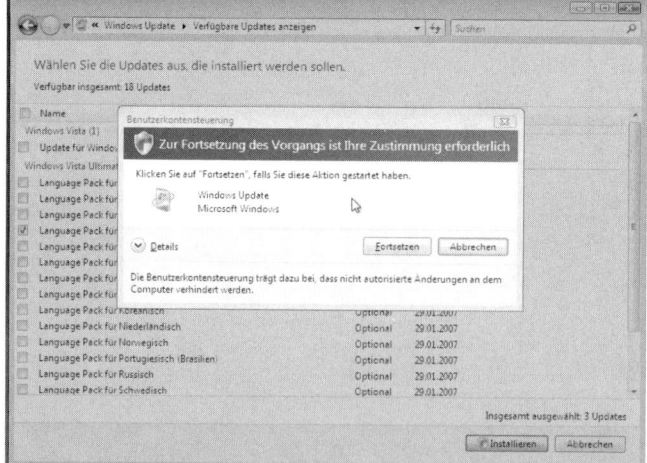

 Die Benutzerkontensteuerung führt im Anwender- und Administratorenalltag manchmal zu Problemen, wenn Anwendungen nicht mit UAC zurechtkommen und abstürzen.

## WSH-Skripte arbeiten nicht mit der Benutzerkontensteuerung zusammen

Leider hat Microsoft bei der Entwicklung von Vista nicht mehr richtig über den WSH nachgedacht und diesen nicht so verändert, dass er reibungslos mit Vista zusammenarbeitet, also den Consent Prompt oder Credential Prompt präsentiert.

**Keine UAC-Unterstützung für WSH**

Dies bedeutet, dass viele administrative Skripte, die höhere Rechte erfordern (z.B. Starten und Stoppen von Diensten, Benutzerverwaltung), nicht mehr funktionieren können. Viele administrative Skripte brechen daher auch bei Ausführung vom Desktop des Administrators – ohne Nachfrage – mit einer „Zugriff verweigert"-Fehlermeldung ab.

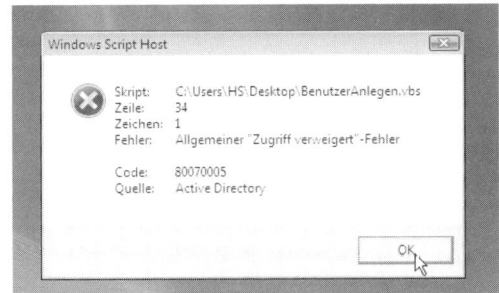

*Bild 19.4: Der Administrator kann wegen UAC keinen Benutzer mehr per Skript anlegen.*

Ein Administrator wird also bei vielen Skripten in Vista mit den bisherigen Strategien für einen Skriptstart (Doppelklick oder Ausführen im Kommandozeilenfenster) scheitern. Das Skript wird mit der Meldung, dass die Rechte nicht ausreichen, abbrechen. Ein WSH-Skript fragt bei Anwendern nicht nach höheren Rechten, weil eine Unterstützung für UAC in den WSH leider nicht eingebaut wurde.

Normale Windows-Anwendungen besitzen im Kontextmenü auch einen Befehl *Als Administrator ausführen*, mit dem man – nach Bestätigung des entsprechenden UAC-Dialogs – die höheren (normalen) Rechte erzwingen kann. Leider sucht man im Kontextmenü eines Skriptsymbols den Befehl *Als Administrator ausführen* vergeblich. Microsoft hat auch diese Funktion für WSH-Skripte nicht vorgesehen.

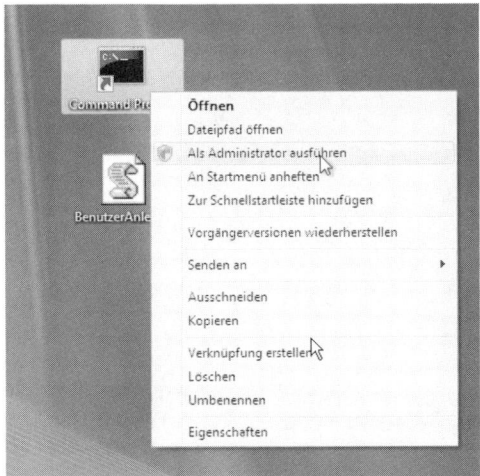

*Bild 19.5: Kompilierte Windows-Anwendungen haben im Kontextmenü einen Eintrag „Als Administrator ausführen" – Skripte leider nicht.*

### Lösungen des Problems

Lösungs-
möglich-
keiten Ein Administrator hat fünf Möglichkeiten, ein Skript dennoch mit vollen Rechten zu starten:

1. Start eines Konsolenfensters mit Administratorrechten und Start des Skripts aus dem Konsolenfenster heraus (Details siehe unten).

2. Start des Skripts mit dem Kommandozeilenwerkzeug zur Rechteerhöhung, das es auch schon in Windows 2000/XP und 2003 gab: *runas.exe*. Der Nachteil dieser Methode ist, dass der Administrator dann bei jedem Skriptstart sein Kennwort neu eingeben muss.

3. Erstellen einer Verknüpfung zu einem Skript, wobei in der Verknüpfung dem Skript explizit *cscript.exe* oder *wscript.exe* voranzustellen ist (Details siehe unten).

4. Deaktivierung der UAC-/UAP-Funktion für alle Skripte durch eine Anwendungskompatibilitätskonfiguration mit dem Application Compatibility Toolkit. Da man aber dort die Einstellung nur für *cscript.exe* und *wscript.exe*, nicht aber für einzelne Skripte vornehmen kann, ist dies keine befriedigende Lösung.

5. Generelle Deaktivierung der UAC-/UAP-Funktion für Administratoren durch Änderung der Systemrichtlinie (Details siehe unten). Diese Lösung ist nicht zu empfehlen, weil damit viel von der erhöhten Sicherheit von Windows Vista außer Kraft gesetzt wird.

### Start aus dem Admin-Konsolenfenster heraus

Ein Konsolenfenster kann direkt mit erhöhten Rechten gestartet werden. Diese Funktion ist im Kontextmenü des Symbols für die Eingabeaufforderung (sowohl auf dem Desktop als auch im Startmenü oder in einem Windows Explorer-Fenster) verfügbar (*Als Administrator ausführen*).

Ein Konsolenfenster, das unter Administratorrechten läuft, zeigt im Gegensatz zu einem normalen Konsolenfenster auch das Wort „Administrator" im Fenstertitel.

*Bild 19.6:
Zwei Konsolenfenster mit unterschiedlichen Rechten auf einem Desktop: Nur in der Konsole, die mit Administratorrechten gestartet wurde, kann der Befehl ausgeführt werden.*

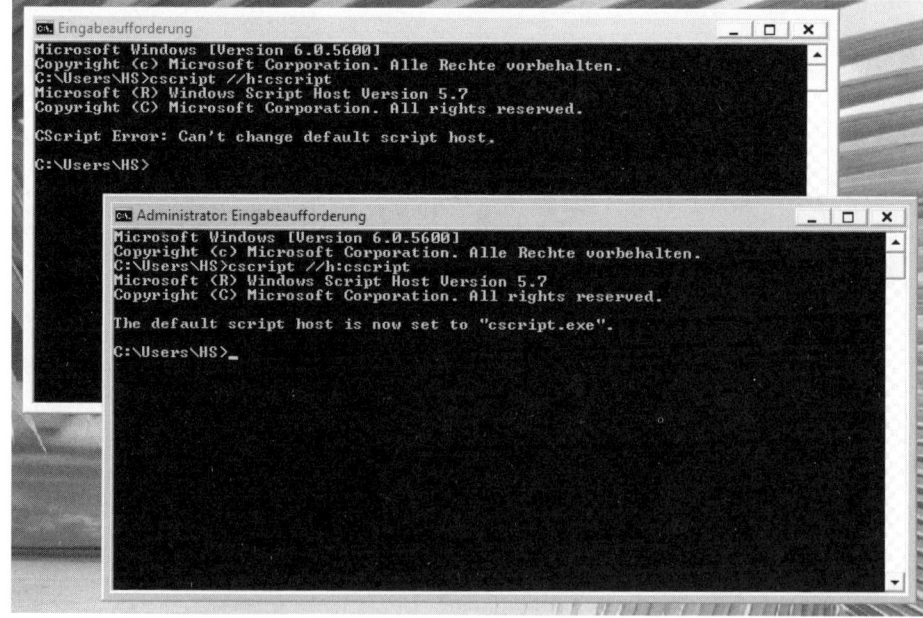

**Anlegen einer Verknüpfung zu wscript.exe oder cscript.exe** Das Anlegen einer
Verknüpfung ist ein Trick, um Windows Vista vorzugaukeln, dass es sich um eine normale
Windows-Anwendung handelt. Dadurch kann man zwar immer noch kein Skript per Dop-
pelklick starten, zumindest aber erscheint *Als Administrator ausführen* im Kontextmenü.

*Bild 19.7:
Man erstellt
eine Verknüp-
fung zu dem
Skript und
nennt dabei
explizit
wscript.exe
oder
cscript.exe.*

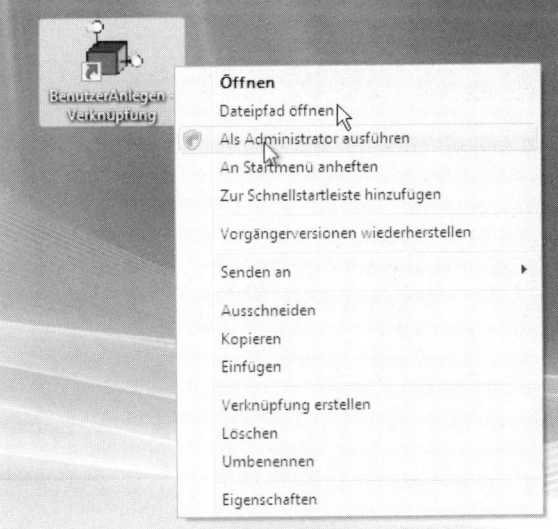

*Bild 19.8:
Dann erscheint
im Kontext-
menü „Als
Administrator
ausführen".*

*Bild 19.9:*
*Und Vista stellt*
*nach Bestäti-*
*gung des „Con-*
*sent UI" die*
*normalen*
*Rechte für die-*
*sen Prozess her.*

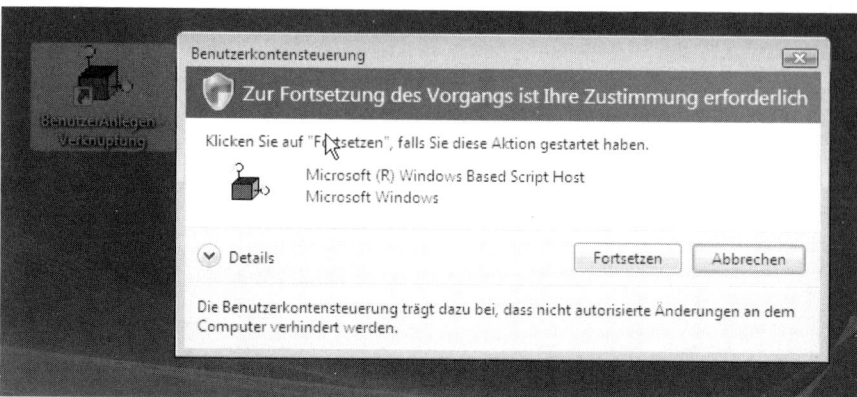

**UAC aus-**
**schalten**

**Benutzerkontensteuerung deaktivieren**  Die nächste Bildschirmabbildung zeigt, wie man die Benutzerkontensteuerung für Administratoren deaktivieren kann. Davon ist aber abzuraten, weil damit das Sicherheitssystem von Vista für Administratoren außer Kraft gesetzt wird und die Systeme wieder genauso anfällig für Schädlinge sind, wie es die Vorgänger waren.

*Bild 19.10:*
*Ausschalten*
*der Benutzer-*
*kontensteue-*
*rung für Admi-*
*nistratoren in*
*den Sicher-*
*heitsrichtlinien*
*von Windows*
*Vista (MMC-*
*Konsole „Lokale*
*Sicherheits-*
*richtlinien")*

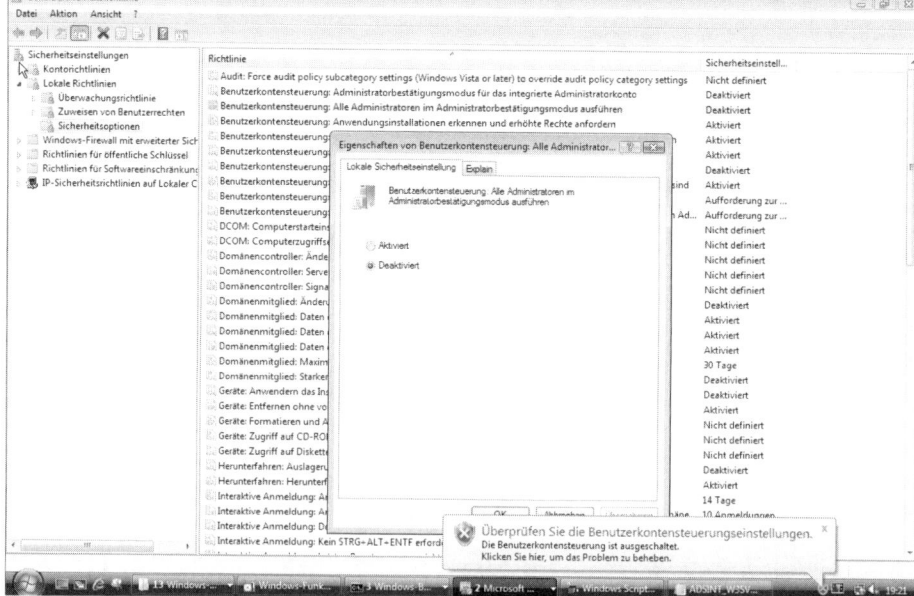

Einzelne Administratoren können die Benutzerkontensteuerung für sich selbst auch unter *Systemsteuerung/Benutzerkonten/Benutzerkontensteuerung* deaktivieren. Die Änderung der Einstellung erfordert einen Neustart.

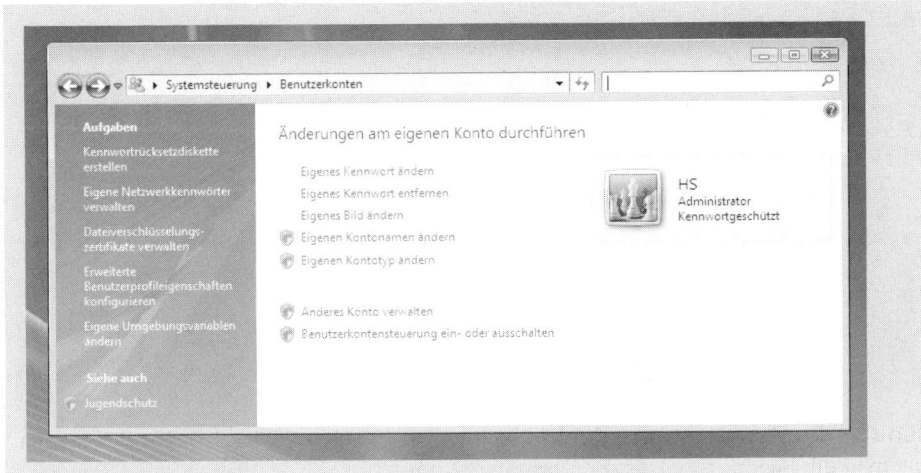

*Bild 19.11:
Ausschalten
der Benutzer-
kontensteue-
rung in der
Systemsteue-
rung*

Nach dem Deaktivieren der Benutzerkontensteuerung warnt Vista den Benutzer.

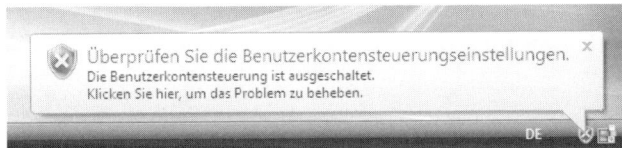

*Bild 19.12:
Warnung nach
dem Ausschal-
ten der Benut-
zerkontensteue-
rung*

*Bild 19.13:
Der Sicher-
heitsstatus im
Sicherheitscen-
ter ist herabge-
setzt, weil die
Benutzerkon-
tensteuerung
inaktiv ist.*

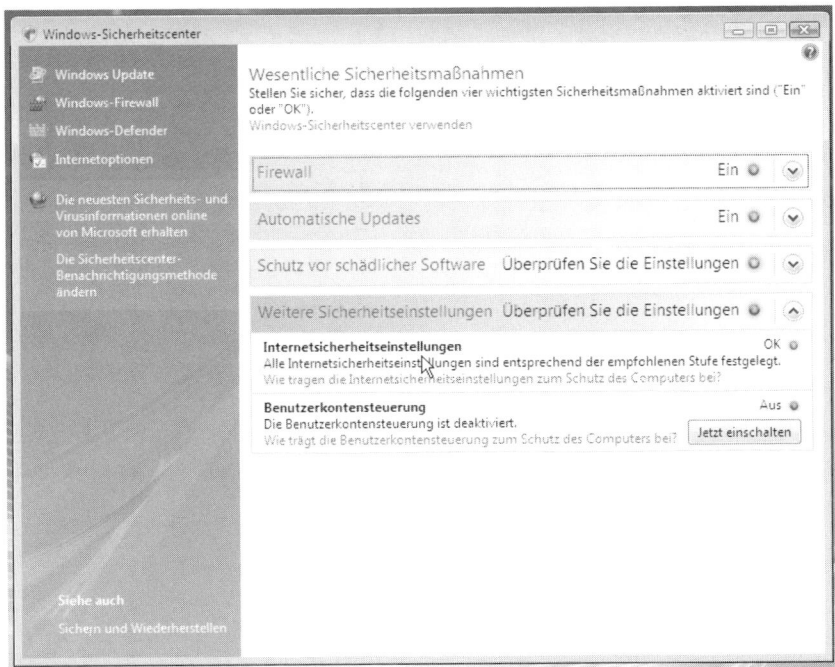

# 20 Windows PowerShell (WPS)

Die **Windows PowerShell** ist eine neue Umgebung für kommandozeilenbasierte System-administration und Scripting auf Basis des .NET Framework. Durch objektorientiertes Pipelining arbeitet die PowerShell auf einem höheren Abstraktionsniveau als der WSH und ermöglicht damit prägnantere Skripte, verlangt aber zugleich weniger Programmierwissen von den Administratoren. Die Windows PowerShell Version 1.0 ist eine im November 2006 erschienene, kostenlose Erweiterung zu Windows XP, Windows Server 2003 und Windows Vista. Auf allen diesen Betriebssystemen muss die PowerShell-Erweiterung (siehe [WPS06]) separat installiert werden. Erst in Windows Server 2008 gehört die PowerShell zum Stan-dardfunktionsumfang von Windows, muss dort aber als optionales Feature explizit aktiviert werden.

**PowerShell-Erweiterung**

Ein Kapitel reicht definitiv nicht aus, um die Windows PowerShell zu beschreiben. Ver-stehen Sie dieses Kapitel als einen Ausblick und als Motivation, sich mit der PowerShell zu beschäftigen, nicht als Grundlage, sie zu beherrschen. Ein eigener Band zu PowerShell ist im Herbst 2007 in der net.com-Reihe bei Addison-Wesley erschienen:

*Holger Schwichtenberg: Windows PowerShell, Addison-Wesley, München,*
*ISBN: 978-38273-2533-4*

## 20.1 Erste Schritte mit der PowerShell

Wenn man nach dem Installieren der PowerShell-Erweiterung die PowerShell zum ersten Mal startet, könnte man enttäuscht sein, denn die PowerShell präsentiert sich ähnlich ein-fach wie das klassische Windows-Kommandozeilenfenster. Sie kann aber weit mehr, wie die folgenden Abschnitte zeigen werden.

### 20.1.1 Commandlets

Ein Befehl der PowerShell heißt *Commandlet* (kurz: *Cmdlet*). Ein Commandlet besteht typi-scherweise aus drei Teilen:

**Aufbau**

▷ einem Verb,
▷ einem Substantiv und
▷ einer (optionalen) Parameterliste.

Verb und Substantiv werden durch einen Bindestrich "-" voneinander getrennt, die optionalen Parameter durch Leerzeichen. Die Groß- und Kleinschreibung ist bei den Commandlet-Namen nicht relevant. Daraus ergibt sich der folgende Aufbau:

```
Verb-Substantiv [-Parameterliste]
```

**Get-Process** Ein einfaches Beispiel ohne Parameter lautet:

```
Get-Process
```

Durch Angabe eines Parameters werden nur diejenigen Prozesse angezeigt, deren Name auf das angegebene Muster zutrifft:

```
Get-Process i*
```

Weil die Namen der Commandlets manchmal länger sind, gibt es Abkürzungen, sogenannte Aliase. ps und gps sind Abkürzungen für Get-Process (siehe Bildschirmabbildung).

*Bild 20.1:*
*Auflisten aller*
*Prozesse, deren*
*Name mit „I"*
*beginnt*

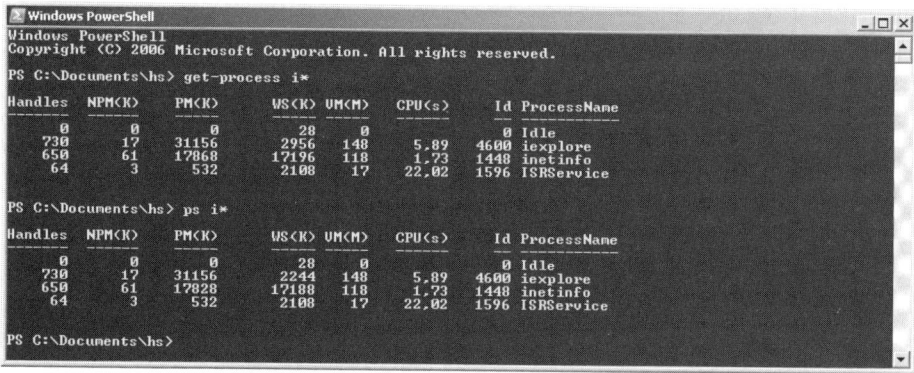

Wenn ein Commandlet mehrere Parameter besitzt, ist die Reihenfolge der Parameter entscheidend oder der Nutzer muss die Namen der Parameter mit angeben. Alle folgenden Befehle sind gleichbedeutend (dir ist ein Alias für das Commandlet Get-Childitem, das den Inhalt eines Containers, z.B. eines Verzeichnisses im Dateisystem, auflistet):

```
Get-Childitem C:\temp *.doc
Get-Childitem -Path C:\temp -Filter *.doc
Get-Childitem -Filter *.doc -Path C:\temp
dir C:\temp *.doc
dir -Path C:\temp -Filter *.doc
dir -Filter *.doc -Path C:\temp
```

Sie können aus der PowerShell heraus auch normale Windows-Anwendungen starten (z.B. c:\Windows\Notepad.exe) und Berechnungen direkt ausführen. Probieren Sie zum Beispiel mal die Eingabe (2*8 + 200) / 2.

## 20.1.2 PowerShell-Pipelines

Seine Mächtigkeit entfaltet die PowerShell aber erst durch das sogenannte Pipelining. Pipelining bedeutet, dass ein Commandlet sein Ergebnis an ein anderes Commandlet weitergeben kann, welches die Daten weiterverarbeitet. Wenn nur ein einziges Commandlet angegeben ist, wird das Ergebnis auf dem Bildschirm ausgegeben. Auch wenn mehrere Commandlets in einer Pipeline zusammengeschaltet sind, wird das Ergebnis des letzten Commandlets in der Pipeline ausgegeben. Wenn das letzte Commandlet keine Daten in die Pipeline wirft, erfolgt keine Ausgabe.

Eine Pipeline wird definiert durch das Zeichen "|".

Der folgende PowerShell-Pipeline-Befehl beendet alle Instanzen des Internet Explorers auf dem lokalen System, indem das Commandlet Stop-Process die Instanzen des betreffenden Prozesses von Get-Process empfängt.

**Beispiel**

```
Get-Process iexplore | Stop-Process
```

Wie die nächste Bildschirmabbildung zeigt, funktioniert dies aber nur dann gut, wenn es auch Instanzen des Internet Explorers gibt. Sind alle beendet, meldet Get-Process einen Fehler. Dies kann das gewünschte Verhalten sein. Mit einer etwas anderen Pipeline wird dieser Fehler jedoch unterbunden:

```
Get-Process | Where-Object { $_.Name -eq "iexplore" } | Stop-Process
```

Die zweite Pipeline unterscheidet sich von der ersten dadurch, dass das Filtern der Prozesse aus der Prozessliste nun nicht mehr von Get-Process erledigt wird, sondern durch ein eigenes Commandlet mit Namen Where-Object in der Pipeline selbst durchgeführt wird. Where-Object ist toleranter als Get-Process in Hinblick auf die Möglichkeit, dass es kein passendes Objekt gibt.

**Where-Object**

Objektorientierung ist die herausragende Eigenschaft der Windows PowerShell: Commandlets können durch Pipelines mit anderen Commandlets verbunden werden. Anders als Pipelines in UNIX-Shells tauschen die Commandlets der PowerShell keine Zeichenketten, sondern typisierte .NET-Objekte aus. Das objektorientierte Pipelining ist im Gegensatz zum in den UNIX-Shells verwendeten zeichenkettenbasierten Pipelining nicht abhängig von der Position der Informationen in der Pipeline.

**Objektorientierung**

Dass es sich in der Pipeline um typisierte Objekte handelt, kann man auf zwei Wegen beweisen.

1. Den obigen Befehl zum Beenden der Internet Explorer-Instanzen könnte man expliziter formulieren, indem man nicht Stop-Process, sondern die Kill()-Methode aufruft. Kill() ist eine Methode der .NET-Klasse System.Diagnostics.Process. Instanzen dieser Klasse werden von Get-Process erzeugt und in die Pipeline geworfen:

   ```
   Get-Process | Where-Object { $_.name -eq "iexplore" } | Foreach-Object { $_.Kill() }
   ```

2. Mit dem Befehl

   ```
   Get-Process | Get-Member
   ```

   erhält man eine Information darüber, welche Objekte sich in der Pipeline befinden und welche Möglichkeiten man mit diesen Objekten hat. Dieser Vorgang wird als *Reflection* bezeichnet. Die folgende Bildschirmabbildung zeigt, dass es tatsächlich Instanzen von System.Diagnostics.Process mit einer Kill()-Methode in der Pipeline gibt.

```
Select Windows PowerShell                                                    _ |□| x|
PS C:\Documents\hs> get-process | get-member


    TypeName: System.Diagnostics.Process

Name                            MemberType     Definition
----                            ----------     ----------
Handles                         AliasProperty  Handles = Handlecount
Name                            AliasProperty  Name = ProcessName
NPM                             AliasProperty  NPM = NonpagedSystemMemorySize
PM                              AliasProperty  PM = PagedMemorySize
VM                              AliasProperty  VM = VirtualMemorySize
WS                              AliasProperty  WS = WorkingSet
add_Disposed                    Method         System.Void add_Disposed(EventHandler value)
add_ErrorDataReceived           Method         System.Void add_ErrorDataReceived(DataReceivedEven...
add_Exited                      Method         System.Void add_Exited(EventHandler value)
add_OutputDataReceived          Method         System.Void add_OutputDataReceived(DataReceivedEve...
BeginErrorReadLine              Method         System.Void BeginErrorReadLine()
BeginOutputReadLine             Method         System.Void BeginOutputReadLine()
CancelErrorRead                 Method         System.Void CancelErrorRead()
CancelOutputRead                Method         System.Void CancelOutputRead()
Close                           Method         System.Void Close()
CloseMainWindow                 Method         System.Boolean CloseMainWindow()
CreateObjRef                    Method         System.Runtime.Remoting.ObjRef CreateObjRef(Type r...
Dispose                         Method         System.Void Dispose()
Equals                          Method         System.Boolean Equals(Object obj)
GetHashCode                     Method         System.Int32 GetHashCode()
GetLifetimeService              Method         System.Object GetLifetimeService()
GetType                         Method         System.Type GetType()
get_BasePriority                Method         System.Int32 get_BasePriority()
get_Container                   Method         System.ComponentModel.IContainer get_Container()
get_EnableRaisingEvents         Method         System.Boolean get_EnableRaisingEvents()
get_ExitCode                    Method         System.Int32 get_ExitCode()
get_ExitTime                    Method         System.DateTime get_ExitTime()
get_Handle                      Method         System.IntPtr get_Handle()
get_HandleCount                 Method         System.Int32 get_HandleCount()
get_HasExited                   Method         System.Boolean get_HasExited()
get_Id                          Method         System.Int32 get_Id()
get_MachineName                 Method         System.String get_MachineName()
get_MainModule                  Method         System.Diagnostics.ProcessModule get_MainModule()
get_MainWindowHandle            Method         System.IntPtr get_MainWindowHandle()
get_MainWindowTitle             Method         System.String get_MainWindowTitle()
get_MaxWorkingSet               Method         System.IntPtr get_MaxWorkingSet()
get_MinWorkingSet               Method         System.IntPtr get_MinWorkingSet()
get_Modules                     Method         System.Diagnostics.ProcessModuleCollection get_Mod...
get_NonpagedSystemMemorySize    Method         System.Int32 get_NonpagedSystemMemorySize()
get_NonpagedSystemMemorySize64  Method         System.Int64 get_NonpagedSystemMemorySize64()
get_PagedMemorySize             Method         System.Int32 get_PagedMemorySize()
get_PagedMemorySize64           Method         System.Int64 get_PagedMemorySize64()
get_PagedSystemMemorySize       Method         System.Int32 get_PagedSystemMemorySize()
get_PagedSystemMemorySize64     Method         System.Int64 get_PagedSystemMemorySize64()
get_PeakPagedMemorySize         Method         System.Int32 get_PeakPagedMemorySize()
get_PeakPagedMemorySize64       Method         System.Int64 get_PeakPagedMemorySize64()
get_PeakVirtualMemorySize       Method         System.Int32 get_PeakVirtualMemorySize()
get_PeakVirtualMemorySize64     Method         System.Int64 get_PeakVirtualMemorySize64()
get_PeakWorkingSet              Method         System.Int32 get_PeakWorkingSet()
get_PeakWorkingSet64            Method         System.Int64 get_PeakWorkingSet64()
get_PriorityBoostEnabled        Method         System.Boolean get_PriorityBoostEnabled()
get_PriorityClass               Method         System.Diagnostics.ProcessPriorityClass get_Priori...
get_PrivateMemorySize           Method         System.Int32 get_PrivateMemorySize()
get_PrivateMemorySize64         Method         System.Int64 get_PrivateMemorySize64()
get_PrivilegedProcessorTime     Method         System.TimeSpan get_PrivilegedProcessorTime()
get_ProcessName                 Method         System.String get_ProcessName()
get_ProcessorAffinity           Method         System.IntPtr get_ProcessorAffinity()
get_Responding                  Method         System.Boolean get_Responding()
get_SessionId                   Method         System.Int32 get_SessionId()
get_Site                        Method         System.ComponentModel.ISite get_Site()
get_StandardError               Method         System.IO.StreamReader get_StandardError()
get_StandardInput               Method         System.IO.StreamWriter get_StandardInput()
get_StandardOutput              Method         System.IO.StreamReader get_StandardOutput()
get_StartInfo                   Method         System.Diagnostics.ProcessStartInfo get_StartInfo()
get_StartTime                   Method         System.DateTime get_StartTime()
get_SynchronizingObject         Method         System.ComponentModel.ISynchronizeInvoke get_Synch...
get_Threads                     Method         System.Diagnostics.ProcessThreadCollection get_Thr...
get_TotalProcessorTime          Method         System.TimeSpan get_TotalProcessorTime()
get_UserProcessorTime           Method         System.TimeSpan get_UserProcessorTime()
get_VirtualMemorySize           Method         System.Int32 get_VirtualMemorySize()
get_VirtualMemorySize64         Method         System.Int64 get_VirtualMemorySize64()
get_WorkingSet                  Method         System.Int32 get_WorkingSet()
get_WorkingSet64                Method         System.Int64 get_WorkingSet64()
InitializeLifetimeService       Method         System.Object InitializeLifetimeService()
Kill                            Method         System.Void Kill()
Refresh                         Method         System.Void Refresh()
```

**Beispiel**   Die Mächtigkeit des Objekt-Pipelining-Ansatzes soll an einem weiteren Beispiel verdeutlicht werden. Erinnern Sie sich noch an das etwas längere Softwareinventarisierungsskript aus Kapitel 15, das nacheinander mehrere Computer gemäß einer Liste in einer Textdatei abgefragt hat (*Software_Inventar2.vbs*)? Der folgende PowerShell-Einzeiler (der Befehl wurde hier nur aufgrund der beschränkten Buchbreite umgebrochen) erfüllt die gleiche Funktion (mit Ausnahme des Ping-Versuchs vor der Abfrage):

```
Get-Content "computernamen.txt" |
Foreach-Object { Get-Wmiobject Win32_Product -computername $_ } |
Where-Object { $_.vendor -like "*Microsoft*" } |
Export-Csv "Softwareinventar.csv" -notypeinformation
```

Abschließend seien noch die Commandlets zur Ausgabe erwähnt, mit denen man steuern kann, was man ausgegeben bekommen möchte und wie die Ausgabe formatiert sein soll:

**Ausgaben**

▷ Format-Wide: zweispaltige Liste

▷ Format-List: detaillierte Liste

▷ Format-Table: Tabelle

Mit dem folgenden Befehl wird die Ausgabe der Prozessliste auf die Spalten *Name* und *WS* (Kürzel für *WorkingSet*) beschränkt:

```
Get-Process | Format-Table name, ws
```

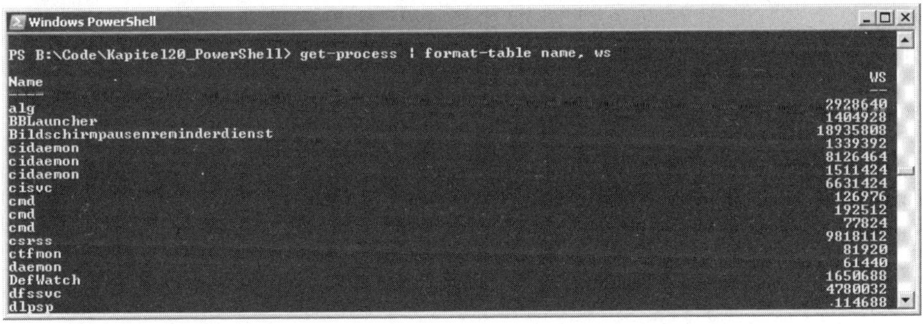

*Bild 20.3: Beispiel zum Einsatz von Format-Table*

## 20.1.3 Navigation in Containern

Eine weitere interessante Eigenschaft der PowerShell besteht darin, dass man in ganz unterschiedlichen Containern genauso navigieren und agieren kann wie im Dateisystem. Testen Sie einmal folgende Befehlsfolge, um in der Registrierungsdatenbank zu arbeiten:

**Navigieren wie im Dateisystem**

```
cd hklm:\software
Dir i*
md IT-Visions
Dir i*
CD IT-Visions
New-Item  -Name  "Website" -Value "www.IT-Visions.de" -type String
Dir
```

cd und md sind übrigens nicht die alten Windows-Kommandozeilenbefehle, sondern Aliase für die Commandlets Set-Location und New-Item.

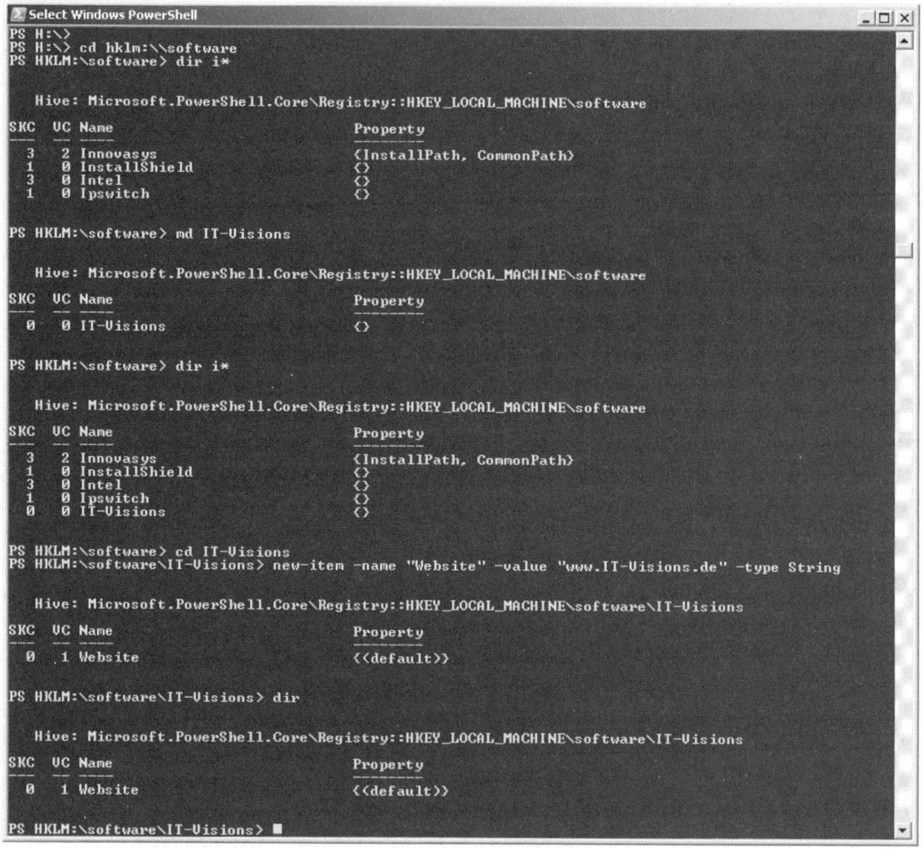

```
Select Windows PowerShell                                              _ □ ×
PS H:\>
PS H:\> cd hklm:\\software
PS HKLM:\software> dir i*


    Hive: Microsoft.PowerShell.Core\Registry::HKEY_LOCAL_MACHINE\software

SKC  UC Name                          Property
---  -- ----                          --------
  3   2 Innovasys                     {InstallPath, CommonPath}
  1   0 InstallShield                 {}
  3   0 Intel                         {}
  1   0 Ipswitch                      {}

PS HKLM:\software> md IT-Visions


    Hive: Microsoft.PowerShell.Core\Registry::HKEY_LOCAL_MACHINE\software

SKC  UC Name                          Property
---  -- ----                          --------
  0   0 IT-Visions                    {}


PS HKLM:\software> dir i*


    Hive: Microsoft.PowerShell.Core\Registry::HKEY_LOCAL_MACHINE\software

SKC  UC Name                          Property
---  -- ----                          --------
  3   2 Innovasys                     {InstallPath, CommonPath}
  1   0 InstallShield                 {}
  3   0 Intel                         {}
  1   0 Ipswitch                      {}
  0   0 IT-Visions                    {}

PS HKLM:\software> cd IT-Visions
PS HKLM:\software\IT-Visions> new-item -name "Website" -value "www.IT-Visions.de" -type String

    Hive: Microsoft.PowerShell.Core\Registry::HKEY_LOCAL_MACHINE\software\IT-Visions

SKC  UC Name                          Property
---  -- ----                          --------
  0   1 Website                       {(default)}

PS HKLM:\software\IT-Visions> dir

    Hive: Microsoft.PowerShell.Core\Registry::HKEY_LOCAL_MACHINE\software\IT-Visions

SKC  UC Name                          Property
---  -- ----                          --------
  0   1 Website                       {(default)}

PS HKLM:\software\IT-Visions> ■
```

Die Registrierungsdatenbank ist nicht der einzige Datenspeicher, den die PowerShell betrachten kann wie ein Dateisystem. Eingebaut in die PowerShell Version 1.0 ist die Navigation in:

- Windows-Dateisystem (A, B, C, D, E etc.)
- Windows-Registrierungsdatenbank (HKCU, HKLM)
- Windows-Umgebungsvariablen (env)
- Windows-Zertifikatsspeicher (cert)
- Funktionen der PowerShell (function)
- Variablen der PowerShell (variable)
- Aliasen der PowerShell (alias)

Ein solcher Navigationscontainer (alias PowerShell Provider) für das Active Directory ist als Teil der Windows PowerShell Community Extensions (PowerShellCX) [PCE07] verfügbar.

# 20.2 Hilfe zur PowerShell

Die PowerShell hat einige eingebaute Hilfefunktionen, die hier kurz vorgestellt werden sollen:

`Get-Command` liefert eine Liste aller verfügbaren Commandlets in der PowerShell. Dabei sind auch Muster erlaubt.

**Get-Command**

- `Get-Command get-*` liefert alle Befehle, die mit „get" anfangen.
- `Get-Command [gs]et-*` liefert alle Befehle, die mit „get" oder „set" anfangen.

Hilfe zu einem Commandlet bekommt man über `Get-help commandletname`, z.B.

**Get-Help**

`Get-Help Get-Process`

Dabei kann man durch die Parameter `–detailed` und `–full` mehr Hilfe erhalten.

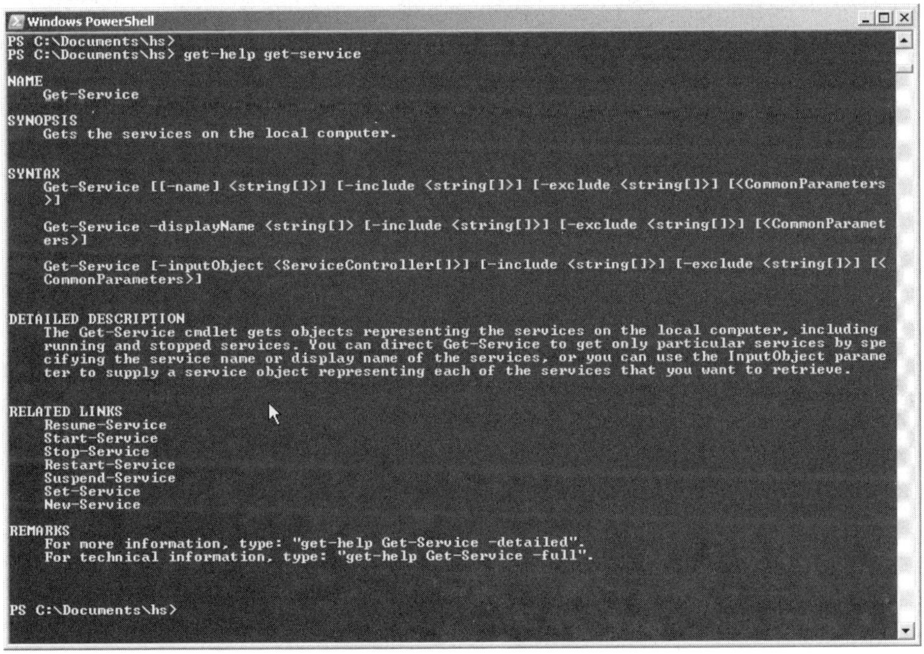

*Bild 20.5: Hilfetext zum Commandlet Get-Service*

Hingegen listet

`Get-Help get`

alle Commandlets auf, die das Verb `get` verwenden.

`Get-Aliase` liefert eine Liste aller Aliase.

**Get-Alias**

`Get-PSDrive` zeigt die Liste der verfügbaren Container für die PowerShell-Navigation.

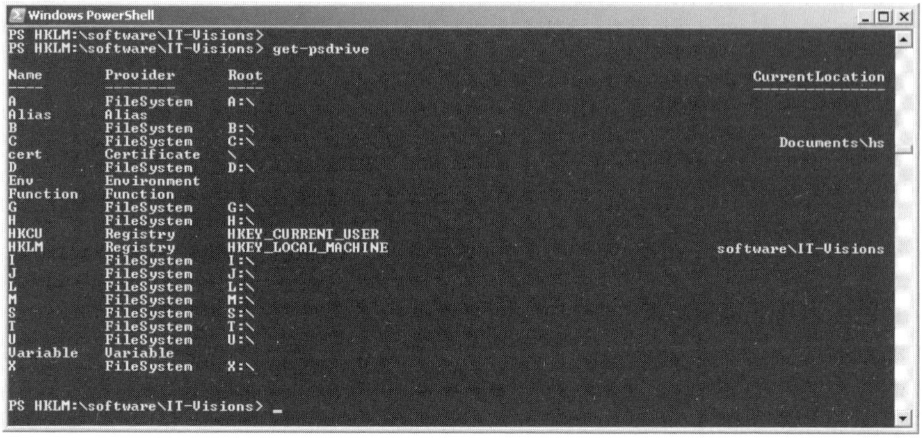

Bild 20.6:
Verfügbare
Container für
die PowerShell-
Navigation

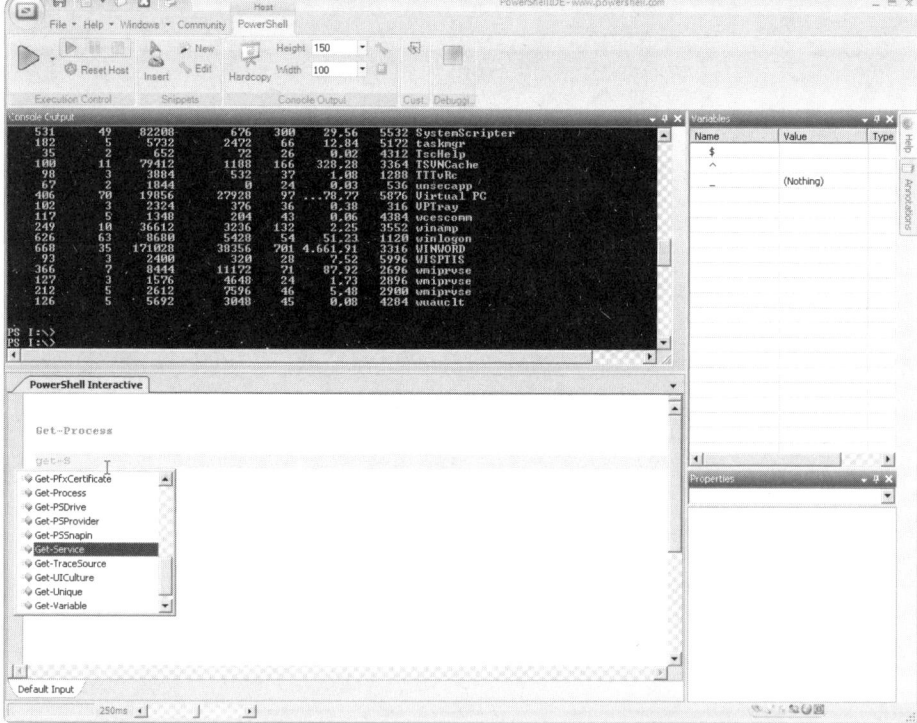

**Power-ShellIDE** Einen richtigen Editor für die PowerShell gibt es übrigens von Microsoft noch nicht. Es existieren aber zwei Editoren von anderen Anbietern: PrimalScript 4.1 von Sapien (siehe Kapitel 3) bietet Unterstützung für die PowerShell. Während PrimalScript kostenpflichtig ist, gibt es derzeit die PowerShellIDE [PSI07] kostenlos. Diese ist dabei sogar mächtiger, stürzt aber auch gelegentlich noch ab.

Bild 20.7:
Die Power-
ShellIDE un-
terstützt durch
Auswahllisten
bei der Eingabe.

Bei der Eingabe von Befehlen unterstützt Sie die PowerShell-Konsole durch Tabulator-Vervollständigung. Versuchen Sie in der Konsole folgende Eingaben:

▶ `Get-` ⭾
▶ `Get-?e*` ⭾
▶ `Get-Childitem -` ⭾

# 20.3 PowerShell-Skripte

Neben dem interaktiven Modus, in dem man Aktionen durch die Aneinanderreihung von Commandlets in Pipelines auslösen kann, erlaubt die PowerShell auch das Erstellen von Skripten mit klassischen Konstrukten wie Variablen, Bedingungen und Schleifen.

Befehlsabfolgen können als PowerShell-Skripte im Dateisystem abgelegt und später (unbe-aufsichtigt) ausgeführt werden. Diese Skripte sind reine Textdateien und haben die Dateierweiterung *.ps1*. Die Zahl 1 steht dabei für die Version 1.0 der PowerShell. Microsoft hat in Hinblick auf die Langlebigkeit vieler Skripte vorgesehen, dass verschiedene Versionen der PowerShell auf einem System koexistieren können. **.ps1**

## 20.3.1 Ein Beispiel

Das nachstehende Skript zeigt die vollständige Umsetzung des Inventarisierungsbeispiels aus Kapitel 15, einschließlich der Erreichbarkeitsprüfung mit Ping und der Parametrisierung am Anfang des Skripts.

```
' Softwareinventar3.ps1
' Das PowerShell-Script inventarisiert die installierte Software
' verwendet: WMI
' ============================================================

$Hersteller = "*Microsoft*"
$Eingabedateiname = "computernamen.txt"
$Ausgabedateiname = "Softwareinventar.csv"

# Import der Computernamen
$Computernamen = Get-Content "computernamen.txt"
$Computernamen | foreach {

if (Ping($_))
{
Write-Host "Inventarisiere Software für Computer $_ ..."
# Auslesen der installierten MSI-Pakete auf allen Computern
$Software = foreach { get-wmiobject win32_product -computername $_ } |
  where { $_.vendor -like $Hersteller }

# Export in CSV
$Software | export-csv "Softwareinventar.csv" -notypeinformation
```

```
}
else
{
Write-Error "Computer nicht erreichbar!"
}
}

# Ping ausführen
function Ping
{
$status = Get-WmiObject Win32_PingStatus -filter "Address='$args[0]'" | select
StatusCode
return $status.Statuscode -eq 0
}
```

*Listing 20.1: /Skripte/Kapitel 20/Softwareinventar3.ps1*

## 20.3.2  Sprachkonstrukte

**PowerShell Language (PSL)**

Die Befehlssprache der PowerShell ist eine neue Sprache, die aber stark an Perl, C# und UNIX-Shell-Sprachen angelehnt ist. In dem obigen Skript sind folgende Konstrukte zu sehen:

> Kommentarzeile mit #

> Variablen, die mit $ beginnen

> eine Bedingung mit if

> eine Unterroutine mit function, die einen Wert mit return zurückgibt

> Ausgabe mit Write-Host und Write-Error

In dem obigen Skript kommt zur Schleifenbildung weiterhin das Commandlet Foreach-Object (abgekürzt foreach) vor. Es gibt auch ein PowerShell-Sprachkonstrukt foreach, das hier alternativ eingesetzt werden könnte. Dann wäre die Syntax aber etwas anders:

```
foreach ($computer in $computernamen) { … }
```

Aus Platzgründen kann hier keine vollständige Auflistung aller Sprachkonstrukte geliefert werden.

## 20.3.3  Skripte ausführen

**Skripte starten**

Jeffrey Snover, der maßgebliche Entwickler, nennt als „Top-Sicherheitsfunktion" der Windows PowerShell die Tatsache, dass man ein PowerShell-Skript nicht durch Doppelklick auf das Symbol in Windows starten kann. Grundsätzlich könnte man diese Startart definieren, diese Definition in der Registrierungsdatenbank ist aber nicht im Standardumfang der PowerShell-Installation enthalten.

Ein PowerShell-Skript wird gestartet durch Eingabe des Namens mit oder ohne Dateierweiterung bzw. mit oder ohne ein vorangestelltes Commandlet in der PowerShell-Konsole:

Softwareinventar3 oder

Softwareinventar3.ps1 oder

&Softwareinventar3.ps1 oder

Invoke-Expression Softwareinventar3.ps1

Alternativ kann man ein PowerShell-Skript aus dem normalen Windows-Kommandozeilenfenster, durch eine Verknüpfung aus dem Windows-Desktop oder als Anmeldeskript starten, indem man *powershell.exe* voranstellt:

powershell.exe Softwareinventar3

**Sicherheitsrichtlinien**  Wenn Sie das obige Skript mit einem Texteditor eingeben (oder es von der CD-ROM kopieren) dann wird es Ihnen zunächst nicht gelingen, das Skript zu starten (siehe folgende Bildschirmabbildung). Die Standardeinstellung der PowerShell verbietet die Ausführung von Skripten durch eine Sicherheitsrichtlinie. Die PowerShell kann nur interaktiv verwendet werden.

**Alle Skripte zunächst verboten**

```
Windows PowerShell
PS B:\> cd code
PS B:\Code> cd Kapitel20_PowerShell
PS B:\Code\Kapitel20_PowerShell> dir


    Directory: Microsoft.PowerShell.Core\FileSystem::B:\Code\Kapitel20_PowerShell


Mode                LastWriteTime     Length Name
----                -------------     ------ ----
-a---         11.04.2007     10:32         36 computernamen.txt
-a---         11.04.2007     10:57       1046 Softwareinventar3.ps1


PS B:\Code\Kapitel20_PowerShell> .\Softwareinventar3.ps1
File B:\Code\Kapitel20_PowerShell\Softwareinventar3.ps1 cannot be loaded because the execution of s
cripts is disabled on this system. Please see "get-help about_signing" for more details.
At line:1 char:23
+ .\Softwareinventar3.ps1 <<<<
PS B:\Code\Kapitel20_PowerShell>
```

*Bild 20.8:*
*In der Standardeinstellung sind alle Skripte verboten.*

Ein Benutzer kann die Shell zunächst nur interaktiv verwenden, bis er die Ausführungsrichtlinie mit dem Commandlet Set-Executionpolicy auf eine niedrigere Sicherheitsstufe herabsetzt:

**Set-Executionpolicy**

- Modus „AllSigned": Nur signierte Skripte starten und signierte Skripte von nicht-vertrauten Quellen starten auf Nachfrage.

- Modus „EntferntSigned": Eine vertraute Signatur ist nur für Skripte aus dem Internet (z.B. bezogen via Browser, Outlook, Messenger) erforderlich; lokale Skripte starten auch ohne Signatur.

- Modus „Unrestricted": Alle Skripte laufen.

Sie können natürlich zu Testzwecken "Unrestricted" verwenden; dies ist auf die Dauer aber ein Sicherheitsrisiko. Besser sind die Optionen, die digitale Signaturen erfordern.

**Skripte signieren**  Um ein Skript zu signieren, müssen Sie die folgenden Schritte ausführen:

**Zertifikat anwenden**

- Wenn Sie kein Zertifikat zum Signieren von Code besitzen, legen Sie sich ein Zertifikat an, wie in Kapitel 18 beschrieben.

- Lassen Sie sich Ihre eigenen Windows-Zertifikate in der PowerShell-Konsole auflisten:

dir cert:/currentuser/my

▷ Ermitteln Sie die Position des Zertifikats, das Sie verwenden wollen, und speichern Sie dieses Zertifikat in einer Variablen (Achtung: Die Zählung beginnt bei 0!):

```
$cert = @(dir "cert:/currentuser/my/")[1]
```

▷ Signieren Sie das Skript:

```
Set-AuthenticodeSignature Softwareinventar3.ps1 $cert
```

*Bild 20.9:*
*Signieren eines*
*PowerShell-*
*Skripts*

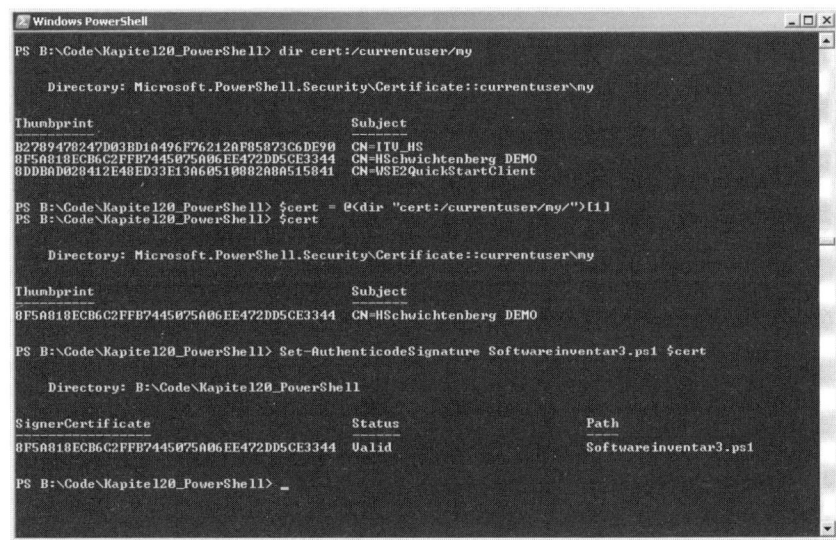

Wenn Sie nun

```
Set-AuthenticodeSignature AllSigned
```

setzen, sollte das von Ihnen signierte PowerShell-Skript laufen, alle anderen Skripte aber nicht.

 Wenn die PowerShell beim Start des Skripts noch einmal nachfragt, ob Sie das Skript wirklich laufen lassen wollen, dann bedeutet dies, dass das Skript zwar von jemandem signiert ist und Sie die Zertifizierungsstelle, die das Zertifikat ausgestellt hat, in der Liste Stammzertifizierungsstellen haben, aber Sie diesem Skriptautor noch nicht explizit vertrauen. Durch die Option „Always Run" würde der Skriptautor unter die „Vertrauenswürdigen Herausgeber" in die Zertifikatsverwaltung aufgenommen werden.

*Bild 20.10:*
*Nachfrage beim*
*Skriptstart*

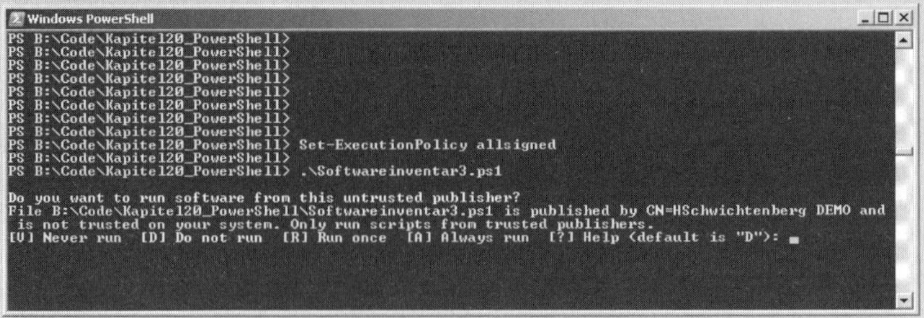

# 20.4 Die PowerShell in Aktion

Dieses abschließende Unterkapitel zeigt eine bunte Mischung von Anwendungsbeispielen der PowerShell. Sie werden feststellen, dass die Menge der eingebauten Commandlets in der PowerShell Version 1.0 recht überschaubar ist. Zwei Commandlets (New-Object und Get-WmiObject) eröffnen der PowerShell jedoch die ganze Welt von COM-, .NET- und WMI-Objekten.

Alle nachfolgenden Befehle sind "Einzeiler", bei denen die Daten über die Pipeline weitergegeben werden. Nur aufgrund der begrenzten Buchseitenbreite sind in diesem Buch Umbrüche vorhanden.

Bitte beachten Sie, dass die mit (*) markierten Beispiele nur funktionieren, wenn Sie die PowerShell-Erweiterungen installieren, die Sie kostenlos unter [WPS07] bekommen. Die PowerShell bietet für einige Anwendungsgebiete wie die Verzeichnisdienstprogrammierung noch keine solch einfachen Lösungen an.

| Aufgabe | PowerShell-Befehl |
|---|---|
| Was bedeutet der Alias gps? | `Get-Alias gps` |
| Welche Aliase gibt es zum Commandlet Get-Process? | `Get-Alias | where { $_.definition -match "get-process" }` |
| Welche Prozessoren sind vorhanden? | `Get-Wmiobject Win32_Processor` |
| Welche Prozessoren sind vorhanden auf Computer E02? | `Get-Wmiobject Win32_Processor -Computer E02` |
| Wie stark ist der Prozessor gerade belastet? | `Get-Wmiobject Win32_PerfRawData_PerfOS_Processor` |
| Welche Netzwerkadapter sind vorhanden? | `Get-Wmiobject Win32_NetworkAdapter` |
| Welche Drucker gibt es? | `Get-Wmiobject Win32_Printer` |
| Welche Druckaufträge stehen an? | `Get-Wmiobject Win32_Printjob` |
| Anhalten aller Druckaufträge für den Drucker „EP04" | `Get-Wmiobject Win32_Printjob -Filter "Drivername='EP04'" | foreach-object { $_.pause() }` |
| Zeige eine Liste der laufenden Prozesse absteigend nach der Speicherbelastung | `Get-Process | Sort-Object ws -desc` |

*Tabelle 20.1: Einsatzbeispiele für die PowerShell*

| Aufgabe | PowerShell-Befehl |
|---------|-------------------|
| Sortiere die Prozesse, die das Wort „iexplore" im Namen tragen, gemäß ihrer CPU-Nutzung und beende den Prozess, der in der aufsteigenden Liste der CPU-Nutzung am weitesten unten steht (also am meisten Rechenleistung verbraucht). | `Get-Process | where { $_.processname -ilike "*iexplore*" } | Sort-Object -p cpu | Select-Object -last 1 | Foreach-Object { $_.Kill() }` |
| Welche Systemdienste sind gestartet? | `Get-Service | Where-Object {$_.status -eq "running"}` |
| Welche Systemdienste sind nicht gestartet? | `Get-Service | Where-Object {$_.status -eq "stopped"}` |
| Speichere eine Liste der laufenden Systemdienste in einer Textdatei. | `Get-Service | Where-Object {$_.status -eq "running"} | export-csv j:\demo\dokumente\dienste.csv -NoTypeInformation` |
| Installiere ein MSI-Paket. | `(Get-WmiObject -ComputerName E01 -List | Where-Object -FilterScript {$_.Name -eq "Win32_Product"}).Install("H:\demo\PS\Setup_ for_HelloWorld_VBNET.msi")` |
| Deinstalliere eine Anwendung. | `(Get-WmiObject -Class Win32_Product -Filter "Name='Hello World VB.NET'" -ComputerName E01).Uninstall()` |
| Exportiere eine Liste der laufenden Dienste in eine HTML-Tabelle. | `Get-Service | ConvertTo-Html name,status -title "Diensteliste" -body "Liste der Dienste" | Set-Content j:\dokumente\dienste.htm` |
| Welche Dienste sind von einem Dienst abhängig? | `([wmiSearcher]"Associators of {Win32_Service.Name='iisadmin'} Where AssocClass=Win32_DependentService Role=Antecedent").get()` |
| Was sind die letzten 30 Einträge im Anwendungsprotokoll? | `Get-EventLog Application -newest 30` |
| Zeige eine Auswertung der Ereignisse im Anwendungsprotokoll nach Ereignis-IDs. | `Get-EventLog Application | Group-Object eventid | Sort-Object Count` |
| Welches Betriebssystem läuft? | `Get-Wmiobject Win32_OperatingSystem` |
| Welche Umgebungsvariablen sind definiert? | `dir env:` |
| Welchen Füllstand haben die Laufwerke? | `Get-Wmiobject Win32_Logicaldisk | Select-Object deviceid,size,freespace` |
| Kopiere eine Datei. | `Get-Wmiobject Win32_Logicaldisk | Select-Object deviceid,size,freespace` |
| Zeige eine Liste der Dateien in c:\Windows mit Rekursion über die Unterordner. | `Get-Childitem c:\Windows -filter "*.ps1" -recurse` |

| Aufgabe | PowerShell-Befehl |
|---|---|
| Statistische Werte über die Dateien in *c:\Windows* | `Get-Childitem c:\windows | measure-object -p length -sum -a -max -min` |
| Ermittle aus dem Verzeichnis *System32* alle Dateien, die mit dem Buchstaben „a" beginnen. Beschränke die Menge auf diejenigen Dateien, die größer als 40.000 Byte sind, und gruppiere die Ergebnismenge nach Dateierweiterungen. Sortiere die gruppierte Menge nach dem Namen der Dateierweiterung. | `Get-Childitem c:\windows\system32 -filter a*.* | Where-Object {$_.Length -gt 40000} | Group-Object Erweiterung | Sort-Object name | Format-Table` |
| Bewege eine Datei. | `Move-Item j:\demo\dokumente\profil.pdf c:\temp\profil_HSchwichtenberg.pdf` |
| Benenne eine Datei um. | `Rename-Item profil.pdf profil_HS.pdf` |
| Lösche alle Dateien im */Temp*-Ordner, die älter als 30 Tage sind. | `Get-Childitem c:\temp -recurse | where-object {($now $_.LastWriteTime).Days -gt 30} | Remove-Item` |
| Wieviele Zeilen hat eine Textdatei? | `Get-content j:\demo\dokumente\benutzerliste.csv | Measure-Object` |
| Lese eine Binärdatei. | `$a = Get-Content H:\demo\PowerShell\Registry\www.IT-Visions.de_Logo.jpg -encoding byte` |
| Welche lokalen Benutzerkonten gibt es? | `Get-Wmiobject Win32_UserAccount` |
| Welche lokalen Benutzergruppen gibt es? | `Get-Wmiobject Win32_Group` |
| Hat ein Benutzer auf Computer E02 seinen Bildschirmschoner aktiviert? | `Get-Wmiobject Win32_Desktop -computer E02 | where { $_.Name -eq "ITV\hs" } | select screensaveractive` |
| Wer hat Zugriffsrechte auf einen Ordner im Dateisystem? | `Get-Acl g:\daten\kunden` |
| Lege eine Organisationseinheit im Active Directory an (*). | `Add-DirectoryObject "LDAP://xfilesserver/OU=Agents,DC=FBI,DC=net" -class "organizationalUnit" -rdn "ou=formerAgents"` |
| Lege ein Benutzerkonto im Active Directory an (*). | `Add-DirectoryObject "LDAP://xfilesserver/ou=formerAgents,OU=Agents,DC=FBI,DC=net" "user"` |
| Zeige Daten zu einem Active Directory-Benutzer (*). | `Get-DirectoryEntry "LDAP://xfilesserver/CN=Fox Mulder,OU=Agents,DC=FBI,DC=net" | Select-Object sn, l, mail, telephonenumber` |
| Zeige den Inhalt einer Organisationseinheit an. (*) | `Get-DirectoryChildren "LDAP://xfilesserver/ou=formerAgents,OU=Agents,DC=FBI,DC=net"` |
| Lösche alle Einträge innerhalb eines Active Directory-Containers. (*) | `Get-DirectoryChildren "LDAP://xfilesserver/ou=formerAgents,OU=Agents,DC=FBI,DC=net" | Remove-DirectoryObject | select name` |

| Aufgabe | PowerShell-Befehl |
|---|---|
| Lösche einen Active Directory-Container. (*) | ```Remove-DirectoryObject "LDAP://xfilesserver/ ou=formerAgents,OU=Agents,DC=FBI,DC=net"   select name``` |
| Welche Postfächer gibt es? (funktioniert nur für Exchange Server 2007!) | `Get-Mailbox` |
| Erzeuge ein neues Postfach für einen Benutzer. (funktioniert nur für Microsoft Exchange Server 2007!) | ```New-Mailbox -alias "HSchwichtenberg" -name HolgerSchwichtenberg -userprincipalname HS@IT- Visions.de -database "E12\First Storage Group\Mailbox Database" -org users``` |

# 20.5  Fragen und Aufgaben

Nehmen Sie sich bitte etwas Zeit, um die nachfolgenden Fragen zu beantworten. Sie helfen Ihnen, das Wissen aus diesem Kapitel zu wiederholen und praktisch zu üben. Die richtigen Antworten bzw. Musterlösungen finden Sie im Anhang.

1. Auf welchen Betriebssystemen läuft die PowerShell?

2. Geben Sie eine Liste aller Windows-Dienste aus, wobei nur der Name und der Status angezeigt werden sollen.

3. Ermitteln Sie aus dem Verzeichnis *System32* alle Dateien, die mit dem Buchstaben „b" beginnen. Beschränken Sie die Menge auf diejenigen Dateien, die größer als 40.000 Byte sind, und gruppieren Sie die Ergebnismenge nach Dateierweiterungen. Sortieren Sie die Gruppen nach der Anzahl der Einträge absteigend und beschränken Sie die Menge auf das oberste Element. Geben Sie für alle Mitglieder dieser Gruppe die Attribute Name und Length aus.

# 21  Wie geht es weiter?

Leider sind wir jetzt (schon) am Ende dieses Buches angekommen. Der WSH und die gesamte Windows Scripting-Architektur bieten noch zahlreiche weitere Funktionen, die allerdings hier nicht mehr besprochen werden können. Sie fragen sich nun, wieso man nicht noch ein paar Seiten anhängen kann? Leider ist es mit „ein paar" Seiten nicht getan, aber es gibt bei Addison-Wesley auch Bücher, die weiterführende Scripting-Themen behandeln:

> Holger Schwichtenberg: Windows Scripting, 5. Auflage, März 2007, Addison-Wesley, München, ISBN-13: 978-3827324238
>
> Armin Hanisch: Windows 2003 Shell Scripting, Mai 2006, Addison-Wesley, München, ISBN-13: 978-3827324139
>
> Holger Schwichtenberg: Windows PowerShell, Herbst 2007, Addison-Wesley, München, ISBN-13: 978-38273-2533-4

An dieser Stelle sei ein Ausblick auf einige Funktionen gegeben, die Windows Scripting noch beherrscht und die in den obigen Büchern beschrieben sind:

▷ Außer den in diesem Buch erwähnten Komponenten gibt es noch einige Dutzend Komponenten von Microsoft und anderen Herstellern, die wichtige Bausteine des Betriebssystems und verschiedener Client- und Server-Anwendungen für das Scripting verfügbar machen. Beispiele für Dinge, die man skripten kann und die in den oben genannten Büchern besprochen werden: Rechteverwaltung, IIS, Exchange Server, Outlook, FTP, SMTP, SQL Server und Terminaldienste.   **Scripting-Komponenten**

▷ Mit Hilfe der Beschreibungssprache XML ist es möglich, mehrere Skripte, die in verschiedenen Skriptsprachen geschrieben sind, in einer Datei des Typs *.wsf* zu speichern. Außerdem können Skripte andere Skripte einbinden, sodass die Duplizierung von mehrfach verwendeten Unterroutinen in verschiedenen Skripten vermieden wird.   **XML-strukturierte Skripte**

▷ Skripte können auch auf entfernten Computern gestartet werden. Diese Funktion nennt man Remote Scripting.   **Remote Scripting**

▷ Auch den großen Bruder von Visual Basic Script, Visual Basic 6.0, kann man zur automatisierten Systemadministration einsetzen. Die Sprachen sind sehr ähnlich und Visual Basic 6.0 bietet viele Vorteile, insbesondere Kompilierung (schnellere Ausführung, Verstecken des Quellcodes) und die dazu passende komfortable Entwicklungsumgebung Visual Studio 6.0.   **Kompilierung**

▷ Neben dem WSH gibt es noch andere Scripting Hosts, die in verschiedene Microsoft-Produkte integriert sind, zum Beispiel in den Internet Information Server (IIS), den Microsoft SQL Server und den Microsoft Exchange Server.   **Weitere Scripting Hosts**

# A Eingebaute Funktionen in VBScript

Dieser Anhang listet alle eingebauten Funktionen von Visual Basic Script 5.7 in Windows Vista auf. Die Version 5.6 (in Windows XP und Windows Server 2003 bzw. im WSH 5.6) ist funktionsgleich.

Detailliertere Informationen zu den Parametern erhalten Sie in der VBScript-Hilfedatei, die Sie im Verzeichnis */Weitere Informationen* auf der CD-ROM zu diesem Buch finden.

## A.1 Numerische Funktionen

| Syntax | Beschreibung |
|---|---|
| Abs(Zahl) | Absolutwert einer Zahl (d.h. ohne Vorzeichen) |
| Atn(Zahl) | Arkustangens einer Zahl |
| Cos(Zahl) | Berechnet den Kosinus eines Winkels. |
| Exp(Zahl) | Gibt e (die Basis des natürlichen Logarithmus) potenziert mit einer Zahl zurück. |
| Fix(Zahl) | Gibt den ganzzahligen Anteil einer Zahl zurück. Auch bei negativen Zahlen wird der gebrochene Anteil abgeschnitten. |
| Int(Zahl) | Gibt den ganzzahligen Anteil einer Zahl zurück. Im Gegensatz zu Fix() rundet Int() bei negativen gebrochenen Zahlen zur nächstkleineren ganzen negativen Zahl ab. |
| Log(Zahl) | Gibt den natürlichen Logarithmus einer Zahl zurück. |
| Rnd[(Zahl)] | Gibt eine Zufallszahl >= 0 und < 1 zurück. |
| Round(Ausdruck[, AnzDezimalstellen]) | Gibt eine auf die angegebene Anzahl von Dezimalstellen gerundete Zahl zurück. |

| Syntax | Beschreibung |
|--------|--------------|
| Sgn(Zahl) | Gibt einen Wert zurück, der das Vorzeichen einer Zahl repräsentiert: -1 bedeutet kleiner 0, 0 bedeutet 0, 1 bedeutet größer 0. |
| Sin(Zahl) | Berechnet den Sinus eines Winkels. |
| Sqr(Zahl) | Quadratwurzel einer Zahl |
| Tan(Zahl) | Berechnet den Tangens eines Winkels. |

## A.2    Formatierungsfunktionen

| Syntax | Beschreibung |
|--------|--------------|
| FormatPercent(Ausdruck[,AnzDezimal-stellen [,FührendeNull [,KlammernFür-NegativeWerte [,ZiffernGruppieren]]]]) | Gibt einen Ausdruck als Prozentangabe (multipliziert mit 100) und mit einem abschließenden Prozentzeichen („%") zurück. |
| FormatDateTime(Datum[,Formatname]) | Gibt einen Ausdruck im Datums- oder Zeitformat zurück. |
| FormatNumber(Ausdruck[,AnzDezimal-stellen [,FührendeNull [,KlammernFür-NegativeWerte [,ZiffernGruppieren]]]]) | Gibt einen als Zahl formatierten Ausdruck zurück. |
| FormatCurrency(Ausdruck[,AnzDezimal-stellen [,FührendeNull [,KlammernFür-NegativeWerte [,ZiffernGruppieren]]]]) | Gibt einen Ausdruck als Währungsbetrag zurück, der mit dem in der Systemsteuerung festgelegten Währungssymbol formatiert ist. |

## A.3    Zeichenketten-Funktionen

| Syntax | Beschreibung |
|--------|--------------|
| Asc(Zeichenkette) | Gibt den Zeichencode zurück, der dem ersten Buchstaben in einer Zeichenkette entspricht. |
| Chr(Zeichencode) | Gibt das Zeichen mit dem angegebenen ANSI-Zeichencode zurück. |
| InStr([Start, ]Zeichenkette1, Zeichenkette2[, Vergleich]) | Gibt die Position des ersten Auftretens einer Zeichenkette innerhalb einer anderen Zeichenkette zurück. |
| InStrRev(Zeichenkette1, Zeichenkette2[, Start[, Vergleich]]) | Gibt die Position des Vorkommens einer Zeichenkette in einer anderen Zeichenkette zurück, wobei vom Ende der Zeichenkette aus gezählt wird. |

| Syntax | Beschreibung |
|---|---|
| Join(Liste[, Trennzeichen]) | Gibt eine Zeichenkette zurück, die durch Verbinden mehrerer Teilzeichenketten in einem Datenfeld erstellt wurde. |
| LCase(Zeichenkette) | Gibt eine Zeichenkette zurück, in der alle Buchstaben in Kleinbuchstaben umgewandelt wurden. |
| UCase(Zeichenkette) | Gibt eine Zeichenkette zurück, die der alle Buchstaben in Großbuchstaben umgewandelt wurden. |
| Left(Zeichenkette, Länge) | Gibt eine bestimmte Anzahl von Zeichen ab dem ersten (linken) Zeichen einer Zeichenkette zurück. |
| Len(Zeichenkette \| Variablenname) | Gibt die Anzahl der Zeichen in einer Zeichenkette oder die zum Speichern einer Variablen erforderlichen Bytes zurück. |
| LTrim(Zeichenkette) | Gibt eine Kopie einer Zeichenkette ohne vorangestellte Leerzeichen zurück. |
| Mid(Zeichenkette, Start[, Länge]) | Gibt eine bestimmte Anzahl von Zeichen aus einer Zeichenkette zurück. |
| Replace(Ausdruck, SuchZF, Ersetzen-Durch[, Start[, Anzahl[, Vergleich]]]) | Gibt eine Zeichenkette zurück, in der eine bestimmte Zeichenkette durch eine andere Zeichenkette so oft wie angegeben ersetzt wurde. |
| Right(Zeichenkette, Länge) | Gibt einen Wert vom Typ String zurück, der eine bestimmte Anzahl von Zeichen von der rechten Seite (dem Ende) einer Zeichenkette enthält. |
| RTrim(Zeichenkette) | Gibt die Kopie einer Zeichenkette ohne nachfolgende Leerzeichen zurück. |
| Space(Zahl) | Gibt eine Zeichenkette mit einer bestimmten Anzahl an Leerzeichen zurück. |
| Split(Ausdruck[, Trennzeichen[, Anzahl[, Vergleich]]]) | Gibt ein nullbasiertes eindimensionales Datenfeld zurück, das eine bestimmte Anzahl von Teilzeichenketten enthält. |
| StrComp(Zeichenkette1, Zeichenkette2[, Vergleich]) | Gibt einen Wert zurück, der das Ergebnis eines Zeichenkettenvergleichs angibt. |
| String(Zahl, Zeichen) | Gibt eine Zeichenkette der angegebenen Länge mit einem sich wiederholenden Zeichen zurück. |
| StrReverse(Zeichenkette1) | Gibt eine Zeichenkette zurück, in der die Reihenfolge der Zeichen der angegebenen Zeichenkette umgekehrt wurde. |

| Syntax | Beschreibung |
|---|---|
| Trim(Zeichenkette) | Gibt die Kopie einer Zeichenkette ohne vorangestellte oder nachfolgende Leerzeichen zurück. |

# A.4    Datums-/Uhrzeit-Funktionen

| Syntax | Beschreibung |
|---|---|
| Date() | Gibt das aktuelle Systemdatum zurück. |
| DateAdd(Intervall, Anzahl, Datum) | Gibt ein Datum zurück, zu dem ein angegebenes Zeitintervall addiert wurde. |
| DateDiff(Intervall, Datum1, Datum2 [,Erster Wochentag[, ErsteWocheimJahr]]) | Gibt den Zeitraum zwischen zwei Datumsangaben zurück. |
| DatePart(Intervall, Datum [,Erster-Wochentag[, ErsteWocheim Jahr]]) | Gibt den angegebenen Teil eines Datums zurück. |
| DateSerial(Jahr, Monat, Tag) | Setzt ein Datum (Datentyp Date) aus Einzelangaben für Jahr, Monat und Tag zusammen. |
| DateValue(Datum) | Extrahiert ein Datum (Datentyp Date) aus einem String. |
| Day(Datum) | Gibt den Tag des Monats als ganze Zahl im Bereich von 1 bis 31 zurück. |
| Hour(Uhrzeit) | Gibt eine ganze Zahl im Bereich von 0 bis 23 zurück, die die Stunde des Tags darstellt. |
| Minute(Uhrzeit) | Gibt eine ganze Zahl im Bereich von 0 bis 59 zurück, die die Minute in der Stunde darstellt. |
| Month(Datum) | Gibt eine ganze Zahl im Bereich von 1 bis 12 zurück, die den Monat im Jahr darstellt. |
| MonthName(Monat[, Abkürzung]) | Gibt eine Zeichenkette für den angegebenen Monat zurück. Abkürzung = True\|False. |
| Now() | Gibt das aktuelle Datum und die aktuelle Zeit aus den Einstellungen für das Systemdatum und die Systemzeit auf Ihrem Computer zurück. |
| Second(Uhrzeit) | Gibt eine ganze Zahl im Bereich von 0 bis 59 zurück, die die Sekunde in der Minute darstellt. |
| SetLocale(lcid) | Legt das globale Gebietsschema fest und gibt das vorherige Gebietsschema zurück. |
| Time | Gibt einen Wert vom Typ Date zurück, der die aktuelle Systemzeit angibt. |

| Syntax | Beschreibung |
|--------|--------------|
| `Timer` | Gibt die Anzahl der seit 24:00 Uhr (Mitternacht) vergangenen Sekunden an. |
| `TimeSerial(Stunde, Minute, Sekunde)` | Setzt eine Uhrzeit (Datentyp `Date`) aus Einzelangaben für Stunde, Minute und Sekunde zusammen. |
| `TimeValue(Uhrzeit)` | Extrahiert eine Uhrzeit (Datentyp `Date`) aus einer Zeichenkette. |
| `Weekday(Datum, [ErsterWochentag])` | Gibt den Wochentag als ganze Zahl zurück. |
| `WeekdayName(Wochentag, Abkürzen, ErsterWochentag)` | Gibt eine Zeichenkette mit dem angegebenen Wochentag zurück. |
| `Year(Datum)` | Gibt das Jahr als ganze Zahl zurück. |

# A.5 Array-Funktionen

| Syntax | Beschreibung |
|--------|--------------|
| `Array(Argumentliste)` | Erzeugt aus den als Parametern angegebenen Werten ein Array. |
| `UBound(Datenfeldname[, Dimension])` | Gibt den größten verfügbaren Index für die angegebene Dimension eines Arrays zurück. |
| `LBound(Datenfeldname[, Dimension]))` | Gibt den kleinsten verfügbaren Index für die angegebene Dimension eines Arrays zurück. |

# A.6 Funktionen zur Arbeit mit COM-Klassen

| Syntax | Beschreibung |
|--------|--------------|
| `CreateObject(Servername.Klassenname [, Computer])` | Instanziiert eine COM-Klasse auf einem bestimmten Computer und liefert einen Zeiger auf die neu erstellte Instanz. |
| `GetObject([Moniker] [, Klasse])` | Aktiviert eine bestehende Instanz einer COM-Klasse auf Basis des übergebenen COM-Monikers (z.B. ADSI-Pfad oder WMI-Pfad) oder erstellt eine neue Instanz. |
| `GetRef(ProzName)` | Gibt einen Zeiger auf eine Unterroutine zurück. Dieser Zeiger dient zur Bindung an Ereignisse, insbesondere bei der Arbeit mit dem DOM. |

## A.7    Systemfunktionen und Ein-/Ausgabe

| Syntax | Beschreibung |
|---|---|
| `InputBox(Eingabeaufforderung[, Titel][, Standard][, xpos] [, ypos] [, Hilfedatei, Kontext])` | Zeigt in einem Dialogfenster eine Eingabeaufforderung an, wartet auf eine Texteingabe oder die Auswahl einer Schaltfläche durch den Benutzer und gibt den Inhalt des Textfelds zurück. |
| `LoadPicture(Bildname)` | Lädt ein Bild in den Speicher und liefert einen Zeiger auf ein Objekt der eingebauten Klasse `Picture`. Folgende Grafikformate werden akzeptiert: *.bmp*, *.ico*, *.rle*, *.wmf*, *.emf*, *.gif* und *.jpg*. |
| `MsgBox(Eingabeaufforderung[, Schaltflächen][, Titel] [, Hilfedatei, Kontext])` | Zeigt eine Meldung in einem Dialogfenster an, wartet darauf, dass der Benutzer auf eine Schaltfläche klickt, und gibt einen Wert zurück, der anzeigt, auf welche Schaltfläche geklickt wurde. |
| `ScriptEngine` | Gibt eine Zeichenkette mit der gerade verwendeten Skriptsprache zurück. |
| `ScriptEngineBuildVersion` | Gibt die Build-Versionsnummer des verwendeten Skriptmoduls zurück. |
| `ScriptEngineMajorVersion` | Gibt die Hauptversionsnummer des verwendeten Skriptmoduls zurück. |
| `ScriptEngineMinorVersion` | Gibt die Nebenversionsnummer des verwendeten Skriptmoduls zurück. |

## A.8    Typprüfung und -umwandlung

| Syntax | Beschreibung |
|---|---|
| `CBool(Ausdruck)` | Umwandlung des übergebenen Ausdrucks in einen Wert vom Typ `Boolean` |
| `CByte(Ausdruck)` | Umwandlung des übergebenen Ausdrucks in einen Wert vom Typ `Byte` |
| `CCur(Ausdruck)` | Umwandlung des übergebenen Ausdrucks in einen Wert vom Typ `Currency` |
| `CDate(Datum)` | Umwandlung des übergebenen Ausdrucks in einen Wert vom Typ `Date` |
| `CDbl(Ausdruck)` | Umwandlung des übergebenen Ausdrucks in einen Wert vom Typ `Double` |
| `CInt(Ausdruck)` | Umwandlung des übergebenen Ausdrucks in einen Wert vom Typ `Integer` |
| `CLng(Ausdruck)` | Umwandlung des übergebenen Ausdrucks in einen Wert vom Typ `Long` |
| `CSng(Ausdruck)` | Umwandlung des übergebenen Ausdrucks in einen Wert vom Typ `Single` |

| Syntax | Beschreibung |
|---|---|
| CStr(Ausdruck) | Umwandlung des übergebenen Ausdrucks in einen Wert vom Typ String |
| Hex(Zahl) | Gibt eine Zeichenkette mit der Hexadezimaldarstellung einer Zahl zurück. |
| IsArray(VarName) | Gibt einen Boolean-Wert zurück, der angibt, ob es sich bei einer Variablen um ein Datenfeld handelt. |
| IsDate(Ausdruck) | Gibt einen Boolean-Wert zurück, der angibt, ob ein Ausdruck in ein Datum konvertiert werden kann. |
| IsEmpty(Ausdruck) | Gibt einen Boolean-Wert zurück, der angibt, ob eine Variable initialisiert wurde. |
| IsNull(Ausdruck) | Gibt einen Boolean-Wert zurück, der angibt, ob ein Ausdruck ungültige Daten (Null) enthält. |
| IsNumeric(Ausdruck) | Gibt einen Boolean-Wert zurück, der angibt, ob ein Ausdruck als Zahl ausgewertet werden kann. |
| IsObject(Ausdruck) | Gibt einen Boolean-Wert zurück, der angibt, ob ein Ausdruck auf ein gültiges Automatisierungsobjekt verweist. |
| Oct(Zahl) | Gibt eine Zeichenkette mit der Oktaldarstellung einer Zahl zurück. |
| TypeName(VarName) | Gibt eine Zeichenkette zurück, die den Datentyp einer Variablen in Form einer String-Konstante enthält. |
| VarType(VarName) | Gibt eine Zeichenkette zurück, die den Datentyp einer Variablen in Form einer numerischen Konstante enthält. |

# A.9 Sonstige Funktionen

| Syntax | Beschreibung |
|---|---|
| Eval(Ausdruck) | Wertet einen Ausdruck aus und gibt das Ergebnis zurück. |
| Execute(Code) | Ausführung des in Form einer Zeichenkette übergebenen Programmcodes |
| ExecuteGlobal(Code) | Ausführung des in Form einer Zeichenkette übergebenen Programmcodes. ExecuteGlobal() führt die übergebenen Befehle im Gegensatz zu Execute() im globalen Namensraum aus. |
| Filter(Zeichenketten, Wert[, Einschließen[, Vergleich]]) | Gibt ein nullbasiertes Array zurück, das anhand bestimmter Filterkriterien einen Teilbereich eines Zeichenkettendatenfelds enthält. |

# B Schreibweisen in diesem Buch

Alle Skripte sind in `nicht-proportionaler Schrift` geschrieben. Damit Sie Befehle von Fachbegriffen unterscheiden können, sind alle Erwähnungen von Befehlen im Text auch mit `nicht-proportionaler Schrift` ausgezeichnet.

*Kursiv* gesetzt sind Dateinamen und Pfadangaben sowie Bildschirmelemente wie Registerkarten, Menüeinträge und Schaltflächen.

Wichtige Hinweise und Einschübe sind mit einem grauen Kasten hinterlegt.

Zusätzlich werden vier Symbole verwendet, um Ihre Aufmerksamkeit zu erwecken:

Das Achtung-Symbol warnt vor Bugs oder möglichen Schwierigkeiten.

Interessante Hintergrundinformationen werden durch das Hinweis-Symbol gekennzeichnet.

Das CD-ROM-Symbol verweist auf die dem Buch beiliegende CD-ROM.

Das Tipp-Symbol steht für Tipps, die Sie schneller zum Ziel bringen können oder Ihnen helfen, Schwierigkeiten zu vermeiden.

# C  Hinweise zu den Listings

Alle Beispiele in diesem Buch sind in Visual Basic Script geschrieben und im Windows Script Host lauffähig. Als Testplattform wurden der Windows Script Host Version 5.6 und Visual Basic Script 5.6 auf Windows XP, Windows 2000 und Windows Server 2003 verwendet. Ausgewählte Skirpte wurden auf Windows Vista getestet.

Jedes Listing beginnt mit einem Listing-Header. Darin finden Sie folgende Informationen:

- Name der Skriptdatei auf der CD-ROM
- Kurzbeschreibung zum Zweck des Skripts
- Verwendete Scripting-Komponenten, die zum Funktionieren des Skripts notwendig sind
- Trennlinie

```
' Dateiname.vbs
' Beschreibung
' verwendete Komponenten: WMI, ADSI
' ==================================
```

Wenn Skripte bei Ihnen nicht laufen, beachten Sie folgende Hinweise:

- ▶ Stellen Sie sicher, dass Sie den WSH 5.6/5.7 und VBS 5.6/5.7 installiert haben.
- ▶ Vergewissern Sie sich, dass Sie die verwendeten Komponenten in den aktuellsten in diesem Buch beschriebenen Versionen installiert haben.
- ▶ Prüfen Sie, ob es im Skript Angaben (Computernamen, Pfade, Benutzernamen) gibt, die in Ihrem Netzwerk möglicherweise nicht gültig sind.

Es ist möglich, dass Sie trotzdem Probleme haben, weil es diverse Unterversionen auf verschiedenen Windows-Versionen der Scripting-Bausteine gibt, die unterschiedliche Funktionen (und Bugs) haben. Im Zweifel stellen Sie bitte eine Frage auf der Leser-Website.

# D Inhalt der CD-ROM

Die diesem Buch beiliegende CD-ROM enthält folgende Verzeichnisse:

| Verzeichnis | Inhalt |
|---|---|
| \Skripte | Alle Skripte aus dem Buch, geordnet nach Kapiteln |
| \Install | Erweiterungen, Komponenten, Sprachen und Tools für das Windows Scripting (zum Teil als Vollversionen, zum Teil als Demoversionen) |
| \Website zum Buch | Hier finden Sie eine HTML-Datei, die Ihnen sagt, wie Sie sich für den geschützten Leser-Bereich auf der deutschen Windows Scripting-Website (*http://www.windows-scripting.de*) anmelden können. |
| \Weitere Informationen | Dieses Verzeichnis enthält zusätzliche Dokumentationen zu Visual Basic Script, dem WSH und einigen der besprochenen Komponenten. |
| \über den Autor | Informationen über den Autor dieses Buches. |

# E  Website für Leser

Zu diesem Buch gibt es eine eigene Website:

*http://www.windows-scripting.de*

Sie als Leser haben neben den öffentlichen Bereichen auch die Möglichkeit, auf einen geschützten Bereich zuzugreifen, der besondere Informationen enthält:

**Downloads:** Die aktuellen Versionen der in diesem Buch abgedruckten Skripte sowie weitere Skripte und Codebeispiele.

**Foren:** Wenn Sie Fragen haben oder Ihre Meinung zu einem Thema dieses Buches äußern möchten, dann können Sie hier auf Reaktionen anderer Nutzer hoffen.

**Leser-Bewertung:** Geben Sie Noten für dieses Buch und lesen Sie nach, was andere Leser von diesem Buch halten.

**Bug-Report:** Melden Sie hier Fehler, die Sie in diesem Buch gefunden haben! Hier können Sie auch nachlesen, welche Fehler anderen nach Drucklegung aufgefallen sind.

**Newsletter:** Alle registrierten Leser erhalten in unregelmäßigen Abständen einen Newsletter.

Der URL für den Zugang zum Leser-Portal lautet:

*http://www.IT-Visions.de/leser*

Bei der Anmeldung müssen Sie das Kennwort *Seaquest* angeben.

Bitte beachten Sie, dass das Leser-Portal eine freiwillige, private Leistung des Autors ist, auf die es keinen Rechtsanspruch gibt.

**Weitere Informationen und Unterstützung im WWW**

# F Lösungen zu den Übungsaufgaben in diesem Buch

Dieses Kapitel enthält die Lösungen zu allen Übungsaufgaben in diesem Buch.

## F.1 Lösungen zu Kapitel 1

1. Gar nicht. In Version 1.0 stand WSH für Windows Scripting Host. Ab Version 2.0 hat Microsoft das Produkt nur noch Windows Script Host genannt.

2. Nein, in Windows Vista ist der WSH 5.7 enthalten, der aber funktionsgleich zum WSH 5.6 in Windows Server 2003 ist.

3. Visual Basic Script ist keine Compiler-Sprache, sondern eine Interpreter-Sprache. Ein Compiler ist der Gegensatz zu einem Interpreter. Während ein Interpreter ein Programm fortlaufend und immer wieder in Maschinensprache übersetzt, führt ein Compiler die Übersetzung einmalig aus und speichert das Ergebnis. Visual Basic Script ist erfolgreich, weil die Sprache einfach ist und zu einer Sprachfamilie gehört, die auch auf anderen Gebieten in Windows stark verwendet wird.

4. Es fehlt ein Anführungszeichen vor dem Wort „Keine".

   Richtig ist also: `WScript.Echo "Keine Tippfehler machen!"`

   Zeichenketten, die auf dem Bildschirm erscheinen sollen, müssen in Anführungszeichen stehen. Ohne das Anführungszeichen sucht der WSH nach einem Befehl mit Namen „Keine", wird nicht fündig werden und sich mit einer Fehlermeldung beschweren.

5. *WScript.exe* lässt das Skript als eine Windows-Anwendung laufen. Ausgaben mit `WScript.Echo` werden als Dialogfenster dargestellt. Bei CScript läuft das Skript als eine Kommandozeilenanwendung, die Ausgaben mit `WScript.Echo` in ein Kommandozeilenfenster sendet. Man kann aber CScript zum Standard-Scripting-Host machen. Geben Sie dazu einmalig folgenden Befehl in der Eingabeaufforderung ein:

   `cscript //H:cscript`

6. Normalerweise muss ein Befehl in genau einer Zeile stehen. Ein Befehl kann sich nur über mehrere Zeilen erstrecken, wenn die einzelnen Zeilen mit einem Unterstrich getrennt sind:

```
WScript.Echo _
"Dies ist der " & WScript.Name & _
" Version " & WScript.Version
```

7. Die richtige Lösung ist:

```
WScript.Echo "Am Ende dieser Zeile steht die Versionsnummer des
installierten WSH: " & WScript.Version
```

Falsch wäre übrigens, die Nummer statisch einzutragen:

```
WScript.Echo "Am Ende dieser Zeile steht die Versionsnummer des
installierten WSH: 5.6"
```

# F.2 Lösungen zu Kapitel 2

1. Es ist nicht zwingend erforderlich, einen bestimmten Editor zu verwenden. Um VB-Script-Anwendungen zu erstellen, benötigt man lediglich einen einfachen Texteditor, wie z.B. den bei Windows mitgelieferten Editor *Notepad.exe*. Nach dem Erstellen und Speichern lässt sich das Skript einfach über die Kommandozeile oder durch Doppelklicken starten.

2. Bei dem Begriff Debugging handelt es sich um das Vorgehen zum Finden und Entfernen von Bugs (Programmfehlern) im Skript. Aber auch das Testen und Verifizieren von Skripten geschieht durch den Debugging-Prozess. Microsoft stellt dafür extra ein kostenfreies Werkzeug zur Verfügung, das zusammen mit dem Internet Explorer installiert wird: den Microsoft Script Debugger.

3. Innerhalb von Skripten können drei grundlegende Arten von Fehlern auftreten:

**Kompilierungsfehler:** Bei Kompilierungsfehlern handelt es sich um Fehler, die durch eine falsche Schreibweise oder die falsche Übergabe von Parametern auftreten können, z.B. Übergabe einer Zeichenkette an eine Funktion, die eine Zahl erwartet.

Aber auch die falsche Verwendung von VBScript-Sprachkonstrukten kann einen Kompilierungsfehler hervorrufen, wenn z.B. ein abschließender Befehl wie End If vergessen wird.

Diese Fehler treten bereits beim Starten auf und beenden die weitere Ausführung sofort.

**Laufzeitfehler:** Bei Laufzeitfehlern handelt es sich um Fehler, die nicht automatisch von der Laufzeitumgebung erkannt werden und erst beim Auftreten dazu führen, dass das Skript unter Umständen beendet wird. Dies könnte beispielsweise dann eintreten, wenn der Benutzer zwei Zahlen eingibt, von denen eine durch die andere geteilt wird. Ist die Zahl, durch die geteilt wird, gleich 0, kommt es zu einem Fehler. Diese Fehlerart lässt sich nicht im Voraus ausschließen.

**Logische Fehler:** Bei logischen Fehlern handelt es sich um Fehler, die durch die Logik einer Anwendung bestimmt sind. Diese Fehler können nur durch den Entwickler erkannt und behoben werden. Ein typischer Fehler ist beispielsweise eine versehentliche Vertauschung von Variablen während der Entwicklung.

# F.3    Lösungen zu Kapitel 3

1. Um den Programmablauf von bestimmten Bedingungen abhängig zu machen, existieren zwei grundlegende Konstrukte:

   `If...Then...`

   Mit diesem Konstrukt lassen sich Blöcke von Anweisungen abhängig von einer Bedingung ausführen oder überspringen.

   `Select Case`

   Das `Select Case`-Konstrukt kann einen Ausdruck auf verschiedene Inhalte überprüfen und abhängig davon in einen bestimmten Anweisungsblock verzweigen.

2. Um dem Benutzer Informationen zu präsentieren, existiert die Funktion `MsgBox()`. Mittels dieser lässt sich ein beliebiger Text mit unterschiedlichen Symbolen und Schaltflächen zur Beantwortung übergeben.

   Um Informationen vom Benutzer abzufragen, kann die Funktion `InputBox()` benutzt werden.

3. Zur Konvertierung einer Zahl in eine Zeichenkette muss man die Funktion `CStr()` verwenden: `CStr(231)` ergibt die Zeichenkette „231“.

   Um allerdings eine Zeichenkette in eine Zahl zu konvertieren, muss die Funktion `CInt()` verwendet werden: `CInt("942")` ergibt die Zahl 942.

4. Um einen Block von Anweisungen beliebig oft zu wiederholen, kann eine Schleife verwendet werden.

   `For...Next-Schleife`

   Mit einer `For...Next`-Schleife kann jeder beliebige ganzzahlige Zahlenwert von einem bestimmten Startwert bis zu einem Endwert durchlaufen werden. Damit ist eine festgelegte Anzahl von Schleifendurchläufen möglich.

   `Do...Loop-Schleife`

   Mit einer `Do...Loop` -Schleife lässt sich ein Anweisungsblock so lange wiederholen, wie eine bestimmte Bedingung erfüllt ist.

5. Um zu überprüfen, ob eine Variable ein Datum enthält, kann die Funktion `IsDate()` verwendet werden. Enthält die entsprechende Variable einen Datumswert, wird `True`, sonst `False` zurückgegeben. Ein ähnliches Vorgehen ist möglich, um zu überprüfen, ob innerhalb einer Variablen eine Zahl gespeichert ist. Dazu kann die Funktion `IsNumeric()` verwendet werden.

6. Zur Definition einer eigenen Unterroutine muss ungefähr folgender Code erstellt werden:

```
Function MeineUnterroutine(a, b)
    Anweisung1...
    Anweisung2...
    ...
    MeineUnterroutine = a * a + b * b
End Function
```

# F.4 Lösungen zu Kapitel 4

1. Es fehlt das Schlüsselwort Set, weil die Zuweisung eines Objekts an eine Objektvariable immer mit Set beginnen muss.

```
Set o = CreateObject("Scripting.FileSystemObject")
```

2. Wenn eine Methode einen Wert zurückliefert, müssen die Parameter in Klammern stehen. Wenn eine Methode keinen Wert zurückliefert, **dürfen** die Parameter **nicht** in Klammern stehen.

```
Set Benutzer= Domaene.Create("user", "HolgerSchwichtenberg")
Benutzer.ChangePassword "rot", "gruen"
```

3. Ausgegeben wird die Zahl 120000. Zwar wurde das Gehalt von Kandidat „Edmund" (k2) nicht verändert, durch die Zuweisung Set k1 = k2 wurde aber die Objektvariable k1 auf das Objekt „Edmund" umgebogen, sodass der Zugriff k1.Gehalt das Gehalt von „Edmund" und nicht mehr das Gehalt von „Gerhard" veränderte.

4. Wenn die Objektmenge bei 0 zu zählen beginnt, dann Benutzerliste(9). Wenn die Zählung bei 1 beginnt, Benutzerliste(10). Welcher Startwert gewählt wurde, hängt von Lust und Laune der Microsoft-Entwickler ab.

# F.5 Lösungen zu Kapitel 5

1. Die WSH Runtime-Komponente und die Scripting Runtime-Komponente werden automatisch zusammen mit dem WSH installiert, sind also auf Systemen ab Windows ME/Windows 2000 immer vorhanden.

2. Ein File-Objekt kann nicht direkt erzeugt werden; es muss eine Instanz von FileSystemObject generiert und dann auf diesem die Methode GetFile() aufgerufen werden.

```
Set Dateisystem = CreateObject("Scripting.FileSystemObject)
Set Datei = Dateisystem.GetFile("d:\daten\wsl.doc")
```

3. Die einfachste Möglichkeit ist die Anlage einer Datei mit der Dateinamenerweiterung *.udl* und die Verwendung des *Eigenschaften*-Fensters dieser Datei. Anschließend öffnen Sie die Datei mit einem beliebigen Editor, um die Verbindungszeichenfolge herauszukopieren. Dieses Verfahren wird im Unterkapitel zu ADO näher beschrieben.

4. Der Verzeichnisdiensttyp LDAP muss in Großbuchstaben geschrieben werden, also set o = GetObject("LDAP://essen1").

5. Bitte vergewissern Sie sich zunächst mit dem Active Directory Browser, dass es das Verzeichnisattribut wirklich gibt. Wenn es existiert und die Syntax `obj.Attributname = Wert` nicht funktioniert, verwenden Sie

`u.Put "AttributName", CStr(Wert)` für Zeichenketten bzw.

`u.Put "AttributName", Cint(Wert)` für Zahlen.

6. Dies ermöglicht die Klasse `Win32_LogicalDisk` aus der WMI-Komponente. Um die Bedingung formulieren zu können, muss man WQL verwenden.

```
Set Computer = GetObject("WinMgmts:\\ServerE02")
Set menge = Computer.ExecQuery("SELECT * FROM
    Win32_LogicalDisk WHERE Size>1000000")
For Each o In menge
    WScript.Echo o.name & " Größe:" & o.size
Next
```

Bitte beachten Sie, dass die `1.000.000` nicht in Anführungszeichen stehen darf, weil das Attribut `Size` eine Zahl und keine Zeichenkette erwartet.

# F.6    Lösungen zu Kapitel 6

1. Die `Split()`-Methode trennt Zeilen an einem gegebenen Trennzeichen auf und liefert das Ergebnis als Array zurück.

2. Das `TextStream`-Objekt unterstützt die Modi `ForReading`, `ForWriting` und `ForAppending`.

3. Nein. Eine Unterstützung von INI-Dateien ist im Windows Script Host nicht enthalten.

4. Nein. Das `Connection`-Objekt erwartet die benötigten Eigenschaften `Provider` und `Datasource` bereits beim Erstellen des Objekts. Eine Zuweisung an die Eigenschaften ist nicht möglich.

5. Ja. Die mit `AddNew()` hinzugefügten Zeilen sind temporärer Natur und müssen über die `Update()`-Methode gespeichert werden.

6. Nein. Für den Zugriff auf Excel wird das `Excel.Application`-Objekt verwendet, welches Zugriff auf alle Methoden von Excel bietet.

7. Ja. Microsoft Excel muss auf dem Computer installiert sein, weil sonst das `Excel.Application`-Objekt nicht zur Verfügung steht.

8. Ja. Es existieren eine lange und eine verkürzte Schreibweise. Die lange Schreibweise lässt den Wert zwischen den Tags weg (`<VORNAME>...</VORNAME>`), während die kurze Schreibweise im Start-Tag wieder geschlossen wird (`<VORNAME/>`).

9. XML-Attribute definieren zusätzliche Eigenschaften der einzelnen Elemente.

10. Die Datei im Beispiel wird lediglich zum Lesen geöffnet. Der Öffnungsmodus in der zwölften Zeile ist als `ForReading` definiert. Ausgaben über `WriteLine` sind somit nicht zulässig. Die Datei muss im Modus `ForWriting` geöffnet werden.

11. Im Beispiel wird eine sogenannte Endlosschleife erzeugt. Es wird versucht, die Datenbank bis zum Ende zu durchlaufen, der Datensatzzeiger wird aber nie auf den nachfol-

genden Datensatz positioniert. Somit wird die Eigenschaft EOF niemals den Wert True annehmen. Korrekt müsste das Skript so aussehen:

```
Dim DBConnection, SqlString, Ergebnismenge
Const Verbindung="Provider=Microsoft.Jet.OLEDB.4.0; Data
Source=.\User.MDB;"
Set DBConnection = CreateObject("ADODB.Connection")
DBConnection.Open Verbindung
SqlString="SELECT * FROM Benutzer"
Set Ergebnismenge = DBConnection.Execute(SqlString)
Ergebnismenge.MoveFirst
Do While Not Ergebnismenge.eof
  WScript.echo Ergebnismenge("Benutzername")
  ' Hier erfolgt die korrekte Positionierung
  Ergebnismenge.MoveNext
Loop
```

# F.7    Lösungen zu Kapitel 7

1.  Der CreateTextFile()-Methode kann ein boolescher Parameter übergeben werden, welcher das Überschreiben bestehender Dateien zulässt.

2.  Die Datei muss im Modus ForAppending geöffnet sein. Danach können alle Schreiboperationen benutzt werden, um Text an die Datei anzuhängen.

3.  Ja, eine Vergabe ist möglich. Allerdings wird dazu die (sehr komplizierte) Komponente ADsSecurity aus dem ADSI-SDK benötigt.

4.  Nein. Diese Funktionalität muss durch Skriptprogrammierung geschaffen werden. Dabei muss Rekursion eingesetzt werden.

5.  Beide Methoden erlauben die Übergabe eines optionalen Parameters, mit dem das Löschen schreibgeschützter Dateien erzwungen werden kann.

6.  Nein. Die CreateFolder()-Methode erlaubt das Anlegen verschachtelter Verzeichnisstrukturen nicht.

7.  Keine. Es wird allerdings auch keine Kopieroperation durchgeführt.

8.  Nein. Der belegte Speicherplatz muss aus den Attributen TotalSize und FreeSpace ermittelt werden.

9.  Nein. Dies ist nur mit der Methode ChkDsk() des Win32_LogicalDisk-Objekts aus WMI möglich. Allerdings wird diese Methode nur auf Windows XP und Windows Server 2003 unterstützt.

10. Das FileSystemObject steht nach der Installation des Windows Script Host automatisch zur Verfügung. Die Installation weiterer Komponenten ist nicht notwendig.

# F.8 Lösungen zu Kapitel 8

1. Nein. Die Identifikation eines Benutzers erfolgt über eine SID und nicht über den Namen. Die SID wird bei der Umbenennung nicht geändert.

2. Nein. Ein Benutzer muss vor der Zuweisung zu einer Gruppe bereits vorhanden sein.

3. Das Konto wird deaktiviert.

4. Nein. Das WinNT-Verzeichnis hat nur eine Ebene.

5. Nein. Ein Benutzer muss explizit aus der Benutzerverwaltung gelöscht werden.

6. Eine Organisationseinheit ist ein Container-Objekt; sie kann Unterobjekte enthalten.

7. Ja. Das Setzen von Kennwörtern ist durch die Methode `SetPassword()` möglich. Die Kenntnis des alten Kennwortes ist nicht erforderlich.

8. Der Pfad beschreibt die Gruppe *Chefs* in der Organisationseinheit *WSH-Scripting* in der Domäne *IT-Visions.de*.

9. Nein. Es existiert keine Beschränkung in der Verschachtelungstiefe von Container-Objekten.

10. Nein. Ein zu löschender Container darf keine Objekte mehr enthalten.

# F.9 Lösungen zu Kapitel 9

1. Beim umzubenennenden Rechner sind Anpassungen in der Registrierungsdatenbank und in der globalen Verzeichnisdatenbank bzw. auf dem Domänencontroller notwendig.

2. Der neue Rechnername wird erst nach einem Rechnerneustart wirksam.

3. Computerkonten sind Einträge im globalen Verzeichnis – in der Domänendatenbank oder im Active Directory – und werden dort erstellt und gelöscht.

4. Das Erstellen eines Computerkontos ist Voraussetzung dafür, dass ein Rechner überhaupt zur Domäne hinzugefügt werden kann. Dieses Konto kann nur durch einen Domänenadministrator erzeugt werden.

   Durch das Hinzufügen eines Computers zur Domäne wird der lokale Rechner angewiesen, bei einer Benutzerbestätigung den Verzeichnisdienst der Domäne zu befragen.

   Erst durch beide Schritte wird ein Computer zum Domänenmitglied.

5. Das WMI-Objekt `Win32_OperatingSystem` bietet durch die Methoden `Reboot()` und `Shutdown()` die Möglichkeit, einen Rechner neu zu starten oder ihn herunterzufahren.

6. Die Auflistung kann durch die Komponente ADSI erfolgen.

7. Die Lösung stellt eine Kombination der Skripte zum Erstellen eines Computerkontos und zum Hinzufügen zur Domäne dar.

```
' AddComputerToDomain.vbs
' Fügt ein Computerkonto zur Domäne hinzu
' verwendet: ADSI, WMI, WSHRun
' =============================

Const JOIN_DOMAIN            = 1
```

```
Const ACCT_CREATE           = 2
Const ACCT_DELETE           = 4
Const WIN9X_UPGRADE         = 16
Const DOMAIN_JOIN_IF_JOINED = 32
Const JOIN_UNSECURE         = 64
Const MACHINE_PASSWORD_PASSED = 128
Const DEFERRED_SPN_SET      = 256
Const INSTALL_INVOCATION    = 262144


Dim objNetwork, objComputer, Computer, Reboot
Dim Domain, User, Password


DomainAdmin = "Administrator"
Password    = "password"
Domain      = "WSL"


Dim Computer
Dim objRootDSE, objContainer, objComputer


Const ADS_UF_PASSWD_NOTREQD           = &h0020
Const ADS_UF_WORKSTATION_TRUST_ACCOUNT = &h1000


' Computernamen ermitteln
Set objNetwork = CreateObject("WScript.Network")
Computer = objNetwork.ComputerName


' Computerkonto erzeugen
Set objRootDSE = GetObject("LDAP://rootDSE")
Set objContainer = GetObject("LDAP://cn=Computers," & _
    objRootDSE.Get("defaultNamingContext"))

Set objComputer = objContainer.Create("Computer", "cn=" & Computer)
objComputer.Put "sAMAccountName", Computer & "$"
objComputer.Put "userAccountControl", _
    ADS_UF_PASSWD_NOTREQD Or ADS_UF_WORKSTATION_TRUST_ACCOUNT
objComputer.SetInfo


' Zur Domäne hinzufügen
Set objComputer = _
    GetObject("WinMgmts:{impersonationLevel=Impersonate}!\\" & _
        Computer & "\root\cimv2:Win32_ComputerSystem.Name='" & _
        Computer & "'")


ReturnValue = objComputer.JoinDomainOrWorkGroup(Domain, _
    Password, Domain & "\" & DomainAdmin, _
    NULL, JOIN_DOMAIN + ACCT_CREATE)
```

*Listing F.1: /Skripte/Kapitel10/AddComputerToDomain.vbs*

8.

```
' RenameWkstReboot.vbs
' Ändern des lokalen Rechnernamens und
' Neustart des Rechners
' verwendet: WScript
' ===============================

Dim Computer, WSHShell
Dim objWMIService, objOperatingSystem, Reboot

Computer = InputBox("neuer Rechnername: ")
If Computer <> "" Then
    Set WSHShell = CreateObject("WScript.Shell")

    WSHShell.RegWrite "HKLM\SYSTEM\CurrentControlSet\Control\" & _
        "ComputerName\ComputerName\ComputerName", Computer
    WSHShell.RegWrite "HKLM\SYSTEM\CurrentControlSet\Services\" & _
        "Tcpip\Parameters\NV Hostname", Computer
    WScript.Echo "Der Rechner wurde in " & Computer & " umbenannt."

    Computer = "."
    Set objWMIService = GetObject("WinMgmts:" _
        & "{impersonationLevel=impersonate,(Shutdown)}!\\" & _
        Computer & "\root\cimv2")

    Set colOperatingSystems = objWMIService.ExecQuery _
        ("SELECT * FROM Win32_OperatingSystem")

    If MsgBox("Beenden Sie alle Programme, " & _
        "damit der Rechner neu gestartet werden kann.") Then
        For Each objOperatingSystem in colOperatingSystems
            objOperatingSystem.Reboot()
        Next
    End If
End If
```

*Listing F.2: /Skripte/Kapitel10/RenameWkstReboot.vbs*

# F.10 Lösungen zu Kapitel 10

1. Mit der Komponente WSHRun können Ereignisse nur in das Anwendungsprotokoll eingetragen werden.

2. Die Einträge erfolgen in der Datei *Wsh.log* im Windows-Verzeichnis.

3. Es werden sechs Formen von Ereignissen unterschieden: Erfolg, Fehler, Warnung, Information, Erfolgsüberwachung, Fehlerüberwachung.

4. Das WMI-Objekt, das einen Zugriff auf das Ereignisprotokoll erlaubt, heißt Win32_NTEventLogFile.

5. Neue Ereignisprotokolle werden durch einen simplen Eintrag in der Registrierungsdatenbank erzeugt (unterhalb von *HKLM\System\CurrentControlSet\Services\EventLog\*).

6. Zur Unterscheidung von Ereignissen, die von unterschiedlichen Skripten erzeugt wurden, ist es notwendig, eine Identifizierung (wie z.B. den Skriptnamen) in die Ereignisbeschreibung mit aufzunehmen.

7. Ein Eintrag in selbst erzeugte Ereignisprotokolle kann nur unter Windows XP bzw. Windows Server 2003 mit Hilfe des Programms *eventcreate.exe* erfolgen.

8. Die Ereignisprotokolle werden in einem Binärformat in Dateien abgelegt, sodass eine Betrachtung nur mit der Ereignisanzeige sinnvoll erfolgen kann.

# F.11 Lösungen zu Kapitel 11

1. Durch das WMI-Objekt Win32_Service ist ein Zugriff auf die Diensteigenschaften möglich.

2. Ein Dienst wird neu gestartet, indem auf die Methode StopService() des WMI-Objekts Win32_Service die Methode StartService() ausgeführt wird. Es gibt einzelne Methoden, die einen Neustart veranlassen.

3. Bei einem Neustart des Dienstes ist zu beachten, dass der Dienst einen gewissen Zeitraum benötigt und nicht unmittelbar neu gestartet werden kann.

4. Ein pausierter Dienst kann seine Arbeit an derselben Stelle fortsetzen, an der er zuvor unterbrochen wurde. Bei einem Neustart beginnt der Arbeitszyklus des Dienstes von vorne.

5. Nicht jeder Dienst kann angehalten werden. Daher ist es wichtig, vorher die Eigenschaft AcceptPause zu überprüfen.

6. Das Überwachen von Diensten bezieht sich auf die Zustandsänderung von Diensten – hierbei besonders, wenn ein laufender Dienst seine Arbeit einstellt. Da ein Dienst aber durchaus wieder automatisch gestartet werden kann, ist es nicht notwendig, sofort einen Administrator zu alarmieren.

7. Nein. Viele für das System wichtige Dienste können nicht beendet werden. Die Eigenschaft AcceptStop gibt über die Möglichkeit zum Beenden eines Dienstes Auskunft.

8. Es existieren fünf unterschiedliche Startzeitpunkte für Dienste: Boot, System, Automatic, Manual, Disabled.

# F.12 Lösungen zu Kapitel 12

1. Die Dateierweiterung eines Dateinamens kann durch den folgenden Befehl ermittelt werden:

```
FileExtension = Right(FileName, Len(FileName) - _
    InStrRev(FileName, "."))
```

2. Die Einstellungen sind in der Registrierungsdatenbank abgelegt.

3. Die Verzeichnisse kann man über `SpecialFolders` in der Klasse `WScript.Shell` ermitteln.

4. Der Benutzer muss sich neu anmelden, weil die Systemmethode zur dynamischen Aktualisierung des Desktops nicht per Skript aufgerufen werden kann.

# F.13 Lösungen zu Kapitel 13

1. Ein Zugriff auf die Registrierungsdatenbank kann sowohl über die Komponente WSHRun als auch über WMI erfolgen.

2. Es werden fünf Typen von Werten in der Registrierungsdatenbank unterschieden:

   `REG_SZ`

   `REG_DWORD`

   `REG_BINARY`

   `REG_EXPAND_SZ`

   `REG_MULTI_SZ`

3. Die Erzeugung von `REG_MULTI_SZ` bleibt WMI vorbehalten.

4. Bei einem Zugriff auf Schlüssel endet die Pfadbeschreibung stets mit einem „\"; bei Werten entfällt der umgekehrte Schrägstrich.

5. Der Namensraum lautet: `\root\default`.

6. Hives sind Wurzelschlüssel in der Registrierungsdatenbank – vergleichbar mit Stammordnern auf Datenträgern.

7. Für den Zugriff auf die Wurzelschlüssel in der Registrierung werden bei WMI Zahlenkonstanten benötigt, wohingegen die Komponente WSHRun mit Zeichenketten zur Identifizierung arbeitet.

8. Es kann, abhängig vom Betriebssystem, bis zu fünf unterschiedliche Wurzelschlüssel in der Registrierungsdatenbank geben.

9. `HKCU` steht für `HKEY_CURRENT_USER` und bezeichnet den Wurzelschlüssel des Benutzerprofils des interaktiv angemeldeten Benutzers.

# F.14 Lösungen zu Kapitel 14

1. In einem lokalen Netz sind IP-Adresse und Subnetz-Maske ausreichend.

2. Durch das Objekt `Win32_NetworkAdapterConfiguration` ist ein Zugriff auf die Konfiguration möglich.

3. Skriptbasiert lassen sich lediglich zwei WINS-Server konfigurieren.

4. Bei der Verwendung von DHCP ist darauf zu achten, dass Gateway, WINS- und DNS-Server vorher entfernt werden, damit TCP/IP richtig konfiguriert werden kann.

5. Für ausnahmslos jede Netzwerkkarte des Rechners, die sich über einen Indexeintrag mit Hilfe von WMI erreichen lässt, kann die Konfiguration von TCP/IP erfolgen.

6. Die Netzwerkkarten in einem Rechner sind durchnummeriert.

7. Die Methode erwartet keine Parameter, da TCP/IP automatisch konfiguriert wird.

# F.15 Lösungen zu Kapitel 15

1. Zum Zugriff auf installierte Software wird das WMI-`Win32_Product`-Objekt verwendet.

2. Um unter einem anderen Benutzerkonto eine WMI-Verbindung zu einem anderen Rechner aufzubauen, wird die `ConnectServer()`-Methode des `WbemScripting`-Objekts verwendet.

3. Benutzername und Kennwort müssen aus der XML-Datei extrahiert werden. Dazu müssen einerseits in der XML-Datei zu jedem Rechner das entsprechende Konto angegeben und andererseits die Variablen `Username` und `Password` durch Auslesen aus der XML-Datei in der `For`-Schleife gefüllt werden.

   Das nachfolgende Skript veranschaulicht die Veränderungen:

```
' Install_Software_XML_Login.vbs
' Installiert Software auf einem entfernten Rechner
' anhand einer XML-Datei
' verwendet: MSXML, FSO, WMI
' ==============================

Dim XMLDoc
Dim SoftInstallNode
Dim objWBemLocator, objConnection, objSoftware
Dim User, Password, Computer, Software, Error

' Erzeugen des Verweises
Set xmlDoc = CreateObject("Msxml2.DOMDocument")

' Asynchrones Laden ausschalten
xmlDoc.async = False

' Datei laden
Set objFSO = CreateObject("Scripting.FileSystemObject")
Set ScriptFile = objFSO.GetFile (WScript.ScriptFullName)
```

```
Pathname = Replace(Scriptfile.Path, Scriptfile.Name, "")
Filename = Pathname & "SoftInstallLogin.xml"
xmlDoc.load(Filename)

' Knoten-Auflistung auswählen
Set SoftInstallNode = xmlDoc.selectNodes("*/*")

' Alle Knoten durchlaufen
for i=0 to SoftInstallNode.length-1
    ' Software installieren
    Computer = SoftInstallNode.item(i).childNodes.item(0).Text
    Software = SoftInstallNode.item(i).childNodes.item(1).Text
    User = SoftInstallNode.item(i).childNodes.item(2).Text
    Password = SoftInstallNode.item(i).childNodes.item(3).Text

    Set objWbemLocator = CreateObject("WbemScripting.SWbemLocator")
    Set objConnection = objwbemLocator.ConnectServer _
        (Computer, "root\cimv2", User, Password)

    Set objSoftware = objConnection.Get("Win32_Product")

    Error = objSoftware.Install(Software,,True)

    If Error = 0 Then
        WScript.Echo "Die Installation war erfolgreich."
    Else
        WScript.Echo "Bei der Installation ist " & _
        "folgender Fehler aufgetreten: " & Error
    End If
next
Set SoftInstallNode=Nothing
Set xmlDoc=Nothing
```

*Listing F.3: /Skripte/Kapitel15/Install_Software_XML_Login.vbs*

```
<?xml version="1.0" encoding="UTF-8"?>
<Installation>
    <SoftwareInstallation>
        <Computer>Webserver</Computer>
        <Software>C:\Temp\q320206_w2k_sp4_x86_de.exe</Software>
        <User>Webmaster</User>
        <Password>secret</Password>
    </SoftwareInstallation>
    <SoftwareInstallation>
        <Computer>Server</Computer>
        <Software>C:\Temp\q320206_w2k_sp4_x86_de.exe</Software>
        <User>Administrator</User>
        <Password>password</Password>
    </SoftwareInstallation>
```

```
<SoftwareInstallation>
    <Computer>Server</Computer>
    <Software>C:\Temp\Q321599_W2K_SP4_X86_de.exe</Software>
    <User>Administrator</User>
    <Password>password</Password>
</SoftwareInstallation>
<SoftwareInstallation>
    <Computer>Workstation</Computer>
    <Software>C:\Temp\q320206_w2k_sp4_x86_de.exe</Software>
    <User>Superuser</User>
    <Password>geheim</Password>
</SoftwareInstallation>
</Installation>
```

*Listing F.4: /Skripte/Kapitel15/SoftInstallLogin.xml*

# F.16    Lösungen zu Kapitel 16

1. Der Benutzer bekommt die Anwendung erst dann zu sehen, wenn sie unter demselben Benutzerkonto, unter dem er angemeldet ist, gestartet wird.

2. `WScript.Shell` kann nur auf dem lokalen System angewendet werden, steht aber auch normalen Benutzern zur Verfügung. `Win32_Process` ermöglicht auch den Fernzugriff, ist aber Administratoren vorbehalten.

# F.17    Lösungen zu Kapitel 17

1. Man kann bestehende Gruppenrichtlinienobjekte mit Active Directory verknüpfen und derartige Verknüpfungen wieder lösen. Außerdem kann man Sicherungskopien von Gruppenrichtlinienobjekten erstellen. Man kann jedoch per Skript keine Einstellungen in Gruppenrichtlinienobjekten setzen; dies ist nur über die grafische Benutzerschnittstelle des „Group Policy Editor" möglich.

2. Gruppenrichtlinien-Skripte kann man auf Windows XP- und Windows Server 2003-Systemen ausführen, sofern dort die Erweiterung „GPMC" installiert ist. Per Skript steuern kann man Windows 2000- und Windows Server 2003-basierte Active Directory-Installationen.

3. Ein Gruppenrichtlinienobjekt besitzt einen 16 Byte langen Global Unique Identifier (GUID). Um im Skript ein Gruppenrichtlinienobjekt anzusprechen, muss man zunächst die COM-Klasse `GPMgmt.GPM` instanziieren und von dort aus mit `GetDomain()` eine Domäne ansprechen. Danach kann man mit `GetGPO()` das Gruppenrichtlinienobjekt ansprechen.

```
Const DOMAIN = "IT-Visions.net"
Const GPOGUID = "{6AC1786C-016F-11D2-945F-00C04fB984F9}"
Set gpm = CreateObject("GPMgmt.GPM")
```

```
Set objDOMAIN = gpm.GetDomain(DOMAIN, "", _
gpm.GetConstants().UseAnyDC)
Set GPO = objDOMAIN.GetGPO(GPOGUID)
```

Wenn man nur den Namen der Gruppenrichtlinie kennt, muss man über den Namen in einer Domäne suchen. Dies leistet die Hilfsroutine GetGPOByName().

```
' === Suche ein GPO anhand seines Namens
Function GetGPOByName(gpm, Name)
Dim objGPMSearchCriteria
Dim Liste
' Suchkriterium erzeugen
Set objGPMSearchCriteria = _
gpm.CreateSearchCriteria()
' Suche nach allen verlinkten SOMs
objGPMSearchCriteria.Add
gpm.GetConstants().SearchPropertyGPODisplayName, _
gpm.GetConstants().SearchOpEquals, Name
' Suche ausführen
Set Liste = _
objDOMAIN.SearchGPOs(objGPMSearchCriteria)
Set GetGPOByName = Liste.item(1)
End Function
```

4. Eine Organisationseinheit wird in der GPMC-Komponente durch ein GPMSOM-Objekt repräsentiert. Um alle GPMSOM-Objekte zu ermitteln, die auf eine Gruppenrichtlinie verweisen, muss man eine Suchanfrage starten. Ergebnis ist eine GPMSOMCollection mit GPMSOM-Objekten.

```
' Suchkriterium erzeugen
Set objGPMSearchCriteria =
GPM.CreateSearchCriteria()
' Suche nach allen verlinkten SOMs
objGPMSearchCriteria.Add
Constants.SearchPropertySOMLinks,
Constants.SearchOpContains, GPMGPO
' Suche starten
Set SOMList =
GPMDomain.SearchSOMs(objGPMSearchCriteria)
```

# F.18    Lösungen zu Kapitel 18

1.  Um zurückverfolgen zu können, wer ein Skript entwickelt hat, muss das Skript digital signiert sein. Digitale Signaturen für Skripte legt man mit dem Werkzeug *Signcode.exe* aus den Microsoft Authenticode-Tools an. Außerdem muss der WSH 5.6 installiert sein.

2.  Bei allen Benutzern, die den WSH nicht nutzen können sollen, müssen Sie jeweils den Registrierungsschlüssel *HKEY_CURRENT_USER\Software\Microsoft\Windows Script Host\Settings\Enabled* auf den Wert 0 setzen. Es bietet sich an, diese Einstellung über eine Gruppenrichtlinie zu verbreiten.

3.  Der WSH 5.6 erlaubt die Einschränkung von Skripten auf solche, die mit Zertifikaten signiert wurden, welche von im Windows-Zertifikatsmanager registrierten Zertifizierungsstellen ausgestellt worden und im Zertifikatsmanager für Codesignierung zugelassen sind. Wirklich wirkungsvoll sind signierte Skripte aber erst durch die Verwendung der „Richtlinien für Softwareeinschränkungen", die eine Beschränkung auf einzelne Zertifikate erlauben. Die „Richtlinien für Softwareeinschränkungen" sind nur in Windows XP Professional und Windows Server 2003 verfügbar.

4.  Den Quellcode von Skripten kann man mit dem Microsoft Script Encoder (*screnc.exe*) unkenntlich machen. Unkenntlich gemachte VBScript-Dateien müssen die Dateinamenerweiterung *.vbe* besitzen!

    ```
    Screnc.exe Original.vbs Unkenntlich.vbe
    ```

    Bitte beachten Sie aber, dass dieses Unkenntlichmachen durch geeignete Werkzeuge umkehrbar ist.

5.  Ein sicheres Kennworteinlesen (das eingegebene Kennwort ist also während der Eingabe unsichtbar) kann man im Windows Script Host nur an der Kommandozeile durchführen.

    ```
    Set objPW = CreateObject("ScriptPW.Password")
    WScript.echo  "Bitte geben Sie das Kennwort ein:"
    Kennwort = objPW.GetPassword()
    ```

    Voraussetzung ist, dass das Skript mit *cscript.exe* gestartet wurde. Beim Start mit *wscript.exe* kommt es zu einer Fehlermeldung.

# F.19 Lösungen zu Kapitel 20

1. Die PowerShell ist eine kostenlose Erweiterung, die auf allen Betriebssystemen ab Windows XP installierbar ist. Windows Server 2008 ist das erste Betriebssystem, bei dem die PowerShell schon mitgeliefert werden wird.

2. Die Ausgabe der Systemdienste und ihres Status erfolgt mit

```
get-service | format-table name,status
```

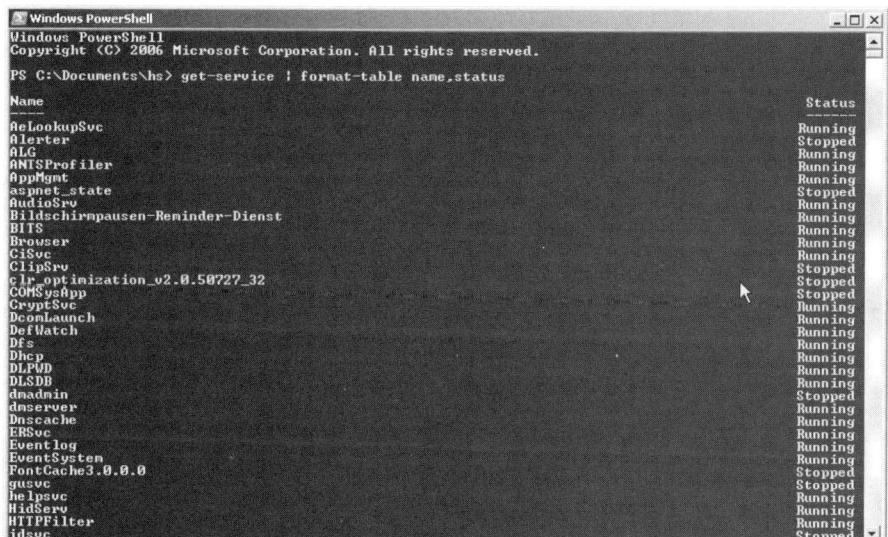

*Bild F.1: Ausgabe des Befehls*

3. Die Lösung ist der Pipeline-Befehl:

```
Get-Childitem c:\windows\system32 -filter b*.* | Where-Object {$_.Length -gt
40000} | Group-Object Erweiterung | Sort-Object count -desc | Select-Object
-first 1 | Select-Object group | foreach {$_.group} | Select-Object
name,length | Format-Table
```

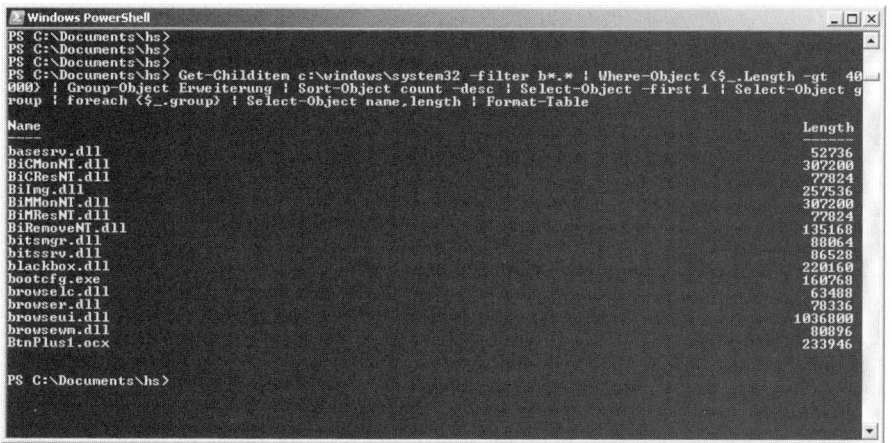

*Bild F.2: Lösung zu Aufgabe 3*

# G  Abkürzungsverzeichnis

| Abkürzung | Bedeutung |
|---|---|
| ACE | Access Control Entry |
| ACL | Access Control List |
| AD | Active Directory |
| ADB | Active Directory Browser |
| ADO | ActiveX Data Objects |
| ADO.NET | ActiveX Data Objects .NET |
| ADODB | ActiveX Data Objects Database |
| ADOMD | ActiveX Data Objects Multi Dimensional |
| ADOX | ActiveX Data Objects Extensions |
| ADS | Active Directory Service |
| ADSI | Active Directory Service Interface |
| ADTG | Advanced Data Tablegram |
| AKM | Active Knowledge Module |
| ANSI | American National Standards Institute |
| API | Application Programming Interface |
| AppDomain | Application Domain |
| APPID | Application Identifier |
| ASCII | American Standard Code for Information Interchange |
| ASP | Active Server Pages |
| ASP.NET | Active Server Pages .NET |
| AssemblyRef | Assembly Reference |
| ATL | Active Template Library |
| AUO | Active User Objects |
| BCL | Base Class Library |
| BIOS | Basic Input/Output System |
| BLOB | Binary Large Object |
| BOF | Begin Of File |

| Abkürzung | Bedeutung |
|-----------|-----------|
| C# | CSharp |
| CAS | Code Access Security |
| CATID | Category Identifier |
| CBF | Code Behind Forms |
| CCM | Change and Configuration Management |
| CCW | COM Callable Wrapper |
| CD | Compact Disc |
| CDO | Collaboration Data Objects |
| CDOEX | CDO 3.0 for Exchange 2000 |
| CDOEXM | CDO for Exchange Management |
| CDONTS | CDO for NT Server |
| CDOSYS | CDO System (CDO 2.0 for Windows 2000) |
| CDOW2K | CDO 2.0 for Windows 2000 |
| CDOWF | CDO Workflow Objects for Microsoft Exchange |
| CIM | Common Information Model |
| CIS | COM Internet Services |
| CLB | Component Load Balancing |
| CLI | Common Language Infrastructure |
| CLR | Common Language Runtime |
| CLS | Common Language Specification |
| CLSID | Class Identifier |
| CMIP | Common Management Information Protocol |
| CN | Common Name |
| COM | Component Object Model |
| COM+ | Component Object Model Plus |
| CORBA | Common Object Request Broker Architecture |
| CR/LF | Carriage Return / Line Feed |
| CSV | Comma Separated Value |
| CTS | Common Type System |
| DACL | Discretionary Access Control List |
| DAO | Data Access Object |
| DAP | Directory Access Protocol |
| DAV | Distributed Authoring and Versioning |
| DB | Datenbank / Database |
| DBMS | Datenbank-Managementsystem |

| Abkürzung | Bedeutung |
|-----------|-----------|
| DC | Domain Controller oder Domain Component |
| DCE | Distributed Computing Environment |
| DCO | Domino Collaboration Objects |
| DCOM | Distributed Component Object Model |
| DFS | Distributed File System |
| DHCP | Dynamic Host Configuration Protocol |
| DHTML | Dynamic Hypertext Markup Language |
| DISPID | Dispatch Identifier |
| DLL | Dynamic Link Library |
| DML | Data Manipulation Language |
| DMO | Distributed Management Objects |
| DMTF | Desktop Management Task Force |
| DN | Distinguished Name |
| DNA | Distributed interNet Application Architecture |
| DNS | Domain Name Service |
| DOM | Document Object Model |
| DOS | Disc Operating System |
| DSN | Data Source Name |
| DSO | Decision Support Objects |
| DTC | Design Time Controls oder Distributed Transaction Coordinator |
| DTD | Document Type Definition |
| DTS | Data Transformation Service |
| ECMA | European Computer Manufacturers Association |
| EJB | Enterprise Java Beans |
| EOF | End Of File |
| EOS | End oOf Stream |
| ESATE | Exchange Script Agent Test Environment |
| EXE | Executable (ausführbare Datei) |
| FCL | .NET Framework Class Library |
| FMTID | Format Identifier |
| FQDN | Fully Qualified Distinguished Name |
| FSMO | Flexible Single Master Operation |
| FSO | File System Object |
| FTP | File Transfer Protocol |
| GAC | Global Assembly Cache |

| Abkürzung | Bedeutung |
|-----------|-----------|
| GAL | Global Address List |
| GC | Garbage Collector oder Global Catalogue |
| GDI | Graphics Device Interface |
| GPMC | Group Policy Management Console |
| GPO | Group Policy Object |
| GUI | Graphical User Interface |
| GUID | Global Unique Identifier |
| HKCR | HKEY_CLASSES_ROOT |
| HKCU | HKEY_CURRENT_USER |
| HKLM | HKEY_LOCAL_MACHINE |
| HTA | HTML Application |
| HTML | Hypertext Markup Language |
| HTTP | Hypertext Transfer Protocol |
| HTTPS | HTTP over SSL |
| ICMP | Internet Control Message Protocol |
| ID | Identifier |
| IDE | Integrated Development Environment |
| IDL | Interface Definition Language |
| IE | Internet Explorer |
| IID | Interface Identifier |
| IIS | Internet Information Server |
| IL | Intermediation Language |
| IMDB | In-Memory Database |
| IO | Input/Output |
| IP | Internet Protocol |
| IPC | Interprocess Communication |
| IPID | Interface Pointer Identifier |
| IPM | Interpersonal Message |
| IPX | Internet Packet eXchange |
| IrdA | Infrared Data Association |
| IS | Information Store |
| ISO | International Organization for Standardization |
| IV | Initialisierungsvektor |
| J# | JSharp |
| JUMP | Java User Migration Path to Microsoft .NET |

| Abkürzung | Bedeutung |
|-----------|-----------|
| JVM | Java Virtual Machine |
| LCID | Locale Country Identifier |
| LDAP | Lightweight Directory Access Protocol |
| LIBID | Library Identifier |
| LPC | Local Procedure Call |
| LRPC | Lightweight Remote Procedure Call |
| MAPI | Messaging Application Programming Interface |
| MDAC | Microsoft Data Access Components |
| MDAIPP | OLE DBOLEDB Provider for Internet Publishing |
| MFA | Multi File Assembly |
| MIDL | Microsoft Interface Definition Language |
| MIME | Multipurpose Internet Mail Extensions |
| MINFU | Microsoft Nomenclature Foul-Up |
| MIT | Mobile Internet Toolkit |
| MMC | Microsoft Management Console |
| MMIT | Microsoft Mobile Internet Toolkit |
| MO | Managed Object |
| MOF | Managed Object Format |
| MOM | Microsoft Operations Manager |
| MS | Microsoft |
| MSDN | Microsoft Developer Network |
| MSDTC | Microsoft Distributed Transaction Coordinator |
| MSIL | Microsoft Intermediation Language |
| MTS | Microsoft Transaction Server |
| NDR | Network Data Representation |
| NDS | Novell Directory Service |
| NetBIOS | Network Basic Input/Output System |
| NGWS | Next Generation Windows Service |
| NLB | Network Load Balancing |
| NNTP | Network News Transfer Protocol |
| NT | Windows New Technology |
| NT4 | Windows NT Version 4.0 |
| NTFS | New Technology File System |
| NTLM | NT LAN-Manager |
| O | Organisation |

| Abkürzung | Bedeutung |
|---|---|
| OAEP | Optimal Asymmetric Encryption Padding |
| ODBC | Open Database Connectivity |
| OLAP | On-Line Analytical Processing |
| OLE | Object Linking and Embedding |
| OLEDB | Object Linking and Embedding Database |
| OM | Operations Management |
| OMG | Object Management Group |
| OMT | Object Modelling Technique |
| OO | Objektorientierung / objektorientiert |
| OO4O | Oracle Objects for OLE |
| OpCodes | Operation Codes |
| ORPC | Object Remote Procedure Call |
| OSI | Open Systems Interconnection |
| OU | Organizational Unit |
| PAB | Personal Addressbook |
| PC | Personal Computer |
| PDB | Program Database |
| PDC | Primary Domain Controller |
| PE | Portable Executable |
| PERL | Practical Extraction and Reporting Language |
| PGP | Pretty Good Privacy |
| PHP | Personal Home Page Tools |
| PICS | Platform for Internet Content Selection |
| ProgID | Programmatic Identifier |
| QFE | Quick Fix Engineering |
| RA | Regulärer Ausdruck |
| RAD | Rapid Application Development |
| RAS | Remote Access Service |
| RCW | Runtime Callable Wrapper |
| RDN | Relative Distinguished Name |
| RDO | Remote Data Objects |
| RDS | Remote Data Service |
| RFC | Request for Comment |
| RGB | Rot-Grün-Blau-Farbschema |
| ROT | Running Objects Table |

| Abkürzung | Bedeutung |
|---|---|
| RPC | Remote Procedure Call |
| RRAS | Routing and Remote Access Service |
| RSoP | Resultant Set of Policies |
| SACL | System Access Control List |
| SCE | Security Configuration Editor |
| SCM | Service Control Manager |
| SCRRun | Scripting Runtime-Komponente |
| SD | Security Descriptor |
| SDDL | Security Descriptor Definition Language |
| SDK | Software Development Kit |
| SFA | Single File Assembly |
| SID | Security Identifier |
| SMS | Systems Management Server |
| SMTP | Simple Mail Transfer Protocol |
| SNA | Strongly Named Assembly |
| SNMP | Simple Network Management Protocol |
| SOAP | Simple Object Access Protocol |
| SOM | Scopes of Management |
| SP | Service Pack |
| SPX | Sequenced Packet eXchange |
| SQL | Structured Query Language |
| SRP | Software Restriction Policy |
| SSH | System Scripting Host |
| SSL | Secure Socket Layer |
| SSP | Security Support Provider |
| TCL | Tool Command Language |
| TCP | Transfer Control Protocol |
| TDL | Template Definition Language |
| TOM | Text Object Model |
| T-SQL | Transaction SQL |
| TypeLib | Typbibliothek |
| UCS | Universal Character Set („Unicode") |
| UDA | Universal Data Access |
| UDDI | Universal Description, Discovery and Integration |
| UDL | Universal Data Link |

| Abkürzung | Bedeutung |
|-----------|-----------|
| UDP | User Datagram Protocol |
| UMI | Universal Management Interface |
| UML | Unified Markup Language |
| UNC | Universal Naming Convention |
| UPN | Umgekehrt pPolnische Notation oder User Principal Name |
| URI | Uniform Resource Identifier |
| URL | Uniform Resource Locator |
| URN | Uniform Resource Name |
| UserID | User Identifier |
| UTC | Universal Coordinated Time |
| UTF | UCS Transformation Format |
| UUID | Universal Unique Identifier |
| VB | Visual Basic |
| VB.NET | Visual Basic .NET |
| VB6 | Visual Basic Version 6.0 |
| VB7 | Visual Basic Version 7.0 |
| VBA | Visual Basic for Applications |
| VBS | Visual Basic Script |
| VBScript | Visual Basic Script |
| VES | Virtual Execution System |
| VOS | Virtual Object System |
| VSA | Visual Studio for Applications |
| VTBL | Virtual Table |
| W3C | World Wide Web Consortium |
| W3SVC | Webservice |
| WBEM | Web Based Enterprise Management |
| WDM | Win32 Driver Model |
| WINS | Windows Internet Naming Service |
| WKGUID | Well Known Global Unique Identifier |
| WMI | Windows Management Instrumentation |
| WML | Wireless Markup Language |
| WPS | Windows PowerShell |
| WQL | WMI Query Language |
| WSC | Windows Script Component |
| WSDL | Web Services Description Language |

| Abkürzung | Bedeutung |
|-----------|-----------|
| WSF | Windows Scripting File |
| WSH | Windows Scripting Host / Windows Script Host |
| WSHRun | Windows Script Host Runtime-Komponente |
| WWW | World Wide Web |
| WYSIWYG | What You See Is What You Get |
| XDR | XML-Data Reduced |
| XML | Extensible Markup Language |
| XMLDOM | Extensible Markup Language Document Object Model |
| XMP | Extended Management Packs |
| XPATH | XML Path Language |
| XSD | XML Schema Definition |
| XSL | Extensible Stylesheet Language |
| XSLT | XSL Transformation |

# Weiterführende Literatur

## 8.1 Bücher und Fachartikel

[SCH99a] Schwichtenberg, H.: *Objekte im Zugriff: ADSI-Programmierung*. In: iX 2/99. S. 136.

**Weitere Veröffentlich ungen von Holger Schwichtenberg zum Thema Scripting**

[SCH99b] Schwichtenberg, H.: *Postfächer einrichten: Stapelverarbeitung für Exchange*. In: iX 3/99. S. 138.

[SCH99c] Schwichtenberg, H.: *Druckkontrolle: Webbasierter Druckmanager*. In: iX 7/99. S. 138.

[SCH99d] Schwichtenberg, H.: *Bausteine: COM als Basis für NT-Scripts*. In: iX 12/99. S. 66.

[SCH00a] Schwichtenberg, H.: *Verzeichnisdienste verwalten mit ADSI*. In: basicpro 1/00. S. 10.

[SCH00b] Schwichtenberg, H.: *Gefährliche Liebesgrüße: Windows Scripting-Viren*: Inside LoveLetter. In: iX 6/00. S. 16ff.

[SCH00c] Schwichtenberg, H.: *Gezielter Zugriff: Skriptsteuerung des Windows 2000-Verzeichnisdienstes*. In: iX 9/00. S. 110 ff.

[SCH00d] Schwichtenberg, H.: *Neuester Stand: Neuerungen in VBScript und JScript 5.x*. In: iX 10/00, S. 118 ff.

[SCH00e] Schwichtenberg, H.: *Microsofts WBEM-Umsetzung: WMI*. In: iX 11/00. S. 214 ff.

[SCH01a] Schwichtenberg, H.: *Fingerabdruck: Signierte Skripte im WSH 5.6*. In: iX 2/01. S. 108ff.

[SCH01b] Schwichtenberg, H.: *Nachrichtenkontrolle: Exchange-2000-Webstore-Programmierung*. In: iX 6/01. S. 124ff.

[SCH01c] Schwichtenberg, H.: *COM-Komponenten-Handbuch*, Addison-Wesley, 2001.

[SCH07a] Schwichtenberg, H.: *Windows Scripting*, 5. Auflage, Addison-Wesley, 2007.

[SCH07b] Schwichtenberg, H.: *.NET 3.0 Crashkurs*, Microsoft Press, 2007.

In dem Magazin "Windows IT Pro" erscheint seit 6/2005 in jeder Ausgabe ein Scripting-Beitrag des Autors in einer Scripting-Kolumne.

# 8.2    Websites

| Kürzel | URL | Erläuterung |
|---|---|---|
| [CDO00] | *http://www.cdolive.com* | Website zum Exchange- und Out-look-Scripting |
| [CMS00] | *http://www.componentsource.com* | Sehr großer kommerzieller Anbieter von Komponenten (zum Teil auch für WSH) |
| [COM00] | *http:///www.com-objekte.de* | Deutsches Komponentenverzeichnis |
| [CWA00] | *http://cwashington.netreach.net* | Umfangreiche Scripting-Site von Clarence Washington, viele Komponenten |
| [DAR00] | *http://www.winscripter.com* | Scripting-Site von Daren Thiel |
| [DOM00] | *http://www.w3.org/DOM/* | Informationen zum Document Object Model |
| [IAN00] | *http://wsh.glazier.co.nz* | Scripting-Website von Ian Morrish |
| [MAR00] | *http://www.mabry.com* | Anbieter von Scripting-Komponenten |
| [MCC00] | *http://msdn.microsoft.com/code/* | MSDN Code Center, Verzeichnis von Beispielcode |
| [MCO00] | *http://www.microsoft.com/com/* | Microsoft Website zum Component Object Model (COM) |
| [MOR02] | *http://groups.msn.com/windowsscript* | Von Ian Morrish betriebene MSN-Gruppe zu Windows Script |
| [MSD02] | *http://support.microsoft.com/servicedesks/fileversion/dllinfo.asp* | Microsoft DLL-Datenbank |
| [MSS00] | *http://msdn2.microsoft.com/en-us/library/ms950396.aspx* | Scripting im Microsoft Developer Network |
| [MST02] | *http://www.microsoft.com/technet/scriptcenter/default.asp* | Microsoft TechNet Script Center, einschließlich der monatlichen Kolumne „Tales from Script" |
| [ODB00] | *http://www.microsoft.com/data* | Microsoft-Site zum Thema Daten-zugriff (ADO etc.) |
| [PCE07] | *http://www.codeplex.com/PowerShellCX* | Windows PowerShell Community Extensions (PowerShellCX) |
| [PSI07] | *http://www.powershell.com* | PowerShell IDE (Editor für Power-Shell) |
| [PYT00a] | *http://www.python.org/windows* | PythonScript |
| [PYT00b] | *http://starship.python.net/crew/mhammond* | Site von Mark Hammond, dem Schöpfer der ActiveX Scripting-Version von PythonScript |

| Kürzel | URL | Erläuterung |
|---|---|---|
| [SEC00] | *http://www.15seconds.com* | Developer-Community, insbesondere zu ASP; viel Beispielcode und zahlreiche Komponenten und Werkzeuge |
| [SER00] | *http://www.serena.com/* | Die Firma Serena (früher Merant) ist ein bekannter Anbieter für OLEDB-Provider zum Zugriff auf Datenbanken und andere Datenspeicher. |
| [TEC07] | *http://www.microsoft.com/technet/ scriptcenter/default.mspx* | Script Center von Microsoft TechNet |
| [WPS06] | *http://www.microsoft.com/ technet/scriptcenter/topics/msh/ download.mspx* | Bezugsquelle für die Windows PowerShell 1.0 |
| [WPS07] | *http://www.powershell-doktor.de* | PowerShell-Community-Website |
| [WSS02] | *http://www.windows-scripting.de* | Deutsche Windows Scripting-Site, betrieben vom Autor dieses Buches |

# 8.3   Newsgroups

Microsoft bietet auf seinem Newsserver *msnews.microsoft.com* einige Diskussionsgruppen   **Newsserver**
zum Windows Scripting an.

```
microsoft.public.de.german.scripting.wsh
microsoft.public.active.directory.interfaces
microsoft.public.inetexplorer.scripting
microsoft.public.scripting.debugger
microsoft.public.scripting.hosting
microsoft.public.scripting.jscript
microsoft.public.scripting.remote
microsoft.public.scripting.scriptlets
microsoft.public.scripting.vbscript
microsoft.public.scripting.wsh
microsoft.public.scripting.virus.discussion
microsoft.public.adsi.general
microsoft.public.wbem
microsoft.public.vb.database.ado
microsoft.public.data.ado
```

# Stichwortverzeichnis

# THE SIGN OF EXCELLENCE

Der Bestseller zu Windows Server 2003 zur Version R2. Die detaillierte Beschreibung von Active Directory, Gruppenrichtlinien, Windows NT-Domänenupgrade, TCP/IP-Diensten und Sicherheitsmerkmalen ermöglicht Unternehmen einen optimalen Einsatz. Clustering, E-Mail-Server, GPMC, Terminaldienste, Remotedesktop und Webverwaltung, Volumen-Schattenkopie sowie die Smartcard-Integration und sichere Wireless-LAN-Unterstützung stellen weitere Highlights dieses Buches dar. Ebenfalls berücksichtigt werden WSUS sowie 64-Bit-Computing.

Mit einer 180-Tage Trial-Version von Windows Server 2003 R2 auf zwei CDs.

*Eric Tierling*
ISBN 978-3-8273-2463-4
49.95 EUR [D]